CONSTANTIN MELNIK
PRÉSENTE

ADIEU SERGENT

DU MÊME AUTEUR

Bérets-verts en Algérie (Éd. Rossel).
Les Harkis (Éd. B.M.).
Le Baroudeur (Éd. Grasset).
Les Fusiliers marins de la France Libre (Éd. Grasset).
Fusiliers marins et commandos (Éd. Copernic).
La Pêche à pied (Éd. Pen-Duick).
Le Guerrier (Éd. Grasset).
Histoire du 1er R.C.P. (Tome I) (Éd. Lavauzelle).
Le Para (Éd. Grasset). Prix Maréchal Foch 1983.
Le commando (Éd. Grasset).
Histoire du 1er R.C.P. (Tome II) (Éd. Lavauzelle).
Mourir à Lang Son (éd. Grasset).

GEORGES FLEURY

ADIEU SERGENT

BERNARD GRASSET
PARIS

Je viens de lire avec émotion *Adieu sergent* que Georges Fleury a fidèlement écrit à partir des notes que j'ai prises à chaque événement marquant de ma vie au service de mon pays; j'ai revécu les combats que nous avons menés pour la Liberté... Mes compagnons morts ne se sont pas sacrifiés pour rien... Ce livre vrai est le leur, comme il appartient à tous ceux qui sont tombés à Dien Bien Phu.

RENÉ COLLARD,
Navailles-Angos, le 15 avril 1984.

PREMIÈRE PARTIE

VOLONTAIRE POUR L'INDO

1

BAPTÊME DE BOUE

Au début de l'après-midi du 2 octobre 1948, le *Maréchal-Joffre,* un paquebot transformé en transport de troupes, se faufile vers Haiphong au ras des somptueux monolithes de la baie d'Along.

Les ponts du navire sont encombrés des parachutistes à bérets bleus du 2e bataillon du 1er R.C.P. René Collard, un sergent de vingt ans, aux traits fins et juvéniles, pas très grand, contemple la côte de ses yeux noisette. Le flanc gauche de son blouson de *battle-dress* est rehaussé par la barrette bleue à lisérés verts de la Médaille de la guerre 1939-1945 qu'il a méritée à seize ans dans les rangs de la Brigade F.T.P. du colonel Fabien.

Un petit navire stationnaire du Tonkin, le *Capitaine Do Huu Vi*, approche du paquebot noir qui mouille ses ancres dans des gerbes d'eau. Des ordres claquent. Le sergent est arraché à la contemplation de l'Indochine dont il rêve depuis de longs mois. Sa compagnie, la septième du bataillon commandé par le commandant François, se transborde la première. Collard s'installe sous une bâche tendue pour se protéger des rayons d'un soleil de plomb. Bondé, le stationnaire déborde du paquebot immobile et pique vers l'ouest. La haute masse du *Maréchal-Joffre* disparaît à la vue des parachutistes, dévorée par l'écran d'une île boisée. René Collard ressent soudain une étrange sensation d'abandon.

— Depuis Alger, se dit-il, ce rafiot était devenu comme un copain...

Le *Capitaine Do Huu Vi* frôle Pho Cat Ba, le port principal de l'immense île de la Cat Ba, clé de la baie d'Along. Le vert émeraude de la mer de Chine se souille bientôt d'ocre. Le bateau pénètre peu après dans le large fleuve qui mène à Haiphong et charrie les boues du delta du fleuve Rouge.

Les premières habitations d'Haiphong apparaissent à dix-sept heures quarante-cinq et, un peu après dix-huit heures, les accents aigres d'une fanfare militaire accueillent le renfort parachutiste. La nuit surprend brusquement les bérets-bleus impatients de débarquer. L'ordre de quitter le petit navire tarde. Collard ne foule le sol du Tonkin qu'à dix-neuf heures. Se cognant partout dans l'obscurité percée par le faisceau jaune d'un projecteur braqué d'un bâtiment de la Marine nationale, les parachutistes jurent en trébuchant sous leur paquetage. Ils atteignent une colonne de camions G.M.C. dans le désordre le plus complet. Une fois chargés, les véhicules se lancent dans une course folle vers la ville invisible. Collard peste à chaque cahot trop fort. Les chauffeurs semblent naviguer à l'estime entre de nombreux arbres abattus les jours précédents par un violent typhon.

— Agiter avant de s'en servir ! plaisante Collard, ça doit être un truc de l'état-major pour nous mettre en train...

Les camions américains stoppent au bout d'un quart d'heure de rodéo. Les paras se retrouvent dans la vaste cour d'une usine désaffectée. Collard balaye le sol et les murs de brique des bâtiments du faisceau d'une lampe torche et éparpille les hommes de son groupe au milieu de machines fantomatiques. Puis il sort une couverture de son havresac, s'enroule dedans à même le sol poussiéreux et s'endort tout de suite.

Les paras découvrent leur domaine à l'aube. L'usine est dominée par une haute cheminée. On y traitait le coton avant-guerre. Les groupes s'organisent pour arranger au mieux leur campement provisoire.

— Collard, annonce le capitaine Berjon, son chef de compagnie et ancien F.T.P. lui aussi, j'ai regardé vos notes, il paraît que vous êtes très fort au lance-roquettes : vous serez donc chef de groupe antichar.

Le sergent esquisse une grimace mais accepte l'affectation sans rien dire.

— J'ai la sale impression que ce capitaine ne m'a pas à la bonne, se dit-il.

L'ancien F.T.P. perçoit un pistolet automatique américain de 11,43 et son arme antichar. Le chargeur de sa pièce lourde et son pourvoyeur sont armés d'une mitraillette *Thompson* et d'un fusil.

— Moi qui espérais mener un groupe de voltige au combat, regrette-t-il, me voilà avec deux hommes à commander.

Le commandant François autorise ses gradés à sortir en ville à partir de quinze heures. Collard oublie sa déconvenue de la matinée en se mêlant aux groupes joyeux à la découverte du grand port. Les bérets-bleus se retrouvent tout naturellement dans des bars plus ou moins louches.

— D'où êtes vous ? demande un civil à Collard dans l'un des établissements.

Le sergent trouve l'homme sympathique.

— Je suis né à Paris, lui apprend-il, dans un taxi...

Le civil sursaute, ses yeux brillent.

— Moi aussi je suis de Paname, annonce-t-il, ça s'arrose !

L'inconnu offre à boire aux sept sergents qui accompagnent l'ancien de la Brigade Fabien.

— Bon, tranche-t-il après la tournée, c'est pas tout, il faut que je m'en aille. On se revoit demain, ici et à la même heure... Salut Parigot !

Le sergent rentre peu après à l'usine désaffectée. Les bruits les plus fous commencent à circuler le lendemain dans les sections de sa compagnie. Tout le monde rêve de grandes batailles et de sauts sur l'ennemi. Les paras belliqueux déchantent un peu lorsque leur capitaine leur donne des précisions quant aux premières missions du bataillon.

— Nous partons en poste pour deux mois dans le secteur de Haiduong, explique-t-il au cours d'un briefing improvisé.

Collard apprend que le bourg de Haiduong est situé vers Hanoi, à cinquante kilomètres à l'ouest d'Haiphong.

— Là ou ailleurs, se dit-il, moi, du moment qu'on me donne l'occasion de combattre : je suis partant !

Les paras passent une deuxième nuit tranquille dans leur usine nettoyée d'importance. Collard retrouve l'homme qu'il a rencontré lors de sa première sortie en ville.

— Venez, l'invite le civil, on va manger une soupe chinoise... Je connais un très bon restaurant.

Les deux hommes sont bientôt attablés devant des bols de porcelaine remplis de viande de porc coupée en dés et de poulet en émincé. Il n'y a pas de couverts sur la nappe. Collard laisse choir tout ce qu'il essaye de saisir à l'aide des baguettes traditionnelles dont usent les Tonkinois.

— Vous vous y ferez très vite, lui promet son hôte en se moquant de sa maladresse.

Le sergent laisse une nouvelle fois échapper les deux fins ustensiles en bambou ornés de lettres vietnamiennes et demeure un instant penaud. Il observe longtemps la main droite de son compagnon, souple, agile, qui se sert des baguettes comme si elles étaient des prolongements naturels de ses doigts.

L'homme attrape aisément les plus petits morceaux de viande parfumée de sauce au soja et de jus de poisson séché au soleil. Il confectionne aussi adroitement de petites boulettes de riz qu'il porte à sa bouche en levant le bol de porcelaine dans lequel il pioche jusqu'à hauteur de son menton.

L'inconnu ne parle pas de la guerre dont son compagnon voudrait pourtant apprendre tant de choses. Il semble bien que les combats n'existent pas pour lui.

— La guerre, au fond, se dit le sergent, j'ai bien le temps d'en entendre parler.

Le repas accompagné de vin rosé et de thé très noir s'achève.

— Tiens, conseille le civil décidant de tutoyer son compatriote, goûte-moi ça.

Le para se saisit de la petite coupelle d'alcool blanc que lui tend son compagnon. Le goût épais du breuvage inconnu et sa chaleur âpre saisissent la gorge du jeune gradé. Deux larmes naissent aux commissures de ses paupières. Il tousse.

— C'est plus rude que le schnaps qu'on buvait chez les boches, se dit-il en reprenant son souffle.

Le civil est hilare.

— C'est du *choum*, avance-t-il, tu t'y feras vite. On se fait à tout dans ce foutu pays, tu verras.

L'homme se lève de table et paye l'addition au tenancier chinois qui se répand en courbettes obséquieuses derrière ses clients.

— Maintenant, propose l'amphitryon du béret-bleu, si tu veux bien et si tu as le temps, on va aller boire le thé chez des Chinois.

Collard accepte. Les deux nouveaux amis montent dans un pousse-pousse pour gagner la demeure de la famille chinoise. Les présentations sont vite faites. Le civil semble chez lui dans la maison embaumée d'encens. Collard, peu habitué aux lourdes senteurs exhalées par les bâtonnets qui se consument avec lenteur, est tout désorienté. Il se reprend vite et fait d'un œil vif l'inventaire de tous les objets insolites qui encombrent le gîte chinois.

Le thé est servi sur une table basse. Le Chinois natté, vêtu d'une tunique noire très brillante, remarque la curiosité du jeune sergent. Il se fend d'un large sourire et indique un petit autel laqué niché au fond de la pièce de réception.

— Voici l'autel des ancêtres, explique-t-il d'une voix acide, pour nous c'est un endroit sacré.

Le regard curieux du sergent caresse les ors du saint lieu nimbé de fumées gris-bleu d'encens. La première gorgée de thé le brûle et l'arrache à sa contemplation.

— C'est un peu comme si on gardait le Saint Sacrement chez nous, s'étonne-t-il.

L'épouse du Chinois s'affaire à gestes lents et respectueux pour arranger un peu le tombé du rideau rouge sombre qui drape le petit sanctuaire familial.

Les deux Européens mangent des petits gâteaux de riz très durs et mielleux et se séparent de leurs hôtes. Collard apprécie l'air frais de la rue.

— Drôle de monde et drôle de pays, pense-t-il, il faut absolument que je comprenne tout ça au plus vite.

Les nouveaux amis marchent pendant quelques minutes sans parler.

— Je rentre, annonce le sergent à son guide, je ne te dis pas au revoir parce qu'on part demain...

Les deux Parisiens se serrent la main. Collard s'en va sans se retourner vers son destin de guerrier.

Le gros du bataillon de bérets-bleus quitte Haiphong à l'aube du 5 octobre. La section du Parisien demeure en élément postcurseur à l'usine désaffectée.

— Ça commence mal, gronde le chef de pièce antichar, les copains vont se servir les premiers...

Les derniers paras quittent à leur tour l'usine morte en fin de matinée. Ils sont conduits en camions à la gare d'Haiphong et embarquent dans un train qui doit les mener jusqu'à leur zone d'opérations. Le convoi est composé d'une locomotive poussant un plateau chargé de pierres pour faire sauter les mines que posent souvent les rebelles du delta. Quatre wagons de marchandises et trois voitures de voyageurs brinquebalent derrière. Des tirailleurs algériens s'entassent dans les wagons sans confort. Les parachutistes ont plus de chance et s'installent dans les compartiments des voitures vitrées. Le train démarre. Les faubourgs de la ville font vite place à un morne paysage de rizières où se perdent les regards. La platitude humide est coupée de temps en temps par des alignements de paillotes entourés de fouillis de verdure. Le Parisien cherche en vain une trace de vie dans l'immensité désolée. Son regard curieux est attiré, quelque vingt kilomètres après le départ du convoi, par le poste de Tun Than accroché de part et d'autre de la voie ferrée. Des tirailleurs sénégalais s'affairent à en consolider les défenses. Un sergent de la Coloniale qui regagne son unité quelque part dans le delta se penche vers le Parisien.

— Ils ont été attaqués il y a deux jours, lui souffle-t-il, les Viets ont eu de la casse, pour une fois...

Les toitures du poste portent en lettres chaulées le nom de l'endroit : Tun Than. Collard ne se laisse pas tenter par la conversation.

— Qu'est-ce qu'il veut dire par : « Pour une fois... » ? se demande-t-il lorsque les wagons se sont éloignés du poste attaqué.

Haiduong est atteint un peu avant quatorze heures. Les wagons des paras sont rapidements détachés du convoi qui doit poursuivre sa route vers l'ouest, vers la capitale du Tonkin encore éloignée de cinquante kilomètres. La gare de Haiduong est bâtie à huit cents mètres de la ville elle-même qui est dominée par une immense église jouant à la cathédrale. Des ordres fusent. Les parachutistes s'affairent au déchargement de caisses de munitions et de tout le matériel dont ils auront besoin dans les jours à venir. Le chuintement saccadé de la locomotive roulant derrière le wagon sacrifié enfle, le train s'éloigne de Haiduong. Le convoi revient à la gare, en marche arrière, au bout d'un quart d'heure. Des hommes courent sur le bord de la voie. Collard va aux nouvelles.

— Les rails sont sabotés à quatre kilomètres d'ici, lui apprend un gradé des tirailleurs, c'est tout frais !

Le Parisien ne peut dissimuler un sourire de contentement.

— C'est bon signe, se réjouit-il, la guerre est bien là : à moi les belles médailles !

Le sergent avide de combat rejoint ses compagnons et les aide avec un entrain décuplé au transbordement du matériel dans des G.M.C. conduits par des marsouins de la Coloniale. Les camions prennent bientôt la route du poste dévolu aux nouveaux venus dans la guerre. Ils croisent ceux qui, déjà délestés de leur chargement, reviennent vers la gare pour se charger encore de matériel. La noria grondante ne cesse qu'après vingt et une heures. Les paras descendent de leurs véhicules et poursuivent leur route à pied vers le gros du bataillon. Ils s'installent une fois la liaison effectuée tout autour du poste noyé dans la nuit humide.

Collard s'aperçoit à l'aube brumeuse que la position n'est en fait qu'une lourde bâtisse plantée à une trentaine de mètres du fleuve Rouge.

— Les Viets étaient là où nous sommes, lui explique son chef de section, le lieutenant Jacobs, et maintenant, poursuit l'officier, ils doivent se trouver par là-bas...

Le chef de section indique du bras une ligne de villages qui court de l'autre côté du fleuve à l'eau boueuse.

— On ira bientôt leur rendre visite, se promet le sergent tandis que son chef s'éloigne pour inspecter ses positions.

L'ancien F.T.P. n'attend pas longtemps.

— On part s'installer pour la nuit dans un poste avancé, annonce son lieutenant dès le lendemain, et de là, poursuit le jeune chef, nous devrons lancer un coup de main sur un village rebelle à Thai Duong...

Collard jubile.

— C'est loin ? interroge-t-il, avide de détails.

Ses compagnons chefs de groupes, le sergent-chef Gibaru et les sergents Loaec, Lacaze et Enard, boivent aussi les explications précises. Le lieutenant Jacobs ajoute encore :

— Thai Duong est à environ quatre kilomètres de Van Thai, notre base de départ où nous devrons être rendus à dix-huit heures.

Les quarante-deux paras du lieutenant Jacobs, articulés en deux groupes de protection et recueil et deux groupes « commando » embarquent aussitôt après le briefing de leur chef dans deux G.M.C. et un Dodge. Traversant d'innombrables bourbiers, risquant plus de cent fois l'enlisement, le petit convoi atteint le poste de Van Thai à l'heure prévue. La nuit noie vite le paysage sans vie. Les paras nerveux s'installent dans l'attente du départ, prévu bien avant l'aube du lendemain. Collard ne trouve pas facilement le sommeil. Les paroles des marsouins du poste résonnent dans sa tête.

— C'est votre premier contact avec la rizière, avaient avancé les coloniaux, ne vous en faites pas, c'est un petit truc de rien du tout. Les Viets sont loin, tout va bien se passer...

Couché tout habillé sur un lit Picot de toile, l'ancien insurgé de la Libération se retourne souvent.

— Justement, se dit-il en pensant une nouvelle fois aux assertions des occupants du poste, moi je ne veux pas de coup facile. Je veux du baroud... du vrai !

Le sergent s'endort tout de même. La nuit passe très vite. Les paras sont sur pied à quatre heures trente.

— Collard, annonce le lieutenant Jacobs, laissez votre lance-roquettes ici, armez-vous d'une mitraillette.

Le Parisien ne se fait pas répéter l'ordre deux fois. Il se saisit de la mitraillette que lui tend son chef de section et va remiser son arme lourde dans un bâtiment du poste.

— C'est au poil, jubile-t-il, je vais pouvoir faire de la voltige...

Les hommes de la section vérifient une dernière fois leur équipement. Il est six heures lorsqu'ils s'enfoncent dans les brumes de la rizière. Ils marchent un peu plus d'une heure dans un magma de boue et d'eau. Le village ennemi est là. Collard et ses compagnons se baissent et retiennent leur souffle. Les paillotes occupées par les rebelles émergent de la brume encore sombre, à trente mètres seulement. Le lieutenant Jacobs connaît les lieux par cœur pour les avoir longtemps étudiés sur les cartes d'état-major et les photos fournies par le deuxième bureau. Il donne ses ordres par gestes du bras gauche. Ses deux groupes de soutien se coulent en élément de recueil dans la boue. Les deux groupes « commando » entament le dernier bond silencieux vers les paillotes qui se découpent, nettes, au milieu de quelques arbres serrés en bouquet. Collard marche près du lieutenant. Les voltigeurs de l'équipe de tête se plaquent soudain au sol frais. Un para se relève tout doucement et plonge en avant pour écraser sa carcasse souple sur le corps d'une sentinelle viet-minh endormie. Le Parisien est aux anges.

— Ça ne peut pas commencer mieux ! se réjouit-il.

Le scénario de l'attaque se déroule exactement commme prévu. La sentinelle a été surprise là où les renseignements fournis au poste prévoyaient qu'elle devait se trouver. Les paras s'éparpillent devant les broussailles qui cernent les paillotes endormies. Le village est tailladé par une douzaine d'arroyos. Collard s'enfonce soudain jusqu'à la poitrine dans l'un d'eux.

— On s'habitue à tout, pense-t-il en s'extrayant difficilement du piège froid, du moins à ce que disait mon copain d'Haiphong...

Le sergent retient les ahanements qui s'échappent de sa gorge pour ne pas donner l'alarme aux bo dois maintenant tout proches. Il parcourt à pieds secs une dizaine de mètres de maquis et disparaît à nouveau dans une coupure d'eau. Il demeure quelques secondes la tête sous l'eau en brandissant son arme américaine au bout de son bras droit. Il réussit à agripper une racine dans un mouvement réflexe de la main gauche et se hale peu à peu sur le bord du ruisseau profond. Le sac de combat qui encombre ses épaules le prive d'une bonne partie de sa souplesse habituelle.

— Merde de merde ! peste-t-il en crachant de la boue, c'est pas un coin pour faire la guerre... Pourvu que cette foutue racine tienne le coup !

La racine tient. Il se retrouve allongé, le souffle court, sur la terre ferme. Il se relève, trébuche et retombe en arrière dans le rach. Un de ses compagnons passe tout près de lui. Il le hèle d'une voix étouffée.

— Oh ! Tire-moi de là... chuchote-t-il, incapable de sortir seul de son inconfortable position.

Le para boueux s'arrête et devine, plutôt qu'il ne voit, son sergent embourbé.

— Vite, bon sang, crache ce dernier, aide-moi, j'étouffe...

Le béret-bleu se penche sur le bord de l'arroyo et attrape l'arme de son chef demeurée hors du liquide.

— Ah ! C'est toi Corneau, souffle le Parisien en reconnaissant l'homme qui le hisse au sec, heureusement que tu es là...

De chuintements en bruits de ventouse le sergent émerge peu à peu de sa prison et se replaque sur la terre meuble.

— Bon Dieu, souffle-t-il, ma mitraillette est dans un bel état...

Les deux hommes reprennent leur souffle. Le site éclate soudain en rafales rageuses. Des hurlements montent dans l'aube naissante. Collard est vite sur pied. Les paillotes d'où ont jailli les cris sont juste devant lui.

— Allez, on fonce, décide-t-il en entraînant son sauveur derrière lui.

Deux ombres sortent des habitations et se fondent dans la brume. Le Parisien et son compagnon les rattrapent facilement et les plaquent au sol. Les suspects roulent des yeux fous en dévisageant les diables boueux qui sortent de la nuit.

— Vite, décide le sergent au souffle court, on les amène au lieutenant, à la pagode, par là-bas...

Collard reconnaît dans la pénombre les détails du village appris sur les cartes du briefing. Le lieutenant Jacobs se trouve, comme prévu, à la petite pagode où il a installé son maigre P.C.

— Chef ! Là-bas, hurle presque un para, les mains occupées à panser un prisonnier blessé, regardez...

Collard distingue de nouvelles formes furtives qui tentent de se défiler à travers une ligne de bouquets d'arbres. Il court vers elles. Sa mitraillette crache une longue rafale de 11,43.

— Raté ! gronde-t-il. Ils connaissent bien le terrain...

Le sergent ne tient pas à gaspiller ses munitions et revient vers la pagode. Le jour se lève. Des nappes de brouillard prennent la relève de la nuit. Le lieutenant Jacobs fait rapidement le point de la situation. Il donne ensuite de nouveaux ordres secs et précis.

— On va passer de l'autre côté de ce rach, ordonne-t-il à ses chefs de groupes.

Collard entraîne les voltigeurs qui se sont regroupés autour de lui. Corneau arrange rapidement une sorte de radeau à l'aide de gros bambous et s'engage dans le faible courant en nageant avec les jambes. Le silence est retombé sur le site brumeux.

— Attention ! hurle une voix nerveuse.

Les regards des paras se portent vers Corneau qui approche de la rive opposée du cours d'eau profond. Le visage grimaçant d'un rebelle émerge des herbes mouillées à trois mètres de lui. Collard tire deux sèches rafales de mitraillette. Ses compagnons tirent aussi. Le faciès du bo doi disparaît. Corneau, aplati sur son radeau, achève sa traversée. Il bondit sur la rive, repousse son esquif et se place en protection pour permettre à ses compagnons de passer à leur tour le courant. Les paras rejoignent le voltigeur un par un. Le groupe vite reconstitué fouille un nouveau hameau de quelques paillotes d'où tentent vainement de s'échapper deux nouveaux rebelles.

Le lieutenant Jacobs, au P.C. de la pagode, interroge rapidement les vingt et un suspects qui ont été ramassés au cours du coup de main.

Collard, oubliant ses mésaventures du début de l'action, est perplexe.

— Qui a bien pu tirer les coups de feu ? se demande-t-il.

Toute la section se regroupe. Le Parisien apprend ce qui s'est passé. Un élément des groupes de recueil a ouvert le feu sur un sampan sorti de la brume. Ses quatres occupants gisent maintenant au fond de l'eau saumâtre, dans le ventre de leur bateau coulé.

Des partisans aident au triage des prisonniers. Ils ne reconnaissent que six membres du Viet-minh. Le sergent-chef Gibaru raconte à Collard comment il a débusqué l'un d'eux.

— Il filait comme un lapin et tout d'un coup, plus rien ! Plus de bonhomme, comme si la terre l'avait avalé...

Le sergent fait une pause pour corser l'intérêt de son récit.

— Oui, poursuit-il, le type aurait pu nous échapper si un de mes gars ne l'avait pas aperçu en train de nager sous l'eau. Il lui a tiré une rafale au ras des fesses mais le bonhomme a encore réussi à disparaître...

— Il doit être mort, avait annoncé le para à la mitraillette fumante, je l'ai sûrement touché..

Collard grelotte dans la brume fraîche.

— C'est alors, reprend son compagnon, que j'ai remarqué un petit bout de bambou qui se déplaçait tout doucement entre des feuilles de nénuphar. Je lui ai balancé une grenade offensive, il a jailli hors de l'eau, un peu sonné mais indemne...

La brume se dégage au-dessus du village investi. Les paras quittent le site en colonne lente pour regagner leur point de départ.

Collard cherche du regard, en arrivant au poste, l'homme qui lui avait promis un petit coup facile et assuré que les Viets-minhs étaient loin.

— C'est bien sûr pas encore la gloire, se dit-il en ne le trouvant pas, mais ça promet tout de même du joli pour plus tard...

2

L'EMBUSCADE

Le Parisien se retrouve le 9 octobre de garde à la prison de Haiduong. Celle-ci est encombrée de près de cinq cents prisonniers. Le jeune sergent se sent mal à l'aise devant l'étalement cru de la misère muette qu'il découvre.

— Je ne ferais certainement pas un bon garde-chiourme, reconnaît-il en étudiant de son regard curieux les visages durs des captifs.

— Ils ont tout de même des sales gueules, apprécie un des bérets-bleus placés en renfort de surveillance.

L'ancien résistant se fâche presque.

— Je voudrais bien la voir la tienne de gueule si tu étais à leur place ! rétorque-t-il à son compagnon.

Le sergent s'éloigne pour inspecter les défenses extérieures de la prison.

— Après tout, se dit-il, s'ils sont là c'est qu'ils étaient dans la rébellion, c'est la guerre !

Le bataillon a subi ses premières pertes le matin même. Trois hommes de la 8e compagnie ont sauté sur une mine. Le plus gravement touché d'entre eux ne pourra pas reprendre le combat.

Le groupe du Parisien est relevé le lendemain par une autre unité du secteur. Collard rejoint sa compagnie. Les sections sont mises en alerte au matin du 11 octobre. Les cent quatre-vingts paras du capitaine Berjon vont être employés ensemble pour la première fois. Ils s'affairent toute la matinée et une bonne partie de l'après-midi à la préparation de leur matériel de combat. Collard se garde bien de réclamer son lance-roquettes et embarque dans un G.M.C. à dix-sept heures, armé de sa mitraillette Thompson.

Les paras sont amenés aux abords du pont à cinq arches de Haiduong.

— Et en avant pour le bain de boue, plaisante le sergent en engageant ses hommes dans le bourbier des rizières.

La colonne progresse vers le grand poste de Hoang Xa. La nuit s'abat sur la désolation du site. Les paras peinent comme des damnés pour avancer à bon train dans la fange. Les premiers voltigeurs se font prudemment reconnaître par les sentinelles du poste un peu avant vingt et une heures. Collard s'affale à même le sol dans les défenses de la Coloniale. Il est tiré de son lourd sommeil à l'aube du 12 octobre.

Le poste ne paraît plus aussi peuplé que la veille au soir. Un gros élément d'assaut l'a quitté sans bruit à une heure trente. Il est parti en sampans dans le courant contraire d'un large canal pour se placer en embuscade non loin du village de Cam Lo. Les paras quittent Huang Xa à leur tour. Ils coupent à travers la rizière pour rejoindre des engins de débarquement de la Marine. Il est six heures quinze lorsque les premiers voltigeurs de la compagnie atteignent le cours d'eau.

— Merde ! gronde Collard en plissant les yeux pour mieux voir dans la brouillard, les marins ne sont pas là...

Le matin humide est soudain émietté par de longues rafales et des explosions qui se répercutent au ras de l'eau tranquille. Plus question d'attendre les L.C.M. Un ordre du lieutenant Jacobs lance Collard et les quatre groupes de sa section le long du canal vers le feu qui augmente d'intensité. Les bérets-bleus courent vers Cam Lo dans un cloaque collant. Ils approchent du combat qui s'enrage. Le gros de la compagnie est stoppé en bouchon sur la rive sud du cours d'eau. Le Parisien maudit le sort qui l'oblige à patienter dans la boue. La section de l'adjudant Lassalle traverse à son tour le large bras d'eau rousse à l'aide des sampans qui ont servi à convoyer les éléments accrochés. Le feu baisse vite d'intensité. Collard, tassé dans un buisson détrempé, observe la rive nord où s'engage un ratissage serré.

— Les voilà, gronde-t-il, en voyant soudain jaillir de la brume une vingtaine de formes humaines.

Les Viets-minhs courent cassés en deux.

— Ils ne sont pas loin, commente le Parisien, on peut les avoir !

Les deux fusils-mitrailleurs 24/29 de la section tirent de longues rafales sur les fuyards. Collard, impuissant, serre rageusement sa mitraillette. Les rebelles tracent leur fuite à trois cents mètres de lui. Quatre ou cinq d'entre eux boulent dans la boue comme des lapins touchés en pleine course. La section Lassalle approche des premières paillotes de Cam Lo où s'accroche désespérément une poignée de bo dois.

Deux autres villages plantés sur des langues de terre sèche émergent de la boue au sud-est du village occupé. L'élément infiltré au cours de la nuit se dirige vers eux en large ligne. Collard jette machinalement un coup d'œil à sa montre bracelet. Il est dix heures vingt. Une quarantaine de rebelles fuient le mouvement des groupes de l'adjudant Lassalle en se jetant dans les marécages de la rive nord du canal. Les bo dois disparaissent dans les joncs hauts qui poussent drus sur des centaines de mètres. Une section de la compagnie Berjon reçoit l'ordre de traverser le cours d'eau à l'extrême sud-est du dispositif pour prendre les fuyards en tenaille. Collard est franchement désappointé.

— C'est pas possible, rumine-t-il, on nous oublie dans notre coin !

Le sergent avide de combat rengaine vite son mécontentement. L'arrivée de ses compagnons sur la rive opposée du cours d'eau repousse les fugitifs dans sa direction.

— On va les cueillir, jubile-t-il, les Viets ne nous ont pas vus.

Le lieutenant Berjon apprécie calmement la situation nouvelle.

— Ne tirez qu'au tout dernier moment, ordonne-t-il à son chef de groupe.

Collard se sent parcouru par un frisson d'excitation. Le canon de son arme reste braqué sur la course des bo dois qui cherchent le salut vers le canal, courbés dans les joncs. Le silence s'est à nouveau réinstallé sur le site. Le sergent, la bouche sèche, suit la partie de mort qui s'engage.

— Pourvu qu'ils continuent comme ça, espère-t-il.

Le chef de groupe est hypnotisé par les soldats ennemis qui apparaissent et disparaissent de seconde en seconde.

Les trois ou quatre douzaines de Viets-minhs ne sont plus qu'à cent cinquante mètres de sa position. Ses compagnons, invisibles à quelques mètres de lui, retiennent leur souffle. Quelques coups de feu partent vers Cam Lo mais ne brisent en rien l'approche de l'ennemi. Le Parisien chasse d'un mouvement de main les picotements désagréables qui agressent ses paupières.

— Ils sont à cent mètres, se réjouit-il, venez les petits...

Les bo dois disparaissent complètement dans des joncs très hauts. L'ancien F.T.P. apprécie leur avance au mouvement de vagues qui anime le marécage. Les autres éléments engagés dans l'opération ne tirent plus. Les Viets-minhs se regroupent par petits paquets à moins de cinquante mètres de la rive du canal. La tension de l'embuscade indécelée atteint son paroxysme. Collard desserre ses mains moites de sa mitraillette froide et armée depuis longtemps déjà. Il n'y a bientôt plus que le canal pour séparer les deux partis face à face. Le lieutenant Jacobs pousse un cri :

— Feu !

Toutes les armes de la section bien étalée donnent de la voix à l'unisson. Elles plaquent les rebelles dans la boue. La riposte est faible. Quelques balles sifflent haut sur la position de Collard. Le sergent libéré de la tension de l'attente qui le mordait depuis de trop longues minutes ne fait plus qu'un avec son arme. Il tire, très calme, sur les buissons masquant les derniers survivants de la grosse section ennemie. Le feu grisant meurt. Le silence nappe à nouveau les marécages qui sentent la poudre. Des râles montent des joncs foulés. Les paras n'ont subi aucune perte et se relèvent tranquillement. Une section de partisans pousse des hurlements de haine en descendant du nord-ouest. Ils achèvent en riant aux éclats les blessés du Viet-minh de quelques coups de grâce. Quatre rebelles jaillissent des joncs écrasés et sont tout de suite empoignés par leurs frères de race.

— Pas possible, s'étonne le Parisien, avec tout ce qu'on leur a foutu sur la gueule, il y en a encore en vie !

Les partisans s'en retournent, chargés des armes récupérées sur les cadavres. Il est maintenant midi. La fouille se termine. Le butin est ramassé et dénombré. Les prisonniers sont convoyés vers Haiduong. Les partisans ont reconnu parmi eux un officier viet-minh. L'homme a été capturé par une équipe de l'adjudant Lassalle. Le sous-officier rayonnant exhibe un petit drapeau rebelle frappé d'une étoile jaune. Collard aime cette guerre de commando.

— Pourvu que ça dure comme ça, jubile-t-il en regagnant Hoang Xa.

Les paras récupèrent cinq buffles dans un village désert et les poussent devant eux. Ils ramassent aussi deux centaines de canards pour améliorer confortablement l'ordinaire du bataillon.

— Il ne manque plus qu'une bonne opération aéroportée, conclut le Parisien en grimpant dans un des G.M.C. qui attendaient la compagnie au poste de Hoang Xa.

3

LA CONTRE-ATTAQUE

Le 16 octobre 1948, la 7ᵉ compagnie embarque à la nuit noire à bord d'engins de la Royale, au pont de Haiduong. Les navires à fond plat remontent le Song Luc Nam en direction de Sept Pagodes situé à un peu plus de vingt kilomètres au nord. Collard, tassé au milieu de la section Jacobs dans la cuve d'un L.C.M., contemple le ciel étoilé qui danse lentement au-dessus de lui. Les marins, vieux routiers du delta, veillent au grain. Les paras n'ont qu'à se laisser transporter. Le ronflement régulier des deux moteurs de la barge balancée dans les sillages des engins qui la précèdent berce les bérets-bleus. Collard s'ensommeille peu à peu.

Le convoi touche Sept Pagodes à trois heures trente. Des tirailleurs embarquent dans l'engin. Les paras se serrent au maximum. La nuit est fraîche. Collard grelotte et ne pense plus à dormir lorsque l'engin chargé au maximum de sa capacité pousse du bord et entame la deuxième partie du voyage.

Les étoiles disparaissent une à une. Les engins accostent en pleine nature à sept heures. Les paras et les tirailleurs transis débarquent en silence. Un poste se dresse au sommet d'une colline dominant une vallée boisée. Les bérets-bleus reçoivent des rations conditionnées pour la première fois depuis leur arrivée en Indochine.

— Voyons voir le menu, se propose le Parisien qui a la chance d'avoir dans son groupe un cuisinier de métier, le para Fernet.

Le sergent ouvre rapidement la première boîte de fer qui contient le casse-croûte du matin. Le conditionnement révèle un paquet de cigarettes, du café soluble, une grosse barre de chocolat noir, cinq biscuits, du fromage fondu et des allumettes.

— Il y a même du papier à cul, plaisante un para, c'est chouette ! Vivement la bouffe de midi qu'on découvre le reste.

La matinée s'écoule tranquillement. Les paras forment une tête de pont qui court des premières défenses du poste juché sur le piton au bord du Song Luc Nam. Personne dans les groupes n'est au courant de ce qui se trame.

Des grondements de moteurs d'avions emplissent le ciel un peu après dix heures. Le Parisien aperçoit bientôt des *Junker 52.* Les appareils volent à trois ou quatre cents mètres d'altitude. Ils transportent la 6e compagnie du bataillon qui doit sauter sur la zone ennemie de Mai Su située à vingt kilomètres plus au nord.

— Les veinards, envie le sergent en suivant longtemps la vague d'avions du regard, ils vont s'en donner à cœur joie !

L'ordre d'avancer vers la zone des parachutages anime la compagnie Berjon. Les paras marchent pendant deux kilomètres sur une digue large comme une route départementale, au-dessus des rizières et au ras d'une brousse épaisse. Collard aperçoit les paillotes d'un village. La progression se fige. Des éclaireurs et des guides partisans approchent prudemment du hameau qui semble désert. Quelques minutes passent. Des coups de feu giclent soudain des habitations serrées.

— Cette fois, ça passe pas loin ! reconnaît Collard en retrouvant les sinistres claquements des combats de la Brigade Fabien.

Le Parisien rentre machinalement la tête dans ses épaules sous les volées de balles qui frôlent sa position. Un élément de la compagnie investit le village dont les défenseurs retardent le mouvement prévu vers Mai Su. De nouveaux *Junker 52* passent au-dessus de l'accrochage. Ils transportent le reliquat de la 6e compagnie du capitaine Lorgeoux et la compagnie de commandement du bataillon qui doivent sauter au sud-ouest de Mai Su, sur l'axe de progression du reste des sections de bérets-bleus.

L'avance est bloquée pendant plus de vingt minutes. Les bo dois décrochent enfin en abandonnant deux morts. Les paras investissent un second village. Des échos de fusillades glissent du nord-est.

— Collard, ordonne le lieutenant Jacobs, passez en queue de colonne avec votre groupe et brûlez les baraques.

Un partisan indique la manœuvre la plus simple pour allumer les incendies.

— *Chep*, zézaye-t-il, tu prends une poignée de paille de riz, tu serres très fort, tu allumes et : choup ! Tu mets le feu...

Le petit Indochinois en sandalettes allume en courant trois incendies et revient vers son chef en riant aux éclats. Collard et les paras européens imitent la méthode incendiaire.

— C'est sans doute ça qu'on appelle des soldats du feu, plaisante le chef de patrouille.

Les flammes dévorent tout en crépitant. Les chambranles des portes de paillotes s'abattent. Les toitures de chaume glissent vers le sol humide en longues langues de feu et éclatent en millions d'étincelles. Un ronflement continu prend possession de l'ambiance enfumée.

— Bon Dieu ! gronde soudain Collard, des puces !

Des bataillons de vermine fuient la fournaise et se lancent à l'assaut des jambes des paras. Collard frappe nerveusement ses mollets attaqués. Un deuxième village brûle bientôt. Les échos de la bataille venant du nord s'amplifient. Le Parisien découvre un stock d'affichettes de propagande viet-minh.

— Comme ça, se dit l'ancien F.T.P. allergique au marxisme après avoir lu l'une d'elles, on sait vraiment contre qui on se bat !

Les placards de mauvais papier sur lesquelles s'étalent, complices, les visages de Staline et d'Hô Chi Minh grossissent vite l'incendie d'une des dernières paillotes du village déserté par ses occupants.

La progression emprunte une succession de digues et diguettes au milieu de rizières inondées. Elle rejoint les éléments de la deuxième vague du parachutage à seize heures. Collard apprend en les dépassant que les groupes ont conquis tous leurs objectifs et n'ont à déplorer que quelques blessés sans gravité. La compagnie Berjon avance encore d'un kilomètre vers le nord et s'arrête devant deux nouveaux villages. Le scénario des premières fouilles de la journée se joue à nouveau. Mais, cette fois, les bo dois sont en force dans les paillotes. De nombreux coups de feu claquent au-dessus des paras affalés au sol. Les mortiers de la compagnie entrent dans la guerre pour la première fois. Ils pilonnent les larges villages de dizaines d'obus ravageurs. Collard se prépare tranquillement pour l'assaut. Il vérifie l'arrimage de son sac à dos. La nuit s'abat sur le champ de bataille et noie ses espérances de tumulte. Quelques rafales poursuivent un groupe de bo dois qui se dirigeait vers les villages en feu.

— C'est foutu pour aujourd'hui, enrage le Parisien, on ne les aura que demain...

Les voltigeurs pénètrent dans les paillotes désertées par leurs défenseurs. Ils creusent rapidement des trous individuels. De nouvelles rafales les arrachent à leur travail d'installation pour la nuit. Ils ripostent aux tirs lointains, en aveugles. Un Viet-minh boitillant jaillit de la pénombre naissante. Il tient ses bras tendus à l'extrême au-dessus de sa tête casquée. Maigre à faire peur, l'homme en uniforme est désarmé et au bord de l'évanouissement. Une balle lui a éclaté la cuisse droite et arraché un morceau de fesse. Le Parisien le dévisage.

— Comment a-t-il pu marcher jusqu'ici ? s'étonne-t-il. Ce sont tout de même de sacrés gaillards...

Le bo doi est rapidement soigné et tout aussitôt questionné par un interprète. Le partisan hurle des questions sur l'élément rebelle qui a fui devant les paras. L'homme meurt sans répondre.

La nuit passe vite. Elle est hachée de temps en temps par des rafales tirées aux passages furtifs de petits éléments rebelles en débandade. Quelques obus de mortiers explosent au milieu du village occupé. Les tubes de la compagnie Berjon répondent à l'aveuglette aux pièces viets-minhs. Collard se repose tout de même quelques heures.

La progression reprend à sept heures au matin du 18 octobre. Les paras investissent un village faisant face à celui dans lequel ils ont cantonné pour la nuit. Des rebelles en décrochent après quelques coups de feu imprécis.

— Sûrement un petit élément retardateur, apprécie Collard en pleine forme.

De nouveaux villages brûlent derrière la colonne en marche vers Mai Su. La forêt sent le bois brûlé. Les voltigeurs de tête atteignent un gros village vers neuf heures. La fouille ne donne pas grand-chose.

— Les copains qui ont sauté ont tout foutu en l'air dès leur arrivée, s'explique le Parisien.

Un cri strident attire soudain son attention. Un parachutiste a découvert l'entrée d'un souterrain piégé. Le béret-bleu pénètre lentement dans le goulet étroit de la cache après avoir aisément neutralisé la grenade piégée installée là par les rebelles en fuite. L'antre révèle un véritable trésor de guerre. Les paras en sortent des centaines de grenades, des obus de canon de 37 mm, trois bazookas de fabrication artisanale, un mortier de 60 mm et des munitions et explosifs en grande quantité.

— Il y a au moins de quoi ravitailler trois compagnies, évalue Collard. Les Viets vont le sentir passer !

Le Parisien reçoit l'ordre de reprendre la progression. Les paras marchent depuis déjà une demi-heure lorsque le village qu'ils viennent de quitter explose littéralement, piégé par les artificiers de la compagnie. La terre tremble dans toute la vallée lorsque le village se transforme en volcan.

Une véritable jungle ralentit la progression. Les voltigeurs de tête se fraient difficilement un passage à grands coups de coupe-coupe. La piste se perd dans des méandres d'entrelacs sombres.

— Encore un peu de courage, conseille le sergent à ses paras en sueur, on doit monter là-haut... On y est presque...

Les bérets-bleus soufflent, ahanent, jurent et s'accrochent tant bien que mal aux branches basses qui leur fouettent le visage pour se hisser au sommet d'un long piton. La progression aveugle débouche enfin sur la hauteur. Collard est ébloui par la splendeur du paysage qui s'offre à son regard. Des vagues de cimes d'arbres vert sombre coulent vers le Song Luc Nam maintenant invisible.

Un ordre radio relance l'avance lasse. Les paras progressent sur la ligne de crête pendant quelques kilomètres puis redescendent dans une vallée qui s'encaisse de plus en plus vers le nord. La colonne atteint à la nuit un village serré entre des pitons noirs barrant le ciel au-dessus de lui. Une femme apeurée et trois gosses morveux accueillent les Français dégoulinant de sueur aigre. Les paras offrent des bonbons acidulés de leurs boîtes de rations aux mioches à demi nus. Les têtes rondes et rases s'apprivoisent vite. Le sergent-chef Gibaru reçoit l'ordre de partir en patrouille avec dix bérets-bleus.

— Je vais avec toi, offre Collard.

« Gibus » accepte le renfort du Parisien. Les hommes silencieux glissent comme des fauves en chasse au ras des troncs d'arbres mangés par de hautes broussailles. Ils parcourent lentement deux kilomètres sans déceler le moindre indice de présence ennemie.

— On rentre ! décide le chef de patrouille.

Les paras font demi-tour sur leurs brisées mais s'égarent inexorablement dans le fouillis de la forêt bruissante de mille bruits d'animaux.

— On a l'air fin, se sent obligé de plaisanter le Parisien tandis que la patrouille se fige un long moment.

Les paras perdus tâtonnent une longue demi-heure. Ils tournent en rond. Des lueurs dansantes trouent soudain la nuit.

— Ce sont les villages qu'on a incendiés vers le sud, se réjouit Collard, on est sauvés...

La patrouille remise dans la bonne direction rejoint les cagnas occupées par le gros de la compagnie. Ses voltigeurs de tête se font reconnaître par les sentinelles placées en défense vers le nord de la position.

Collard s'allonge dans une paillote. Il est bien. La forêt alentour sent bon. Il est chez lui dans cette guerre.

La progression se relance à l'aube et remonte vers les lignes de crêtes dominant la vallée. Collard, promu incendiaire en chef, allume de nouveaux brasiers avant de quitter le village. La paillote de la femme et des trois enfants est seule épargnée. Elle est remplie de l'excédent des boîtes de rations des paras. Un élément de tirailleurs algériens emboîte le pas des bérets-bleus dans la jungle de plus en plus dense. La montagne décline après deux kilomètres très durs. Les paras franchissent une kyrielle de collines hautes de deux cent cinquante à trois cents mètres. La vallée s'élargit aux approches d'un gros village atteint à quinze heures après une longue marche monotone. Les habitations sont désertes. Les groupes de bérets-bleus s'y installent tranquillement. Ils sont bientôt rejoints par les tirailleurs algériens et de nombreux coolies chargés de ballots de matériel qu'ils portent au bout de souples balanciers passés sur leurs épaules musclées. Collard s'établit à la lisière ouest du village.

— La guerre est finie pour cette fois, plaisante-t-il en inspectant l'ordonnance de ses postes de guet.

Une formidable fusillade éclate alors à trois cents mètres au nord de sa position. Les rebelles attaquent en masse. Bien placés en longue embuscade, ils arrosent méthodiquement toutes les paillotes. Collard plonge au sol sous le tir diaboliquement précis des bo dois invisibles. La défense s'organise en moins d'une minute, sans affolement. Les coolies fatalistes se regroupent et attendent la fin des combats collés au sol.

— Occupez les paillotes ! hurle un officier dans le vacarme.

Le Parisien bondit dans une solide bâtisse qui se transforme vite en fortin crachant le feu. Des balles ennemies s'enfoncent avec un bruit sec dans la terre tout autour de la position déchaînée.

— Merde alors, rugit l'ancien F.T.P., on ne peut pas en voir un seul...

Les rebelles sont éparpillés sur le flanc de la colline dominant le village en pente. Les mortiers de la compagnie piégée pilonnent en vain les nids de feu des bo dois. Les rafales s'enragent encore pendant deux longues minutes. Collard observe calmement les réactions des groupes amis.

— Nom de Dieu, jure-t-il soudain, ça flotte par chez nous, il ne faut pas rester coincés, faut donner l'assaut...

L'ancien petit soldat de la Libération voit juste. Un ordre fait jaillir les paras en folle contre-attaque hurlante. Les mortiers redoublent de cadence pour les couvrir. Les rebelles mollissent un peu. La section Jacobs atteint un mamelon en quelques bonds nerveux sous le feu ennemi. Les paras reçoivent alors l'ordre de poursuivre leur avance sur la ligne de crête pour amorcer un large mouvement tournant d'environ deux kilomètres pour piéger le gros élément rebelle. Collard parcourt à la course la première partie de l'approche en tenaille. Il parvient bientôt au-dessus d'une vaste rizière au fond de laquelle s'étale un gros village, de l'autre côté des pentes tenues par les bo dois.

Des balles sifflent au-dessus des paras courbés et presque entièrement camouflés dans les herbes de riz. Le village est tout proche. De l'autre côté de la colline, le feu semble faiblir.

— Attention, anticipe le Parisien essoufflé, ils vont décrocher. A nous de les coincer !

Des bo dois jaillissent sur la ligne de crête et descendent eux aussi vers le village de la rizière. Les rafales de la section Jacobs les rejettent au flanc du mamelon presque dénudé. Une dernière rafale de fusil-mitrailleur accompagne leur fuite désordonnée.

— C'est foutu, gronde Collard désappointé, ils sont bien trop loin...

Le village est rapidement investi pendant qu'une autre section bien appuyée par les mortiers occupe une autre colline, tuant quelques bo dois repoussés là par le mouvement du lieutenant Jacobs.

Le combat se meurt. Collard et sa section reviennent lentement vers le premier village occupé avant le début de l'embuscade.

— On brûle celui-ci aussi ? interroge le Parisien en repassant au milieu des paillotes.

Le lieutenant Jacobs acquiesce. Les habitations crépitent vite, laissant échapper l'inévitable cohorte d'insectes qui se rue sur les paras. Une liaison radio est établie avec la 6ᵉ compagnie installée à Mai Su et une patrouille réalise la jonction à vue au moment où la nuit tombe.

Collard est à bout de forces. Il garde aux yeux la formidable image de la contre-attaque bondissant sous le feu des bo dois.

— Sans ce sursaut, reconnaît-il en revivant la scène, les Viets nous tombaient dessus et on aurait souffert.

Le sergent s'endort en rêvant de corolles blanches et camouflées qui dansent dans un ciel bleu au-dessus de l'ennemi.

4

LA BALLE FANTÔME

Les paras se sont installés dans un poste du secteur de Luc Nam après l'opération de Mai Su. Ils quittent le 26 octobre les abords de la petite ville détruite pour gagner Hanoi. La compagnie du capitaine Berjon s'installe dans la capitale à trois cents mètres du pont Doumer. Elle occupe les locaux désaffectés de l'imprimerie d'Extrême-Orient, étalés entre la rue des Vermicelles et la rue de l'Arroyo Chinois. Ces deux artères finissent toutes deux dans la rue du Grand Bouddha bordée de nombreux cafés et qui mène au paradis frelaté de l'*Hollywood Dancing*. Le trafic et la luxure exotique règnent alentour dans des petites ruelles.

Le 7 novembre, le bataillon est engagé dans l'opération Ondine, destinée à nettoyer la région de Vietri entre la rivière Claire et le fleuve Rouge au nord-ouest d'Hanoi. Collard exulte. Il bondit à trois heures vingt du G.M.C. qui l'a amené de son cantonnement à l'aérodrome de Bach Mai établi à un peu plus de deux kilomètres au sud de la capitale. Les choses ne se passent pas aussi vite qu'il l'espérait.

— Bon sang, s'impatiente-t-il, qu'est-ce qu'ils attendent pour nous faire embarquer dans les zincs...

Le sergent trompe sa nervosité en passant le matériel de ses hommes en revue. Il est enfin tiré de l'attente crispante par le bruit des moteurs de *Junker 52* qui emplissent l'aube à six heures du matin. Les sticks d'une quinzaine de paras engoncés dans leurs sacs de parachutes ventral et dorsal reçoivent enfin l'ordre de monter dans les appareils allemands. Le *Ju 52* numéro 387 commence à rouler sur la piste recouverte de plaques de métal ajourées. Collard sent l'appareil vibrer de plus en plus fort. L'avion de tôle ondulée tourne court en bout de piste et s'élance de toute la puissance de ses trois moteurs. Le Parisien note à l'aide d'un petit crayon l'heure exacte du départ sur le petit calepin dont il ne se sépare jamais. Son avion quitte le sol à six heures cinquante.

— Comme ça, explique-t-il à son voisin immédiat, je suis bien sûr de ne jamais rien oublier de tout ce qu'on nous fera faire...

Le sergent ne connaît rien de l'objectif vers lequel il vole si ce n'est le tracé de la zone de saut et quelques noms sans signification précise. L'avion est à sept heures vingt-huit au-dessus de la D.Z., non loin de Vietri, et à près de cent kilomètres d'Hanoi. Des villages flambent à trois cents mètres sous le ventre gris du *Junker.* Des *Spitfire* aiguisés se faufilent adroitement entre les vagues d'assaut pour achever la préparation du terrain en mitraillant les paillotes. Les paras se lèvent à l'ordre du largueur. Ils accrochent le mousqueton de leur *starting-linet* au câble qui court au ras du plafond de l'appareil. Collard détaille le relief tonkinois fuyant sous l'avion trépidant. Les courroies de son dorsal, un peu trop serrées, mordent ses épaules. Il fait chaud dans la carlingue et il transpire.

L'appareil ralentit soudain et ne vole plus qu'à deux cents mètres du sol. Un ordre sec libère les chuteurs. Colard plonge dans le vide.

— Comme c'est beau ! s'écrie-t-il après le violent choc d'ouverture de son parachute.

Des dizaines de corolles gonflées de vent se balancent dans la timide clarté du matin. Le sergent jette un rapide coup d'œil circulaire vers la rizière sèche qui monte sous ses bottes de saut. Il resserre ses jambes en position de réception. Quelques claquements de balles tirées par des Viets-minhs encore embusqués sur la D.Z. se font entendre dans les chuintements des suspentes et des voilures. Le sol est là. Le Parisien exécute une roulade machinale. Il se relève après avoir dégrafé en un tour de main ses sacs de parachutes.

— Coup de pot, constate-t-il joyeusement, je n'ai pas dérivé d'une centaine de mètres...

L'objectif de sa compagnie s'étale sur sa gauche. C'est un petit village d'apparence tranquille. Le sergent ajuste son sac à dos sur ses épaules endolories par les harnais de son dorsal et abandonne sa voilure encore frémissante pour courir vers le point de regroupement de sa section. Des hommes se croisent en poussant des cris joyeux. Ils ont reçu pour la première fois des foulards de couleurs différentes. Celui de Collard est rouge. Le système est très efficace, la section Jacobs se rassemble en un temps record. Les paras retrouvent vite leurs gaines de matériel lourd qui sont ornées elles aussi de foulards distinctifs.

Toute la compagnie se regroupe sans casse quelques minutes seulement après le saut impeccable. Ses premiers éléments se lancent vers l'objectif principal en traversant le village vers sa lisière sud. Les avions de chasse anglais s'éloignent. Quelques rafales passent au-dessus des bérets-bleus. Elles sont tirées par des bo dois qui fuient loin devant le rush nerveux des paras. Collard zigzague au milieu des paillotes abandonnées. Une forme floue se dévoile à trente mètres devant lui. Des balles claquent tout près et l'obligent à se jeter à l'abri d'un muret de terre écroulé. Quelques secondes passent. La forme rapidement aperçue se terre où elle a disparu.

— Je vais l'avoir, jubile le sergent au foulard rouge.

Le Parisien essaye de deviner l'ennemi et se rapproche en tirant une rafale de *Thompson.* Le bo doi s'affole. Il se relève. L'ancien F.T.P. le recouche au sol humide d'une nouvelle rafale de 11,43. D'autres Viets-minhs se dispersent en hurlant. La mêlée est vite générale. Le Parisien a tout de même le temps de réaliser dans le vacarme qu'il vient de tuer son premier Viet-minh. Il jette un rapide coup d'œil sur les traits déformés par la douleur de sa victime et repart à l'assaut.

La chasse mitraille à nouveau pas très loin de la course furieuse des bérets-bleus. Les mortiers de la compagnie couvrent au mieux la vague de choc. Les grenades à fusil aboient en explosant à quelques dizaines de mètres seulement des premiers voltigeurs essoufflés. Les assaillants sont vite saouls de bruit et d'odeur de poudre. Collard approche d'un rideau de bambous. Une silhouette jaillit, imprécise, derrière l'écran lâche. Le sergent tire une longue rafale.

— Raté, grommelle-t-il tandis que le bo doi s'enfuit. C'est pas possible !

Le rebelle s'éloigne d'une dizaine de mètres. Une seconde rafale le cloue au sol. Collard, hors du temps, est vite près de lui et l'achève de trois balles de 11,43.

— C'est mieux pour toi, souffle-t-il au mort, tu ne souffres plus...

Le bo doi est en uniforme mais, tout comme le premier, a réussi à passer son arme à ses compagnons en repli. Il n'a conservé que deux grenades et un coupe-coupe.

Tous les objectifs de la compagnie Berjon sont enlevés à huit heures cinquante. Le gros de l'élément viet-minh se perd au loin dans les rizières. Les bo dois débandés sont matraqués par la mitraille incessante des *Spitfire.*

— On a eu de la casse ? s'informe Collard un peu dégrisé.

Tous les paras de sa section sont indemnes. Un béret-bleu d'un autre groupe a été retrouvé mort. Il était encore sanglé dans ses harnais de parachute. Les Viets-minhs l'ont massacré à coups de machette. Collard ne regrette pas ses deux premiers bo dois abattus.

— Pas de cadeaux ! gronde-t-il en apprenant les détails du martyre de son compagnon. Jamais plus de cadeaux...

Le tout dernier îlot de résistance ennemie est anéanti à onze heures. Le Parisien reçoit alors l'ordre de fouiller une dernière fois la rizière. L'après-midi empanaché de hautes colonnes de fumée signant la destruction des villages du site s'écoule presque tranquille. Il est seulement émaillé de quelques coups de feu qui sanctionnent des découvertes de rebelles piégés. Les paras font ripaille au soir avec toutes les volailles récupérées entre les paillotes en feu. Quelques obus de mortiers ennemis s'abattent sur les bivouacs au long de la nuit sans causer de dégâts aux sections en repos. Le matin du 8 novembre naît dans des grondements de moteurs d'engins de la Marine qui remontent le fleuve Rouge tout proche.

— Il reste encore des villages à fouiller de l'autre côté du fleuve, annonce le lieutenant Jacobs à ses sergents.

Collard franchit le large cours d'eau en L.C.M. et lance son groupe de voltige dans les rizières de la rive sud du fleuve Rouge. Les villages visés sont envahis d'une végétation épaisse.

— C'est pas facile d'avancer là-dedans, regrette le Parisien, on est obligés de marcher serrés... Gaffe !

La liaison à vue entre les éléments de la fouille est impossible à conserver. L'ambiance est lourde. Il fait tiède et l'odeur d'humus putride qui monte du sous-bois sombre dans lequel se sont engagés les compagnons de Collard ajoute encore à l'angoissante impression de malaise. La ligne des paillotes est très longue. Des éclatements de mortiers et quelques rafales isolées rompent la tension des hommes en treillis kaki qui marchent très lentement. Les obus s'abattent à deux cents mètres en avant de la progression aveugle. Les parachutistes sont bientôt obligés de poursuivre la traque entre les paillotes, en progression très espacée, par petits paquets de deux ou trois hommes. Chaque groupe ignore tout de ce que font les autres.

— C'est pas le moment de s'énerver et d'allumer les copains, grommelle Collard.

Le sergent se sent de plus en plus mal à l'aise dans la moiteur des hauts bosquets noirs. Des clairières étroites permettent heureusement de régler l'avance. Le Parisien se retrouve bientôt isolé avec un seul voltigeur. L'épaisseur incroyable des buissons entourant les arbres étouffe l'écho des impacts de mortiers. Le sergent marche à deux mètres devant son compagnon.

— Attention ! souffle-t-il en se baissant soudain, il y a un hameau là, devant...

Le rideau d'arbres s'élargit. Les deux paras découvrent une clairière plantée de trois paillotes. Les deux hommes figés écoutent pendant quelques secondes avant d'avancer hors des couverts. Collard se rejette tout de suite en arrière d'un bond de grenouille.

— Bouge plus ! ordonne-t-il à son compagnon, il y a des clients...

Cinq rebelles s'affairent à la confection de palanquées devant la deuxième paillote de la clairière. Le Parisien retient son souffle en épiant leur manège tranquille.

— On est peut-être un peu seuls, se dit-il, mais tant pis : il faut qu'on se les paye !

Le sergent serre son arme à se faire mal aux mains.

— Tu es prêt ? demande-t-il à son voltigeur tassé tout près de lui.

Le para acquiesce d'un simple battement de paupières.

— Alors on y va, souffle le chef de groupe.

Les deux hommes bondissent à l'unisson et se retrouvent malencontreusement placés de chaque côté du groupe surpris.

— Merde ! gronde Collard, on ne peut pas tirer, on va se flinguer comme des guignols...

Les Viets-minhs réagissent vite. Deux d'entre eux disparaissent dans une paillote et les trois autres se glissent souplement derrière la même habitation délabrée.

— On nous a demandé d'essayer de faire des prisonniers, se souvient très calmement le Parisien, c'est le moment ou jamais...

Le sergent fait un signe à son voltigeur qui vient se placer à bonne distance de la paillote pour couper la route aux fuyards éventuels.

— Sortez de là ! hurle-t-il ensuite de sa voix de commandement.

Rien ne bouge.

— *Mau len... Mau len...* hurle à nouveau le Parisien en employant les seuls mots de vietnamien qu'il a eu l'occasion d'apprendre. Vite... vite...

Quelques secondes passent encore. Un premier Tonkinois aux cheveux ras émerge de la paillote sombre, les mains en l'air. Un deuxième homme en khe khouan noir emboîte bientôt le pas au premier prisonnier. Un troisième sort de l'arrière de la paillote suintante d'humidité.

— Amenez-vous, *mau len* ! hurle encore le Parisien prêt à tirer au moindre geste des captifs.

Les deux derniers Tonkinois surgissent dans la clairière et s'accroupissent rapidement près de leurs compagnons en levant leurs mains sur la tête. Collard les ficèle rapidement à l'aide d'une longue suspente de parachute.

— Fouille tout le bazar, ordonne-t-il à son compagnon en entravant le dernier captif.

Le para éventre un premier ballot qui ne contient que du ravitaillement de bouche. Le suivant ne révèle rien de plus intéressant.

— On est tombés sur l'intendance, plaisante-t-il en détaillant les sacs de sel, de riz et de thé qui jonchent le sol de la clairière.

Les explosions de mortiers s'éloignent. Le sergent décide de rallier la fouille. Les deux paras poussent leurs prisonniers apeurés devant eux. Ils rejoignent bientôt quelques-uns de leurs compagnons dans une clairière plus vaste que les précédentes où ils gardent déjà un groupe de prisonniers.

— Cinq de plus ! claironne le sergent, occupez-vous d'eux, nous on continue...

Un ordre radio empêche le Parisien de se relancer dans la fouille. Les groupes épars sont rameutés au bord du fleuve Rouge. Les vingt-trois suspects ramassés par les patrouilles sont jetés sans ménagements dans une cuve de L.C.M. qui les emmène en grondant vers un poste où ils seront interrogés.

La compagnie Berjon, qui a retraversé le fleuve, est engagée le lendemain vers le nord et accroche durement les Viets-minhs aux approches du village de Minh Hong. Collard, placé en retrait de l'action, enrage et suit des yeux les assauts de ses compagnons pris sous le feu. Le combat cesse vite. Trois blessés de la section de l'adjudant Lassalle reviennent se faire soigner et deux paras au visage fermé ramènent le corps mort d'un de leurs compagnons vers le fleuve Rouge. Le Parisien reconnaît au passage du brancard de fortune le visage sans vie du sergent-chef Lainz. Il se fige machinalement au garde-à-vous.

— Adieu, vieux frère, murmure-t-il, ou peut-être au revoir...

Les paras s'installent pour la nuit dans le village conquis. La journée suivante se passe en patrouilles de reconnaissance qui ne donnent rien. Le 11 novembre arrive.

— Au moins, plaisante Collard, pour une fois on ne risque pas de défiler, c'est toujours ça de gagné...

Le sergent gouailleur part en patrouille à sept kilomètres de Minh Hong.

— On a rien vu, annonce-t-il en rentrant au lieutenant Jacobs, juste un groupe de Viets qui s'est défilé loin devant nous.

La compagnie Berjon est rappelée par radio à Vietri à l'aube du I2 novembre. Son retour commence comme une simple promenade de santé.

— Moi j'aime pas trop ça, cette balade, confie Collard au caporal-chef Marseille, un tout jeune ancien du Bataillon de Choc, et toi ?

Marseille fait lui aussi la grimace.

— C'est jamais bien bon de repasser par les mêmes chemins, répond-il au Parisien. Enfin, on verra bien...

Les deux hommes se taisent. L'élément de tête de la compagnie tombe dans une embuscade à peine une heure après. L'adjudant-chef Lassalle lance tout de suite sa section en débordement. Les rebelles ont dévoilé leurs armes bien trop tôt et fuient en catastrophe. Le Parisien suit d'un regard envieux le chef de section qui progresse derrière les fuyards débandés en empruntant une longue diguette. L'adjudant-chef se fige soudain. Collard devine tout de suite le drame.

— Il a marché sur une mine, gronde-t-il, pourvu que ça ne pète pas !

Un rebelle affolé jaillit soudain de son abri. L'homme fuit en zigzag dans les hautes herbes qui bordent la rizière. Une courte rafale de mitraillette brise sa course. Une ficelle court du monticule de terre fraîchement remuée devant lequel s'est immobilisé l'adjudant-chef Lassalle et mène à l'endroit où le Viet-minh abattu était allongé.

— Lassalle a eu de la chance, soupire Collard en fixant ses yeux noisette sur la cordelette cassée par la traction sans doute trop nerveuse du bo doi mort.

Un démineur extirpe à gestes comptés un obus de 105 de sa gangue de terre meuble. L'engin devait sauter en même temps que la grenade reliée au fil de traction coupé net. L'obus est confié à un coolie choisi parmi les quelques prisonniers qui restent encore à la garde de la 7e compagnie. L'homme trottine à tout petits pas en tremblant de peur.

Les paras atteignent bientôt Vietri. Des L.C.M. les chargent le lendemain pour les mener, au bout de dix longues heures de navigation très lente, devant un village déserté de ses habitants. Les sections s'y installent et passent une nuit tranquille. La 7e compagnie reprend la progression à l'aube du I4 novembre vers le sud. Elle atteint le village de La Fu planté sur trois cents mètres au flanc d'un long coteau dominant le cours d'eau. Collard apprend que la position doit être tenue pendant plusieurs jours.

— Installons-nous solidement, ordonne-t-il alors aux paras de son groupe, on ne sait jamais.

Le Parisien élit domicile avec deux autres sergents dans une masure bâtie en dur. Des renseignements tout frais signalent que le Viet-minh est en force dans le secteur. Le Parisien se réjouit de la nouvelle.

— Drôles de renseignements, déchante-t-il le 16 novembre au retour d'une patrouille monotone, il n'y a pas la queue d'un Viet par ici !

Les paras reçoivent pourtant l'ordre d'améliorer encore leurs défenses. Le village devient une véritable place forte.

Une fusillade éclate à vingt-deux heures trente, le 17 novembre. Collard saute à bas de sa couche, un superbe matelas de cent quarante de large récupéré dans les décombres du village et qu'il partage avec un de ses compagnons.

— Cette fois, c'est du sérieux, constate-t-il en gagnant son poste de combat aux créneaux aménagés dans la masure, il y a du beau monde en face !

Le feu jaillit de toute la hauteur sombre du mamelon dominant le village et la rivière Noire. Des balles traçantes découpent le ciel en lanières, des obus de mortiers explosent entre les paillotes et les bâtisses en dur. Les cris sauvages montent dans le vacarme. Les rebelles se ruent à l'assaut de la bourgade, après de longues minutes de préparation de tirs de mitrailleuses et de mortiers. Ils dévalent vers le village fortifié en grappes sautillantes et crachant le feu. Les bo dois fanatisés parviennent à une trentaine de mètres seulement de la section établie le plus au nord de la compagnie et s'aplatissent sous un jet de grenades.

— Et nous, alors, grommelle Collard en scrutant la nuit bruyante, ils nous oublient ?

La bâtisse qu'il occupe est martelée d'impacts de balles de tous calibres. Les assauts sont entrecoupés de temps morts pendant lesquels les mitrailleuses viets-minhs s'enragent. Ils se succèdent pendant près de deux heures infernales. Les paras repoussent l'ennemi plus de dix fois. Le calme revient peu à peu. Le Parisien attend, les nerfs à fleur de peau, le retour des rebelles qui ne vont certainement pas en rester là.

Le site explose à nouveau un peu après minuit. Cette fois ce sont les canons français qui entrent en action. Leurs obus déchirent les hauteurs sur des centaines de mètres. Les bo dois n'insistent pas sous le déluge de fer et de feu. Les 105 amis, bien renseignés par radio sur leurs mouvements, allongent le tir en poursuite et bientôt tout redevient calme.

— Pas de pertes chez nous, constate joyeusement Collard, et chez les copains ?

Les autres sections ne déplorent que quelques blessés. Des patrouilles découvrent à l'aube du 18 novembre des corps de bo dois tombés devant les masures transformées en fortins. Elles récupèrent quelques armes et repèrent de nombreuses traces de sang montant vers le sommet des collines embrumées qui barrent le paysage au nord-ouest.

— Ils ont salement trinqué, jubile Collard au retour d'une de ces reconnaissances.

Une embuscade surprend un groupe de bo dois dans la nuit du 19 au 20 novembre. Les paras ramènent deux prisonniers blessés au village. Collard, qui n'était pas de la partie et qui s'est éveillé dès les premiers échos de la fusillade coulant des hauteurs, ne retrouve le sommeil qu'un peu après quatre heures du matin. Le jour pointe à sept heures. Quelques coups de feu claquent. Le Parisien, allongé sur son large matelas près du sergent-chef Louis, est tiré de son sommeil par un violent choc à la tête. Ses compagnons s'ébrouent en grognant dans la pénombre de la pièce. Le sergent Le Faou, qui dort à l'autre bout de la pièce, se met soudain à hurler :

— Les salauds ! Les salauds...

Collard a instinctivement roulé au sol et se frotte la tête qui lui fait mal. Le sergent-chef Louis se frotte aussi sur le crâne.

Les deux hommes éclatent de rire en constatant qu'ils ont simplement reçu un gros morceau de plafond qui, ébranlé par les tirs de l'attaque du 17, a dû lâcher prise. Le Parisien s'inquiète tout de même car Le Faou continue à se plaindre.

— Mais... Il est vraiment blessé, gronde Louis dans la pénombre, l'infirmier... vite !

Les deux chefs de groupe couverts de gravats évacuent leur compagnon ensanglanté vers le P.C. de la compagnie. Les infirmiers s'aperçoivent avec stupéfaction qu'une balle a pénétré dans le nez du sous-officier breton pour ressortir juste en dessous de son œil gauche. Collard et Louis inspectent au lever du jour l'intérieur de leur masure.

— Regarde, lance le Parisien, la balle a dû rentrer par là...

Les deux hommes reconstituent la trajectoire incroyable du projectile rebelle. Celui-ci a d'abord blessé leur compagnon, puis ricoché sur le mur pour s'écraser enfin à quelques centimètres au-dessus de la tête de l'ancien F.T.P.

— C'était pas encore mon tour ! conclut le sergent tout songeur.

5

LA PATROUILLE SANGLANTE

Les paras enterrent à Hanoi leurs sept compagnons tombés aux bords du fleuve Rouge et de la rivière Noire au cours de l'opération Ondine. Les bérets-bleus vont ensuite exorciser les démons ricanants de la mort dans les établissements de la rue du Grand-Bouddha et les bouges des ruelles qui s'y jettent. Collard déambule avec quelques sergents de l'autre côté des promenades verdoyantes du Petit Lac, appelé aussi Lac de l'Epée Perdue, et se retrouve rue Paul-Bert. Des prostituées tapies au fond de souples cyclos-pousse d'osier verni attendent les clients à quelques dizaines de mètres de la brasserie du *Coq d'Or* et du *Grand Hôtel Métropole,* paradis presque interdit aux paras qui ne sont pas officiers. Collard frôle un des pousse-pousse après avoir dévoré un épais steak frites tout ce qu'il y a de plus parisien dans un restaurant bon marché. La voix du conducteur de l'engin, tout sourire aux vents de la fin d'après-midi lourde des senteurs de la ville, le hèle.

— Chef ! Tu veux la femme pour toi ? tente-t-elle.

Le Parisien se sépare du petit groupe de ses trois compagnons de sortie qui traverse sans l'attendre le boulevard Henri-Rivière.

Le Tonkinois entremetteur vante les qualités de sa protégée invisible.

— C'est beaucoup très jolie, chef, susurre-t-il, elle est très jeune aussi...

Le Parisien dévisage le maquereau qui enchaîne rapidement, devinant le bon client :

— C'est elle bien savoir faire l'amour...

Et, pour enlever l'affaire, il ajoute en écartant d'un geste théâtral le petit rideau noir qui ferme l'habitacle de son cyclo-pousse :

— Tu sais, chef, c'est elle jamais malade !

Le sergent jette un coup d'œil connaisseur au fond de la nacelle d'osier. Une femme qui ne paraît pas avoir plus de seize ans lui sourit, presque pudiquement. Le rideau retombe en un froissement léger. Le Parisien intéressé questionne la prostituée à travers l'écran de tissu.

— Combien demandes-tu ?

Hanoi. Vue aérienne du Petit Lac, dit aussi lac de l'Épée Perdue. Tout au fond, le pont Doumer.

La toute jeune femme ne répond pas. Son protecteur prend à nouveau la parole.

— Chef, annonce-t-il, c'est moi parler pour elle. Elle pas bien connaître parler français...

Les petits yeux malins du Tonkinois brillent lorsqu'il annonce le prix de la nuit d'amour avec sa protégée.

— C'est elle vouloir cinq cents piastres !

Collard fait la grimace. Il calcule vite l'équivalent en francs de métropole car la piastre vaut environ dix-sept francs. Il refuse tout net, déjà bien au courant des prix en usage dans la galanterie d'Hanoi.

— Tu veux rire, lâche-t-il en faisant mine de s'éloigner, moi je ne donne pas plus de trois cents piastres !

Le cyclo-pousse colle aux basques du sergent.

— Chef ! Chef, implore-t-il presque, cauteleux, en saisissant le bras gauche du client qui lui échappe, elle dire ça va pour trois cents piastres...

Le Parisien arrête sa fuite.

— Mais, poursuit le cyclo-pousse en élargissant encore le sourire de sa face chiffonnée, c'est toi donner en plus vingt piastres pour moi... D'accord ?

Collard accepte car le frais minois de la prostituée entr'aperçu dans le véhicule à trois roues le hante.

— C'est bon, se décide-t-il, on y va. Mais, s'inquiète-t-il, où est-ce qu'elle habite ?

Le conducteur de l'engin change tout de suite d'attitude. Il ne mendie plus de piastres mais, sûr de son fait, devient amical et complice.

— C'est elle habiter près l'hôpital Lannessan, précise-t-il, je vais te conduire...

Collard écarte le rideau noir et se hisse dans la nacelle d'osier. Celle-ci se penche en crissant vers le trottoir et se stabilise à nouveau. La fille sourit au béret-bleu. Elle se soulève tout doucement et se pose, toute menue, sur les genoux de sa conquête. Le pousse stoppe au bout de dix minutes de course devant le domicile de la Tonkinoise. Collard n'ignore déjà plus rien des trésors de son anatomie juvénile.

Le cyclo disparaît après avoir empoché en un tour de main ses vingt piastres de commission. Il file à la recherche d'une autre fille et d'un autre client en mal de tendresse.

La maison de la jeune prostituée sent très fort la cuisine épicée. La famille de la fille est groupée à croupetons autour d'une large marmite et mange. L'intrusion du couple ne semble pas déranger. C'est à peine si le vieux chef du clan soupèse du regard le client pour deviner la recette qui permettra à toute sa famille de subsister pendant quelques jours. Le para enjambe deux gosses aux cheveux ras et aux lèvres couronnées de sauce et de grains de riz collants. Une très vieille femme baisse la tête, honteuse, au passage du couple d'occasion.

La chambre de la fille, située à l'étage de la maison de pauvres, est très propre et sent l'encens. La voix étonnamment douce de la fausse ingénue chantonne.

— C'est toi payer maintenant, mon chéri, quémande-t-elle.

— Tiens, s'étonne le sous-officier, tu parles français maintenant ?

La fille décolle ses petits seins très fermes de la poitrine du Parisien et lui sourit, mutine.

— Un peu, approuve-t-elle, pourquoi ?

Puis elle enchaîne en se frottant lascivement au bas-ventre de son client.

— Et si toi donner cinquante piastres de plus, minaude-t-elle, je serai très gentille pour toi.

Vaincu par l'atmosphère troublante du temple de l'amour tarifé, le sergent accepte la rallonge presque malgré lui. La fille cache vite son salaire dans un coffret laqué de noir et rouge. Elle semble voleter dans la chambre étroite et pousse sa conquête vers un angle de la pièce.

— C'est maintenant te laver les pieds, ordonne-t-elle en pouffant d'un petit rire nerveux.

Le para enlève ses bottes de saut et, étonné du préliminaire, s'exécute dans une cuvette émaillée. La fille est nue lorsqu'il se retourne. Elle est belle. Ses hanches étroites et ses petites fesses plates d'Asiatique lui donnent un faux air de garçonnet pervers lorsqu'elle se penche pour préparer le lit. Collard se débarrasse vite de sa tenue et saisit la fille aux épaules pour la plaquer tout doucement sur la couche aux draps frais et propres.

— C'est encore attendre, mon chéri, susurre la frêle jeune femme, c'est d'abord border la moustiquaire.

Elle ferme totalement le lit pas très large, se recouche sur le dos et s'offre. Sa peau brune est douce, tiède, et son haleine sent bon. Collard n'est plus là, il oublie la guerre et rejette même toute idée d'existence pour n'être plus que plaisir.

La guerre est pourtant là. Les paras se retrouvent le 8 décembre à quatre heures du matin à l'aérodrome de Bach Mai.

— Cette fois, on va sauter sur un gros morceau ! jubile le Parisien.

Le sergent garde en esprit tous les détails de l'objectif à enlever qui lui ont été dévoilés la veille par les officiers du bataillon. Les heures s'écoulent très lentement au terrain. Les conditions météorologiques ne permettent pas aux appareils alignés sur la piste d'aller larguer sur les objectifs les sticks de paras impatients. Collard retourne à son cantonnement de l'imprimerie d'Extrême-Orient à quinze heures. Ses compagnons de la 8e compagnie regagnent aussi leurs logements de la Citadelle d'Hanoi bâtie en large carré entre les boulevards Gallieni, Maréchal-Joffre et Carnot.

Le ciel persiste dans sa crasse le lendemain encore. L'opération baptisée Pégase est lancée en longues colonnes de véhicules qui roulent au sud-est d'Hanoi. Les camions chargés de parachutistes ruminant leurs déceptions franchissent Hadong et stoppent à Xien Mai, à trente kilomètres de la capitale. La nuit a depuis longtemps gommé tous les détails du delta. Collard et ses compagnons s'égaillent tout autour du grand poste qui défend l'accès d'Hanoi. Les paras s'enfonçent à l'aube dans des brumes uniformes en empruntant des digues étroites au-dessus des rizières. Quelques coups de feu claquent au bout d'une dizaine de kilomètres parcourus en direction du sud. Les bérets-bleus pris sous le feu se collent au sol débarrassé de ses langues de brouillard. Le sergent-chef Blondeau est tout de suite blessé d'une balle dans l'épaule. Les tirs meurent au bout de quelques minutes et les tireurs viets-minhs demeurent introuvables.

— Il suffit de trois ou quatre gars gonflés et bien placés pour bloquer tout un régiment pendant longtemps, reconnaît le Parisien impatient de marcher encore vers les bataillons rebelles annoncés aux briefings.

Les colonnes parcourent une vingtaine de kilomètres dans la journée malgré de fréquents et petits accrochages.

Les *Snipers* rebelles se manifestent à nouveau dès l'aube suivante. Les éclaireurs de tête de la 7e compagnie relèvent également de nombreux pièges. Deux paras meurent, déchiquetés par des éclats de grenades diaboliquement dissimulées et deux autres sont blessés. Il est bientôt midi. Les paras n'ont parcouru que six kilomètres depuis leur départ.

L'avance reprend après une pause casse-croûte. Le village de Kin Dao s'offre au regard du Parisien à dix-sept heures. Ses lignes basses et dominées par quelques arbres s'étalent au-dessus d'une longue rizière. Des coups de feu jaillissent des paillotes imprécises. Des ordres lancent les paras dans la boue.

— Joli terrain, gronde Collard en rampant sous le feu des bo dois, on a l'impression de faire du sur place...

Le Parisien parvient sans encombre jusqu'à une levée de terre humide qui l'abrite parfaitement. Les fusils-mitrailleurs amis protègent la lente avance des voltigeurs. Des obus de mortiers tombent en plein sur le village. Les balles ennemies s'enfoncent en flop gras autour de Collard qui avance à nouveau vers l'objectif. Il accélère le mouvement et se plaque contre le flanc de la digue qu'il visait.

— Ouf ! souffle-t-il, ici on est bien placés pour leur tomber dessus.

Les rebelles sentent le danger. Ils abandonnent quelques tireurs sacrifiés et se débandent tout juste avant l'assaut des bérets-bleus. Le village est investi en quelques minutes de furie. La nuit tombe, les paras s'installent tout autour du hameau arraché à l'ennemi.

La compagnie Berjon reprend la marche en tête à l'aube du dimanche 12 octobre. Une mine explose à sept heures cinquante. Le chasseur Larrieu, de la 3e section, est complètement déchiré par les éclats du piège indécelable.

— Il faut faire de plus en plus attention, conseille Collard à ses compagnons, les Viets ont certainement tout miné dans la nuit pour nous retarder encore un peu plus...

La progression reprend, monotone et souvent stoppée par des pièges.

— A ce train-là, gronde l'ancien F.T.P., on ne sera sûrement pas sur notre objectif avant la nuit.

La cote 36, but de la manœuvre du jour, est encore très loin.

— Il est midi dans vingt minutes, remarque le sergent pugnace, on va encore perdre du temps à la bouffe...

Le lieutenant Pauget, d'une autre section de la compagnie, approche du Parisien. Une boule de feu hurlante jaillit du sol libérant une âcre odeur de poudre brûlée. Collard et l'officier se retrouvent tout noirs à quelques mètres du cratère. Les voltigeurs se sont plaqués dans la boue. Le Parisien, assourdi, écarquille les yeux en reprenant lentement ses esprits.

— Drôle de coup de pot ! rumine-t-il en scrutant la rizière, deux mètres de plus et j'étais en bouillie comme ce pauvre Larrieu tout à l'heure.

Un rapide examen des bords réguliers du petit volcan chaud révèle un piège à traction. Le saboteur qui l'a actionné demeure introuvable. La marche reprend, de plus en plus énervante. Les deux collines sombres de la cote 36 apparaissent enfin vers dix-huit heures.

Des dizaines de balles ennemies prennent les paras à partie.

— Ça y est, ça chauffe ! jubile Collard en plongeant dans la rizière.

Les bo dois qui tirent sont embusqués à deux cents mètres à peine des premiers voltigeurs stoppés.

Le Parisien reconnaît le sourd martèlement d'une mitrailleuse lourde.

— Ils ont une 12,7, hurle-t-il dans le vacarme à un voltigeur embourbé à deux mètres de lui, il faudrait foncer avant qu'ils ne décrochent.

L'ordre d'assaut court tout de suite sur toute la ligne figée. Les paras bondissent en hurlant et tirant de toutes leurs armes vers les collines. La mitrailleuse lourde rythme encore le déroulement de la bataille pendant quelques minutes puis se tait.

— Les Viets ne veulent pas risquer de la perdre, apprécie l'ancien F.T.P.

Le Parisien très lucide a les traits déformés par une formidable envie de tuer du Viet. Quelques paras s'écroulent, fauchés sur le sol dur des contreforts de la ligne de défense ennemie.

Les bo dois entament un mouvement de repli très professionnel au bout de dix minutes de déchaînements. Les armes se taisent bientôt. Les paras ne découvrent que cinq bo dois tués. Ils font aussi deux prisonniers qui sont vêtus d'uniformes sales. La mitrailleuse lourde, remise en position au lointain, se manifeste à nouveau. Les paras ne se baissent même pas sous ses tirs imprécis et commencent à s'installer, silencieux et las. Le corps d'un sergent tué d'une balle de 12,7 en pleine poitrine gît à quelques mètres de Collard.

— Pauvre vieux Leyral, gronde-t-il, il n'a pas eu le temps de souffrir. Encore un bon copain de parti, à qui le tour...

Le Parisien ouvre à gestes lents une boîte de conserve de sa ration conditionnée et mange tout doucement, comme absent.

La 6e compagnie du capitaine Lorgeoux prend la tête de la progression au matin du 13 décembre. Les brumes éternelles sont au rendez-vous et traînent longtemps au-dessus de la longue colonne. Deux villages crachent le feu de l'autre côté de la cote 36. L'aviation de chasse vient straffer d'importance. Les hussards de la 6e compagnie foncent à l'attaque et forcent le passage. Les Viets-minhs rompent. La colonne atteint le gros bourg de Duc Que à treize heures.

— C'est là que nous aurions dû sauter, explique le Parisien à ses hommes, je suis certain qu'on se serait bien amusés ! Enfin, poursuit-il, il faut faire avec ce qu'on nous donne...

Un ordre fige le bataillon tout entier sur le site. Les paras s'installent en solides points d'appui. La compagnie du Parisien se place en bouchon dans un petit village à deux kilomètres de Duc Que. Collard, toujours furéteur, découvre une jarre de terre cuite dans une cagna.

— Qu'est-ce qu'il peut bien y avoir là-dedans ? se demande-t-il en amenant la lourde poterie à la lumière du jour.

Le sergent arrache le gros bouchon enchiffonné qui clôt la jarre. Il hume le liquide épais qui la remplit.

— Chouette ! se réjouit-il, c'est de l'huile, on va faire des frites.

Trois paras vont cueillir des petites bananes vertes à peine mûres dans un bosquet tout proche du village tranquille pour remplacer les traditionnelles pommes de terre. Des canards et des poulets rôtissent dans une chaude odeur de graisses cuites. Les frites d'occasion chantent bientôt dans une marmite que les villageois utilisent pour faire bouillir de grandes quantités de riz. Les bérets-bleus entament un véritable festin.

— Encore un peu de frites, mon capitaine, propose le Parisien.

Le capitaine Berjon, ancien F.T.P. comme son sergent gouailleur, a opté pour l'Indochine afin de se faire activer dans son grade de la Résistance. Il ne porte aucune amitié particulière au sergent qui insiste :

— Faut pas vous priver, il y a encore de l'huile, ne vous en faites pas.

L'officier issu de la Résistance reprend une grosse poignée de morceaux de bananes luisant d'huile.

Un ordre rappelle la compagnie à Duc Que. Tous les paras qui ont partagé le repas improvisé par Collard encombrent les feuillées creusées par les coolies engagés dans l'opération. Le Parisien est la proie de violentes coliques et ne trouve pas le sommeil. Le médecin capitaine du bataillon examine quelques malades pour se faire une idée de l'étrange et soudaine épidémie.

— Bravo sergent ! annonce-t-il, hilare après une rapide enquête, vous avez fait des frites avec de l'huile de machine à coudre. Vous êtes tout de même de sacrés morphalous...

Le capitaine Berjon fusille du regard son sergent penaud et s'éloigne vers le P.C. Sa mauvaise humeur retombe sur le coolie qui lui sert d'ordonnance.

— Si au moins il s'en prenait à moi, regrette le Parisien, je pourrais m'expliquer, mais de là à tarabuster ce pauvre Viet...

L'ancien F.T.P. s'éloigne vers ses compagnons.

— Ça ne promet rien de bon pour l'avenir, grommelle-t-il, on dirait bien que le pitaine m'en veut d'avoir été résistant comme lui...

Les pensées moroses du sous-officier sont réduites à néant par une fusillade soudaine. Les coups de feu partent d'une trentaine de mètres à peine. Des ordres hurlés empêchent la pagaille de s'installer dans le village. Les tireurs aux fusils-mitrailleurs vident chargeur sur chargeur dans la nuit.

— A la grenade ! hurle Collard en dégoupillant une offensive.

L'engin du Parisien explose vers les lueurs de coups de départ des bo dois embusqués. Des dizaines d'autres grenades dévastent les taillis épais. Les mortiers de la compagnie pilonnent le village d'où les Viets invisibles ont dû lancer leur contre-attaque audacieuse.

— Revenez ! crie un officier en voyant Collard et quelques paras se lancer à la poursuite des rebelles repoussés.

Le sergent casse net le rythme de ses foulées.

— Il a raison, reconnaît-il en reprenant son souffle, ils essayent de nous entraîner dans un piège à cons.

Les explosions de grenades s'espacent. Les armes individuelles se taisent. Seules, les pièces de fusils-mitrailleurs donnent encore de la voix pendant deux à trois minutes. Il est vingt et une heures dix. L'assaut repoussé de justesse n'a pas duré plus de cinq minutes.

Une fouille lancée sur quelques dizaines de mètres ne donne pas grand-chose. Les paras ne retrouvent qu'un bo doi. L'homme a été tué à bout portant. Un sabre japonais gît tout contre le mort.

— C'est mon Viet ! annonce un tireur au F.M.

L'homme s'explique.

— J'étais tranquillement appuyé sur la crosse de mon 24/29, narre-t-il, dans le buisson là-bas, et j'ai senti comme une présence devant moi...

Les paras qui écoutent le récit passionné du tireur jettent des coups d'œil furtifs vers le maquis d'où l'ennemi peut revenir à la charge.

— Tout d'un coup, poursuit le para volubile, une main a cramponné le cache-flammes de mon F.M. J'ai tiré et voilà...

L'homme se tait un court instant en contemplant le sabre à lame brillante.

— Le gars a eu le temps de me balancer un coup de son arme en gueulant, poursuit-il, c'est ma boîte-chargeur qui a tout pris. Regardez...

Le para encore sous le coup de l'émotion tend un boîtier noir et vide marqué d'une profonde balafre. Les bérets-bleus du groupe caressent chacun leur tour la trace du coup de sabre japonais.

Les sections éclatées reprennent leurs positions de veille. Des obus de 105 commandés par radio arrosent tous les villages alentour.

— On a encore eu un sacré coup de chance, apprécie le Parisien en apprenant que sa compagnie ne déplore qu'un seul blessé.

Des patrouilles lancées à l'aube du jeudi I6 décembre découvrent de nombreuses traces de sang dans les taillis. Les rebelles silencieux sont revenus chercher leurs morts et leurs blessés à la barbe des guetteurs pourtant sur leurs gardes.

— Ce sont des chats-tigres, ces gars-là, explique Collard à deux de ses paras, ils sont bien capables de vous égorger en plein milieu d'un P.C. Faut se méfier de plus en plus...

Des *Junker 52* viennent larguer des caisses de matériel au-dessus des paras. Les appareils sont pris pour cibles par la mitrailleuse 12,7 embusquée sur une colline. La chasse est aussitôt alertée. Elle plonge sur les hauteurs sombres tenues par les rebelles, offrant aux bérets-bleus un véritable spectacle de meeting aérien.

Les bo dois se manifestent encore le lendemain en harcelant durement les positions parachutistes du village de Bac Tuyet situées à deux cents mètres au nord des bouchons de la compagnie Berjon. Les mortiers du bataillon ripostent et le calme revient. Une patrouille de la section Jacobs se faufile vers le village ennemi en fin de matinée.

— Pourvu qu'ils ne tombent pas dans une grosse embuscade, espère Collard qui n'est pas de la partie, avec tout ce qu'il y a en face ce n'est pas impossible du tout...

L'explosion d'une mine fige toutes les activités du large point d'appui au moment où les paras de la patrouille approchent du village à reconnaître. Une colonne de fumée noire monte droit dans le ciel. La patrouille revient, alourdie des corps pantelants du caporal Maurice Leclerc déjà mort et du chasseur Daniel Lapostolle, moribond. Collard suit du regard la lente procession. Une deuxième explosion déchire le silence.

— C'est pas possible, rugit le Parisien, saloperie...

La patrouille est cette fois décimée. Le chasseur Richard Coxam ne bouge plus dans la fumée de la mine. Collard court vers le désastre. Cinq fantômes hagards gémissent en se relevant. Le Parisien reconnaît les parachutistes Hervé, Puig, Macchi, Burger et Vandel qui souffrent tous les cinq de blessures à la tête et aux mains.

— Bon Dieu, le pauvre gars, gronde le sergent en dévisageant Hervé qui râle en tournant sur lui même, on dirait bien qu'il a les yeux crevés...

La patrouille rentre au camp en traînant ses trois morts. Personne ne parle en l'accueillant. Collard balaye le sanctuaire viet-minh d'un regard lourd de haine.

— Qu'est-ce qu'on attend pour nous faire enfin avancer ? gronde-t-il en serrant les poings. Il faut venger les copains... et vite !

6

ILS CHANTENT SOUS LA MITRAILLE !

Les paras ne bougent pas tout au long des trois jours qui suivent la catastrophe du 17 décembre. L'artillerie manifeste seule des intentions belliqueuses et pilonne de temps à autre les positions rebelles.

Des obus de mortiers s'abattent au soir du dimanche 19 décembre tout près de la position de Collard.

— Heureusement qu'on a creusé des trous, constate le sergent en se tassant sous le souffle chaud des explosions. Quand je pense qu'il y en a qui renâclaient !

Les coolies ont aménagé une piste de fortune sur laquelle se pose de temps en temps un *Morane* de liaison. Des renforts arrivent d'Hanoi. Des avions de transport et de chasse passent et repassent dans le ciel de Bac Tuyet.

— Tout ça, prévoit le Parisien, ça sent bon l'attaque !

Comme Collard l'espérait, les paras de la 7e compagnie sont bientôt remplacés sur leurs points d'appui et se lancent à l'assaut des pentes montagneuses vers le nord-ouest. Le sergent est tout heureux de se dégourdir les jambes. Il chemine en queue de colonne. Les sections bien étirées marchent longtemps au flanc de la montagne puis descendent dans une longue rizière inondée et coupée en son centre par un arroyo. Maudissant une fois de plus sa petite taille, Collard s'engage dans le rach jusqu'aux épaules. La progression se poursuit après l'obstacle glauque sur une piste étroite qui remonte vers de nouvelles hauteurs. Des mines explosent en tête de colonne.

— Nous, commente l'ancien F.T.P., on est peinards derrière les copains...

Le Parisien plaisante pour chasser les images de corps déchirés qui s'imposent à son esprit à chaque écho tonitruant.

Les groupes s'étirent de plus en plus en accordéon. Les hommes peinent sur le sol inégal. Les coolies trotte-menu semblent quant à eux avaler les pentes sans effort. La pagode de Han Tich, but de la première journée de marche, est atteinte en fin de journée. Le temple abandonné est isolé en pleine montagne. La nuit tombe. Les paras aménagent leur bivouac. Il fait froid. Le Parisien inspecte une dernière fois ses points de défense et s'affale dans un coin de la pagode désolée pour masser ses mollets torturés de crampes.

L'aube suivante révèle un paysage vallonné dans lequel s'engagent les paras.

— Il n'y a que des pagodes par ici, remarque le Parisien en débouchant auprès d'un nouvel édifice religieux désert.

Les bérets-bleus ont parcouru quatre kilomètres pour arriver aux murs mangés de végétation du sanctuaire à l'architecture tourmentée. Ils découvrent très vite un petit dépôt de munitions et reçoivent aussitôt après l'ordre de revenir à la première pagode.

— Pas fâché de foutre le camp d'ici, se dit Collard en jetant un coup d'œil inquiet sur la ligne de montagnes noires qui barre l'horizon.

Quelques rafales tirées de très loin par des Viets-minhs suivent le mouvement de repli sans lui causer de dommages.

Les paras du capitaine Berjon s'installent le 23 décembre dans le village de Trung Hoa après avoir retraversé Duc Que et franchi une rivière sur un pont de fortune installé par des dizaines de coolies. La veille de Noël commence en fanfare. Les rebelles sont redescendus des montagnes et attaquent à nouveau les bérets-bleus à cinq heures trente. Ils sont bien couverts par des tirs de mortiers précis et semblent sûrs de leur fait.

L'attaque dure presque une heure. Les paras, bien installés dans Trung Hoa, ne faiblissent pas sous l'orage. Ils repoussent les bo dois au prix de quelques blessés légers. Après l'attaque vaine des rebelles, un message du chef d'escadron Mollat qui a relevé le commandant François à la tête du bataillon est diffusé après l'attaque à tous les hommes.

— Bien tourné, commente le Parisien en tendant le texte de son chef de bataillon à un caporal-chef.

Le gradé s'empare du message et le lit à haute voix à l'attention de quatre bérets-bleus qui s'agglutinent autour de lui.

— Le chef d'escadron à l'occasion de la fête de Noël offre à tous les officiers, sous-officiers et parachutistes du bataillon ses meilleurs vœux.

Le caporal-chef se racle la gorge avant de poursuivre :

— Il les charge de les transmettre à leurs familles. Quoique passée loin d'elles dans des conditions peu confortables, cette fête restera pour eux un souvenir guerrier dont ils pourront être fiers. Le commandant du bataillon en profite pour les remercier tous de la générosité et de l'allant dont ils ont fait preuve jusqu'ici...

Le chef de voltige retend le papier au Parisien.

— Fermez le ban ! crie l'un des paras qui ont écouté la lecture du message, et joyeux Noël !

La nuit sainte s'écoule comme toutes les autres nuits de guerre. Elle passe sans prières et n'est illuminée que par des éclairs d'éclatements d'obus de mortiers ennemis.

Collard se laisse envahir par la nostalgie d'autres Noëls.

— Il est cinq heures du matin à Paris, se dit-il en mâchonnant un morceau de viande rôtie.

Les paras font tout de même ripaille le 25 à midi de poulets et de canards abandonnés par la population chassée de ses rizières par l'opération Pégase.

De lointaines images de couples enlacés qui sortent de la salle Wagram sur des lambeaux de tango s'imposent à son esprit.

— C'est pas bon pour le guerrier tout ça, décide-t-il en chassant les souvenirs de paix, Noël ou pas Noël, la guerre continue.

Le campement reste figé une bonne partie de l'après-midi. Une mine saute un peu à l'écart du village, blessant le sergent Thouvenin et le caporal Rosse. Les bo dois attaquent tout aussitôt à coups de mortiers et de mitrailleuses. La nuit tombe. Le Viet-minh ne diminue pas pour autant son énervante pression sur le campement. Collard ne dort pas une minute.

— Cette fois, apprécie-t-il en fouillant du regard la nuit trouée d'éclairs dansants, je crois bien qu'ils vont essayer de nous coincer demain.

Un ordre radio remet la compagnie en marche aux premières heures du dimanche 26 décembre. Une mitrailleuse de 12,7 tire de loin lorsque la section de tête du capitaine Berjon s'engage au travers d'une rizière nue. Les groupes rapides se sortent du mauvais pas sans dommages.

— On n'a pas fait trois kilomètres depuis ce matin, enrage le Parisien lorsque le soleil est au zénith.

Le sergent bondit de petites levées de terrain en abris de diguettes sous le tir des rebelles qui s'acharnent à retarder l'avance de leurs ennemis.

La colonne atteint enfin un village noyé dans une végétation très serrée où elle passe une nuit tranquille. Collard, lorsque l'aube se lève, inspecte à la jumelle deux hauts mamelons qui émergent peu à peu de la rizière embrumée à environ un kilomètre de lui.

— Il y a salement du monde là-bas ! gronde le Parisien.

Les bo dois s'affairent tranquillement sans se soucier de la présence menaçante des paras.

— Qu'est-ce qu'on attend pour aller les chatouiller ? se demande l'ancien F.T.P. en suivant leurs mouvements dans des trouées de brume.

Le commandement s'est aussi aperçu de la présence des bo dois. Les voltigeurs glissent dans le brouillard vers une ligne de diguettes hautes de soixante centimètres qui offre une base d'assaut idéale. Collard se plaque contre la terre trempée. Il sent des picotements grignoter ses membres.

— C'est bon signe, se persuade-t-il, alors on devrait y aller tout de suite...

L'ordre d'avancer vers la position ennemie ne tombe qu'à neuf heures trente. La rizière est sillonnée des courses hurlantes des paras.

— Bon sang que ces foutus mamelons paraissent loin, s'exclame le Parisien en dérapant dans la boue.

Les Viets-minhs accueillent les intrus avec de longues rafales.

— Ils tirent comme des savonnettes, plaisante Collard en se courbant au maximum pour échapper aux balles sifflantes qui vont mourir très loin derrière le rush.

Le premier bond de l'attaque mène la compagnie Berjon jusqu'à une nouvelle ligne de diguettes derrière laquelle se reforment les sections. Il est maintenant dix heures vingt et le ciel est clair. Un canon ennemi de vingt millimètres se dévoile tout à coup. Les redoutables sifflements des projectiles de gros calibre obligent les paras à demeurer derrière leurs abris. Des renforts se placent en position d'appui tout autour de l'attaque. Un nouveau bond permet à Collard et à ses compagnons d'atteindre le village d'où part la digue qui les abritait.

— Mais qu'est-ce qu'on attend encore ? s'impatiente le sergent, ils vont finir par foutre le camp...

La section Jacobs pénètre dans une rizière asséchée. Le Parisien n'est plus qu'à six cents mètres des positions viets-minhs. Le canon de vingt millimètres enrage ses tirs sur les intrus. Collard, stoïque, se couche sur le dos, prend son mal en patience et mange quelques morceaux de pain de guerre et une barrette de chocolat.

Le dernier bond est enfin lancé à quatorze heures quarante. Les paras courent sous le feu ennemi.

— Mort aux cons ! hurle Collard en entraînant son groupe.

Les hurlements les plus bizarres montent de la course nerveuse.

— Salauds ! *Bou caks* ! entend le Parisien.

Certains bérets-bleus crient même : « Vive l'Ovo ! », en référence à l'Ovomaltine dont ils se gavent.

Le cri de guerre saugrenu est repris en chœur par les combattants courbés sous la mitraille. Les bo dois nappent l'assaut de longues rafales. La terre gicle entre les jambes des paras. Un hurlement dément tenaille soudain les tympans déjà torturés de Collard. Le Parisien stoppe net sa course haletante. Il se penche sur le corps de Sudre, un de ses amis sergents qui a reçu un projectile de vingt millimètres dans les jambes et se vide de son sang.

Un infirmier prend le blessé en compte. Collard repart vers l'ennemi. Il frôle d'autres corps fracassés qui se tordent dans la rizière et rejoint très vite ses compagnons. Le bond furieux se brise net à trois cents mètres seulement des emplacements de tir des bo dois. Le Parisien plonge à l'abri derrière une digue plus haute et plus large que les précédentes.

— C'est pas tout ça, se dit-il après avoir repris son souffle, qu'est-ce qu'on va faire maintenant qu'on ne peut plus ni reculer ni avancer ? On est dans un sacré merdier !

Des hurlements auxquels se mêlent des chants rauques montent de la droite de l'avance inexorablement bloquée. Collard écoute quelques secondes les chants mâles et rugit de plaisir.

— Ce sont les copains de la 8, crie-t-il à ses voisins piégés sous le feu enragé des pièces viets-minhs.

Les sections de la 8e compagnie ont progressé à l'abri le long d'une rivière, tout au ras des collines, pour approcher de la rizière en feu. Ils chantent de plus en plus fort. Leurs voix mêlées gonflent d'orgueil le cœur du Parisien.

— Faut être para pour chanter sous la mitraille, jubile-t-il. Ils vont tomber sur les cons de Viets...

La clameur fantastique délivre les compagnons de Collard de l'horrible tension dans laquelle ils étaient confinés. Des groupes de bo dois décontenancés par l'attaque chantante tentent de fuir leur village forteresse et sont inexorablement pris à revers.

Collard, maintenant debout sous le feu faiblissant, exulte en dirigeant le tir du fusil-mitrailleur le plus proche de lui.

— Vas-y gars, hurle-t-il, hors de lui, c'est à nous de jouer maintenant... Vive la 8 !

Le Parisien se retient de tirer quelques rafales symboliques sur trois rebelles qui s'enfuient à deux cents mètres de lui.

— Faut tout de même faire attention aux munitions, se morigène-t-il.

Des bo dois pris sous les feux croisés des armes parachutistes s'écroulent dans la rizière avant d'avoir atteint le mamelon occupé par le gros de leur troupe.

Des ordres hurlés puissamment relancent la compagnie à l'attaque. Le canon de vingt millimètres ne tire plus que sporadiquement. Collard reconnaît dans le vacarme les reliefs de la cote 36 déjà occupée par sa section le 12 décembre.

— Retour à la case départ ! plaisante-t-il en poursuivant de courtes rafales des bo dois qui fuient.

Les groupes ennemis abandonnent leurs morts et leurs blessés graves. Ils se perdent vers les villages ceints de verdure plantés à l'horizon. La compagnie essoufflée se répand sur les anciennes positions viets-minhs jonchées de douilles chaudes. La 8e compagnie ne chante plus et achève le nettoyage d'un hameau qu'elle a enlevé sans heurt.

La nuit tombe sur le site empuanti. Collard apprend que l'ennemi chassé de son sanctuaire est constitué d'un bataillon de deux compagnies de fusiliers voltigeurs renforcées de mitrailleuses et d'une compagnie lourde armée de 12,7, de tubes de mortiers de 81 et du canon de 20 qu'il connaît trop bien.

Cette fois le bilan est important. Les rebelles ont perdu trois fusils-mitrailleurs, une mitrailleuse Hotchkiss de 8 mm, deux mortiers et une bonne quarantaine d'armes individuelles.

— Bien sûr, reconnaît très loyalement le Parisien sorti indemne de la bataille, sans les copains de la 8 qui ont fait le plus de boulot, on était certainement cuits !

La nuit s'écoule, troublée par les gémissements des blessés des deux camps réunis dans la même douleur. Collard ne trouve pas le sommeil malgré son immense fatigue. Il songe à ses compagnons tués. En particulier à Rudolphe Seigner que sa jeune femme avait accompagné sur le quai d'Alger et qui est mort en même temps que le bo doi qu'il venait de poignarder.

La lassitude est tout de même la plus forte. Le sergent aux muscles endoloris ferme les yeux, frissonne et coule dans un sommeil lourd.

Les parachutistes vainqueurs se replient le lendemain matin sur le village de Van Thon, au bord du large cours du Song Day. Ils sont alourdis de leurs morts et de leurs vingt-huit blessés qu'ils transportent avec l'aide des coolies qui ont supporté stoïquement les horreurs de la bataille. Les blessés et les morts sont évacués vers Hanoi en plusieurs rotations de *Morane* sanitaire. Le gros de la compagnie Berjon quitte Van Thon à l'aube du 1er janvier 1949.

— Drôle de Jour de l'An, souffle Collard qui reste avec sa section en protection du P.C. du bataillon, j'aurais préféré le passer avec les copains...

Des éclats de fusillades glissent sur la rivière calme à neuf heures quarante-cinq en dévalant des hauteurs vers lesquelles se sont dirigés les amis du Parisien.

—Je donnerais cher pour les rejoindre, se répète le sergent en essayant d'apprécier au plus juste les échos de la bataille.

La grosse patrouille de trois sections redescend des hauteurs sombres après deux heures de combat. Collard distingue tout de suite les brancards improvisés qui soutiennent les deux corps morts des parachutistes Pierre Chasseloup et Jeanny Paiche. Les survivants de l'accrochage soutiennent huit blessés.

— Nom de Dieu ! jure le Parisien. Lassalle est touché !

Le sergent avide de savoir exactement ce qui s'est passé interroge les hommes indemnes. L'un d'eux lui apprend que les paras se sont lancés à l'assaut d'un village bien défendu au milieu d'épais buissons.

— Les Viets sont revenus en force après qu'on s'est installés dans leurs gourbis, précise le narrateur aux yeux durs, ils ont attaqué de partout, comme des diables, on a eu de la chance d'en revenir...

Collard en sait assez. Il s'éloigne vers les postes de guet de sa section en dodelinant de la tête.

— Oui, c'est ça, se dit-il, ils ont eu de la chance...

Les coolies s'acharnent le dimanche 2 à allonger la piste de fortune en vue d'accueillir des avions un peu plus lourds que les appareils entoilés. Les blessés et les morts sont évacués sur Hanoi. Le calme semble revenu dans le secteur pendant les deux jours qui suivent. Le bataillon tout entier est relancé à la traque des bo dois le mardi 4 janvier. Collard apprend avec consternation que sa compagnie a reçu la mission fastidieuse de protéger le P.C. de la nouvelle opération coup de main montée dans le secteur de Cho Be.

— Surtout, enrage-t-il, qu'il paraît que le chef de la bande de Viets qui se trouve là-bas est un déserteur nommé Chapuy, on dit même que c'est un ancien para...

Une pluie soudaine augmente encore l'ennui des gardes sans grand danger. Les compagnies engagées sur Cho Be rentrent le vendredi 7 et Chapuy court toujours. Il pleut jusqu'à la nuit du samedi 8 au dimanche 9, l'ambiance est de plus en plus morne. Un propagandiste viet-minh vient hurler des slogans à l'aide d'un mégaphone. Il conseille aux paras de déserter en masse pour servir la Paix.

— Soldats, hurle-t-il dans un français très pur, nos troupes sont plus nombreuses que vous, vous êtes encerclés ! Vous ne reverrez plus jamais Hanoi. Une seule solution : rendez-vous !

Collard s'énerve.

— Il est gonflé, le guignol...

Une salve de mortier bien ajustée fait taire l'orateur qui disparaît dans la nuit humide.

Le beau temps revient le lendemain. Les paras de la 7e compagnie vont fouiller de hauts calcaires au-dessus du Day et ramènent des mortiers et des canons de mitrailleuses à leur large campement.

Les bérets-bleus entament le mouvement de retour vers Hanoi le mardi 11 janvier. Les voltigeurs marchent à bon pas. Il y a déjà plus d'un mois qu'ils sont dans la nature et la perspective de retrouver les plaisirs de la capitale les rend joyeux. Collard lui même aspire au repos et esquisse des projets de somptueux dégagements.

L'explosion d'une mine le tire de ses rêves paillards.

— Marseille ! hurle-t-il en découvrant le corps de son ami allongé sur le bord de la piste éventrée, qu'est-ce que tu as ?

Le caporal-chef serre les dents. Il a les deux jambes presque sectionnées. Son regard vrille les yeux du Parisien. Il se force à parler.

— C'est rien du tout, souffle-t-il dans l'oreille de son ami, c'est pas grave mais, poursuit-il de plus en plus faiblement, venge-moi...

Collard sent ses mâchoires se tétaniser. Il bout de rage impuissante tandis que le caporal-chef se vide de son sang comme une outre crevée. Un infirmier pose des garrots de fortune et fait installer le blessé sur un brancard.

— Ça ferait du bien de pouvoir pleurer, se dit l'ancien F.T.P. en reprenant machinalement la progression.

La colonne chemine sur une large digue.

— Il y a certainement d'autres pièges, conseille le Parisien. Attention les gars, ouvrez l'œil...

Le sergent jette de temps en temps un regard inquiet vers le corps de son ami Marseille qui ne se plaint pas.

Un second engin explose à treize heures dix, tuant le chasseur Roger Beaudonnet et blessant quatre de ses compagnons. La marche reprend plus lentement après ce nouveau coup du sort contraire.

— C'est tout de même con de crever alors qu'on rentre au bercail, grommelle Collard, c'est pas juste...

L'infirmier qui marche près du brancard de Marseille hèle soudain le sergent. Le Parisien se laisse rattraper par les porteurs du caporal-chef et comprend tout de suite que son ami vient de mourir.

Le Parisien titube soudain et se reprend de justesse, au bord de la chute. Une boule nerveuse lui comble la gorge. Il suffoque pendant de longues secondes. La progression suit son cours monotone. Il marche comme un automate aveugle.

— On va tous y passer un par un, se dit-il en revoyant le corps musclé de Marseille qui respirait tellement la joie de vivre et la force tranquille.

Les yeux secs du sergent se font brûlants.

— Et maintenant, murmure-t-il, il est là, crevé sur son brancard pourri. A qui le tour ?

Le Parisien serre son arme très fort. Ses yeux brillent de haine et il a envie de tuer jusqu'à l'oubli.

Les paras avancent en prenant bien soin de poser les pieds sur les traces des hommes qui les précèdent.

— Ça sert à rien si les Viets ont installé des mines à traction, reconnaît justement Collard, mais il n'y a que la foi qui sauve...

La colonne triste débouche en fin d'après-midi au village de Phu Lu Thé où elle traverse le Song Day en bac. Collard installe son groupe dans un champ de canne à sucre en vue d'y passer la nuit. Les heures sombres s'écoulent sans nouveaux drames. L'aube arrive vite, les paras réajustent leurs sacs sur leurs épaules aux muscles durs. Collard mâchouille distraitement une tige sucrée en attendant l'ordre de repartir vers Hanoi tout en relaçant plus serré les bottes de saut qu'il n'a pas quittées de la nuit. Des balles giclent soudain en grêle et scient littéralement les tiges des cannes à sucre à cinquante centimètres de hauteur. Le sergent réussit un magistral saut de carpe qui le propulse à l'abri d'un fossé.

— Merde, peste-t-il, mon sac !

Le Parisien rampe sous le feu pour aller récupérer son précieux attirail de combat. Ses paras, bloqués dans l'ornière profonde qui longe le champ, ne bronchent pas sous l'averse claquante. Une autre section matraque les assaillants, les obligeant à desserrer leur étreinte mortelle. Collard profite de la manœuvre impeccablement menée pour s'éloigner du champ haché en parcourant les deux cents premiers mètres de son repli en rampant. Les parachutistes aguerris plaisantent sous le feu devenu imprécis.

— Une vraie séance d'accoutumance aux tirs ennemis, pense leur sergent.

Le Parisien se redresse bientôt et constate avec soulagement que les armes rebelles ne le poursuivent pas. Un avion léger charge les derniers blessés de la veille à trois cents mètres de sa nouvelle position. Les bo dois détournent soudain leurs armes vers l'évacuation sanitaire.

— Les salauds ! gronde l'ancien F.T.P. en voyant un infirmier s'écrouler au sol près de l'avion.

Les autres infirmiers empoignent leur compagnon et le propulsent dans l'avionnette qui décolle en catastrophe, poursuivie par les rafales viets-minhs.

— Je crois bien que c'est le caporal Jouan qui a morflé, se dit le sergent écœuré par le comportement des bo dois, le pauvre gars a déjà été blessé une fois à Hanoi, pas de chance.

La compagnie, poursuivie de loin par les derniers tirs de l'ennemi, entame une nouvelle journée de marche lente vers la capitale. Elle arrive au soir à un ancien poste de l'armée chinoise, à Hung Hoa Phu où elle s'installe pour la nuit. Le soleil brille le jeudi 13 janvier lorsque à onze heures trente les paras entrent en liaison avec une unité de bérets-rouges de la Coloniale. La rencontre est bruyante et joyeuse.

— Ça sent la fin d'opération, jubile Collard en fraternisant avec les marsouins.

Trois sergents, beaucoup plus âgés que le Parisien, plaisantent son air de gamin égaré dans la guerre.

— T'es sergent, toi ? persifle un des trois coloniaux, ne me fais pas rigoler...

Collard se fâche un peu.

— Et alors, avance-t-il, ça se voit pas ?

Le marsouin qui sait tout des combats que vient de mener le 2/1.R.C.P. poursuit sa moquerie fraternelle.

— Ouais, on le voit bien que tu es sergent, on sait même que vous en avez fait voir aux Viets mais, ironise encore le gradé à béret rouge et plus grand d'une bonne tête que le Parisien furieux, pour être un vrai sergent, il faudrait que tu passes chez nous, là au moins tu serais un vrai chef...

Les deux unités se séparent en lançant des grands cris. Les bérets-bleus ne sont plus qu'à quarante kilomètres d'Hanoi en fin d'après-midi et débouchent le lendemain à douze heures tapantes au premier poste de défense de la ville. Des camions chargent les paras amaigris. Collard retrouve son cantonnement avec plaisir.

Il écope dès le lendemain de huit jours d'arrêts qui ont été demandés par son commandant de compagnie.

— Il a toujours pas digéré l'huile de Duc Que, plaisante le puni avec les autres sergents de sa compagnie. Après tout, mort aux cons, gardez-moi quelques nanas au chaud...

L'opération Pégase a, semble-t-il, atteint la majorité de ses objectifs puisque l'état-major claironne un bilan de victoire. Les chiffres officiels annoncent l'anéantissement de sept cent soixante-huit rebelles, la destruction de vingt-quatre ateliers clandestins, la récupération de soixante mortiers, de cinq mitrailleuses lourdes, de nombreux fusils-mitrailleurs, de centaines d'armes individuelles et de vingt-neuf mille grenades.

Les communiqués annoncent également quarante et un morts et cent dix blessés dans les unités françaises.

— Chez nous, regrette le sergent puni, on compte vingt-sept copains tués et plus de soixante-dix blessés, dont huit morts et dix-huit blessés à la compagnie. Sale coup, mais on vengera tout le monde en bloc à la première occasion.

DEUXIÈME PARTIE

INFIRMIER AU FEU

7

OPÉRATION PARASOL

Les paras sont à nouveau placés en alerte aéroportée après une dizaine de jours de remise en condition. La compagnie de Collard quitte son imprimerie désaffectée le dimanche 30 janvier 1949. Le Parisien embarque avec son groupe dans un *Junker 52* piloté par le commandant Jamot. L'appareil frémissant s'arrache à la longue piste de Bach Mai à huit heures trente-cinq et pique en direction du nord-ouest de la capitale nappée de l'habituelle couche de brouillard montant du fleuve Rouge et des rizières qui le bordent.

Le sergent, qui a compensé ses huit jours de punition injuste par quelques sorties fracassantes, somnole dans le ronronnement régulier des moteurs du *Ju 52.* Les appareils de la vague d'assaut dépassent largement leurs objectifs et font soudain demi-tour en larges arcs de cercle.

— On redescend plein sud, constate Collard, qu'est-ce qui se passe ?

Le Parisien comprend vite que les avions se sont éloignés de la D.Z. pour tromper les bataillons rebelles qui tiennent le secteur du canal des Rapides. L'opération dans laquelle s'engagent les paras est baptisée Parasol et consiste à ratisser une large zone de hautes collines courant en cascades de verdure au sud du gros centre de Bac Ninh.

— Debout ! Accrochez !

Les bérets-bleus se mettent maladroitement sur leurs jambes à l'ordre guttural du largueur qui a suivi le signal du pilote. Les claquements secs des mousquetons des lanières d'extraction résonnent aux oreilles du Parisien.

— A nous les Viets ! se promet le sergent impatient de venger ses compagnons tombés au cours de l'opération Pégase.

Collard vérifie rapidement les sangles de ses hommes. Un nouveau signal sonore donné par le pilote du *Junker* prévient le largueur au visage fouetté par le vent qui s'engouffre par la porte béante de l'appareil.

— Go ! hurle-t-il.

Le Parisien ressent à peine la tape virile que lui assène l'homme. Il lance sa jambe gauche en avant et se laisse absorber par le vide.

L'avion allemand s'éloigne, à deux cents mètres au-dessus de sa corolle chuintante. Le sol monte très vite vers ses jambes. Cette fois, le choc est brutal. Le sergent se retrouve à demi assommé et empêtré dans ses suspentes. Il émerge, endolori, d'une sorte d'hébétude au bout de trente secondes, se défait en vitesse de ses harnais et court vers le point de regroupement de sa section, parfaitement mémorisé au briefing de la veille. La compagnie Berjon est rapidement réunie autour de son chef qui la lance à l'assaut de la pente assez douce de la cote 31. L'objectif à prendre en priorité est situé au nord de la drop-zone encombrée de parachutes étalés.

— On se croirait en exercice, regrette le Parisien, déçu de n'avoir pas été accueilli par les bo dois d'Hô Chi Minh.

Le sergent se souvient soudain que le 30 janvier est la date du Têt pour l'année 1949.

— C'est peut-être pour cela que les Viets ne sont pas au rendez-vous, avance-t-il.

L'évocation de la festivité vietnamienne du Jour de l'An lui rappelle de mauvais souvenirs.

— Je vais leur faire payer notre réveillon gâché, se promet-il en achevant l'escalade de la pente qui mène à son objectif.

Quelques coups de feu isolés, tirés d'embrasures de maisons sombres, troublent la fouille rapide mais n'empêchent pas les paras d'enlever le village.

— On va se taper la cloche, claironne le Parisien en désignant de la main gauche un étalement de victuailles tout prêt à la dégustation.

Les villageois mis en fuite par l'arrivée des avions ont précipitamment abandonné les préparatifs de leur fête rituelle. Les paras profitent sans vergogne de leurs efforts culinaires.

— C'est pas tout ça, s'exclame soudain Collard, repu, faut pas oublier qu'on a sauté pour faire la guerre et casser du Viet...

Quelques patrouilles vont reconnaître le village de Tien Xa qui est situé à quatre kilomètres du premier bourg occupé. Elles ne rencontrent aucune résistance. La nuit tombe sur le site tranquille. Collard dort au milieu de son groupe installé en point d'appui à l'orée du village fouillé et refouillé.

La compagnie du Parisien se met en route dès l'aube du 31 janvier pour aller ratisser des pitons noyés dans la brume et plantés de pins parasols qui ont donné leur nom à l'opération. Des hameaux de quelques cagnas parsèment les flancs de montagne encombrés de gros blocs de rochers gris et blanc. Des coolies, chargés de balanciers de bambou, marchent au milieu de la colonne. Les Tonkinois sont indifférents à tout ce qui se passe autour d'eux. Ils avancent à pas réguliers et supportent leurs palanquées sans se plaindre.

Trois explosions éventrent le matin au bout de vingt minutes de marche.

— Ça recommençe comme la dernière fois, fulmine Collard.

Son groupe se place en attente à une dizaine de mètres de l'endroit où a explosé une des trois grenades piégées. Il n'y a pas de casse. La progression reprend au bout de quelques minutes. Les paras marchent sans nouveaux avatars jusqu'au village de Van Kham où ils reçoivent l'ordre de passer la nuit. Le mouvement s'accélère un peu le lendemain. Les villages que rencontrent les bérets-bleus sont tout à fait différents de ceux qu'ils ont pris l'habitude de fouiller dans les autres régions du Tonkin.

— Ça sent le rupin dans le coin, apprécie le Parisien en sortant d'une longue bâtisse richement meublée.

Les paras trouvent dans presque chaque maison des objets de belle facture. Des hamacs pendent sous les auvents des habitations très propres et des jardinets fleuris entourent les bourgades. Les officiers de la fouille pointent sur leurs cartes les villages reconnus : Dai Tao, où un para est blessé par un éclat de grenade piégée, et Co Mien où les rebelles surpris au gîte ébauchent un semblant de résistance.

Les coups de feu claquent au-dessus du groupe de Collard avant de mordre les troncs de conifères et d'érafler les blocs de rochers qu'ils entourent.

— Enfin, grommelle le gradé, c'est pas trop tôt... Ces messieurs nous ont tout de même attendus...

Un officier glisse d'abri en abri vers le Parisien à l'affût.

— Vous en voyez ? interroge le lieutenant essoufflé.

Collard plisse un peu plus les yeux. Une nouvelle volée de balles gicle du village pour saluer l'arrivée de l'officier.

— Non, souffle l'ancien résistant, mais ils vont bien finir par bouger...

Quelques minutes passent ainsi, bruyantes de rafales tirées à l'aveuglette. Collard s'impatiente.

— Il faut leur tomber sur le dos, crache-t-il à voix haute.

L'ordre espéré fuse. Le Parisien bondit et le lieutenant emboîte sa course nerveuse. Les rebelles préfèrent décrocher avant le choc inéluctable.

— Y en a un là, hurle Collard dans le bruit assourdissant des rafales de fusils-mitrailleurs qui dévient leurs tirs vers les flancs du village autour de l'assaut.

Le rebelle pris au piège lance une grenade. L'engin roule quelques mètres derrière les deux hommes avant d'exploser. La mitraillette du Parisien crache ses balles de 11,43 en saccades sèches. L'arme de l'officier, une carabine U.S., tire aussi. Le bo doi s'écroule, touché à mort.

— On en a eu chacun la moitié ! plaisante Collard.

Le sergent retourne le corps sans vie. Les yeux du mort semblent fixer les jambes de ses tueurs.

Le feu baisse d'intensité. Les mortiers mis en batterie en arrière de l'attaque poursuivent les fuyards de dizaines d'obus. Le village dévasté brûle par endroits. Des corps d'ennemis abattus gisent épars au milieu du fouillis.

Le silence retombe bientôt entre les collines. La compagnie reçoit l'ordre de s'installer dans les luxueuses cagnas et d'y demeurer jusqu'au prochain matin.

— Drôle de guerre, rumine le Parisien après avoir placé ses hommes aux meilleurs angles de tir, on n'a pas l'air décidé à courir le Viet de nuit... C'est dommage !...

Les bérets-bleus se retrouvent deux jours plus tard devant un village tout aussi riche que celui de Co Mien.

— C'est un village catholique, annonce un coolie qui semble avoir choisi Collard pour seul patron, ils sont certainement pas partis, chef !

Des formes pacifiques sortent bientôt des habitations cossues et avancent à la rencontre des paras. Les habitants souriants engagent de longs palabres et quarante d'entre eux proposent de suivre le mouvement lancé à la poursuite des rebelles.

— Nous voulons nous battre avec vous, zézaye un gaillard trapu d'une trentaine d'années.

Le Parisien perplexe dévisage les volontaires qui se chargent spontanément de matériel jusque-là transporté par les coolies.

— Curieux bonshommes ! se dit le sergent en accélérant pour suivre le rythme de la progression qui s'ébranle.

Les voltigeurs de pointe atteignent le village de Tam Noi. La colonne grossie de son renfort imprévu stoppe net. Le site paraît déserté de toute population.

— C'est tout de même un peu fort, se dit Collard, tout à l'heure il y avait du monde en pleine zone viet et maintenant plus personne ! C'est louche, du moins pour moi...

Les volontaires souriants aident à l'installation du point d'appui. Quelques coups de feu tirés de très loin stoppent soudain l'agitation du village. Les volontaires ne semblent pas s'émouvoir de la mitraille. Les rebelles éloignés n'insistent pas sous la riposte des mortiers qui tirent quelques obus éclairants. Tous les environs du village sont illuminés de lueurs fantastiques qui déforment le relief en écrasant toute perspective.

— Il y a un gars de touché au P.C. du bataillon, annonce un caporal.

Collard hausse les épaules.

— C'est pas encore avec un coup comme ça qu'on va mériter de belles médailles, regrette-t-il, on a sauté pour des prunes.

L'opération décevante est brutalement démontée le vendredi 4 février. Collard rejoint le bord du canal des Rapides auprès du gros poste qui boucle la région en contrôlant le pont intact qui enjambe la large coupure d'eau. Des camions du train attendent les paras. La longue colonne protégée par des blindés file vers Hanoi. Les volontaires ramenés de l'avant-dernier village fouillé saluent le départ des bérets-bleus de grands signes de bras.

— A nous les nanas, puisqu'on n'a pas eu les Viets qu'on espérait, plaisante Collard frustré par le déroulement insipide de l'opération Parasol.

La ville appartient aux paras pendant près de quinze jours. Le Parisien, vite las des tournées en ville, s'impatiente.

— Tiens, lui annonce un de ses amis sergents, je crois bien que tu vas changer de compagnie.

— Quoi ? sursaute l'affamé de combat, qu'est-ce que c'est que cette histoire de fous ?

La vie semble soudain s'arrêter dans *le Buffle sur le Toit,* un établissement situé rue Paul-Bert, à cent mètres à peine du Théâtre municipal.

Le théâtre d'Hanoi, que ne fréquentaient pas souvent Collard et ses compagnons de combat.

Une algarade au sujet d'une banale histoire de service de garnison revient à l'esprit du Parisien.

— La vache ! M'a eu le pitaine... Tu vas voir qu'en plus il va me faire coller au moins huit jours de gnouf...

Le compagnon du sergent brimé regrette presque de l'avoir averti.

— C'est pas grave, tranche le puni, vous les copains je vous regretterai certainement mais pas le capitaine qui mérite pour une fois parfaitement son surnom de « grosse vache ».

Le muté d'office se force à sourire encore pour ne pas gâcher la soirée de ses amis compatissants.

— Bizarre tout de même, ne peut-il s'empêcher de se dire en échappant un instant aux plaisanteries de ses compagnons, c'est depuis que mon dossier personnel est arrivé à la compagnie et qu'il a appris que j'ai appartenu à la Brigade Fabien qu'il semble m'avoir pris en grippe... C'est pas le coup de la chiasse de Du Que qui l'a autant monté contre moi ? Ça serait vraiment trop bête... Enfin, conclut le sergent en retrouvant son optimisme du début de la soirée, le meilleur de l'affaire c'est que je n'aurai plus affaire à lui !

Les choses se confirment dès le lendemain. Collard est affecté à la compagnie de commandement où il apprend tout de suite de la bouche de son nouveau patron, le capitaine Aussaresses, qu'il écope aussi de huit jours d'arrêts.

— Qu'est-ce que vous voulez faire ? interroge le capitaine en souriant franchement, vous voulez rester à la base arrière ?

Le Parisien sursaute comme s'il avait reçu une gifle.

— Je veux surtout aller en opération ! lâche-t-il dans un garde-à-vous impeccable.

Le capitaine Aussaresses réfléchit un instant et propose une solution au puni.

— Il n'y a pas de poste de chef de groupe vacant...Que diriez-vous de prendre une infirmerie de compagnie en compte ? s'enquiert-il.

Les rêves de voltige du sergent s'envolent à tout jamais.

— Oui, accepte-t-il tout de même persuadé de rendre de grands services au combat, j'aimerais assez ça...

— C'est bon, tranche le capitaine en griffonnant un ordre, mais je vous avertis : vous devrez suivre quelques cours avant de repartir avec vos camarades. D'accord ?

Les leçons de secourisme et de médecine de base passent très vite. Collard, qui sait pour les avoir vus à l'œuvre que les infirmiers de compagnie de voltige sont parmi les paras qui prennent le plus de risques, travaille dur pour mériter son poste. Il est à nouveau convoqué au P.C. du capitaine Aussaresses le 1er avril.

— Les cours ne sont pas terminés, s'inquiète-t-il, qu'est-ce qu'on me veut encore ?

Le sergent est très vite édifié.

— Vous êtes rétrogradé sur le rapport du capitaine Berjon, lui apprend un adjudant administratif. Vous redevenez caporal-chef !

Les jambes de l'ancien F.T.P. flageolent.

— Oh, avance-t-il, on est le 1er avril, c'est une blague ?

L'adjudant n'a pas l'air de plaisanter.

— Non mon vieux, précise-t-il, lisez ce papier et vous verrez bien que ce n'est malheureusement pas une farce de vos copains.

Collard ne retrouve ses esprits qu'une fois dans la cour de la Citadelle.

— Il me poursuivra toujours, gronde-t-il en repensant à son ancien commandant de compagnie.

Le caractère enjoué du Parisien reprend le dessus.

— Après tout, se console-t-il, caporal-chef ou sergent c'est du kif, la solde est la même et puis une fois mort où est la différence ? Adieu sergent ! les conneries continuent...

Le sergent cassé arrose copieusement ses vingt et un ans le 13 avril. Comme il est de service d'alerte il se couche un peu après minuit. Une alerte se déclenche une heure plus tard et dure jusqu'à deux heures. Le caporal-chef se rendort sur sa couche à moustiquaire installée au long du mur de la chambrée qu'il partage avec quatre compagnons du P.C. du bataillon. Une douleur fulgurante le réveille en sursaut une demi-heure plus tard.

— Qu'est-ce qui se passe ? se demande-t-il en portant ses deux mains autour de son genou droit où naît une douleur insoutenable, on m'a tiré dessus... Je ne peux plus bouger la jambe !

Ses compagnons réveillés par son cri le rassurent.

— Je vais tout de même à l'infirmerie, décide l'élève infirmier, j'ai trop mal.

Le médecin du bataillon est réveillé par le sergent infirmier de garde et inspecte rapidement la jambe du Parisien grimaçant.

— Moi je ne vois rien, avoue le capitaine, je t'envoie tout de suite à Lannessan.

Collard, sautillant sur sa jambe gauche, se hisse difficilement dans une jeep. Il garde son genou droit ployé et bloqué à angle droit.

Le véhicule le dépose à trois heures du matin à l'hôpital. Les hommes de garde l'empoignent. Un médecin l'examine et, tout aussi circonspect que son confrère parachutiste, réserve son diagnostic. Un chirurgien venu impromptu s'enquérir d'une urgence toujours possible inspecte lui aussi le genou du caporal-chef suant sous les coups de fouets de la douleur toujours aussi aiguë.

— Allez hop, sur le billard ! décide le praticien au bout de quelques secondes seulement d'examen, je suis certain que tu as un corps étranger dans le genou...

Le Parisien est mené dans une salle d'opération. Un aide de service lui administre une piqûre. L'anesthésie locale balaye rapidement la douleur de son genou qui devient tout froid.

— On y va, ordonne le chirurgien qui a passé une blouse sur son uniforme de sortie, bistouri...

La main sûre du médecin à trois galons plonge vers le genou endormi de son patient. Collard ne ferme pas les yeux et suit le tracé sanglant de la pointe acérée du scalpel argenté.

— J'en étais sûr, soliloque le chirurgien, il y a une saloperie là-dedans... Je vais l'avoir...

L'assistant ébahi épie les mouvements de la main de son chef. Celui-ci retire tout doucement une longue aiguille à laine de derrière la rotule du para. Collard tend le cou pour ne pas perdre une miette du spectacle.

— Vous les parachutistes, plaisante l'homme de l'art en levant l'aiguille devant ses yeux, vous me ferez toujours rire. Où as-tu attrapé ce truc-là ?

Collard regarde la longue aiguille à large chas et avance :

— Je crois bien que c'est avec ça que j'ai planté une photo de fille à poil sur le mur au-dessus de mon lit... J'ai dû cogner le mur en dormant...

— Les filles à poil ça ne se plante pas avec une aiguille à laine, ironise le capitaine très sympathique.

Le chirurgien redevient tout de suite sérieux et ajoute :

— En tout cas, même si ce n'est pas grave ton truc, tu vas devoir marcher avec une canne pendant quelques jours... Bonne chance !

Le Parisien subit une sérieuse baisse de moral les jours suivant l'incident. L'ancien sergent ne trouve plus goût à rien. Il suit machinalement les derniers cours de son stage d'infirmier. L'ordre qui l'affecte à la 8e compagnie installée elle aussi à la Citadelle ne réveille même pas ses nerfs à plat.

— C'est pourtant une bonne compagnie, se dit-il en évoquant la charge chantante de ses futurs compagnons et je sais que le lieutenant Audemat est un bon patron, sympa et régulier, il faut tout de même que je me secoue !

Le Parisien retrouve à sa nouvelle compagnie des sous-officiers amis qui font mine de ne pas remarquer ses galons de caporal-chef et l'aident dans son installation à l'infirmerie.

— Maintenant, se dit l'ancien sergent après avoir humé le vent, je me retrouve avec deux patrons, le lieutenant Audemat et le toubib, le capitaine Azorin, gaffe au grain !

Ses premiers patients se présentent dès le lendemain à son officine installée dans une petite pièce de plain-pied, devancée d'un auvent de tôle ondulée et encombrée de matériel de premier secours en vrac. Ce ne sont bien sûr pas des blessés et Collard, qui n'avait envisagé que le côté noble du métier d'infirmier, est obligé de soigner des dartres annamites et des furoncles à grands étalements de pommades et coups de coton trempé dans du daquin ou du mercurochrome. Il administre également quelques piqûres pour soigner des maladies très particulières. Ses premiers clients grimacent un peu.

— Je me fais la main, plaisante le caporal-chef, je sens que ça vient... Pas vrai ?

Son chef direct, l'adjudant Andriot, adjudant de compagnie et chargé de la discipline, prend tout de suite la nouvelle recrue en amitié. Collard reprend enfin goût à la vie.

— Vivement qu'on parte en opération, espère-t-il, je suis écœuré du train-train de garnison de ces dernières semaines. Le vrai métier d'infirmier doit s'exercer au feu...

8

LE CANON DE TUYEN QUANG

Les nouveaux compagnons de Collard embarquent à l'aube du 7 mai dans des camions G.M.C.. Les véhicules quittent la Citadelle à cinq heures trente. Les traits de lumière de leurs phares à grosses ampoules jaunes balayent dans les virages les murs de la ville encore assoupie. Les parachutistes lourdement chargés somnolent dans les cuves brinquebalantes. Collard ne connaît rien de l'opération aéroportée qui se met en route. Ses nouvelles fonctions d'infirmier ne l'autorisent plus à participer aux détails des briefings de préparation. Son matériel de premier secours est soigneusement serré dans une sacoche qu'il tient entre ses jambes. Les camions atteignent les faubourgs de la ville. Le Parisien s'amuse à suivre la course affolée de centaines de rats qui fuient dans les caniveaux souillés bordant la route de Bach Mai. L'aérodrome est atteint rapidement.

— On dirait que les chauffeurs veulent battre un record à chaque fois qu'on part pour sauter, se dit l'ancien sergent, c'est pas mal mais ça secoue !

Les paras sautent à bas des véhicules aux moteurs torturés. Les mouvements de préparation du saut s'accélèrent. Les hommes graves se coulent dans les harnais de leurs parachutes. Ils s'alignent par sticks d'une quinzaine d'unités devant les appareils dont les moteurs tournent déjà au ralenti. Collard, armé d'un pistolet automatique *Colt 45* et d'une mitraillette française très légère qui ressemble à un jouet d'enfant, se hisse dans son avion. L'aérodrome tout entier vibre au rythme croissant des moteurs allemands. Le tintamarre est bientôt total.

— Tassez-vous vers l'avant, ordonne une voix dans la pénombre de l'étroite carlingue dans laquelle s'est assis le Parisien, dépêchez-vous !

Les paras se relèvent, maladroits. Ils se heurtent, jurent, sourient et s'amalgament vers le nez de l'appareil.

Les hommes de la deuxième vague font des signes de la main du bord du terrain. Ils se perdent au regard du caporal-chef infirmier. Les moteurs du *Junker* s'enragent. L'avion quitte le sol en bout de piste et tourne longtemps autour du vaste terrain en attendant que tous les appareils de la vague d'assaut aient décollé. Chaque pilote se place à son rang dans le carrousel grondant. Les compagnons de Collard se détendent sur les étroites banquettes. L'infirmier jette un coup d'œil par la lucarne rectangulaire qui se trouve derrière sa tête casquée. Il aperçoit seulement quelques lambeaux de rizières entre des lacs de brume. Les croix grises des autres avions porteurs semblent demeurer immobiles dans les nuages. Le *Junker 52* coule de temps en temps dans un trou d'air. Collard laisse à chaque fois échapper un hoquet.

L'ordre du : « Debout ! Accrochez ! » tire bientôt les paras de leur rêverie. Il est huit heures. Les chasseurs capellent leurs mousquetons. Les choses se précipitent. Collard se retrouve presque machinalement dans le vide. Les bruits de moteurs s'amenuisent au-dessus de sa corolle. L'infirmier fait un rapide tour d'horizon.

— C'est toujours aussi beau ! laisse-t-il échapper dans la féerie des voilures sifflantes.

Ses jambes se joignent et fléchissent en mouvement réflexe. La rizière est là. Une saute de vent vicieuse l'entraîne en plein dans une coupure d'eau malgré ses tractions désespérées. Le Parisien disparaît tout entier dans l'eau glauque et froide. Un coup de talon rageur contre une masse résistante le ramène à la surface. Moitié nageant, moitié marchant, le parachutiste empêtré réussit à s'extirper du piège en crachant de l'eau au goût de tisane pourrie.

— Les copains sont aussi dans le bouillon, a-t-il le temps de constater en dégrafant difficilement ses harnais mouillés. Sale début d'opération !

Le nouvel infirmier de la 8e compagnie écoute les échos d'une fusillade qui naît tout aussitôt après le laborieux regroupement de la section de commandement du lieutenant Audemat. Les coups de feu partent d'un village noyé dans la grisaille à trois cents mètres de Collard. Un ordre lance sa section vers le feu. Le Parisien essoufflé débouche bientôt au bord de la rivière Song Chay auprès d'un pont réduit à une seule arche par des destructions successives. Les pièces de fusils-mitrailleurs se postent en défense. Des voltigeurs en short et dégoulinant d'eau découvrent quelques barques vermoulues. Les paras franchissent l'obstacle du Song en plusieurs rotations. Le mouvement se relance après le passage. Quelques éclopés, cassés à l'atterrissage, freinent la progression. Les paras s'enfoncent dans un fouillis épais de jungle coupée de pistes étroites. Collard est heureux de retrouver la guerre.

— Les Viets ont certainement miné tout le secteur, prévoit-il. Faut faire gaffe !

Le Parisien sur ses gardes suit tranquillement la marche de ses compagnons en chapeaux de brousse. La colonne silencieuse s'est engagée dans un véritable couloir rectiligne et sombre taillé net dans la brousse inconnue.

Des bo dois, placés là en éléments retardateurs, harcèlent les sections

sans dommages. Les éclaireurs de tête du mouvement atteignent Phu Doan à dix-neuf heures. L'ancien sergent découvre une ville morte. Phu Doan, jadis sous-préfecture prospère, est bâtie au confluent de la rivière Claire et du Song Chay. La cité ne présente plus qu'un amas de ruines désolées et entourées de paillotes. Les habitants ont fui à l'approche des paras.

Une colonne de tirailleurs nord-africains débarque ses mules bâtées d'engins de la Marine venus de Vietri dans la matinée du dimanche 8 mai. Un nouveau renfort composé d'un bataillon de spahis et de légionnaires arrive à Phu Doan à seize heures.

— C'est pas possible, plaisante Collard, on va refaire la guerre de 14 !

Les spahis et les képis-blancs s'installent dans un village au bord du Song Chay. Les paras du commandant Mollat demeurent à Phu Doan. Des parachutages intensifs de matériel se poursuivent tout au long du jour. Des dizaines de coolies sont partagés entre les sections. Collard en aperçoit un.

— Tu as une bonne bouille, dit-il à l'homme inquiet, je vais t'appeler Toto, tu veux bien ?

Le Tonkinois n'a guère plus de vingt-cinq ans. Il est exactement de la même taille que l'infirmier. Il est vêtu d'une vaste chemise noire très propre qui flotte bas sur un pantalon marron mi-court. Sa tête ronde est coiffée du traditionnel chapeau conique de paille de riz tressée.

— C'est bien, chep, accepte-t-il, Toto, c'est très bien pour moi...

L'infirmier suivi de son coolie chargé de matériel de soins quitte les ruines de Phu Doan au matin du lundi 9 mai pour suivre la progression d'une reconnaissance lancée au long du Song Chay. La colonne chemine sans histoires jusqu'à la mi-journée sur une large piste qui épouse le tracé de la rive sud du cours d'eau. Les parachutistes respectent la pause traditionnelle du casse-croûte et repartent au bout d'une demi-heure de repos.

L'eau du cours d'eau bruisse à quelques mètres des voltigeurs. Des oiseaux chantent dans les buissons. Les éclaireurs de tête disparaissent soudain dans les hautes herbes qui bordent le ruban de terre battue. Collard les imite et retient son souffle. Quatre bo dois en armes avancent très lentement sur la piste. Ils bavardent et les éclats de leurs voix montent clair dans l'ambiance tranquille.

— On va les avoir, anticipe le Parisien repris par les énervements du baroud, plus que trente mètres...

Les quatre Viets-minhs se rapprochent encore du même pas égal. Les paras se préparent à leur sauter dessus. Les arbres frémissent sous un vent léger. Le claquement de semelle des sandales des rebelles résonne aux oreilles de l'infirmier.

— Allez ! Allez, souffle ce dernier, encore un petit effort... approchez...

Les quatre hommes interrompent soudain leur marche au beau milieu de la piste. Ils semblent humer le vent comme des chiens de chasse.

— Bon Dieu, reprend Collard, avancez... avancez...

Le silence est intolérable. Quelques secondes passent, les canons de mitraillettes et de fusils des paras embusqués visent les bo dois statufiés dans la lumière crue. La patrouille viet-minh disparaît soudain dans les herbes. Le tir des bérets-bleus encadre au jugé leur fuite désespérée. Deux rebelles tombent face contre terre. Collard bondit vers eux et ne peut que constater leur mort.

— C'est foutu pour les renseignements, regrette-t-il.

Les deux corps sont délestés de leurs armes et de leurs grenades.

— Deux fusils, commente l'infirmier qui était prêt à soigner les bo dois, c'est toujours ça de pris...

La patrouille se remet en marche. Les deux bo dois morts sont abandonnés aux charognards à plume et à poil qui hantent le bord de la rivière. Le gros du bataillon fait aussi mouvement après l'escarmouche. Les paras franchissent la rivière sous la protection des pièces de la 8e compagnie. Un ordre relance ensuite Collard et ses compagnons sur deux kilomètres au bord du cours d'eau. Il fait une chaleur intolérable. Quelques paras ruisselants de sueur s'abattent, au bord de l'insolation, sous les couverts plus frais de la forêt. Les compagnies reviennent en fin d'après-midi à Phu Doan. Les hommes sont laminés par leur marche de vingt-huit kilomètres dans la fournaise. Ils s'endorment aussitôt leur ration du soir avalée.

— Avec tous les bataillons qui grenouillent dans le coin, suppute le Parisien à bout de forces, je crois qu'on peut se permettre de dormir tranquilles...

L'ancien sergent bien reposé touche deux infirmiers de renfort dès le lendemain.

— On dirait qu'on nous promet de la casse, se dit-il, c'est pas trop tôt !

Des engins de la Marine font traverser le Song Chay aux chasseurs. Les bérets-bleus entament une longue marche vers Tuyen Quang, ville otage des Viets-minhs.

La piste qui monte vers le nord devient au bout de cinq kilomètres de marche sous un soleil laminant une véritable route qui coupe au travers de hauteurs sombres et menaçantes. La compagnie du Parisien s'installe au soir dans un village de paillotes montées sur pilotis.

— C'est pour empêcher Hong Ho de manger les enfants, explique Toto.

— Pour empêcher qui ? s'étonne l'infirmier.

Le coolie qui ne semble pas souffrir des longues marches sous le soleil précise :

— Oui, Hong Ho, le seigneur tigre...

Collard demeure perplexe.

— Si en plus il y a des tigres, se dit-il, ça va être gai.

Les paras assoiffés se ruent à l'assaut d'un ruisselet qui sourd d'un bosquet touffu. Des plaisanteries fusent dans des tintinnabulements de bidons entrechoqués.

— Il paraît que les Viets ont de l'artillerie dans le secteur, entend Collard en passant près d'un groupe d'hommes en sueur, c'est un légionnaire qui me l'a dit à Phu Doan...

Les bérets-bleus repartent bien avant l'aube vers Tuyen Quang. La colonne est bientôt stoppée par quelques coups de feu et des explosions de grenades piégées installées par les Viets au cours de la nuit. Les voltigeurs atteignent tout de même les faubourgs de la ville après quatre heures de

marche à la fraîche. Des paillotes ont été construites sur des emplacements de maisons en dur détruites. Collard passe bientôt devant le panneau signalant la cité. Son émail est écaillé d'impacts de balles. Tuyen Quang, jadis conquise par la Légion étrangère, est complètement rasée. Les paras abordent, un kilomètre après le panneau de signalisation, un pont intact qui mène à un curieux édifice.

— Ça doit être un monument aux morts viet, avance Collard à ses deux infirmiers.

Le monument fraîchement construit est formé d'un polygone d'étoiles superposées qui vont en s'amenuisant. Les paras ne sont pas venus là pour faire du tourisme et s'éloignent de la stèle en avançant sur sa gauche. Un ordre stoppe la pénétration dans la ville. Une unité de la Légion double les bérets-bleus.

— Normal, se dit Collard, ils marchent sur les traces de leurs anciens de la conquête...

La ville qui s'offre aux regards des paras immobiles n'est que désolation. Ses ruines ont été abandonnées par les rebelles au cours de la nuit.

— Pas réjouissant le spectacle, commente le Parisien.

Les arbres qui ombraient jadis les rues animées de la cité fantôme ont été sciés à leur base. Tout est rasé. Seules une grande pagode bouddhiste et la cathédrale catholique demeurent intactes au-dessus des démolitions.

— Les Viets ont une curieuse conception du progrès, soupire l'ancien sergent, ils cassent tout, même les écoles et les hôpitaux... Mais pas les églises !

La compagnie du lieutenant Audemat reçoit l'ordre d'entamer un large mouvement de débordement pendant que le gros de l'opération s'avance à travers la ville morte vers des bâtisses de style Vauban, mangées par la végétation, qui dominent les ruines au sommet d'un mamelon.

Collard et la section de commandement s'éloignent par la gauche de Tuyen Quang et rejoignent, deux kilomètres plus au nord, un élément d'infanterie qui a fait un mouvement identique par la droite des quartiers rasés.

Les fantassins repartent bientôt vers la Citadelle et le lieutenant Audemat reçoit l'ordre de poursuivre encore sa progression vers le nord en suivant la route de Ha Giang, une ville située à cent cinquante et un kilomètres de là, comme l'indique une borne renversée dans un fossé.

Les voltigeurs pénètrent au bout de quatre kilomètres de marche tranquille dans un camp rebelle abandonné.

— Regarde, Toto, indique Collard à son coolie, c'est chouette ici, les Viets ont fait du beau travail...

Les rebelles ont en effet transformé le hameau de Ling Son en village modèle. Des paillotes toutes neuves sont aménagées en magasins de matériel et salles de réunions. Des banderoles flottent un peu partout et tout est propre et net. L'ancien sergent découvre une nouvelle fois des tracts à l'effigie d'Hô Chi Minh et de Staline.

— Il est toujours là, celui-là ! plaisante-t-il en foulant aux pieds les portraits flatteurs du petit père des peuples.

Les paras dorment sur des couches hier encore occupées par leurs ennemis. Une canonnade tonne vers Tuyen Quang.

— Ce sont les copains artilleurs qui se font la main, lance l'infirmier à ses compagnons de repos.

— Ou bien le fameux canon des Viets, lui rétorque un de ses aides.

Le lieutenant Audemat lance au matin du 13 mai une patrouille au nord de Ling Son. Collard est de la partie. Les paras suivent une route tailladée de profondes coupures en quinconce et qui meurt bientôt sous des coulées de broussailles échappées de la forêt alentour. Un mince sentier persiste entre des grappes de roseaux très serrés et un fouillis de buissons. L'infirmier est sans cesse obligé de parer du bras gauche les fouets de branches souples écartées par l'homme qui le précède. Son visage est en sueur. Il laisse traîner un regard inquiet sur les hauteurs sombres qui dominent la piste étroite.

— Si les Viets veulent nous encadrer, grommelle-t-il, c'est le moment ou jamais...

La sente s'élargit un peu. Elle redevient une vraie piste, puis une route large. Il est neuf heures trente. Collard humecte ses lèvres à petits coups de langue. Des balles claquent soudain à ses oreilles. Il bondit en même temps que ses compagnons dans une tranchée creusée sur la route par des saboteurs viets-minhs. Les coups de feu jaillissent du village de Than Lam. Les fusils-mitrailleurs de la section de tête ripostent ensemble et crèvent les buissons de leurs longues rafales. Des grenades explosent. L'ancien sergent, transporté par les échos de l'accrochage et l'odeur de la poudre qui envahit le bord de la route, se prépare à bondir au moindre appel à l'aide. Toto, tassé tout près de lui, roule des yeux fous. Les éléments de l'embuscade donnent assez vite des signes d'essoufflement. Les paras bondissent vers le village. Collard jaillit de sa tranchée et court derrière eux. Il enjambe bientôt trois corps cassés de bo dois. Les rebelles sont encore agités de soubresauts nerveux. Ils meurent vite. L'infirmier s'éloigne vers le feu faiblissant. Un quatrième corps de Viet-minh gît en travers d'une venelle étroite. Trois autres bo dois, prisonniers, descendent des rochers qui dominent le village. Les vaincus se dirigent sans escorte vers la route en marchant les mains sur la tête. L'un d'eux psalmodie en français.

— Ne me tuez pas ! Ne me tuez pas !... implore-t-il à chaque fois qu'il croise un para.

— Celui-là est une bonne affaire pour le deuxième bureau de Tuyen Quang, estime le Parisien tout heureux de ne pas avoir de soins à prodiguer à ses compagnons.

Le village en pente est rapidement fouillé.

— Regardez ce que j'ai trouvé, claironne un voltigeur en sueur sur le pas d'une paillote dévastée.

Le Parisien s'empare d'un des tracts que l'homme a découverts dans la cagna.

« Jeunes Français, lit-il à haute voix, exigez votre rapatriement pour servir votre Patrie ou venez sans crainte chez les Vietnamiens qui vous recevront avec enthousiasme. »

Le caporal-chef éclate de rire.

— C'est ça, commente-t-il pour les deux paras qui écoutent sa lecture. Ils nous accueilleront avec des fusils, comme tout à l'heure... Bel enthousiasme !

L'infirmier poursuit la lecture édifiante du libelle.

« Vos frères de la Jeunesse démocratique française et vos sœurs de l'Union des femmes françaises vous appellent. »

Le Parisien demeure coi, pris entre la colère et le fou rire.

— Ils sont tout de même gonflés d'imprimer des saloperies pareilles ! Elles doivent être chouettes nos sœurs de l'Union des femmes françaises...

La colonne est rappelée par radio à Tuyen Quang. L'ancien sergent de la 7e compagnie suit la progression tranquille en ruminant son ressentiment contre les Français qui prennent le parti de l'ennemi. Les paras s'installent en fin d'après-midi à la Citadelle de Tuyen Quang envahie par des broussailles. Collard contemple du haut des murs épais l'étonnante étendue de la ville rasée d'où jaillissent encore quelques poteaux téléphoniques miraculeusement épargnés. La nuit, gommant le spectacle désolé, se met à tomber à grosses gouttes tièdes deux heures plus tard. L'eau transperce très vite les toiles de tentes individuelles des paras. Collard ne trouve pas le sommeil dans le martèlement énervant de l'averse. Le déluge persiste jusqu'à trois heures du matin sans faiblir. Le silence retombe sur les murs de la Citadelle. Collard s'enroule dans sa moustiquaire et s'endort enfin, dans cinq centimètres d'eau tiède.

Au matin, les alentours de la Citadelle sont piquetés de vêtements trempés qui sèchent un peu partout. Le soleil brille heureusement et les treillis fument sous ses rayons. Deux *Junker 52* viennent larguer du ravitaillement sur le site à quatorze heures. Les appareils subissent le tir d'un canon de 75 qui se dévoile soudain en tirant des obus fusants en D.C.A.. Les avions gris s'éloignent en catastrophe et ne reprennent le largage qu'à la nuit tombante.

— Il faudrait qu'on repère ce foutu canon, gronde le Parisien, et qu'on monte un coup de commando pour le faire taire.

Les paras font mouvement vers un grand champ en friche où ils s'installent pour la nuit après avoir creusé des tranchées dans la terre meuble. La nuit du 15 mai est fracassée par des explosions qui éveillent le vaste campement des unités étalées dans Tuyen Quang. Il est vingt-deux heures cinquante.

— C'est encore le canon viet ! réalise l'ancien sergent, ils mettent le paquet...

Le Parisien bondit à son emplacement de combat en espérant que les tirs de la pièce rebelle soient les prémices d'une attaque en règle.

De nouveaux obus passent en sifflant au-dessus de la Citadelle pour aller fracasser encore un peu plus les ruines de Tuyen Quang. L'artillerie française, amenée la veille sur le site, donne à son tour de la voix. Le silence retombe bientôt sur les ruines. Les rebelles ont tiré quelques dizaines d'obus.

— Quand je vous disais que c'était la guerre de 14, ironise l'infirmier, je ne me trompais pas.

La compagnie Audemat, bien coulée dans ses tranchées creusées à l'aide des coolies, n'a pas subi de pertes. Mais il y a du dégât sur les positions des tirailleurs. Les paras découvrent le spectacle navrant de mulets déchiquetés par les éclats. Une bonne partie du matériel d'artillerie légère des Nords-Africains a été détruite. Le bruit court vite qu'un coup de main va être monté contre la pièce ennemie. Collard exulte en apprenant que la mission échoit au bataillon Mollat.

— Mort aux cons ! lance-t-il en cri de guerre à ses compagnons, on va sûrement les avoir... Vivement la nuit !

9

GRENADES PIÉGÉES

Le mouvement d'approche de la zone recelant la pièce viet-minh est lancé à trois heures le lundi 16 mai 1949. La longue chenille ondulante des paras avance dans une nuit sans lune. Les hommes sont obligés de se tenir les uns aux autres par les mains aux plus mauvais passages de la montagne sombre. Les hussards de la 6e compagnie du bataillon ont reçu la charge de lancer le dernier assaut sur le canon embusqué en haut d'un piton.

— Les cavaliers ont toujours de la chance, grommelle Collard en butant contre une grosse racine, enfin, on ne peut pas y aller tous ensemble...

La progression aveugle franchit quelques coupures d'eau en essayant de garder le silence. Les boussoles des chefs de groupes ne servent à rien dans la jungle trop épaisse. Le jour perce timidement le rideau de verdure. Les premiers voltigeurs du bataillon ont parcouru un peu plus de dix kilomètres en vaste arc de cercle autour de la position présumée des artilleurs rebelles. La 6e compagnie se lance seule sur les dernières pentes à gravir. Le silence est brisé par les bruits de branches cassées sous les pas des hussards pressés de tomber sur la pièce de 75. Les sections des autres compagnies cernent le site. Des coups de feu éclatent, bientôt suivis de quelques explosions.

— Des pièges, gronde le Parisien qui garde les yeux rivés sur la zone embrumée où se trouve le canon, ça commence mal !

Il est presque onze heures du matin. D'autres échos de fusillades percent le rideau de la jungle puis, vers treize heures, les tirs s'enragent. Un avion d'observation tourne au-dessus du site investi. Une pièce d'artillerie tire de Tuyen Quang. La radio du lieutenant Audemat grésille. Collard apprend que les hussards du capitaine Lorgeoux se sont rendus maîtres de l'arme lourde ennemie.

— On pourra dormir tranquilles auprès de nos ruines, se réjouit-il.

La montagne sombre s'éventre dans un souffle d'apocalypse qui entraîne très loin les échos de la destruction du canon viet-minh. Collard reprend la piste vers Tuyen Quang. Les paras refranchissent le fleuve et débouchent dans la ville morte juste au moment où des artificiers font voler en éclats le monument aux morts du Viet-minh.

— Bon sang qu'il fait soif ! se plaint le Parisien une fois parvenu aux nouvelles positions assignées à sa compagnie.

L'endroit est éloigné de tout point d'eau. Trois chasseurs fureteurs découvrent un puits dans une ruine. L'eau qu'ils y puisent au bout d'une suspente de parachute sent mauvais.

— Ça ne fait rien, décide leur infirmier assoiffé, faites comme moi et buvez...

Les chasseurs imitent le caporal-chef. Ils jettent de nombreuses pastilles désinfectantes dans le liquide peu engageant et boivent à longs traits. Toto tire soudain l'ancien sergent par la manche de sa veste sale.

— Chep ! C'est pas bon boire l'eau de ce puits, avance-t-il.

Le Parisien suspend un instant le mouvement de sa main droite qui remontait une nouvelle fois vers sa bouche sèche. Il se défait de la prise timide des petits doigts boudinés du Tonkinois et continue à boire.

— C'est les bonzes toujours laver les morts dans ce puits... précise le coolie.

L'infirmier hésite quelques secondes et boit à nouveau.

— C'est pas ça qui nous fera crever plus vite ! commente-t-il simplement.

Les bérets-bleus s'éloignent de la ville en ruine dès le lendemain matin. Le ciel est gris. Des nuages bas courent au ras des hauteurs du nord. Pas un avion ne survole la progression. Collard quitte son campement vers seize heures pour suivre le mouvement en direction de Phu Yen. Les paras empruntent la route défoncée qui mène à Yen Bay, à cinquante kilomètres à l'est. Ils passent la nuit sur un piton dénudé au-dessus du hameau désert de Giang Chang. Ils repartent à l'aube du lendemain sous un ciel encore plus bas que celui de la veille. Les rations reçues au départ sont terminées. Collard a faim et hésite à entamer le peu de nourriture qui lui reste encore.

— Il va falloir se serrer la ceinture, prévoit-il, les zincs qui devaient venir nous ravitailler ne vont certainement pas pouvoir voler aujourd'hui.

La section de commandement traverse des villages abandonnés. L'attention de l'ancien sergent est soudain attirée par le manège de quelques coolies qui grignotent des morceaux de lianes arrachées à la forêt.

— Toto, demande-t-il, qu'est-ce que tu bouffes là ?

Le coolie lourdement bâté tend un bout de bois à son chef.

— C'est beaucoup bon, chep ! encourage-t-il, tu peux en manger comme moi...

L'infirmier affamé hume la fibre brune.

— Ça sent pas grand-chose, constate-t-il, allons-y...

Le Parisien mâchonne le bois presque sec et sent tout de suite une agréable saveur sucrée prendre possession de son palais. Les autres bérets-bleus l'imitent bientôt et trompent leur faim tout en marchant. Toto sourit à son chef, heureux d'avoir pu rendre service. La colonne atteint Phu Yen à midi. Le gros village est coupé par le Song Chay. Les groupes las s'affalent entre les cagnas désertes pour attendre les ordres. Des tirailleurs rallient aussi le secteur et, vers quinze heures, des sampans mènent les paras sur la rive sud du cours d'eau.

— Et toujours pas la queue d'un poulet, gronde le Parisien de plus en plus affamé, c'est pas Dieu possible...

Les infirmiers s'installent avec Toto dans une paillote et y passent une nuit tranquille. Le ciel s'éclaire un peu le lendemain, jeudi 19 mai. Un avion vient larguer deux journées de vivres au-dessus du bataillon. Le Parisien se rue littéralement sur la manne tombée du ciel et la dévore.

Un ordre lance les bérets-bleus en amont du Song Chay. Des légionnaires parachutistes du 1er B.E.P. entament le même mouvement à l'ouest du cours d'eau. Une grenade explose en tête de colonne après une heure de progression.

— On commençait à trouver le temps long, plaisante Collard.

Le sourire avide de guerre de l'ancien sergent se fige en apprenant qu'un caporal est très sérieusement touché au thorax par les éclats du piège. La marche se poursuit après l'explosion au bord de l'eau boueuse. Les paras avancent moins vite. Les éclaireurs quittent peu après la rive du Song Chay pour cheminer au long d'une rivière moins large, vers le sud-est. La colonne se coule entre des mamelons d'une vingtaine de mètres de hauteur nappés d'arbres serrés et dominés plus loin par une ligne de hautes collines sombres.

— Toujours pas de Viets, regrette Collard après la fouille d'un hameau.

Les bérets-bleus s'engagent dans une rizière longue de trois cents mètres sur deux cents de large. La piste de la digue pénètre ensuite à nouveau dans un groupe de cagnas délabrées plantées à flanc de mamelon. Une mitrailleuse rebelle ouvre le feu sur les intrus.

— Sale temps, se dit l'infirmier en se jetant à l'abri contre la digue, ils ont l'air rudement bien installés !

Les voltigeurs manœuvrent par bonds nerveux sous le tir de l'arme automatique. Une section déborde de l'arrière de la colonne et prend à son tour l'embuscade rebelle sous ses feux croisés. Le Parisien, plaqué à son point de chute, assiste impuissant et calme à l'accrochage. Un nouveau rush le conduit au ras d'une paillote. Toto le suit comme son ombre. La mitrailleuse tire toujours et le parti ennemi dévoile un mortier. L'ancien sergent s'écrase un peu plus contre la terre. Des éclats d'obus sifflent au-dessus de lui et fracassent la paillote qui l'abrite.

— Heureusement que les copains sont là au-dessus, se réjouit-il lorsqu'une deuxième section amie amorce un mouvement de débordement.

Les nouveaux venus dans la tourmente se faufilent dans des coulées de végétation. Les paras plaqués dans la rizière sont délivrés d'une partie des feux de la mitrailleuse et ne semblent pas avoir subi de pertes. Le combat dure depuis plus d'un quart d'heure. Le Parisien distingue nettement des bo dois qui essayent de se défiler au large en courant au ras du sol sous les tirs amis.

— Ça y est, jubile-t-il alors, ils foutent le camp !

L'ancien sergent retrouve ses automatismes de voltigeur et tire deux rafales de son P.M.38 sur un rebelle. Le Viet-minh plonge et disparaît derrière une cagna criblée de balles. La section lancée en débordement jaillit soudain en hurlant et fond sur les groupes de l'embuscade bousculée. La mitrailleuse se tait. Le mortier ne tire plus. L'infirmier se relève pour mieux jouir du spectacle de la poursuite. Ses compagnons tapis dans la rizière bondissent à leur tour. Le commandement rappelle prudemment les voltigeurs lancés aux basques de l'ennemi débandé. La rizière et le village sentent la poudre. Des cris de joie saluent la découverte de quelques corps d'ennemis tués.

— Cette fois, jubile le Parisien en achevant de panser le seul blessé de l'accrochage, ils n'ont pas eu le temps de passer leurs armes aux fuyards.

Cinq fusils récupérés sont posés en vrac près d'une paillote. Un ordre radio ramène le mouvement vers Phu Yen juste avant la nuit.

— Heureusement qu'on rentre ce soir, apprécie l'infirmier marchant à bon pas, les Viets n'auront pas le temps de tout piéger.

La colonne avance en silence. Le Parisien devine à peine la silhouette du para qui le précède dans l'épaisse nappe de brouillard qui s'est abattue brutalement sur les rives de l'arroyo. Des jurons échappent aux chasseurs qui se cognent à des branches basses. Les hommes marchant à l'aveugle sont bientôt obligés de se donner la main.

— Comme des gosses qui rentrent de l'école, plaisante l'ancien sergent.

La colonne atteint Phu Yen après plus de deux heures de marche dans le noir absolu. Collard, à bout de forces, s'affale dans une cagna libre et s'endort tout de suite. Un légionnaire lui apprend le lendemain matin que les képis-blancs ont trouvé huit mortiers de 60 mm. L'infirmier arbore un sourire qui illumine ses traits marqués par la fatigue.

— Avec la petite trempe qu'on leur a mis hier soir et le canon des hussards, compte-t-il, nos affaires ne marchent pas si mal que ça, on dirait...

Les paras quittent Phu Yen deux jours après. Ils rejoignent le gros du mouvement à Phu Doan le dimanche 22 mai 1949.

— On va partir sur Vietri demain ou après-demain, annonce le chef de la section de commandement à ses hommes, et après, poursuit l'adjudant Andriot, encore soixante kilomètres et nous rentrons à Hanoi !

— Bonne nouvelle ! reconnaît Collard. Les gars commencent à donner de sérieux signes de fatigue...

Le mouvement vers Vietri s'ébranle au matin du 24 mai. Une colonne progresse de chaque côté de la rivière Claire aux eaux très calmes. Les paras au béret bleu marchent sur la rive droite et des spahis sur l'autre rive. Des L.C.M. de la Marine, chargés des parachutes ramassés sur les zones de saut, transportent les morts et les blessés de l'opération. Ils naviguent à petite vitesse sur le cours d'eau en traînant une litanie de sampans chargés de près de mille ralliés qui ne veulent plus rester en zone d'insécurité. Des villages brûlent sur les deux rives. De hautes colonnes de fumée rejoignent presque les nuages bas. Les plus grands arbres de la forêt se découpent sur leurs écrans dansants.

— C'est tout de même beau la guerre ! ironise Collard en détournant à regrets son regard des volutes de flammes.

Les paras, ralentis par de nombreuses fouilles de hameaux, n'ont parcouru que dix-huit kilomètres au soir de la première journée du repli.

— Plus que quarante-trois, calcule l'ancien sergent en installant sa légère moustiquaire pour la nuit.

De grosses gouttes d'eau crépitent sur les feuilles d'arbres.

— Manquait plus que ça, grommelle le Parisien en se recroquevillant sous sa toile de tente vite transpercée, on est tous bons pour le palud !

L'eau tombe toute la nuit. Les paras grelottent lorsque l'aube arrive. L'infirmier boit à petites gorgées le mauvais café soluble qu'a réussi à faire chauffer sur un feu de bois humide le dévoué Toto. L'ancien sergent transi déride un peu son visage morose en apprenant que sa compagnie doit ouvrir la route pour l'étape du jour.

— A nous de jouer, jubile-t-il franchement lorsque la colonne se remet en marche vers Vietri.

Les voltigeurs éclairent une piste étroite qui coupe une ligne de mamelons supportant des couverts de lataniers empanachés et d'arbres entrelacés. Le chemin praticable est séparé de la rivière par une large bande de broussailles infranchissables. Le Parisien fiévreux serre les dents en détaillant le morne paysage gris. Une explosion brise net ses pas d'automate au bout d'une heure de marche. Des cris montent de l'avant de la colonne figée. Il bondit vers le lieu du raffut. Des rafales crépitent. Elles sont tirées par quelques voltigeurs en direction des fourrés épais d'où vient de jaillir une grenade. L'infirmier découvre avec horreur quatre corps agités de soubresauts. Les blessés ont roulé au bord de la piste. Une odeur de sang chaud monte dans l'humidité et se mêle aux âcres effluves de la poudre.

Le Parisien montre à ses aides qui l'ont suivi dans sa course nerveuse les deux corps qui lui semblent les moins touchés et se penche sur la forme gémissante du deuxième classe Queruel. Le blessé remue inlassablement la tête de droite à gauche en implorant doucement de la voix. Collard écarte la veste souillée de sang du gisant et grimace en découvrant un trou profond à la hauteur du poumon droit du jeune para.

— Ça va aller, ment-il au blessé qui souffre également de la face, ne bouge pas... Ça va aller...

Les voltigeurs épargnés par les éclats de grenade abandonnent la poursuite du rebelle et reviennent se mettre en position défensive autour des blessés.

Collard nettoie tout doucement le visage de Queruel.

— Bon Dieu, gronde-t-il intérieurement, son œil est salement touché...

Queruel ne semble plus rien ressentir.

— Il faut qu'il vive ! ordonne l'infirmier à toutes les puissances de la création, je veux qu'il vive...

Lacoste, un autre deuxième classe, est couché sur le côté dans une mare de sang. Il est touché de plusieurs éclats dans le dos. Collard termine les premiers secours à Queruel et commence à s'occuper de son second patient qui a gardé toute sa connaissance et le regarde fixement, très confiant.

— Vite, Collard ! Plus vite, conseille une voix à l'infirmier, on doit repartir...

Les deux aides de l'ancien sergent s'affairent en silence sur les blessures du parachutiste Gayet, touché à la face et du chasseur Casamayor qui saigne très fort de la poitrine. Soudain le paysage explose une nouvelle fois. Collard est recouvert de terre et s'affale contre Lacoste qui gémit. Des rafales prennent la relève de la déflagration. Elles poursuivent la forme floue et vite intouchable du bo doi revenu lancer son deuxième engin de mort.

— Merde ! peste l'infirmier en s'ébrouant, saloperie de saloperie...

Le Parisien miraculeusement épargné par les éclats examine rapidement les blessés.

— Ouf ! soupire-t-il, ils n'ont pas été retouchés...

Un long gémissement détourne son attention. Il découvre un partisan, assis au bord de la piste, qui tient sa jambe gauche à deux mains en roulant des yeux de dément. Collard bondit vers le Tonkinois. Il découpe à l'aide de son poignard le pantalon du deuxième classe Than et grimace en découvrant l'étendue du désastre. Le malheureux a la jambe brisée et criblée d'éclats de la cheville à la mi-cuisse.

— Pas beau à voir ! gronde le Parisien en ajustant rapidement un garrot pour enrayer le flot de sang qui jaillit d'une artère coupée.

Des ordres pressent le mouvement.

— On repart, ordonne le chef de section, dépêchez-vous !

Le Parisien a installé ses cinq blessés calmés par des piqûres de morphine sur le bord de la piste.

— Reste avec eux jusqu'à ce que le P.C. du bataillon les récupère, ordonne-t-il à un de ses infirmiers.

Collard, toujours suivi par son fidèle Toto, allonge le pas pour rejoindre la tête de colonne. Sa main droite caresse machinalement la crosse de bois de son arme automatique.

— Nom de Dieu ! rugit-il presque, j'ai eu de la chance.

Un éclat de grenade gros comme une pièce de vingt centimes et encore chaud est fiché profond dans le bois à peine teinté de son arme.

— Pourvu que ce ne soit pas un avertissement du destin, se dit-il en continuant d'avancer de son pas d'automate.

10

LA RIZIÈRE DE LA MORT

Une odeur écœurante de sang poursuit longtemps l'infirmier au bord de la rivière. Il marche en ne pensant à rien. Ses yeux durs sont emplis d'images de chairs déchirées. Ses oreilles résonnent de plaintes insupportables. Il est un peu plus de neuf heures quarante.

— Mes pauvres gars doivent être maintenant bien soignés sur un engin de la Marine, espère le Parisien.

Les paras avancent prudemment, tous leurs sens en éveil. Des tirs d'armes automatiques jaillissent soudain de la grisaille. La colonne se fige et s'éparpille en une seconde aux bords de la piste étroite. Collard, tassé contre un tronc d'arbre en décomposition et dévoré par la vermine, écoute les cris menaçants de plusieurs mitrailleuses.

— Les salauds ont même un canon de 20 ! reconnaît-il en écoutant le bruit caractéristique de l'arme lourde qui a tué son ami Sudre le 27 décembre dernier.

De sinistres ronflements de gros insectes frôlent la position délicate du caporal-chef. Des centaines de petits obus fusants éclatent au-dessus de la piste désertée et projettent des milliers d'éclats. Les mitraillettes et fusils des voltigeurs sont inutiles face aux armes lourdes qui tirent de loin. L'ancien sergent serre machinalement son petit pistolet-mitrailleur à la crosse incrustée de l'éclat de grenade, en essayant de voir si aucun blessé ne réclame ses services. La 6e compagnie du bataillon, qui suivait l'élément de tête piégé, manœuvre rapidement en large débordement par la droite. Ses voltigeurs obligent les Viets-minhs à démonter leur embuscade après dix minutes de tir. Les bo dois, surpris par le rush du capitaine Lorgeoux, s'enfuyent. Les mortiers amis rapidement placés en batterie les poursuivent de nombreux obus. Tous les fusils-mitrailleurs des paras crachent la mort. Les bérets-bleus de la 8e compagnie, délivrés de l'intolérable pression des mitrailleuses et du canon de 20 des bo dois, se lancent à la poursuite des groupes désorganisés. Des Vietnamiens communistes s'écroulent devant eux, fauchés net dans leur course.

— Ouf ! soupire Collard maintenant debout près de la souche qui l'a protégé, ça détend de voir tomber ces salopards. Ça venge les copains blessés de tout à l'heure, et tous ceux des mois passés. Et aussi ceux de demain...

Le visage sans rides du Parisien est déformé par la haine. Une haine qui le surprend.

— Je suis devenu aussi dur que les Viets eux-mêmes ! reconnaît-il sans regretter la trouble jouissance qui l'étreint à la vue des rebelles morts.

Les échos de la fusillade s'éloignent. Un ordre radio regroupe la compagnie Audemat vers la rivière. Les voltigeurs reviennent en arrière. Ils sont tous indemnes. La compagnie du capitaine Lorgeoux poursuit seule le combat. Collard et ses compagnons, ignorant tout de ce qui se passe alentour, attendent, tranquilles, et se restaurent. L'ordre de reprendre l'avance vers Vietri ne tombe qu'à quinze heures.

— Maintenant, il s'agit de faire bien attention aux Viets isolés, prévient l'infirmier.

L'ancien sergent, Toto, et ses deux aides reprennent leur place dans la progression. La piste suit toujours la rive gauche de la rivière Claire. Le cours d'eau amorce un très large coude pour contourner deux gros mamelons plantés sur sa rive droite au-dessus d'une brousse épaisse. L'ancien F.T.P. laisse machinalement traîner son regard sur un piton, bordé d'une bananeraie, qui barre la route de Vietri à un kilomètre de là. La compagnie approche de la masse menaçante. La section du lieutenant Mello ouvre le chemin et s'engage entre les bananiers à larges feuilles vert sombre. A la sortie du couvert, une petite rizière se révèle aux regards des paras. Les bérets-bleus respectent un temps d'attente avant de s'y avancer. Le silence de l'après-midi est lourd. La rivière chante gravement à quatre-vingts mètres de l'orée de la bananeraie. Le lieutenant Mello, brun, carré, lance la reconnaissance de la rizière d'un geste de commandement du bras. Ses voltigeurs bien espacés semblent glisser sur la digue qui coupe en deux les damiers luisants. Collard attend son tour, un genou en terre entre les bananiers. Des oiseaux chantent acide tout autour des arbres hauts de deux mètres. En arrière de la colonne, le village de Le My est rapidement fouillé. Ses paillotes désertes sont plantées, inégales, jusqu'à une pagode qui semble surveiller la piste et la rivière Claire.

Le chant criard des oiseaux est soudain étouffé par tous les déchaînements de l'enfer. Des armes ennemies crachent la mort de partout. Des balles se fichent dans le sol et hachent les bananiers tout autour de Collard. L'ancien sergent a plongé au sol dès la première rafale. Il reconnaît à nouveau les éclatements d'obus fusants crachés par un canon de 20 mm. Des hurlements horribles montent de la rizière matraquée. Les paras qui s'y étaient engagés reculent vers l'abri tout relatif de la bananeraie. Le Parisien les imite sur une trentaine de mètres.

Ses oreilles assourdies entendent mal les plaintes qui montent de plus en plus implorantes.

— Infirmier ! crie une voix déformée par une douleur folle. Vite... à l'aide !

Le Parisien prend son souffle et bande tous ses muscles énervés.

— René, s'encourage-t-il, faut aller chercher les copains...

L'ancien F.T.P. bondit de sa foulée de sprinter vers l'orée de la plantation mitraillée. Des rafales le rejettent au sol. Son cœur bat à un rythme fou. Devant lui s'étend le billard de la rizière. Le terrain uniformément plat est découpé par les tirs des armes rebelles bien embusquées au flanc et au sommet du mamelon sombre qui ferme l'horizon. De nouveaux cris de douleur attirent irrésistiblement Collard vers l'enfer où souffrent les paras du lieutenant Mello. L'infirmier se relève sur un coude et réussit à repérer un premier blessé.

— C'est Luccioni, souffle-t-il, pauvre vieux... J'y vais !

L'ancien F.T.P. emplit d'air frais ses poumons en feu et bondit au ras du sol sous la mitraille qui ne faiblit pas. Une première course zigzagante le mène à une dizaine de mètres du sergent blessé. Le caporal-chef se tapit au maximum dans la rizière pour échapper aux tirs fichants des bo dois. Une longue rafale l'encadre.

— Autant tout risquer et avancer encore, décide-t-il pour échapper à la prochaine rafale du tireur viet-minh.

Un deuxième bond rageur le propulse tout contre le corps de Luccioni qui grimace, allongé sur le dos.

— Bon Dieu ! rugit l'infirmier en constatant que l'homme a les deux jambes fracturées, il faut que je le sorte de là...

Le sergent esquisse un mouvement de rotation vers son sauveteur. Le Parisien, hypnotisé par les jambes déchirées de son compagnon, fixe les deux pieds du gisant qui demeurent immobiles tandis que bouge tout le reste de son corps.

— Il va mourir... grommelle l'infirmier lucide, il a peut-être une chance si on le soigne très vite...

L'ancien sergent insensible aux tirs rebelles empoigne l'homme pantelant par les dessous-de-bras et, à peine relevé, entame un mouvement de halage vers la bananeraie.

— Pourvu que j'arrive jusque-là ! Pourvu qu'on passe, s'encourage-t-il.

Le visage de Collard se crispe sous l'effort surhumain. Des rafales encadrent le duo sanglant. Le Parisien gagne mètre après mètre sur la mort hurlante qui s'abat des postes d'embuscade viets-minhs. Les paras ripostent de plus en plus durement aux armes lourdes. Un râle s'échappe de la bouche déformée par la douleur de Luccioni.

— Du courage, vieux, lui souffle Collard, les autres sont là... Tiens le coup... On y est.

Deux paras aperçoivent la manœuvre de sauvetage. Ils se jettent à leur tour dans l'enfer de la rizière et s'emparent de l'homme au bord de l'évanouissement. Toto est là, dans l'ombre des bananiers. Il a déjà étalé un brancard au sol. Le blessé est vite allongé sur la toile beige. Les bérets-bleus indemnes l'entraînent à quelque cent cinquante mètres en arrière. Collard rejette un coup d'œil sur la rizière infernale. Le feu des armes rebelles s'acharne toujours à l'arroser de balles.

— Au suivant, se crie le Parisien en replongeant vers la mort.

Une course folle le mène auprès du lieutenant Mello.

— Ça va, mon lieutenant ? lâche-t-il.

La question incongrue n'étonne même pas l'officier blessé d'une balle dans le ventre. Il trouve l'incroyable force de caractère de sourire à son caporal-chef et de lui répondre :

— Ça va pas mal... Merci !

Deux paras aident l'infirmier à ramener le jeune chef blessé. Le trio revient vers les bananiers par petits bonds. Le blessé ne laisse pas échapper une plainte pendant les courses heurtées et les longs moments de plat-ventre.

— Chapeau ! salue le Parisien une fois à l'abri, ça c'est un homme...

L'ancien sergent ne peut que plaquer une énorme masse de coton sur le ventre palpitant du jeune chef de section foudroyé. Les balles pleuvent toujours sur la rizière et l'orée de la plantation. Le lieutenant blêmit de plus en plus. Luccioni est agité de violents soubresauts qui déchirent un peu plus ses jambes sanglantes.

— On va les amener tout de suite au toubib, décide le Parisien.

Les armes lourdes viets, bien placées au sommet du mamelon, poursuivent la retraite des porteurs de brancards sur la piste qui mène à la pagode où Collard a vu le capitaine Azorin installer son poste de secours. Luccioni gémit de plus en plus et s'agite à nouveau sur sa couche brinquebalée. D'intolérables douleurs le taraudent et il perd tout sens de la réalité. Des mots incohérents s'échappent de sa bouche fiévreuse. Le lieutenant Mello trouve encore la force de l'encourager.

— C'est rien, Luccioni, souffle-t-il en ignorant sa propre douleur, tout va bien aller maintenant. On va nous évacuer... La vie sera encore belle !

Collard accélère le mouvement de sauvetage. Les brancardiers atteignent enfin la pagode. Le capitaine Azorin s'empare des blessés, évalue rapidement les dommages et commence à les préparer pour l'évacuation sur un engin de la Marine équipé d'un hôpital de campagne.

— Bon, décide Collard en indiquant à ses aides la direction du feu, il faut aller chercher les autres...

Le caporal-chef a l'impression floue de vivre une guerre dans la guerre. Une sorte de combat singulier contre la douleur et la mort. Un horrible match au finish.

La mort est là, dans la rizière. Le Parisien la nargue une nouvelle fois. Il réussit à se porter vers quatre autres blessés qu'il extirpe du feu avec l'aide de ses deux infirmiers subjugués par son calme invraisemblable. Le capitaine Azorin, méprisant lui aussi le danger, a quitté la pagode après les premiers soins donnés au lieutenant Mello et à Luccioni et recueille sous le feu les parachutistes ramenés par le Parisien.

La 6e compagnie contourne l'ennemi à nouveau. Elle le bouscule au prix d'un tué et six blessés. Les bo dois sont obligés de rompre le combat pour conserver leur canon de 20.

— C'est le moment de foncer récupérer les copains qui manquent encore à l'appel, intime Collard à ses compagnons de combat.

La rizière hachée est piquetée de sacs de combat abandonnés sous le feu faiblissant.

— Là-bas, chef ! hurle un para en désignant un corps à l'ancien sous-officier, c'est Janussi...

La petite équipe de sauveteurs ne se soucie pas des dernières volées de balles des bo dois en débandade. Elle ramasse les deux derniers tués de la section décimée, Janussi et Guyon, un autre deuxième classe tué par balle.

— Mourir à vingt ans à peine, c'est un peu trop bête, explose le Parisien en regardant longuement le visage de Janussi troué d'une balle. Pauvre gars !

La nuit tombe sur le champ de bataille. Le mamelon bordé de flamboyants d'où la mort a jailli est illuminé de place en place par des incendies allumés au cours de la dernière fouille. Les hussards du capitaine Lorgeoux n'ont découvert que quelques rebelles morts, des sacs de paperasses et de nombreux emplacements d'armes lourdes. Le Parisien à bout de forces subit le contrecoup de l'excitation du combat. Il se sent tout à coup vidé, sans nerfs et mou. La nouvelle de la mort du lieutenant Mello le frappe comme un formidable coup de massue.

— C'était un sacré bonhomme ! lâche-t-il sourdement.

L'infirmier à bout de nerfs revoit le chef de section blessé en train d'encourager les autres blessés. Les paroles du jeune chef résonnent à son esprit :

— La vie sera encore belle...

Un frisson parcourt le corps las du caporal-chef qui se décide à chercher le sommeil.

— Ouais, gronde-t-il, elle sera belle la vie... Mais il faut la mériter à prix de sang...

La compagnie de Collard a perdu six morts et douze blessés au cours de la journée. Elle monte au matin du 26 mai sur le piton aux flamboyants. L'infirmier erre au milieu des anciennes positions rebelles.

— Les vaches, constate-t-il, ils étaient rudement bien embusqués, c'est un vrai miracle qu'on n'ait pas perdu plus de monde.

Le gros du bataillon défile lentement en dessous du mamelon. Les paras du lieutenant Audemat se mettent à leur tour en marche à dix heures trente.

— Cette fois, mon vieux Toto, fait remarquer l'infirmier à peine délassé des fatigues de la veille, on marche en queue, on va être peinards comme des princes...

Le Tonkinois qui a vu la mort de tout près sans broncher sourit à son chef.

— Et dire qu'il va falloir se séparer de ce bougre-là, regrette le Parisien. Quel dommage...

Des bruits de bataille proviennent de la rive opposée de la rivière Claire. La colonne de spahis est à son tour attaquée. Collard apprend, lorsque le feu se meurt, que les accrochages ont été très durs. Les képis-bleus ont perdu cinq hommes.

— Il en faut pour tout le monde, ironise méchamment l'infirmier devenu insensible.

La colonne n'est plus qu'à une vingtaine de kilomètres de Vietri au matin du samedi 28 mai.

— Ça sent vraiment l'écurie, claironne le Parisien, à nous les petites nanas !

Ses compagnons marqués par les derniers combats ne relèvent pas le joyeux propos. La mort rôde toujours autour de la colonne en repli. Le soleil tape très dur. La rivière Claire luit sous ses rayons. Les blessés les moins gravement touchés sont allongés dans le L.C.M. sur les tas de voilures et supportent très mal l'incroyable chaleur. Leurs plaies suppurent. Les paras amaigris débouchent le 29 mai aux abords du large poste de Vietri après une dernière marche de dix-huit kilomètres.

— De la bière, jubile Collard oubliant d'un seul coup toutes les peines et les fatigues de l'opération qui s'achève, enfin de la bière !

Le Parisien, qui a toujours de l'argent sur lui, offre des bouteilles fraîches à ses compagnons moins prévoyants. Le foyer du poste est vite délesté de toutes ses canettes. Des L.C.M. chargent les sections une à une en début d'après-midi et leur font traverser le large fleuve Rouge. Les tôles épaisses des engins sont brûlantes sous le soleil de plomb.

Le lendemain matin, les paras se séparent de leurs coolies. Toto serre longuement les deux mains de son chef. Le Parisien donne quelques billets au Tonkinois et se détourne rapidement pour masquer son émotion.

— C'est pas juste, se dit-il en suivant de loin la silhouette de son nouvel ami, un gars aussi courageux devrait pouvoir vivre libre...

Les coolies s'éloignent et grimpent dans des camions sous la surveillance de leurs gardes qui les ramènent dans un centre de tri.

Le capitaine Azorin s'approche de son infirmier.

— Il était vraiment bien votre Toto, reconnaît-il, on va essayer de le faire libérer... Je vous le promets.

Le Parisien se sent soudain soulagé d'un poids.

La compagnie du lieutenant Audemat embarque le lendemain sur un engin de la Marine qui ramène les paras à Hanoi. Des camions chargent ensuite les bérets-bleus et les déposent à leurs différents cantonnements de la capitale. Collard se change rapidement et, suivi de quelques compagnons fidèles, va déguster rue Paul-Bert un énorme bifteck frites arrosé de beaujolais.

La fatigue cueille l'infirmier aussitôt après le repas avalé bien trop vite. Un conducteur de cyclo-pousse le hèle dans la nuit tiède.

— Tu veux la femme pour bien faire l'amour ? zézaye l'homme qui sait que les paras reviennent de la guerre. C'est elle très belle, presque neuve...

Collard envoie promener le maquereau.

— T'as qu'à la sauter toi même ta bergère si elle est si chouette que tu le dis, souffle-t-il près de l'entremetteur qui recule.

Le Tonkinois se méprend et revient à la charge.

— Chef, attaque-t-il à nouveau, si tu n'aimes pas la femme, je peux avoir un joli tout jeune garçon pour toi... Jamais cassé, précise encore l'homme en souriant vicieusement.

— Quoi ? Qu'est-ce que tu dis ? demande l'infirmier.

Le cyclo-pousse ne se démonte pas.

— Oui, chef, promet-il, si tu veux le garçon, je t'emmène tout de suite...

Le Parisien rugit :

— Salopard ! fous le camp ou je te flanque une rouste...

Et, comme il fait mine de joindre le geste à la parole, l'homme s'enfuit avec sa cargaison d'amour tarifé.

Les paras regagnent la Citadelle en chantant. Les arcades désertes de la rue Paul-Bert résonnent de leur chahut.

— J'aurais pas dû sortir, regrette l'infirmier en se couchant, je n'ai pas digéré le steak frites. A moins que ce soit la mort des copains qui ne passe pas...

11

UNE BEAUTÉ TONKINOISE

Le mois de juin 1949 ne commence pas très bien pour le caporal-chef infirmier. Le Parisien se sent hanté par une étrange lassitude.

— J'ai toujours soif, confie-t-il au capitaine Azorin, et je ne mange plus que des glaces...

Le médecin hoche la tête. La moitié des hommes qui ont participé à l'opération Pomone 2 sont dans le même état.

— Il faut réagir, conseille-t-il, vous subissez le contrecoup des semaines passées...

Collard se secoue. Il se force à vivre comme avant et, après la première semaine de juin, retrouve son bel appétit et son entrain coutumier. Le 10 du mois, un para de la base arrière lui apporte une bonne nouvelle.

— Tu vas être cité à l'ordre de l'Armée, annonce le caporal secrétaire, tu as de la chance.

Les yeux de l'ancien sergent s'illuminent d'un éclair de satisfaction qu'il ne cherche pas à dissimuler.

— Je préférerais, répond-il pourtant, qu'ils donnent la palme à un de nos pauvres gars blessés à Le My. Ce serait beaucoup plus juste, tu trouves pas ?

L'administratif s'éloigne sans répondre.

Comme une nouvelle ne tombe jamais seule, l'infirmier apprend aussi que sa compagnie doit aller passer quelques jours de repos dans la presqu'île de Doson. Collard se retrouve le 23 juin dans une villa européenne qui a échappé aux destructions de 1945 et entame au bord de la mer une joyeuse cure de remise en condition. Le régime est très simple : repos complet, bains de mer, farniente sous les cocotiers et bons repas.

La compagnie quitte son paradis de la mer de Chine le vendredi 9 juillet et s'installe à nouveau à la Citadelle. Des bruits de nouveaux engagements accueillent le Parisien à nouveau en pleine possession de ses moyens.

— Finies les vacances, se dit-il en préparant son matériel de premiers soins. C'est pas bon pour le para de rester trop longtemps en paix !

La compagnie Audemat est engagée dans une grosse opération baptisée Bastille. Des camions chargés de paras quittent la Citadelle à l'aube du 10 juillet. Ils rejoignent une solide escorte aux faubourgs de la capitale et, à neuf heures, piquent vers Haiphong. Le Parisien découvre, après une trentaine de kilomètres de route sans histoires, les hautes structures de la grande église de Ke Sat semblant jaillir des boues du delta. Les G.M.C. et leurs cerbères chenillés stoppent autour du saint lieu. La ville est ralliée et solidement tenue par des miliciens catholiques. Les bérets-bleus patientent sans bouger pendant de longues heures.

— C'est pas une guerre, enrage Collard, impatient de retrouver le combat. On se fout de nous !

La journée morne se meurt bientôt. Des roulements de lointaines canonnades montent du sud de la ville tranquille.

— On dort ici, annonce le chef de section du Parisien, départ à l'aube...

Le matin du 11 juillet commence lui aussi dans l'ennui. Collard guette la moindre réaction des officiers qui paraissent très détendus. Des coolies descendent bientôt de camions qui les amènent d'un centre de tri.

— Ça, espère l'infirmier, c'est bon signe. Pas trop tôt.

L'ancien sergent qui s'était fait à l'idée de porter lui-même ses cinquante kilos de matériel médical fouille du regard la troupe triste et silencieuse des prisonniers encadrée par des fantassins blasés.

— Si je pouvais en dégotter un de la trempe de mon Toto, se dit-il, ça serait un coup de chance.

Les chefs de sections se répartissent les aides plus ou moins volontaires comme des maquignons éparpillant un troupeau d'animaux au vent des enchères. Le Parisien hérite de deux coolies maigres, sans âge et peu souriants.

— Par ici mes petits pères, leur lance-t-il, voilà le matériel, débrouillez-vous.

Les deux Tonkinois ont amené des balanciers. Ils confectionnent des charges égales qu'ils se répartissent sans dire un mot.

— Ils m'ont l'air de vieux coureurs de rizières, se dit le caporal-chef en appréciant la rapidité avec laquelle ses aides ont agencé leurs quatre ballots.

Quelques partisans de Ke Sat viennent grossir les sections peu après l'arrivée des porteurs. Les alentours de la grande église s'animent. Les officiers courent vers les camions. Les moteurs de G.M.C. lancent des hurlements rauques.

— Enfin ça y est, on fout le camp, se réjouit le Parisien.

La plaine de Ke Sat grouille d'unités de toutes les armes. L'infirmier a surtout retenu du briefing de son chef de section que l'opération doit se dérouler dans le cadre d'une tactique mise au point par le général Revers.

— Comme je ne sais même pas qui est ce gégène et encore moins où on va, plaisante Collard, la nouvelle tactique moi je...

L'infirmier gouailleur n'a pas le temps de préciser plus nettement sa pensée. De nouveaux ordres claquent dans le brouhaha général. Les camions enragent leurs moteurs dans des bruits de crécelles. La colonne de véhicules coupe la route Hanoi-Haiphong alors que la nuit est tombée depuis déjà deux heures et pique en grondant vers le nord.

Le convoi s'arrête un peu avant deux heures du matin aux abords d'un poste bâti près du canal des Rapides. Les paras sautent à terre et poursuivent leur avance à pied.

— Cette fois, se dit Collard en surveillant ses coolies, le bazar est vraiment lancé.

La marche traîne en longueur. Les courroies du sac de combat du Parisien commencent à entamer douloureusement la peau de ses épaules bronzées au soleil de Doson. La colonne s'étire sur des centaines de mètres de sentes sèches en digues et diguettes embrumées. Des crapauds coassent dans les boues invisibles. L'apparition de quelques groupes de cagnas resserrées autour de carrefours de digues cassent le rythme de la progression silencieuse. L'infirmier s'accroupit alors pour observer le souple manège des voltigeurs qui fouillent rapidement les paillotes.

— Tiens, se souvient tout à coup le Parisien, voilà pourquoi ils ont appelé leur opération Bastille : c'est demain le 14 juillet !

L'infirmier se sent envahi par des nostalgies de bal musette. Les cagnas sont vides, les éclaireurs relancent le mouvement vers le nord. Les lueurs d'un petit jour timide auréolent les brumes du delta. La large digue sur laquelle marche Collard sort de l'ombre. Les silhouettes des paras qui le précèdent se précisent peu à peu. Un nom saisi au vol au cours du briefing de Ke Sat revient tout à coup en mémoire à l'infirmier.

— Bac Ninh, se souvient-il, c'est là qu'on va, au fort de Bac Ninh...

Un carrousel d'avions bruyants sort soudain des halos du ciel gris et plonge loin devant les paras. Les appareils mitraillent et bombardent pendant de longues minutes. La colonne inlassable marche encore pendant des heures. Les jambes du Parisien commencent à se faire lourdes. Ses coolies, eux, avancent sans donner le moindre signe de lassitude. Le fort de Bac Ninh émerge vers quinze heures de l'immensité de la plaine résonnante de nouvelles mitraillades de l'aviation. Une partie des paras se dirige vers ses formes carrées. Le Parisien poursuit sa route en direction du gros bourg de Dap Cau, niché sur les rives du Song Cau.

La 8e compagnie reçoit l'ordre d'investir le long village de Xuan Mao, dominé d'une haute église gris et ocre. Des éléments rebelles tirent de loin et se perdent dans les rizières. L'ancien sergent détaille le village à reconnaître. Soudain, un groupe d'hommes avance vers les paras. Le Parisien se rapproche du lieutenant Audemat qui accueille les Tonkinois avec leur interprète.

Le chef des parlementaires se courbe plusieurs fois devant l'officier. Les bérets-bleus se sont étalés alentour en protection.

— Nous vous attendions, explique le notable très déférent, tous mes compatriotes sont dans l'église...

Un ordre sec du lieutenant ranime les groupes figés. Les voltigeurs pressent le pas vers l'édifice religieux. La population se masse bientôt sur la place du village.

— Les temps changent, remarque le Parisien, d'habitude ils foutent tous le camp dès qu'on approche...

Un prêtre maigre à la soutane très ample se détache du troupeau souriant de ses ouailles. C'est un Espagnol qui explique aux officiers paras qu'il vit à Xuan Mao depuis déjà vingt-deux ans.

— Mes autres paroissiens, poursuit-il après s'être présenté, se sont sauvés dans les villages que vous voyez par là-bas...

L'ample manche du vêtement de l'ecclésiastique s'agite en direction de la rizière. La voix chaude de l'Espagnol reprend son explication.

— Ils sont en tout un peu plus de quatre mille...

L'infirmier danse d'un pied sur l'autre pour délasser ses jambes fatiguées par près de cinquante kilomètres de marche. Il ne perd pas une parole du prêtre.

— Il doit sûrement y avoir pas mal de Viets dans ces quatre mille paroissiens, se dit-il.

Les alentours du bourg sont rapidement fouillés par des patrouilles nerveuses. Le calme de l'endroit tranche au milieu de la plaine humide matraquée par les avions. Des dizaines de blindés amphibies grondent en traçant leur route à travers de nombreuses coupures d'eau en crachant le feu de toutes leurs mitrailleuses. Les hommes du lieutenant Audemat s'installent pour la nuit dans les vastes bâtiments de la mission catholique attenants à l'église. Le prêtre espagnol apprend aux officiers que quelques-unes de ses ouailles ont été blessées au cours des premiers raids de l'aviation.

— Il y a une jeune fille qui souffre, précise l'homme de Dieu.

Les blessés défilent au P.C. de la compagnie. Collard aide le capitaine Azorin à les soulager. La beauté de la jeune fille amenée là par le prêtre l'émeut. Elle n'a pas quinze ans. La chair élastique de sa cuisse droite a été entamée par une balle ou un petit éclat. La Tonkinoise grimace à peine lorsque le Parisien nettoie le pourtour de la plaie à gestes retenus.

— C'est un sacrilège d'avoir esquinté un tel bijou, se dit l'infirmier. Saleté de guerre !

L'adolescente remercie son soigneur de quelques battements de cils et d'un sourire crispé. Elle s'éloigne en boitillant, accompagnée par deux jeunes gens silencieux. Collard suit longtemps du regard sa souple silhouette vêtue d'un magnifique khe kouan soyeux.

Le caporal-chef émerge difficilement d'un lourd sommeil au matin du 14 juillet. Ses muscles encore douloureux de la marche de la veille se dégourdissent tout doucement.

— Au moins, se réjouit l'ancien sergent en avalant son café soluble bouillant, on aura pas à défiler devant des guignols à gros ventre et des centaines de galonnés et de planqués, c'est toujours ça de bon.

Les habitants de Xuan Mao ont sorti des drapeaux bleu-blanc-rouge et rôdent autour des groupes de paras. Certains s'offrent gratuitement à rendre quelques services. Des femmes apportent de la nourriture aux bérets-bleus. Le long village se transforme vite en place forte dans une ambiance très décontractée. Quelques sergents profitent de l'amitié des villageois pour trouver l'âme sœur et vivent des instants d'oubli.

— Les salopards ! gronde Collard affairé à soigner les pieds couverts d'ampoules de ses compagnons, et moi, alors ?

La plus grande partie de la compagnie a perdu à Doson sa résistance aux longues marches comme celle de la veille. Un partisan propose de guider un groupe vers une réserve de vivres du Viet-minh. Les paras emboîtent le pas du milicien catholique. Ils reviennent très vite chargés de cageots en bambou lourds chacun d'au moins dix kilos d'ananas.

— En route pour la chiasse ! fulmine le Parisien.

Ses compagnons se ruent sur la manne juteuse et sucrée. L'infirmier se laisse tenter lui aussi et se sert dans le monceau de fruits entassés devant l'église.

— Il y en a au moins une tonne, apprécie l'ancien sergent.

Ses coolies participent au régal. Un milicien de Ke Sat explique que les cageots devaient bientôt être expédiés dans un pays frère des révolutionnaires marxistes.

— Comment sait-il tout ça ? se demande Collard en saisissant une rondelle d'ananas bien préparée par un de ses porteurs.

Des patrouilles vont porter quelques cageots de fruits aux autres compagnies éparpillées alentour. Les effets dévastateurs des ananas avalés par kilos entiers font fureur au soir du 14 juillet.

— Tu parles d'un feu d'artifice ! plaisante l'infirmier en distribuant des constipants à ses compagnons les plus atteints.

La nuit est tombée depuis longtemps lorsque le Parisien se couche dans un coin de la mission.

— Je ne suis pas prêt d'en remanger autant, se promet-il en tâtant doucement ses lèvres irritées par les fruits.

Un ordre du P.C. de l'opération Bastille enjoint au matin du 15 juillet de rassembler un maximum de volontaires parmi la population amicale et de les conduire à Dap Cau pour travailler à la construction d'une piste d'aviation.

Le personnel ne manque pas. Quinze cents hommes et femmes se dirigent vers le bord du Song Cau en début de matinée, protégés par une section de paras. Les autres compagnies du bataillon passent une nouvelle fois les rizières au peigne fin. Les travailleurs reviennent à Xuan Mao un peu après quinze heures. Ils sont souriants. La piste est construite et ils ont touché leur salaire. Un garçonnet tire soudain Collard par le bras.

— Chep, dit le gamin de dix ans à peine, si tu veux venir boire le thé chez nous, tu dois venir tout de suite.

Le Parisien surpris par l'invitation suit le petit Tonkinois sans crainte. La jeune fille qu'il a soignée l'avant-veille l'attend devant la porte d'une maison cossue. Elle sourit et invite le para à pénétrer dans l'habitation. Les parents de la jeune blessée offrent du thé bouillant et fort accompagné de gâteaux de riz très secs. La conversation ignore volontairement tout de la guerre dont les échos grondant cernent la calme bourgade. Une seconde jeune fille entre dans la pièce embaumée de tièdes odeurs de thé. Collard la trouve aussi belle que sa jolie patiente. La Tonkinoise lui sourit en battant des cils. Le verbiage aigre des parents des jeunes filles n'intéresse plus du tout le caporal-chef. Il oublie tout pour dévorer des yeux l'adolescente qui le frôle de plus en plus souvent.

La jeune blessée pousse de petits rires en observant le manège de sa sœur. Les parents s'éloignent dans une autre pièce. La beauté muette saisit la main du Français et l'entraîne vers une chambre sombre. Le Parisien se laisse aller à vivre, allongé tout contre le corps tiède de la jeune fille. Il s'esquive avec pudeur après l'avoir aimée tout doucement, délicieusement.

— Drôle de pays, se dit-il, en gardant la fraîche odeur du corps souple de son amante d'une heure, cela fera bientôt une année que j'y vis et je n'ai toujours rien compris...

Un bataillon de Sénégalais bruyants vient relever les paras le lendemain. La population se masse tout au long du village pour saluer le départ de ses libérateurs. Les bérets-bleus passent au milieu d'elle en colonne par un. Le Parisien remarque les mines inquiètes des plus âgés des Tonkinois et éprouve un formidable coup de tendresse en croisant soudain le regard mouillé de sa petite maîtresse au nom inconnu. Il serre les dents en pressant le pas et ravale ses regrets inutiles.

— C'est la vie du para, soupire-t-il.

Quarante volontaires du village ont tenu à suivre les Français. Un convoi de vedettes armées, de L.C.M. et de L.C.T. chargés de renfort navigue bruyamment sur le Song Cau en venant d'Haiphong.

— Il ne manque maintenant plus que les Viets, espère le Parisien qui trouve que l'opération traîne un peu en longueur.

La compagnie Audemat participe le lendemain à un coup de main facile sur un village suspect des environs de Dap Cau, passe par le fort de Bac Ninh et fouille ensuite Dong Yen, un autre village situé à six kilomètres du fort en ruine. Des engins amphibies appuyent leur mouvement. Les paillotes qui entourent quelques bâtisses et hangars en dur sont rapidement fouillées. D'autres unités fouinent aussi alentour dans des tonnerres de moteurs de véhicules chenillés. Une explosion couvre tout à coup le vacarme ambiant. Le corps du caporal-chef Yves Gras gît au sol, criblé des éclats d'une grenade piégée.

— Il y avait longtemps ! grommelle l'infirmier impuissant devant le camarade aveugle.

Les paras regagnent le fort de Bac Ninh. Le Parisien marche juste devant le brancard qui supporte le corps du mort. Il prie sans vraiment savoir à quel Dieu il s'adresse pour que les rebelles payent au prix fort cette nouvelle dette de mort.

Une partie de la 8e compagnie reçoit à l'aube du 19 juillet l'ordre de partir en patrouille dans Ve An, un village situé à trois kilomètres de Bac Ninh. Collard est de l'expédition.

— C'est une opération de ravitaillement, confie-t-il au caporal Jamotte qui marche derrière lui. On n'a plus grand-chose à bouffer...

Le Parisien progresse en queue de la section de tête. Les paras approchent tranquillement du village à fouiller sur une large digue. Soudain, une forme jaillit à vingt mètres sur la droite de l'infirmier. Le bo doi est sorti d'une cahute ruinée et se lance en hurlant à la course vers l'intérieur du hameau long de trois cents mètres environ. Le Parisien n'a pas eu le temps de se servir de son arme.

— Jamotte, crie-t-il, viens avec moi, on va l'avoir...

Les deux paras franchissent le petit pont de bambou que le rebelle en fuite a survolé d'un bond phénoménal. Ils se retrouvent à l'embranchement de venelles bordées de longs murs hauts de deux mètres. Le fuyard hurle à nouveau.

— Il est en train de prévenir ses copains, apprécie l'infirmier redevenu voltigeur.

Les deux hommes interrompent un instant leur poursuite.

— Jamotte, ordonne Collard essoufflé, prends à gauche, moi je fonce tout droit... On se retrouve à la sortie du bled.

Les deux hommes fouillent à cent mètres de leurs compagnons qui continuent à avancer sur la digue vers le hameau principal du village. Collard parcourt toute la longueur d'une ruelle au sol raviné. Il débouche à un petit carrefour et se baisse avant de poursuivre son avance. Le rebelle s'est tu. Les voix des bérets-bleus, maintenant éloignés de deux cents mètres, ricochent jusqu'au Parisien crispé.

— Faut que je le coince, rumine ce dernier en essayant de deviner la direction qu'a prise le bo doi. Il ne doit tout de même pas être loin...

Le jeu de cache-cache mortel se poursuit, énervant. L'infirmier longe les murs d'une nouvelle venelle et parvient à un second embranchement. Il passe prudemment la tête à l'arête d'un mur, avance d'un mètre et se retrouve soudain planté devant quatre bo dois casqués et armés qui bavardent à une quarantaine de mètres du carrefour. Les regards des Viets-minhs qui l'aperçoivent brillent d'ahurissement. Deux secondes passent.

Les quatre hors-la-loi bondissent entre les murs de la ruelle. Le doigt de l'ancien F.T.P. pèse sur la queue de détente de son arme. La première rafale du Parisien est trop courte. La terre semble cracher des petits geysers de mètre en mètre en arrière des fuyards. Un bo doi s'écroule à la seconde giclée de l'infirmier. Collard, ivre de fureur, exulte. Une troisième rafale fauche un second Viet-minh qui s'affale en hurlant de douleur. Le caporal-chef bondit comme un fauve vers le premier corps agité de soubresauts et l'achève de trois balles dans la tête. La face du rebelle éclate. Le second gisant trouve la force de se relever et sautille vers le salut, courbé en deux. Le doigt du Parisien écrase une cinquième fois la détente de sa mitraillette.

— Plus de balles dans le chargeur, enrage-t-il.

Le rebelle blessé parvient déjà au bout de la ruelle. Collard se saisit du fusil du mort et, rejetant sa mitraillette en bandoulière derrière son dos, tire une balle sur le fuyard qui disparaît dans une habitation. L'ancien sergent jure entre ses dents, repose l'arme rebelle au sol, engage un chargeur plein dans son pistolet-mitrailleur tiède et se relance à la poursuite.

Les hurlements poussés par ses compagnons de patrouille se rapprochent. Le para parvient devant la maison en dur dans laquelle s'est engouffré le blessé et tire une rafale à travers sa porte de bois. Le chef de la patrouille approche de l'autre bout de la ruelle.

— Cessez le feu ! Arrêtez, nom de Dieu ! hurle ce dernier.

Collard, enragé, n'obéit pas.

— Ils doivent croire que je tire sur des cochons, se dit-il, très lucide malgré l'excitation du combat.

Le caporal Jamotte arrive à sa hauteur, serré de près par quatre voltigeurs qui n'ont rien pu voir de l'action rapide. L'infirmier guide ses compagnons où il avait aperçu les bo dois. Quatre sacs de combat sont découverts, alignés dans la cour intérieur du gourbi. Le Parisien les ouvre nerveusement. L'un d'eux révèle des papiers prouvant qu'il appartient à un chef de groupe. Un autre contient de la paperasse administrative et cinq mille piastres à l'effigie d'Hô Chi Minh ainsi qu'une dizaine de grenades défensives.

Les paras dévastent tout dans le village sans trouver trace des disparus.

— Ils doivent s'être fourrés dans une cache, avance l'ancien sergent acharné à la traque.

Les bérets-bleus sondent le sol à coups de gourdins.

— Ça sonne creux, hurle soudain l'un d'eux.

Le Parisien bondit. Deux de ses compagnons éventrent la terre meuble à grands mouvements de pioches trouvées là. Une trappe est vite dévoilée et soulevée. Un vieil homme sort du trou secret en levant haut les bras et pleurnichant. Il ment avec aplomb.

— J'avais peur de vous, nasille-t-il, je me suis caché, c'est tout...

Les yeux noisette de Collard lancent des éclairs furieux. Il brûle de rage. Une seule chose l'intéresse : retrouver les trois hommes qui manquent à son tableau de chasse.

Les paras découvrent le corps du deuxième bo doi touché par leur infirmier. L'homme est mort, tassé dans l'angle d'une pièce sombre.

— Les autres ont eu le temps de ramasser son arme, tempête l'ancien sergent, c'est foutu.

La patrouille, rappelée sur Bac Ninh, quitte le village où gisent les deux rebelles tués. Collard savoure tout en marchant la satisfaction du travail bien fait. Ses compagnons ramènent quelques cochons noir et rose abattus après l'action. La nuit enserre bientôt la plaine sillonnée de colonnes lancées en patrouilles. L'artillerie amie pilonne une ligne de collines, très loin au nord du site. Les lignes nettes du fort de Bac Ninh dansent dans des halos d'éclatements. Collard s'endort. Ses nerfs se débandent. Il repose tranquille. Presque heureux d'avoir tué.

Les paras se retrouvent après trois jours de fouilles tout autour de Bac Ninh en face des hauteurs couvertes de pins parasols qu'ils avaient fouillées au mois de février. L'artillerie bombarde et l'aviation mitraille pendant que les bérets-bleus approchent d'un piton dominant un petit village vite occupé et dans lequel ils ne découvrent que quelques maigres traces de passage du Viet-minh. Une mine explose à seize heures trente. Collard court vers le nuage de fumée près duquel gît le deuxième classe Croze qui a le bras gauche arraché, une jambe brisée, le cou et le flanc gauche percés. Le para blessé veut rassurer l'infirmier.

— J'ai rien du tout, lance-t-il d'un ton irréel de calme.

Le Parisien serre les dents.

— Mais nom de Dieu ! gronde-t-il en se penchant sur les chairs horriblement fouaillées, il ne se rend même pas compte qu'il n'a plus de bras...

Le blessé poursuit :

— J'ai eu de la chance, hein ?

Collard s'efforce de ne pas entendre la voix trop douce du deuxième classe. Il taille nerveusement dans les vêtements souillés du jeune para, au bord de l'horreur absolue.

— Et on dit qu'il y a un Dieu... rumine-t-il, écœuré. Si c'est vrai, c'est un foutu salaud !

L'infirmier ne peut qu'attendre l'arrivée du capitaine Azorin. Ce dernier comprend tout de suite la gravité extrême des blessures de Croze toujours serein. Une infiltration de plasma maintient le pantin désarticulé en vie.

Le P.C. du groupement dont dépend la compagnie Audemat décide de faire évacuer le blessé vers un poste situé à seize kilomètres de la position du capitaine Azorin, pour ensuite le faire enlever en L.C.M. sur Haiphong. Collard entame la course contre la mort à dix-huit heures. La marche est ralentie au maximum pour ne pas entamer les dernières forces du blessé. Deux équipes de quatre coolies se relèvent aux timons du brancard.

La nuit noie la triste procession qui coupe au travers des rizières pour éviter de traverser des villages. Collard est dans un état second.

— Je veux qu'il vive ! a-t-il décidé, refusant l'inéluctable.

Les coolies trébuchent, tombent à genoux dans la boue mais ne lâchent jamais leur précieux fardeau.

La large masse d'un gros village barre la route des paras vers vingt heures trente.

— Pas question de tirer, ordonne le lieutenant Audemat, sauf s'il est impossible de faire autrement.

Tendus, ivres de fatigue, les éclaireurs de tête du mouvement pénètrent entre les habitations inconnues. La progression se fige soudain. Collard se colle contre le brancard de l'agonisant. Des balles frappent l'eau de la rizière tout autour du petit groupe. Les fusils-mitrailleurs de l'escorte entrent dans le concert et la nuit éclate un peu plus encore lorsque quelques obus de mortiers de 60 martyrisent à leur tour le village. Les rebelles décrochent, fuient ou se terrent dans des caches. L'avance douloureuse reprend. Un para a été blessé au cours du combat aveugle. Collard se surprend à prier le Dieu qu'il insultait tout à l'heure. Croze se plaint de temps en temps. Des lueurs de lampes torches annoncent le poste. Il est vingt-deux heures. Un L.C.M. gronde dans l'obscurité. Le blessé part vers son destin.

Le lendemain, Collard apprend la mort de Croze. A quoi cela sert-il de prier ? L'opération Bastille se poursuit. Les autorités organisent une prise d'armes à Dap Cau. Le Parisien, les traits tirés, reçoit la Croix de guerre des mains du colonel Delacroix pour l'affaire de Le My. Tandis que le colonel décore d'autres récipiendaires, l'infirmier repense à ses amis morts et aux blessés marqués à jamais dans leurs chairs. Il promet de se battre encore avec plus de force et de hargne. L'adjudant Andriot, major de compagnie, archétype du soldat de métier, cueille le décoré à l'issue de la cérémonie vite expédiée.

— Ça s'arrose, mon vieux, lui crie-t-il avant de le féliciter.

— C'est promis, mon adjudant, répond le Parisien, à Hanoi. Si on y retourne vivants...

L'adjudant se fend d'un large sourire et des bouteilles de bière adroitement dérobées au P.C. du groupement passent de mains en mains.

Les paras débarquent le lendemain d'un L.C.M. sur une rive du Song Thuong, à sept kilomètres de Dap Cau. Collard est furieux. Il s'enfonce dans l'eau glauque jusqu'au ventre.

— Rien de tel pour se rafraîchir, se force-t-il à plaisanter en s'extrayant rapidement de la gangue fangeuse.

Les bérets-bleus courent vers un village pilonné par les pièces lourdes des marins. Ils installent un solide point d'appui à onze heures trente. Collard court au milieu de l'attaque relancée loin à l'intérieur des terres. Un second village offre une sérieuse résistance pendant plus d'une demi-heure. Ses maisons sont conquises une à une dans des éclatements de grenades, des rafales et des hurlements de haine. Le gros des lignes de défense rebelles se retranche adroitement dans un carré d'habitations en pierre.

— Cette fois, on va avoir du mal à les chasser de là ! avance le Parisien en soignant un blessé sous les balles des bo dois.

Les paras sont obligés de reculer aux limites du village en feu pour permettre à l'aviation d'agir. Une grosse bombe tombe en plein sur la casemate principale du bastion. Les hommes du capitaine Audemat remontent à l'assaut aussitôt après l'explosion. Le village est enfin enlevé. Les montagnes qui dominent le site d'assez loin semblent exploser à leur tour sous les attaques de l'artillerie et de l'aviation. Les voltigeurs ne retrouvent que sept fusils près des nombreux corps des bo dois morts.

— C'étaient des durs, décrète un caporal en brandissant des paperasses trouvées dans un sac, regardez, les gars, on a eu affaire à des volontaires de la mort !

— Eh bien, tranche net Collard en soignant rapidement un des derniers paras blessés au cours de l'assaut, ils ont eu ce qu'ils voulaient !

L'avance reprend vers les lignes de montagnes couronnées de fumées. Dans une chaleur étouffante, Collard et ses compagnons s'engagent dans des coupe-gorge sombres. Les paras s'installent pour la nuit au-dessus d'un village détruit par l'aviation. Le Parisien trouve difficilement le sommeil. Un bataillon de marche approche en tiraillant : les rafales résonnent sec parmi les déchaînements de l'artillerie. Les fantassins établissent la liaison avec les bérets-bleus lorsque l'aube entame la nuit.

— Les Viets ont du mordant, apprend un sergent à Collard toujours à l'affût de nouvelles fraîches, ils nous ont attaqués au poste qu'on a installé le 15 juillet avec des mitrailleuses lourdes et des roquettes.

— Ça promet du joli, se dit l'infirmier en regagnant sa section de commandement.

La guérilla s'enrage encore pendant cinq journées d'avance entre les montagnes tour à tour écrasées de soleil et noyées de lourdes pluies.

— Il est bien temps que tout ça finisse, estime Collard, les gars sont à bout de forces...

La compagnie Audemat, qui comptait cent vingt-quatre parachutistes au début de l'opération Bastille, n'aligne plus que soixante-dix-huit hommes.

Les sections réduites progressent le 6 août vers la R.C.3 qui court à vingt-deux kilomètres du village dans lequel elles s'étaient installées après les attaques sur la montagne. Le ciel est bouché. Il n'y a pas un seul avion au-dessus du mouvement. La rizière tranchée par la maigre colonne éclate à quinze heures. Les bérets-bleus perdent encore un tué, Omer Deromme, et cinq blessés.

— Et la fête continue ! peste Collard lorsque la progression reprend.

L'infirmier est à bout de forces. Il chemine machinalement, dans un état second. Tous les chants de l'enfer le tirent brutalement de son apathie. Il se retourne dans un nuage de fumée noire. Ses yeux pleurent, ses oreilles bourdonnent. Deux de ses compagnons hurlent de douleur. Le coolie qui marchait juste derrière lui se vide de son sang en sinistres gargouillements.

— Il m'a sauvé la vie, se rend compte le caporal-chef miraculé.

Le Parisien enjambe le magma de chairs malaxées pour porter secours aux deux blessés allongés sur la piste. Ces derniers, Auger et Bardonnel, réalisent peu à peu ce qui vient de leur arriver.

— Toi, tu connais déjà, ironise l'infirmier assourdi en palpant le corps de Bardonnel, tu as déjà morflé une fois. Aujourd'hui non plus ce n'est pas très grave. Tu as vachement de la chance !

Des gouttes de pluie grosses comme des œufs de pigeons écrasent la colonne. Les paras plongent dans une large coupure d'eau piquetée de geysers. Collard se retrouve encore une fois noyé jusqu'au ventre et râle ferme.

— Cette fois, c'en est trop ! gronde-t-il en ahanant pour sortir du courant sale. Je n'en peux plus...

La compagnie exsangue s'affale dans un village désert et, le lendemain matin, entame une dernière marche vers le fleuve Rouge. Des G.M.C. recueillent les paras le 8 août. La colonne franchit le canal des Rapides et atteint le Pont-Doumer un peu après douze heures. Collard n'a même plus la force de se réjouir.

— On a fait près de cinq cents kilomètres à pied en moins d'un mois, se remémore-t-il. C'est beaucoup trop !

12

NOUS SOMMES DEVENUS DES BÊTES !

Pour rester en Indochine avec ses compagnons, le Parisien est obligé de souscrire un rengagement de six mois.

— Moi je veux bien, répond-il à son commandant de compagnie qui lui explique sa situation administrative, mais j'aimerais tout de même retrouver mes galons de sergent.

L'officier engage sa parole. L'infirmier restera donc au bataillon bien après la date de son rapatriement qui était inexorablement fixé au mois de janvier prochain.

Septembre meurt déjà, qui marque l'anniversaire de l'arrivée des paras en Indochine. Le Parisien arrose copieusement l'événement avec quelques compagnons de combat.

— On était huit cents au départ, constate-t-il soudain grave après

Une des rues colorées de la capitale tonkinoise, la rue de la Soie.

quelques bières partagées à la brasserie du *Coq d'Or,* on a eu près de soixante morts, un peu moins de deux cents blessés et un sacré paquet de rapatriés sanitaires... C'est lourd comme bilan.

Les sergents et l'infirmier qui doit le redevenir bientôt sortent de l'établissement envahi de paras en goguette et arpentent le boulevard Henri-Rivière et la rue Paul-Bert. Ils boivent encore dans de nombreux autres cafés pour refouler toujours plus loin les images trop cruelles de l'année infernale qu'ils viennent de vivre. Les piastres économisées au cours des dernières semaines filent vite.

— Vivement la sainte Touche et une autre opération pour se regonfler le portefeuille, souhaite le caporal-chef à la veille de la Saint-Michel.

La façade de la cathédrale d'Hanoi est tendue de parachutes bleu-blanc-rouge qui forment un immense drapeau. Le Parisien assiste à la grand-messe sans prier et participe à une cérémonie dans le cimetière militaire de la capitale au début de l'après-midi. L'infirmier pense à ses compagnons tombés dans la jungle et enterrés sur place dans d'anonymes sépultures qui ne seront sans doute jamais fleuries par une main amie.

— Y a pas de honte à pleurer sur eux, se dit l'ancien sergent en sentant des larmes chaudes rouler sur ses joues brunes.

Le Parisien n'est pas le seul à pleurer. Tous les paras communient dans la peine autour des tombes. Des mots de sang reviennent aux mémoires des plus anciens : Cao Bang, Lang Son, Lao Kay...

— Ce soir, se promet l'infirmier, j'oublie tout, je vais me payer une de ces virées !

Des groupes de paras quittent leurs cantonnements à la nuit tombante. Bérets-rouges et bérets-bleus rivalisent de tonus. Collard plonge dans le plaisir. Il mange, boit et aime une fille vénale de toutes ses forces pour ne plus penser aux croix du cimetière. Il termine son équipée au *Buffle sur le Toit,* rue Paul-Bert. L'établissement dégorge son trop-plein de paras et de légionnaires sur le trottoir à peine illuminé par les enseignes des bars. Une bagarre éclate soudain pour une futilité de couleur de béret. Le Parisien fait le coup de poing contre des coloniaux. Ses antagonistes clament que tout ceux qui ne portent pas une ancre de Marine sur les épaulettes ne sont que des « manches à couilles ». Quelques faces ruissellent de sang dans le tumulte de la mêlée.

— Qu'est-ce qu'on peut être cons ! se rend compte l'infirmier, comme s'il n'y avait plus assez de Viets à tabasser !

Des coups de sifflets stridents se font entendre dans la rue elle aussi transformée en arène. Des patrouilles d'unités, la police parachutiste et la prévôté accourent. Les grappes de boxeurs se débandent. Des cavalcades hurlantes forcent le barrage du service d'ordre. Paras « métros » et « colos » retrouvent la fraternité des combats pour échapper aux patrouilles. Collard exhibe un superbe cocard à l'appel du lendemain matin et il n'est pas le seul.

— Ils tapent dur, les marsouins, se dit-il en faisant renaître d'un sourire une sourde douleur dans son crâne.

Les premiers jours d'octobre s'écoulent en patrouilles, sorties, beuveries, repas pantagruéliques, bagarres et chasse aux policiers tonkinois qui servent de souffre-douleur aux bérets-bleus et rouges.

— On s'emmerde tout de même copieusement, reconnaît le Parisien à l'aube d'une folle nuit.

Les hussards de la 6e compagnie quittent Hanoi pour effectuer un coup de main dans la région de Vinh, située au bord de la mer de Chine, à deux cent cinquante kilomètres au sud-est de la capitale.

— Préparez le matériel, annonce le médecin major à son infirmier au matin du 15 octobre, on saute demain sur Nam Dinh.

Collard est furieux d'apprendre ensuite qu'une seule partie de sa compagnie doit sauter.

— Et naturellement, peste-t-il, je suis dans la mauvaise moitié...

— Nous sauterons en cas de coup dur, le rassure le médecin, nous demeurons en alerte.

Celle-ci est donnée le 17 octobre à quatorze heures quarante. Un contrordre de toute dernière minute attend les paras au terrain de Bach Mai. Les camions refilent vers la Citadelle. L'infirmier prend très mal la chose. Il ne retrouve son calme habituel qu'au matin du 19 ocotbre lorsque les G.M.C. roulent à nouveau vers le terrain d'aviation.

— On ne s'habitue jamais aux sauts opérationnels, constate le Parisien vite engoncé dans les parachutes tout neufs qu'il vient de percevoir.

Les visages des bérets-bleus casqués sont durs. Les hommes échangent des regards tendus. Des plaisanteries éculées trompent l'attente de l'ordre d'embarquer dans les *Junker 52* alignés le nez en l'air. Le vacarme des moteurs se déchaîne. Les paras embarquent dans les porteurs. Collard se hisse lourdement dans la carlingue sombre du *Ju 52* numéro 379, piloté par le capitaine Collongues. L'appareil s'arrache du sol à neuf heures. Les avions de la vague tournent au-dessus d'Hanoi qui enserre les brillances du fleuve Rouge tranché net par le pont Doumer, puis piquent vers Phat Diem, tout au sud du delta.

— Qu'est-ce qui se passe encore ? grommelle le Parisien enlevé à sa contemplation du paysage par des emballements de moteurs.

Les avions font demi-tour quelques minutes seulement après le décollage.

— La D.Z. est inondée, explique aux paras un sergent de la base aérienne lorsque les appareils se sont reposés à Bach Mai.

Collard maudit le mauvais sort en défaisant ses harnais.

— Ils auraient pu s'en apercevoir avant, gronde-t-il.

L'attente reprend. Les nerfs des bérets-bleus se relâchent au fil des heures. Les sticks remontent dans les avions après le casse-croûte. La vague décolle à treize heures dix. Les paras ont appris qu'ils vont sauter directement sur Nam Dinh car la zone de saut prévue est toujours impraticable.

— Là ou ailleurs, raille le Parisien, du moment qu'on tombe sur des Viets, moi je m'en fous...

Les *Ju 52* traversent de nombreuses turbulences. Les pilotes torturent leurs moteurs pour maintenir le cap. L'appareil dans lequel est assis le caporal-chef infirmier tombe dans des trous d'air. Collard lutte contre la nausée en fixant les mornes étendues du delta qui courent à deux cents mètres sous les ailes de l'avion. Des villages noirs émergent du miroir des rizières en eau comme des chalands échoués. Les appareils approchent de Nam Dinh, toute blanche au bord de la rivière Nam Dinh Giang. La D.Z. est matérialisée par un terrain de football.

— On sautera deux par deux, annonce le largueur au signal du pilote.

Collard est au quinzième rang vers la queue de l'avion.

— Comme ça, se dit-il en repensant soudain à ses parachutes tout neufs, j'aurai tout le temps de réfléchir, pourvu qu'ils fonctionnent aussi bien que les vieux...

Le stick s'écoule de l'avion très lentement. Collard saute à son tour au huitième passage de l'appareil au-dessus du terrain de sport. L'herbe de l'aire de jeu est haute et déjà foulée par les premiers arrivés de la vague. Les tribunes du stade sont en ruine, leurs murs sont noirs. Un cimetière prolonge la D.Z.

— C'est joyeux ! s'exclame le Parisien en découvrant les alignements des tombes.

L'infirmier n'a pas le temps de mieux apprécier le paysage. Il est soudain brinquebalé dans le vent.

— Merde ! rugit-il en tournoyant comme une araignée au bout de son fil, j'ai des torsades ! Je ne suis pas frais...

L'ancien sergent tractionne vigoureusement pour contrer au mieux le mouvement de son parachute tout neuf. Il touche la pelouse mal soignée juste au point d'engagement des matchs de football.

— S'il y avait du monde dans les tribunes, je serais applaudi, plaisante-t-il en halant sa voilure après s'être déharnaché.

Une gaine de matériel tombe sèchement à côté de lui. D'autres paras viennent s'écraser sur le terrain étroit.

— Il ne manquerait plus que je ramasse une arme sur le casque, maugrée Collard en courant vers une route qui longe le terrain.

Le regroupement du parachutage se termine à quatorze heures trente. L'ambiance de Nam Dinh est à la fête. La population alertée par le vacarme des moteurs d'avions accourt de partout pour jouir du spectacle. Les paras en oublient la guerre et attendent tranquillement la deuxième vague formée par la 6e compagnie du bataillon. Les hommes du lieutenant Bellan qui a remplacé le capitaine Lorgeoux depuis le 12 octobre au commandement de l'escadron sautent trois par trois pendant que la foule des curieux prend de la densité.

— Manque plus que quelques Viets, regrette Collard.

Des cris montent de la foule bigarrée. Un hussard tombe en torche entre les sépultures du cimetière. Collard court vers le point d'impact et découvre le corps mou du deuxième classe Michel Gadenne.

— Il est mort sur le coup, se dit l'infirmier, le pauvre vieux...

Le mort a la main droite crispée sur la poignée de son parachute ventral qu'il n'a pas eu le temps de manœuvrer. Ses compagnons l'emportent, roulé dans sa voilure. Le Parisien demeure un long moment les bras ballants avant de se décider à regagner le bord de la route. Il croise une demi-douzaine d'éclopés qui se sont cassés en tombant sur des ruines proches du stade.

— Ils en ont eu pour leur argent, marmonne-t-il tandis que la foule curieuse reflue lentement vers la ville.

Les bérets-bleus s'installent pour la nuit dans une usine cotonnière, à un kilomètre du cimetière. Ils embarquent le lendemain au lever du jour à bord d'un L.C.T. gris. Le navire fend les eaux de la Nam Dinh Giang en direction de l'évêché de Phat Diem, étalé au nord de la frontière d'Annam. Le bateau hérissé de mitrailleuses rejoint bientôt le cours du Song Day qui descend de Ninh Binh et aborde plus tard au village de Kin Bai, à trois kilomètres seulement de la mer. Les paras qui ont sauté le 16 octobre sont là. La population ralliée accueille joyeusement les nouveaux venus. Collard découvre Phat Diem. La ville, gouvernée par monseigneur Le Huu Tu, un ecclésiastique au visage aquilin, est formée de toute une série de gros bourgs surpeuplés et étalés en vaste éventail face au golfe du Tonkin. L'évêque tout-puissant commande une solide milice qui tient tous les villages de la région abritant près d'un million d'habitants.

Le lieutenant Audemat installe ses sections au bourg de Yen Binh, tout au sud de l'éventail de Phat Diem. Les paras quittent leur campement à l'aube du 21 octobre pour se diriger vers les premières hauteurs des montagnes. La progression est entourée par des milliers de catholiques pendant cinq kilomètres puis se retrouve isolée au pied de collines recouvertes d'arbres. Des mines explosent dans le matin ensoleillé.

— Enfin, ça y est, exulte le Parisien, revoilà le baroud !

Ses espoirs de combats meurent vite. La colonne est rappelée vers Phat Diem. Elle rentre au bercail en empruntant une piste plus au nord et s'installe au bourg de Binh Sa, au sud-ouest de son cantonnement de la veille.

— Les gens d'ici n'ont pas l'air tranquille, fait remarquer le Parisien à un de ses compagnons, ça sent pas très bon...

La guerre se déchaîne enfin le lundi 24 octobre. Collard a distribué son matériel à deux coolies. Des avions plongent sur le flanc des hauteurs qui coupent l'horizon au sud-ouest de Phat Diem. L'artillerie prend la relève des bombardiers. La montagne explose. Les échos des dévastations coulent vers la mer. Les paras débouchent à huit heures au contrefort d'un piton. Les rebelles les accueillent de coups de feu serrés. Des balles claquent tout près de Collard tassé à l'abri d'un fossé. Les voltigeurs se préparent pour l'assaut. Le site semble éclater tout entier lorsque les artilleurs coupent la retraite des rebelles. Des avions tournent haut dans le ciel, prêts à plonger sur l'ennemi au moindre signal radio des combattants au contact.

L'assaut est lancé, Collard, prêt à soigner et à tuer, bondit dans le sillage nerveux des voltigeurs. Un arroyo bloque malheureusement l'avance. Les rebelles profitent du répit providentiel pour s'esquiver vers les hauteurs boisées d'où ils sont descendus pour poser des mines tout autour de Phat Diem. Des bo dois sacrifiés prennent les paras bloqués sous un tir nourri.

— Il faut foncer ! gronde Collard, les salopards vont réussir à décrocher...

L'obstacle est bien trop profond pour être franchi à gué. Un ponceau battu par le feu fichant des bo dois se profile à quelques mètres. Les paras le franchissent un par un en course folle.

— A mon tour, se dit le Parisien en prenant son souffle avant de bondir sur les bambous humides.

Des claquements de balles suivent la course de l'infirmier.

— Plus que dix mètres, souffle-t-il, j'y suis...

La passerelle est derrière lui. Il rameute ses deux coolies qui foncent sous la mitraille après quelques hésitations. Les rebelles décrochent. Les paras reçoivent un ordre qui les fige en attente. Collard observe le mouvement d'ensemble de l'opération Anthracite.

— Il y a beaucoup trop de monde sur le terrain, regrette-t-il, c'est pas bon pour nous...

Les paras remontent légèrement vers le nord et débouchent à treize heures au village de Yen Mo. Un ordre les lance en reconnaissance d'une ligne de collines qui entourent le gros hameau fouillé. L'après-midi naissant résonne de dizaines d'explosions de pièges diaboliquement préparés par le Viet-minh. L'ancien sergent soigne un sous-officier de la section mitrailleuse de sa compagnie qui a sauté juste avant de pénétrer dans une paillote. Une nouvelle explosion fait naître un hurlement de douleur. Collard bondit vers l'homme qui crie.

— Tu as tout de même de la chance, confie-t-il au parachutiste Mouget, un éclat s'est foutu dans ta cuisse à un centimètre de l'artère fémorale. Dans quatre ou cinq jours tu galoperas comme un Viet...

L'infirmier soigne le blessé dans le tintamarre de rafales de fusils-mitrailleurs, de secs aboiements de mitraillettes et de fracas d'obus de mortiers qui poursuivent une vingtaine de bo dois en fuite. Le site enfiévré sent la poudre. Des prisonniers sont regroupés en colonne triste et poussés vers l'arrière de la manœuvre où les attendent les spécialistes du renseignement. Le Parisien profite du mouvement pour évacuer ses blessés. Le manège de sang se poursuit de village en village. Des corps sans vie jalonnent l'avance des paras.

La compagnie Audemat parvient au gros centre de Phuc Nac au matin du 25 octobre. Les sections de bérets-bleus s'installent à dix heures aux lisières du chef-lieu de province menacé par des éléments rebelles tapis plus au nord. Un groupe part reconnaître un hameau bâti à cinq cents mètres de là. Des guetteurs viets-minhs tirent quelques coups de fusil mais décrochent très vite sous la pression des fusils-mitrailleurs du lieutenant Audemat. Un peu après l'investissement du groupe de paillotes, Collard se retrouve au bord d'une rizière longue de six cents mètres venant mourir aux lisières de Yen Ninh.

— On dirait bien que les Viets sont là, devine l'infirmier en suivant des yeux les mouvements furtifs de quelques hommes qui s'esquivent.

Des obus de mortiers de 60 pleuvent tout à coup sur les paras. Le Parisien se projette à l'abri d'un muret. Des grenades à fusil, tirées de l'abri d'une ligne de diguettes courant devant le bourg occupé, tombent sur la colonne de bérets-bleus. Les mortiers de la compagnie ripostent aussitôt. Le lieutenant Audemat demande un appui d'artillerie par radio. Un ordre lance le plus gros de la compagnie en large mouvement de débordement. Quelques équipes et pièces demeurent seules sur la position délicate pour tenir l'ennemi en haleine.

Le mouvement rapide court sur quatre kilomètres au ras des diguettes de la rizière sèche qui le masquent à l'ennemi. Collard se retrouve, essoufflé, à deux cents mètres sur les arrières des positions viets-minhs de Yen Khan et Yen Ninh. L'infirmier reprend calmement son souffle. Les rebelles continuent à tirer sur les paras demeurés sous leur feu. Deux avions de chasse, appelés en préparation d'assaut, plongent sur les paillotes. Ils offrent aux paras un spectacle d'une infinie précision qui assomme les bo dois maintenant pris au piège. Les mortiers et les fusils-mitrailleurs de la compagnie crachent tous ensemble pendant quelques secondes. Les avions remontent haut dans le ciel. Les bérets-bleus bondissent à la curée en hurlant des insultes exorcistes dans le dos des groupes viets-minhs. Collard vit en enfer pendant la demi-heure du nettoyage. Des grappes de bo dois se lancent en fuite désespérée dans la rizière et se font massacrer par les fusils-mitrailleurs laissés en embuscade serrée. L'effet de surprise est total. Les paras tuent sans subir de pertes. Seul, le lieutenant Gout est blessé d'un éclat de grenade à une main. Le Parisien se consacre tout entier au combat. Il vide chargeur sur chargeur de sa mitraillette comme un simple voltigeur.

Tout est fini à treize heures. Une cinquantaine de soldats d'Hô Chi Minh gisent entre les paillotes et dans la rizière. Quinze prisonniers hébétés émergent de la tourmente. L'élément laissé en leurre sous la mitraille ennemie rejoint à son tour les hameaux conquis. Un ordre relance les sections à la traque. Collard arbore un sourire vainqueur.

— Ça, au moins, c'est de la guerre ! jubile-t-il après avoir récupéré ses coolies.

Les deux Tonkinois qui ont assisté à la déroute de leurs frères de race tassés derrière une diguette marchent à pas lents. Ils ont le visage défait par l'horreur du massacre. Les voltigeurs de tête de la fouille parviennent à l'orée d'un nouveau village en apparence désert. Des dizaines d'explosions déchiquettent l'après-midi.

— Tout est piégé là-dedans, vient rendre compte un para essoufflé à son commandant de compagnie, ça pète de partout dès qu'on fait un pas !

Les bo dois en fuite ont transformé le village en *luna-park* mortel. Des coolies du viet-minh ont creusé de longues tranchées longitudinales sur la digue s'évadant des paillotes pour permettre aux saboteurs de fuir sans trop de risques après avoir actionné leurs engins de mort. Le chasseur Baudelet se tord de douleur. Collard court vers lui. Le blessé a le coude droit éclaté et saigne abondamment de la face.

— Bouge pas, vieux gars, lui conseille l'infirmier en officiant à gestes précis, c'est pas bien grave...

Le caporal-chef ment. Il sait très bien que Baudelet n'a pas beaucoup de chances de conserver son œil intact. D'autres pièges explosent encore pendant les soins, mais sans dommage pour les voltigeurs. Un para boueux et en sueur approche de Collard qui s'apprête à faire évacuer Baudelet par ses coolies.

— On a eu le type qui t'a fait sauter, triomphe l'homme essoufflé.

Le Parisien hoche la tête.

— C'est pas ça qui lui rendra son œil, grommelle-t-il.

Le voltigeur sorti de la rizière où résonnent encore quelques rafales éparses se penche vers son compagnon blessé.

— Tiens, souffle-t-il, on t'a bien vengé, regarde...

Baudelet écarquille son œil valide. Collard a un haut-le-cœur. Le para ricanant jette au sol les deux oreilles du saboteur abattu.

— Emmène-les en souvenir, crie-t-il avant de rejoindre son équipe à la traque.

Baudelet ne répond pas. Le Parisien enfonce les sinistres trophées dans la boue à coups de talon.

— Nous sommes devenus des bêtes, se dit-il, des bêtes sauvages... Comme les Viets...

La progression reprend. La compagnie se repose le soir venu dans un dernier village démuni de pièges. Le Parisien s'affale à la base d'un mur. Le sommeil fuit vite son corps fourbu. Des obus de mortiers tombent sur le campement veillé par des postes d'embuscades. La nuit s'écoule, hachée et éprouvante. Les bérets-bleus mal reposés font route à l'aube vers Phuc Nac en traçant un large arc de cercle de plusieurs kilomètres dans les rizières. Ils repartent le lendemain vers la ville de monseigneur Le Huu Tu et récupèrent des ralliés au bourg de Yen Tho. La colonne remonte vers Phuc Nac à l'aube du 29 octobre.

— On dirait qu'ils sont heureux de nous revoir, constate Collard surpris par les mines amicales de la population.

Les indigènes offrent des bananes aux paras qui les troquent contre quelques éléments de leurs boîtes de rations. Le lieutenant Audemat reçoit au matin du dimanche 30 octobre l'ordre d'établir une liaison avec la 7e compagnie du bataillon qui a débarqué sur la rive du Song Day à quinze kilomètres vers l'est. Le Parisien patauge dès le début du mouvement dans une coupure de sabotage avec de l'eau jusqu'à la poitrine.

— Ça commence pas mal, rugit-il en se tirant assez facilement du mauvais pas.

L'infirmier hisse au sec un de ses compagnons piégé par la boue et grimace en appréciant le terrain qui reste à parcourir.

L'avance franchit la bagatelle de quarante-deux coupures d'eau en cinq kilomètres. L'infirmier transi soupire d'aise lorsque les sections reçoivent l'ordre de stopper pour attendre les premiers éléments de la 7e compagnie sur place. La jonction ne s'effectue qu'à dix-huit heures trente. La colonne se dirige ensuite sur Yen Tho qui se trouve à douze kilomètres des eaux du Day. Les paras étirent leurs sections sur une digue miraculeusement intacte. La nuit tombe. Les éclaireurs butent de kilomètre en kilomètre sur des défenses nerveuses de petits postes tenus par des miliciens catholiques.

— Ils vont bien finir par nous tirer dessus, craint l'ancien sergent.

L'infirmier a les pieds en capilotade. Les semelles de ses chaussures assouplies par de trop fréquentes immersions s'écorchent aux gros graviers qui tapissent la digue.

— Il est temps qu'on arrive, gronde-t-il en luttant contre la douleur et la fatigue, je suis lessivé...

Un sourd martèlement régulier naît soudain dans la nuit. Des cris de rage montent de la section de tête. Des bruits de plongeons se font entendre. Un énorme buffle éveillé par l'arrivée des paras fonce tête basse sur la digue, balayant tout le monde sur son passage furieux. Collard bondit dans la rizière.

— Et allez donc ! gronde-t-il, encore un petit bain pour le para...

Le monstre fuit en défaisant l'allongement des sections puis plonge à son tour dans la rizière pour se réembourber. Les bérets-bleus atteignent Yen Tho à vingt-trois heures. Ils ont parcouru vingt-deux kilomètres dont un bon quart dans la colle de la rizière. Le Parisien s'abat comme une masse au sol d'une habitation encombrée de caisses de munitions et s'endort tout de suite.

13

OPÉRATION ANTHRACITE

Les paras quittent le village de Yen Tho le 2 novembre en camions. Le convoi traverse les agglomérations compactes de Phat Diem et s'arrête au bourg de Han Hoa, extrême pointe du royaume de monseigneur Le Huu Tu. L'opération de débarquement par mer dans laquelle les sections de bérets-bleus devaient être engagées est remise en raison du mauvais temps qui s'installe sur toute la région côtière.

— Tant mieux, apprécie le Parisien, on va en profiter pour faire une virée chez l'évêque.

Les groupes de paras désœuvrés glissent, curieux, au milieu de la foule dense de Phat Diem. Les commerces pullulent dans la ville en paix. Les gens sont gais, la guerre paraît loin. Quelques prostituées font une retape peu discrète à l'approche des chasseurs du bataillon du capitaine Broizat. Collard se détourne d'elles.

— Cinquante piastres, commente-t-il pour ses compagnons de sortie, c'est pas très cher, mais ça ne vaut même pas ça...

Une fille un peu plus fraîche que ses compagnes avides de piastres rattrape le Parisien en short et chemise beige clair.

— Si tu veux pas les femmes, avance-t-elle les yeux brillants, il y a l'opium...

L'infirmier hésite un instant.

— Je n'ai jamais essayé, se dit-il, je ne risque pas grand-chose...

La fille bouscule les hésitations du Français maintenant séparé de ses compagnons par une foule dense.

— Viens, chef, c'est très bon ! assure-t-elle en agrippant l'avant-bras du caporal-chef et l'entraînant de force.

Collard suit la fille qui trotte à petits pas sûrs. Le duo fend des grappes de badauds peu pressés. Les faces chafouines des Tonkinois, du moins de ceux qui n'ont rien à vendre, ne semblent pas remarquer le parachutiste en rupture de combat. La jeune rabatteuse mène son client au long de trois ruelles étroites et à la chaussée défoncée entre de basses maisons de pauvres gens. Le Parisien se retrouve vite devant l'entrée sans enseigne d'une des nombreuses fumeries de la région. Il hésite à plonger dans l'inconnu. La fille le pousse d'une bourrade volontaire à l'intérieur de l'officine. Une chaude odeur de noisette saisit l'infirmier pas trop sûr de lui. L'ancien sergent se retourne et constate que son guide a disparu.

— Dommage, regrette-t-il, j'aurais pu faire d'une pierre deux coups, elle n'était pas si mal que ça...

La fumerie n'est pas luxueuse et la présence de quelques Européens qui déchiffrent la physionomie du para indécis détonne au milieu d'une longue pièce assez mal éclairée. Les Français, quelques civils assez gras et deux marins, sont allongés sur des nattes au milieu de Tonkinois et Chinois extatiques et très maigres. Une vieille femme en khe khouan au luxe rehaussé d'un col tissé d'argent se courbe devant le nouveau client. La vieille aux yeux vifs n'est pas obséquieuse et ne donne pas du ridicule « chep » au béret-bleu.

— Vous avez déjà fumé ? s'inquiète-t-elle seulement.

Le Parisien est bien obligé d'avouer son ignorance en la matière.

— Jamais, lâche-t-il.

La femme s'approche de lui dans un froissement doux de soie et lui prend la main.

— Venez vous étendre, susurre-t-elle, je vais vous montrer...

Des corps allongés en chien de fusil s'animent à peine au passage du couple mal assorti, comme dérangés dans des rêves d'or. L'infirmier s'installe souplement sur une natte de paille de riz salie par des centaines d'usages. Ses yeux brun clair suivent les gestes déliés de la vieille qui prépare la drogue. Elle malaxe religieusement une infime boulette de pâte molle et brunâtre, la fait grésiller au feu d'un petit foyer au bout d'une aiguille d'argent et la dépose au centre du large fourneau plat d'une pipe à long tuyau qu'elle tend en souriant au Français.

— Vous devez avaler toute la fumée, conseille-t-elle, fermez les yeux, ne pensez plus à rien... C'est très bien...

La femme s'éloigne à pas feutrés. Collard aspire la fumée assez douce. Des hommes remuent autour de lui pour allumer de nouvelles pipes et replongent dans leur univers hors du temps.

— C'est plutôt écœurant, constate l'ancien sergent après quelques bouffées rapides.

La vieille femme en noir glisse à nouveau vers sa couche sale, fantôme silencieux et attentif aux désirs de ses drogués.

— Vous voulez encore une pipe ? souffle-t-elle en accentuant encore la séduction étrange de son sourire de statue ridée. C'est bon ?

L'infirmier se relève d'un bond en déclinant l'invite. Sa boulette d'opium achève de se consumer dans le fourneau finement ciselé de la pipe délaissée sur son support près du fourneau.

— Non, merci, tranche-t-il, ce n'est pas un truc pour moi...

L'infirmier, un peu ivre des senteurs nouvelles, respire à fond dans la ruelle.

— Salut l'opium, et adieu ! se promet-il, je vais retrouver les copains, moi j'aime bien mieux la bière, le champagne et les nanas...

Le mauvais temps ne s'éloigne pas de la côte. L'opération de débarquement par mer est plusieurs fois repoussée. Les paras embarquent le samedi 5 novembre sur un L.C.T. qui rejoint le large cours du Song Day à la hauteur des bâtiments de la Douane. Le navire pique son nez camus vers l'amont du cours d'eau. Il rejoint après deux heures de navigation des L.C.M. qui prennent les sections de bérets-bleus en charge. Collard débarque à six heures en face du large village de Dong Bien bâti à un kilomètre de la rive gauche du Day.

— On n'a même pas l'impression d'avoir quitté le fleuve, râle le Parisien en se retrouvant noyé jusqu'au ventre.

Les lignes basses de Dong Bien se précisent au fur et à mesure de la lente progression dans la boue. Elles sont défendues par un réseau de fouillis de bambous. L'ancien sergent escalade les défenses taillées en pointes.

— Si les Viets sont là, se force-t-il à plaisanter dans l'effort, ils vont nous cueillir comme des fraises bien mûres...

Le village est vide de toute vie. Les paras dévastent tout sur leur passage. Des miliciens fouillent la rizière un peu plus à l'écart.

— Les Viets sont loin, commente un vieux soldat catholique qui débouche à quelques mètres de l'infirmier, c'est eux courir tranquilles par là-bas...

L'homme armé d'un fusil Lebel indique une ligne de hauteurs, bien au sud-ouest de Phat Diem. Un ordre rameute la compagnie vers le gros du bataillon qui s'est installé à trois kilomètres au sud, tout au bout d'une longue rizière.

— C'est reparti pour les bains de boue, maugrée le Parisien.

Les bérets-bleus mettent presque trois heures pour parcourir la distance qui les sépare de leurs compagnons. Collard se retrouve le lendemain au village de Phuc Nac. Les paras fouillent ensuite une nouvelle fois Yen Tho. Des bruits contradictoires commencent à circuler dans les sections. Les uns annoncent que l'opération Anthracite doit se terminer au plus tard le 15 novembre, d'autres que le bataillon rentrera à Hanoi le 30 et d'autres encore que les traques se poursuivraient certainement jusqu'à Noël.

— Moi, tranche Collard pour éviter des discussions inutiles, je me fous pas mal de rester encore trois mois dans le coin, mais qu'on nous donne du Viet...

Les paras s'usent les nerfs et les muscles à courir à la moindre alerte aux quatre coins de la région. La nuit du 7 novembre est tombée sur le cloaque entourant Yen Tho. Un ordre secoue le repos des Français. Les paras apprennent qu'une embuscade rebelle a tiré six roquettes sur un L.C.T. qui remontait le Day vers Ninh Binh.

— Cette fois on les tient, espère l'infirmier déjà équipé.

Les bérets-bleus se jettent dans la nuit en course folle. Un ordre gèle leur rush vers le cours d'eau au bourg de Dong Bien. Ils s'installent en attente dans l'église du village abandonné.

— Encore un coup de canon dans une tasse à café, ironise le Parisien, on n'a vraiment pas de pot...

Le caporal-chef bouscule son coolie et s'allonge sur le sol de l'église sans âme. Les sections ne se remettent en marche qu'au début de l'après-midi du 8 mai. Elles se dirigent en colonne vers le nord où des rebelles ont été signalés autour du village de Dong Trung tout proche du Song Day. Une fois de plus bredouilles, ils reçoivent l'ordre d'aller patrouiller le lendemain dans une boucle du fleuve au sud-est des rochers de Ninh Binh. Des mines explosent non loin du cours d'eau.

— Les affaires reprennent ! apprécie le Parisien.

Les équipes de paras demeurent figées pendant que leurs éclaireurs reconnaissent le terrain. Un cri perce les rafales.

— Infirmier !

Collard se lève de l'abri d'une diguette. Il court, courbé, vers l'origine du hurlement et s'affale auprès du chasseur Vernon qui saigne du bas-ventre.

— Toi, t'as rudement de la chance, avoue-t-il au blessé après l'avoir rapidement inspecté, un centimètre plus bas et adieu les nanas !

Les rebelles débusqués n'insistent pas. Le feu se meurt. La colonne est rappelée sur Dong Trung en passant par Phuang Thuong.

— C'est pas encore aujourd'hui qu'on va avoir les honneurs du communiqué, enrage le Parisien après avoir confié Vernon à une patrouille d'évacuation.

L'ancien sergent reçoit tout à coup une formidable poussée dans le dos. Il se retrouve à plat ventre dans un nuage de fumée. Il se redresse à genoux, prêt à faire le coup de feu. Il réalise qu'une mine vient de sauter. Un horrible borborygme le détourne de l'examen rapide de tout son corps intact. Le coolie qui marchait derrière lui crache le sang et se tord de douleur en se tenant le ventre.

— Pauvre vieux, gronde l'infirmier, encore un qui a tout pris à ma place... Cela devient une sale habitude...

La progression reprend. Le coolie sans connaissance est brancardé par deux de ses compatriotes. Le surlendemain, les paras quittent le campement de Yen Tho à sept heures trente. Leur colonne prend la direction des hauteurs du nord-ouest, vers un village nommé Bo Vi.

Les voltigeurs de la section de tête sont pris à partie par des tireurs embusqués à l'orée du hameau. L'assaut se prépare sous le ciel gris. Les 24/29, les lance-grenades et les mortiers amis écrasent les paillotes sous une nappe de feu. Les oreilles du Parisien, maltraitées par l'explosion de la mine de l'avant-veille, souffrent dans le vacarme. La pièce de mort déjà plus de cent fois jouée s'enchaîne sans accrocs. Des cris de haine se mêlent aux détonations au moment de l'assaut. Les rebelles tentent de fuir le contact. Les fusils-mitrailleurs les abattent dans la rizière entourant le village résonnant de rafales et d'explosions de grenades.

— Pas un blessé chez nous, exulte le Parisien. Vive la voltige !

Les paras découvrent un tube de mortier de 50 tout chaud sur son emplacement de tir et du matériel de combat. La colonne relancée à la traque prend la direction du sud, vers les hauteurs matraquées chaque nuit par l'artillerie et qui recèlent le gros des unités viets-minhs.

— Ah ! tout de même, se réjouit le Parisien, on se décide à aller les emmerder chez eux, c'est pas trop tôt !

Les paras se retrouvent bientôt dans un coupe-gorge inquiétant après avoir franchi les hameaux de Tinh Binh. Une végétation échevelée enserre des blocs immenses de rochers creux.

— On dirait des châteaux forts, estime l'infirmier, gare aux grenades...

Le paysage sombre se transforme en volcan. Quelques mines explosent sans dommages pour les voltigeurs et des grenades tombent des hauteurs. Le tout est accompagné de quelques obus de mortiers fusants. Collard plonge à plat ventre au ras des rochers. Les tireurs aux fusils-mitrailleurs ripostent aux rebelles invisibles en arrosant les rochers troués de longues rafales. Le vacarme fait naître des ruées d'échos qui se répercutent à l'infini dans les montagnes.

La colonne réussit à passer l'embuscade sans subir de pertes car les bo dois ne se risquent pas à jeter un œil hors de leurs réduits naturels. La nuit tombe. Un ordre ramène la compagnie hors de portée des grenades qui jaillissent à l'aveuglette des blockhaus imprenables.

— On va certainement revenir leur rendre une petite visite demain matin, espère le Parisien.

Le commandement ne semble pas du même avis que l'ancien sergent. Les paras sont rappelés vers Phat Diem où ils embarquent dans la nuit du 13 novembre dans des engins de la Marine. Le convoi remonte le Song Day jusqu'à l'embouchure du Song Nam Dinh et s'engage dans le cours d'eau qui rejoint le fleuve Rouge au nord-est de Nam Dinh. La rivière est tranquille et coupe en larges boucles des rizières en eau. Les armes lourdes de l'accompagnement du raid donnent copieusement de la voix un peu après l'aube.

— A nous de jouer, se dit Collard, habitué à ce genre de préparation de débarquement.

Les L.C.M. piquent leur nez à porte abaissable sur la rive à investir. Les paras bondissent dans la brume.

— Un bain de plus ! rugit le Parisien en entamant la progression avec de l'eau jusqu'au nombril.

Les voltigeurs atteignent vite le premier village à nettoyer dans les échos de canonnades des marins qui allongent leurs tirs au fur et à mesure de leur avance. Les rebelles surpris en pleine corvée de sabotage ont abandonné leur travail à l'approche grondante du convoi fluvial. Ils se perdent au lointain en tirant quelques rafales inefficaces.

Un ordre ramène le mouvement tombé sur du vide à la rivière boueuse.

La surface du cours d'eau n'est que bouillons brassés par les hélices des engins à fond plat. Collard, trempé, retrouve sa place dans la cuve tressautante d'un L.C.M. vrombissant. Le convoi poursuit sa navigation vers Nam Dinh.

— Reboue ! suppute le Parisien lorsque les canons et mitrailleuses des gros engins d'escorte entrent à nouveau en action.

L'infirmier ne se trompe pas. Les L.C.M. se déroutent bientôt. Ils ouvrent à nouveau leurs portes pour lâcher les bérets-bleus à quelques encablures d'un second village à fouiller. Des avions de chasse passent au-dessus du site et vont plonger en mitraillant quelques kilomètres plus loin.

— Ils n'ont pas eu le temps de foutre le camp cette fois-ci ! jubile Collard lorsque des bo dois dévoilent leurs armes.

Les paras se ruent sur le village occupé en hurlant leurs insultes rituelles. Le combat est bref. Quelques corps de bo dois criblés de balles sont étalés côte à côte entre les dernières habitations en dur du village conquis. Deux prisonniers qui n'ont pas l'air de donner cher de leur peau se serrent l'un contre l'autre en regardant fixement le bout de leurs sandalettes. Un drapeau de la rébellion tout souillé gît près d'eux.

Les paras indemnes regagnent les engins après avoir mis le feu à tout ce qui pouvait brûler dans le village mort. Le convoi repique au sud. Les

bérets-bleus débarquent à nouveau lorsque les L.C.M. ont atteint le cours du Song Day. Ils s'installent en protection des travaux d'installation d'un poste au village de Dong Trung. Ils goûtent ensuite un long repos de quatre jours à Phat Diem.

— Ça veut dire qu'on n'est pas prêts de remonter chez nous, explique l'infirmier à deux paras de sa section.

Les paras apprennent en effet que l'opération Anthracite doit se terminer le 25 décembre seulement. La 8e compagnie se réinstalle à Phuc Nac, au-dessus de l'évêché où ils dorment dans une église.

Les bérets-bleus du lieutenant Audemat repartent en fouille à l'aube du dimanche 27 novembre. Collard marche derrière les éclaireurs de pointe qui se dirigent vers le village de Yen Ninh. La progression se bloque soudain. Le Parisien voit deux voltigeurs qui s'éloignent vers une paillote en rampant dans les hautes herbes du bord de la rizière. Des chocs résonnent. Des cris étouffés les accompagnent. Les paras reviennent sur la digue en traînant un guetteur viet-minh à moitié mort. Les compagnons de Collard bondissent tout aussitôt sur le village au moment où les voiles de brume qui le nappent se déchirent un peu. L'action est terminée en quelques minutes de fureur. Les rebelles ont perdu une dizaine d'hommes. Les paras renoncent à poursuivre les survivants du choc qui se perdent déjà au lointain et récupèrent une cinquantaine de grenades avant de regagner leur campement. Ils reçoivent ensuite l'ordre de faire mouvement sur Phat Diem.

— On va chasser vers la mer, annonce Collard à ses infirmiers à l'aube du 28 novembre.

Les bérets-bleus traversent le Day en sampans à voile manœuvrés par des ralliés aux pieds nus et aux traits burinés par des années de navigation.

— Drôle de régate ! s'amuse Collard en aimant l'étrange spectacle des embarcations noires qui filent sous voiles.

Les premiers villages de l'autre rive du Day sont vides. Les pièges rebelles y sont bien moins nombreux qu'à l'ouest du cours d'eau. L'avance parvient sans encombre au gros bourg de Cui Nhak.

— Il y a encore plus d'églises que de l'autre côté, s'étonne l'ancien sergent.

La population est des plus accueillantes. Les paras sont choyés comme des coqs en pâte. L'infirmier couche au soir de la première journée de fouille dans un vrai lit de plumes offert par un notable. Toutes les cloches sonnent à la volée le lendemain matin pour accompagner le retour des bérets-bleus sur la rive du Day.

— Je me demande ce qu'on est venu foutre de ce côté du fleuve, se dit l'infirmier perplexe, la guerre devient du tourisme pur...

Le mois de décembre naît au même rythme monotone de courses dans les rizières. Les paras, installés depuis la veille à Duyen Mo, partent à l'aube du 7 vers la zone de Ninh Binh qui est toujours sous la coupe du Viet-minh. Les chefs de sections ont reçu l'ordre de ne pas s'approcher à plus de sept kilomètres de l'ancienne cité de villégiature des plus riches Tonkinois. La compagnie du Parisien marche en tête du mouvement. Ses voltigeurs parviennent à six heures vingt aux lisières du village de Yen Khe.

— Le cirque va commencer, espère l'ancien sergent accroupi derrière les premiers éléments de sa section.

Un départ de mortier résonne dans la nuit. Un obus éclairant dépote une fusée qui se balance pendant un peu plus d'une minute au bout des suspentes du petit parachute qui la soutient. Les paras bondissent au ras du sol dans les lueurs crues de l'engin lumineux. Toutes les armes légères tirent vers le village pilonné par des grappes d'obus de mortiers de 60. Le feu diminue vite d'intensité. Les mortiers se taisent. Collard n'a eu que le temps de tirer quatre rafales sur des formes floues entr'aperçues dans la tourmente. Il reprend son souffle. Le ciel se déchire soudain. Le jour se lève, saluant la mort de neuf bo dois et la défaite de vingt prisonniers.

— Toujours de la chance, conclut l'infirmier voltigeur, pas un seul blessé de notre côté.

La compagnie Audemat quitte l'endroit dévasté à neuf heures et file vers son deuxième objectif au-dessus des rizières. Quelques balles s'échappent du village de Phuong Du. Les rebelles s'esquivent des paillotes avant que leurs ennemis ne s'approchent à distance d'assaut. Ils fuient vers le nord-ouest. Collard hoche la tête au bivouac du soir en détaillant la carte de son chef de section.

— On a fait encore une bonne quarantaine de kilomètres aujourd'hui, calcule-t-il, si ça continue comme ça, on atteindra bien les huit cents bornes à la fin de tout ce cirque.

Les paras se dirigent à l'aube du 8 décembre vers Bach Lin, un gros village construit au pied de hauteurs truffées de grottes. Les voltigeurs se coulent entre les rocs escarpés d'où s'échappent des flots de végétation. Des formes noires apparaissent de temps à autre dans de véritables trous de gruyère.

— Ils sont là ! éructe l'infirmier, attention...

Des grenades tombent sur la progression. Le Parisien disparaît au ras des falaises dans une broussaille épaisse. Les explosions espacées ne sont suivies d'aucun coup de feu.

— Ces guignols-là n'ont que des grenades fabriquées dans le coin, fait remarquer l'ancien sergent au para tapi le plus près de lui, c'est bon pour nous...

Les voltigeurs sont tout de même bloqués par les jets adroits des hommes en noir. Quelques bérets-bleus réussissent à s'infiltrer dans d'étroites cheminées pour atteindre les sommets des rocs. Collard suit leurs acrobaties du regard. Un cri de douleur l'attire soudain hors de son observatoire bien abrité. Le caporal-chef Badinant a été touché au bras. Le Parisien le soigne rapidement et le propulse vers l'arrière de la compagnie. Des hourras frénétiques saluent les explosions de grenades défensives à quadrillage intérieur adroitement jetées dans les couloirs rocheux par les paras parvenus sur les hauteurs. Les fracas s'espacent. Les bo dois survivants se sont faufilés dans des boyaux très étroits dans lesquels personne ne peut se risquer à les poursuivre. La compagnie est rappelée hors des sombres encaissements.

— On a vraiment eu un sacré pot cette fois-ci, se rend compte le Parisien.

Le lieutenant Brassens et le chasseur Varentenghem ont seuls, avec Badinant, souffert du feu de l'ennemi. Les unités engagées dans la manœuvre Anthracite agrandissent chaque jour un peu plus la zone dite « ralliée » et les paras augmentent leur capital kilomètres à pied. Collard goûte de moins en moins les longues courses vaines.

— Pour du tourisme, c'est du tourisme, enrage-t-il le 23 décembre en revenant d'une banale mission de protection de route.

La nuit de Noël s'écoule sans histoires et sans fête. Une patrouille de liaison d'une autre compagnie vient de Phat Diem au matin du 25. Collard se déride en reconnaissant un de ses bons amis.

— Comment ça va dans ton coin ? interroge-t-il.

— Tu vas rire, l'avertit son interlocuteur, il y a un gars de chez nous qui a pris une cuite monumentale...

Le Parisien l'interrompt :

— Chez nous aussi il y a eu de la viande saoule, on a réussi à dégoter de l'alcool chez un Chinois...

— Attends, reprend son compagnon impatient de faire partager son hilarité naissante, c'est pas tout, un tout jeune curé est venu rôder près de notre campement et notre gars bourré a voulu le passer à la casserole... Il avait pris la soutane pour une robe...

Collard éclate de rire.

— Heureusement qu'il courait vite, le mignon, poursuit son ami, il paraît qu'il a tout de même eu chaud aux fesses...

Les deux hommes mêlent leurs rires.

— Enfin, poursuit le chef de patrouille, c'est pas tout ça, l'évêque a fait un tintouin de tous les diables et le père Jego a eu bien du mal à arranger le coup.

— Il était peut-être jaloux le monseigneur ! conclut Collard. Au fait, ajoute-t-il soudain redevenu sérieux, t'as pas de tuyaux pour le retour là-haut ?

Le sergent fait la grimace.

— C'est en tout cas pas encore pour demain, lance-t-il avant de rejoindre sa compagnie avec sa patrouille.

Le 31 décembre meurt lui aussi sans festivités. L'année 1950 commence dans la routine. L'opération traîne en longueur. Le bataillon remonte en L.C.T. sur Hanoi mais la 8e compagnie demeure encore à Phat Diem.

— Pour quelques jours, qu'ils disent, commente le Parisien, j'aimerais bien en être aussi sûr qu'eux...

Le Viet-minh reprend du poil de la bête après le départ du gros des bérets-bleus. Ses unités redescendues de la montagne attaquent dans la nuit du dimanche 8 janvier 1950 le poste de Binh Hai, aux derniers faubourgs de Phat Diem. Collard et les bérets-bleus demeurés dans le secteur sont mis en alerte mais ne partent pas. L'infirmier n'a plus du tout le moral.

— Je vais essayer encore un petit coup d'opium, décide-t-il dans la journée.

La tenancière de la fumerie le reconnaît et s'occupe à nouveau de lui avec beaucoup d'attentions.

— Elle doit se faire des idées, s'amuse à imaginer le para en s'allongeant sur une natte crasseuse.

L'opium n'apporte rien au Parisien qui se retrouve vite à l'air libre.

— Faut que je dégote une bonne femme pas trop tarte, décide-t-il tout à coup.

Ses pas de rôdeur le mènent au bord d'un arroyo affluent du Song Day. Ses quais sales sont encombrés de sampans noirs. L'ancien sergent aux nerfs usés, dégoûté de sa quête vaine, traîne longtemps au bord de l'eau trouble qui charrie des détritus de légumes, des bouteilles vides et des boîtes de conserve.

— C'est pire que le canal de l'Ourcq, se dit-il en suivant la course lente d'un chat mort, j'en ai marre, je rentre retrouver les copains.

Son regard las est soudain attiré par une forme souple et gracieuse émergeant de l'ombre d'un sampan. La femme marche vers lui.

— Si elle a une tête convenable, se promet le Parisien, je tente ma chance...

La silhouette agréable n'est plus qu'à trois mètres du guerrier en mal d'amour. La très jeune femme le frôle et se retourne en souriant. Collard devine tout de suite la prostituée. Une partie de son rêve s'effrite.

— Ça ne fait rien, se dit-il, elle est trop chouette !

Le marché est vite conclu. L'infirmier se retrouve dans le petit sampan noir.

— Je vais avoir le mal de mer, se dit-il lorsque quelques étreintes du couple impriment un lent mouvement de balancier à l'esquif amarré.

La fille est douce. Une croix d'or ciselé brille au bout d'une chaîne entre ses petits seins très fermes.

— Tu reviendras demain ? interroge-t-elle après l'amour.

Collard ne répond pas et s'éloigne sur le quai crasseux.

La compagnie isolée repart en opération le vendredi 13 janvier, à deux heures du matin.

— Ça porte bonheur ou malheur ? se demande l'infirmier en pensant à la date magique.

Les paras doivent exécuter un coup de main vers le nord-ouest sur une rive du Song Vac, un affluent du Day. La nuit est très noire. Les semelles des pataugas usées des paras ripent sur la terre humide de la digue. Les voltigeurs passent au ras du poste de Binh Hai solidement renforcé depuis l'attaque du dernier dimanche.

— Maintenant, se dit Collard une fois le poste dépassé, on est en pleine zone inconnue. Personne n'est revenu par ici depuis l'attaque...

La colonne silencieuse est rejointe un peu après quatre heures du matin par les éléments d'un bataillon de tirailleurs algériens et d'un bataillon de marche indochinois. Le mouvement final est lancé aussitôt après la jonction des trois unités. Les paras marchent en pointe.

— Vivement le jour, souhaite le Parisien en glissant et reglissant sur la glaise épaisse de la digue.

L'avance est souvent cassée par les éclaireurs qui aperçoivent des ombres fuyantes. Une lueur embrase le site, tout de suite suivie d'une fantastique explosion.

— Mine ! gronde l'infirmier en dépassant les voltigeurs qui le précèdent, pourvu qu'il n'y ait pas de casse...

Des rafales peuplent la nuit fracassée. De sinistres gémissements se font entendre lorsque le feu faiblit d'intensité. Le Parisien découvre deux corps au bord du cratère de la mine. Le caporal Gilbert Petit est mort sur le coup et le chasseur Robert Gentillin a le bras droit sérieusement entamé et l'abdomen criblé de fer. L'ancien sergent lui administre de la morphine et nettoie au mieux ses plaies horribles d'où s'écoule lentement du sang. Les saboteurs sonnés par la riposte des paras n'osent plus actionner leurs pièges. L'avance reprend un quart d'heure après la mort de Petit. Elle se fait de plus en plus lente. Le jour se lève sur la longue file de combattants silencieux. Le blessé gémit sur son brancard porté par deux coolies. Il meurt à dix heures. Collard ne peut retenir un torrent de malédictions.

— Et dire, grommelle-t-il après une litanie de jurons mal étouffés, qu'on appelle celui qui est là-haut le Bon Dieu, ce n'est certainement pas mérité !

Les paras atteignent Phat Diem à seize heures. Petit et Gentillin sont inhumés le lendemain au cours d'une brève cérémonie. Collard s'étonne de ne pas être plus triste.

— C'est vrai, se dit-il en repensant soudain au civil rencontré lors de sa première sortie à Haiphong, on s'habitue à tout...

La compagnie Audemat remonte à son tour à Hanoi. Elle quitte Phat Diem le dimanche 15 janvier à bord d'un L.C.T. baptisé *Inspecteur Général Lefebvre.* Le bateau remonte le Song Day, puis le Song Nam Dinh jusqu'à Nam Dinh et redescend le fleuve Rouge vers la mer pour remonter ensuite sur Haiphong en longeant la côte. Le voyage se poursuit en chemin de fer. Collard a du mal à reconnaître les approches de la capitale transformées par d'innombrables constructions de défense.

— Je suis complètement mort, reconnaît-il en retrouvant la Citadelle le 18 janvier, mais avec toutes les piastres que j'ai économisées au long des sept cents bornes qu'on nous a fait parcourir à pied chez l'évêque de Phat Diem, je crois que je vais vite retrouver la forme...

14

L'ARMÉE DES VAINCUS

Le Parisien passe ses premières journées de repos sans avoir véritablement l'impression de les vivre. Le monde civilisé lui est devenu tout à fait étranger au cours des trois derniers mois d'opérations.

— Qu'est-ce que ça sera quand je retrouverai la France ! imagine-t-il en dépensant ses piastres sans compter.

Le repos ne dure pas longtemps pour sa compagnie. Le haut commandement lance une nouvelle grosse opération dans le pays Muong du Tang Bha, à une centaine de kilomètres à l'ouest d'Hanoi. La manœuvre montée pour assurer la protection d'une colonne de réfugiés chinois nationalistes est baptisée Adolphe et démarre le 13 février 1950. Les paras quittent la capitale en camions. Leur colonne de G.M.C. franchit la rivière Noire au bac de Trung Hoa après avoir passé Sontay et s'engage à quatorze heures sur une route qui épouse le relief boisé de hauts pitons. Les camions tressautent dans les hurlements de leurs moteurs.

— On se croirait sur des montagnes russes, plaisante Collard en retenant difficilement ses sacs de médicaments placés entre ses jambes sous la banquette de bois de son véhicule.

Les G.M.C. approchent du poste de Than Son, dernier bastion de la présence française dans la région. La piste de terre battue s'arrête au milieu de plantations de caféiers en friche. La brousse naît, tout de suite menaçante, après les défenses du vaste fortin. Les paras sautent à bas des G.M.C. au pied d'une tour ronde. Des partisans au torse nu les accueillent en souriant.

— On n'a même pas eu le temps de faire connaissance, regrette Collard lorsque l'ordre de poursuivre le mouvement anime la colonne de paras coiffés de chapeaux de brousse délavés.

Un arroyo court à cinq cents mètres du poste isolé. Chargé comme un mulet, l'infirmier qui avait espéré en vain recevoir le renfort de deux coolies au poste de Than Son peste en plongeant dans l'eau glacée jusqu'aux cuisses. La brousse s'épaissit encore de l'autre côté du cours d'eau boueux. Les voltigeurs et les guides muongs à demi nus sont obligés de travailler du coupe-coupe pour tracer la route de la compagnie. La forêt résonne de cris d'oiseaux effarouchés. Au soir, les paras s'installent au sommet d'un piton émergeant de l'inconnu touffu.

— Pas trop tôt, fulmine Collard en se défaisant de son lourd fardeau, sale coin pour la promenade...

Les deux infirmiers du caporal-chef débroussaillent quelques mètres de taillis à coups de machette. Le Parisien achève l'agencement de son poste de repos au poignard. Il sort ensuite sa moustiquaire de son sac de combat, mange rapidement sa ration du soir, avale un cachet de Nivaquine et s'enroule tout habillé dans sa couverture. La pluie commence bientôt à tomber. Il fait froid, des rigoles inlassables coulent des hauts arbres. Collard se recroqueville un peu plus dans sa couche vite détrempée.

La progression reprend dans les brumes matinales du mardi 14 février. La piste se resserre encore. Elle n'est plus qu'un maigre sentier mangé par les broussailles. Les éclaireurs armés de machettes, suant et ahanant, taillent net dans la masse de végétation la route de leurs compagnons.

— Avec tout ce boucan, regrette Collard habitué à des progressions plus silencieuses, si les Viets ne nous entendent pas venir vers eux, c'est que l'artillerie de chez nous les rend sourds depuis longtemps déjà...

La piste inviolée depuis des mois finit par disparaître complètement. Elle se meurt, dévorée par une forêt de bambous parcourue de torrents incertains qui cascadent des hauteurs couvertes de grands arbres. Le Parisien franchit une demi-douzaine de cours d'eau, à chaque fois noyé jusqu'à la ceinture.

— C'est pas possible, rumine-t-il l'arme haute, ce pays pisse la flotte de partout, c'est plein de rivières, à moins que ce soit toujours la même que l'on traverse et qui serpente ?

Des coups de feu éclatent en tête de colonne vers dix-sept heures. L'accrochage casse à peine le rythme très lent de la progression qui chemine à deux kilomètres à l'heure. Les paras atteignent un groupe de paillotes bâties sur pilotis au-dessus d'une rizière à l'abandon peu après la fuite des guetteurs rebelles débusqués. Les cagnas sont couronnées de très hauts cocotiers à maigres toupets de palmes. Un ordre fige la section de commandement de la compagnie Audemat sur le site.

— C'est pas trop tôt, souffle Collard, j'en ai vraiment plein les épaules...

Le Parisien dépose son fardeau à gestes lents. Il a la nette sensation de décoller du sol pendant les quelques secondes qui suivent la chute de son barda. La nuit tombe vite, des feux la trouent bien au-delà de la rizière.

— Amis ou ennemis ? se demande l'infirmier en achevant de s'installer sous la mince toile de tente qu'il a tendue au-dessus d'un trou de combat rapidement creusé.

Le gros du bataillon reprend la progression vers la colonne de réfugiés à l'aube du 15 février. Collard et ses compagnons demeurent au village de X Long. Une large piste part des paillotes en direction de l'ouest. Des pitons dominent d'assez loin la position de la 8e compagnie. Les chasseurs aménagent leurs points d'appui tout au long de la matinée humide. Ils creusent des tranchées profondes sous les cocotiers. Collard se sent confusément inquiet. Il va de groupe en groupe en distribuant de la quinine aux paras transis et pourtant dégoulinant de sueur aigre.

Deux sections partent en patrouille. L'une d'elles accroche très vite un groupe de guetteurs du Viet-minh qui trouve le salut dans une fuite éperdue.

— Il n'y a pas de doute, constate l'infirmier lorsque ses compagnons remontent vers X Long, les Viets sont revenus vers nous après le départ des copains vers les Chinois. Ça risque de chauffer assez dur dans le coin !

La nuit s'abat sur le piton transformé en place forte. Elle ramène la pluie qui se met à grésiller en brouillasse épaisse sur les toiles des tentes. Les bruits furtifs des sentinelles trempées qui se relaient se mêlent au fil des heures au chuintement monotone de l'eau. Un vent léger ébranle les palmes des cocotiers gorgés de pluie. Soudain, des balles claquent au ras des dormeurs et des hommes de veille. Collard saisit son arme et défait sa toile de tente d'un vif mouvement de bras. Le ciel bas est zébré par des dizaines de balles traceuses. Des cris montent dans le vacarme. Le Parisien, impuissant, comprend très vite que les rebelles profitent des tirs jaillis des hauteurs pour tenter de s'infiltrer vers les paillotes de X Long. Le fracas des armes amies couvre bientôt les claquements et les miaulements acides des balles viets-minhs qui se plantent ou ricochent sur les troncs d'arbres. La position des paras est littéralement couverte d'une chape hurlante. Collard et ses compagnons se tassent sous l'orage, attendant que l'ennemi faiblisse ou donne l'assaut.

— Si encore on pouvait voir ce qui se passe vraiment, maugrée le Parisien crispé sur son arme, ça serait tout de même moins invivable...

Le silence retombe sur X Long. L'élément infiltré près des paillotes se replie. Le chant triste de la bruine reprend la vedette. Quelques longues rafales passent encore au ras du mamelon après la mi-nuit. Elles proviennent des pitons sur lesquels ont disparu les attaquants.

— Ils doivent foutre le camp pour de bon, suppute l'infirmier revenu à son poste de repos après avoir fait le tour de la position et constaté que tous ses compagnons sont indemnes. Ils ont compris...

Les tirs d'adieu des rebelles meurent vite. La pluie redouble et tombe à grosses gouttes.

Collard s'immisce au jour brumeux dans une grosse patrouille qui a reçu la mission d'aller fouiller un village situé à quatre kilomètres du piton aux arbres criblés de balles. Les paras ne rencontrent que du vide et ne ramènent à leur campement que quelques poulets difficilement attrapés à la course.

Les rebelles ne se manifestent pas de toute la journée. Une section part pour s'installer en embuscade de nuit tout autour des emplacements de tirs de l'attaque avortée. Collard, qui enrage de n'être pas de la fête, écoute les rafales qui sanctionnent le retour des bo dois sur le site. Un autre élément de la compagnie Audemat part à l'aube pour fouiller les alentours de l'accrochage. Collard découvre de nombreuses traces de sang sur le chemin de repli de l'ennemi qui est parsemé de boîtes de chargeurs de fusils-mitrailleurs.

Le gros du bataillon revient à X Long le samedi 18 février en fin de matinée. Les bérets-bleus précèdent les Chinois nationalistes. Collard apprend que son ancienne compagnie, maintenant commandée par le lieutenant d'Harcourt, a perdu trois chasseurs qui ont sauté sur une mine le 15 février et qu'elle compte aussi onze blessés.

— Nous on a eu du pot l'autre nuit, se dit-il en revoyant les visages amis des trois morts, Maurice Gavens, Serge Darches et André Bordes.

La compagnie Audemat se déplace de six kilomètres pour s'installer en protection du mouvement de retraite. Le Parisien assiste le lendemain, dimanche 19 février, au lent défilé des presque trois mille Chinois anti-communistes. Un général juché sur un petit cheval las ouvre la route à la triste cohorte. Il est suivi d'une section de femmes soldats.

— Les pauvres gens, compatit l'infirmier debout au ras de la piste pour mieux apprécier l'étonnant spectacle, ils ont l'air à bout...

Des gosses marchent en grappes au milieu de femmes qui gardent la tête basse. Des officiers équipés à l'américaine ont un sursaut d'orgueil en passant devant les paras. Ils se redressent et sourient. Quelques-uns de leurs soldats dépenaillés, désarmés et affamés, offrent des billets de banque bistre et vert en échange de boîtes de rations qu'ils se partagent à gestes vifs.

La litanie sans âme s'écoule pendant des heures.

— Triste spectacle, se dit l'infirmier, je souhaite n'avoir jamais à fuir comme eux...

Les paras protègent le repli des Chinois nationalistes de Tchang Kaï-Chek.

Le dernier élément de la colonne vaincue passe devant les bérets-bleus en traînant des dizaines de malades. Le reste du bataillon, commandé par le capitaine Lorgeoux qui a remplacé le capitaine Broizat hospitalisé pour maladie, suit la cohorte colorée. Collard et les siens partent à leur tour en début d'après-midi pour assurer une défense d'arrière-garde.

Un ordre lance la compagnie Audemat avant le soir au dépassement des Chinois. Collard s'installe, à la nuit, à quelques centaines de mètres d'une large colline derrière laquelle campe le général défait et ses derniers fidèles. Les feux des bivouacs surpeuplés illuminent la nuit de halos dansants. Le Parisien est tiré de son sommeil tranquille par des sonneries aigres de clairons.

— Qu'est-ce que c'est que ce cirque ? s'interroge-t-il en émergeant du repos.

La sourde rumeur de milliers de voix monte derrière la colline dominant le cantonnement des bérets-bleus. Le Parisien comprend alors que, même désarmés, vaincus et exilés, les soldats de Tchang Kaï-Chek encombrés de femmes et d'enfants tiennent à garder encore un semblant de discipline.

— Chapeau, c'est beau la dignité ! lance l'infirmier à un de ses compagnons.

Le mouvement d'accompagnement se remet en marche avant le jour. La compagnie Audemat progresse en tête. La route est en très bon état. Elle grimpe en pente douce vers des hauteurs encore noyées dans l'ombre. Collard débouche au premier sommet. Les bérets-bleus se figent en défense. Le spectacle au bas de la montagne est grandiose.

— On dirait une ville ! souffle l'infirmier en découvrant l'étendue du campement chinois au-delà de la colline maintenant dominée par la montagne gravie sans peine.

Des milliers de feux luisent, rougeoyant à perte de vue. Le jour se lève et balaie la magie. Des clairons criaillent à nouveau. Les centaines de petits chevaux qui accompagnent le mouvement nationaliste sont regroupés, la longue file des réfugiés se lance à son tour vers les hauteurs. Les sections du capitaine Audemat reprennent la route vers le bac de Trung Hoa qu'elles atteignent à onze heures quarante-cinq. Toute la compagnie de l'infirmier franchit la rivière Noire d'un seul mouvement sur une trentaine de gros sampans puant le calfa et la farine surie. Des camions sont là sur l'autre rive. Les paras les encombrent et touchent la capitale tranquille à seize heures. Le destin tragique des nationalistes chinois ne fait plus partie de l'univers de Collard.

Le 2/1.R.C.P. est tout entier regroupé le dimanche 5 mars 1950 pour participer à l'opération Quadrille. La file des camions qui s'est réunie derrière le Grand Théâtre d'Hanoi pour le charger emprunte bientôt le boulevard Courbet et s'engage sur le quai Clemenceau qui mène au pont Doumer. L'ouvrage de fer émerge à peine de la brume tenace du matin. Peu après l'avoir franchi, les blindés d'escorte de la colonne bruyante quittent la route de Haiphong et bifurquent sur la digue longeant le fleuve Rouge vers le sud-est. Les roues des G.M.C. soulèvent des nuages de poussière qui griment vite de jaune le visage des paras.

Le convoi parvient sans encombre à sept kilomètres au nord du gros centre de Hung Yen, au village de Ngo Doc. Collard quitte son véhicule poussiéreux et entame une marche qui mène sa compagnie vers un village rallié. L'infirmier s'installe pour la nuit dans une pagode et se couche aux pieds d'un bouddha impassible et mystérieux.

Le 6 mars n'a que deux heures lorsque les paras s'éveillent. Ils quittent leur village une heure plus tard pour gagner la rive du fleuve Rouge plus à l'ouest. La colonne embarque juste avant l'aube sur un L.C.T. qui la dépose après une heure de navigation sur la rive droite du fleuve, en face de Yung Yen ralliée depuis peu.

Le Parisien découvre une région plate et piquetée de villages surgissant de rizières et noyés dans des rideaux de végétation serré. Collard se retrouve à onze heures vingt à deux kilomètres de Phu Ly, aux approches d'un village ceinturé de hauts bambous et étalé autour d'un mamelon d'une vingtaine de mètres de hauteur, première marche d'un escalier gigantesque courant sur deux kilomètres vers l'ouest. Le village est signalé comme suspect. Des éclaireurs courent d'abri en abri pour l'approcher. Des coups de feu jaillissent des broussailles qui enconquent les premières paillotes et une mitrailleuse tire de la colline dominant le village, prenant en enfilade la digue empruntée par le gros de la colonne. Les balles claquent et sifflent aux oreilles des bérets-bleus qui bondissent vers les couverts. Elles se fichent en bruits mats dans la terre meuble. Collard, adroitement abrité des fusillades rebelles, cherche du regard un blessé à soigner.

— C'est un vrai miracle, se réjouit-il, on n'a pas un gars de touché...

Libéré de tout souci, le Parisien porte son attention sur les nids de feu rebelles pour apprécier leur force. Un bosquet de lataniers est littéralement haché au-dessus de sa position. Un élément d'un bataillon de tirailleurs sénégalais se porte à la hauteur des derniers parachutistes. Quelques obus de 105 s'abattent sur la position rebelle. Un sergent s'écroule soudain, l'épaule traversée par une balle. Collard bondit vers lui.

— C'est rien, mon vieux Chouel, le rassure-t-il, t'es solide comme un cheval, dans quinze jours tu reboufferas du Viet...

Les points d'appui de l'ennemi éclatent sous une nappe d'obus. Un ordre enjoint aux paras de déborder le village fortifié et de poursuivre leur avance vers l'objectif principal situé à douze kilomètres vers le sud. Des échos de rafales accompagnent longtemps la colonne pressée.

— Ce sont les Sénégalais qui se tapent tout le boulot, se dit Collard. Ils ont de la chance !

Des guetteurs viets-minhs, de plus en plus nombreux, détalent loin devant les bérets-bleus. Une nouvelle fusillade nourrie éclate en tête de colonne à quinze heures dix. Le Parisien, mal placé dans le long serpent des sections ondulant au gré des obstacles, enrage de ne pouvoir vivre plus intensément le combat. Des balles sifflent haut au-dessus de sa tête. Des explosions de grenades scandent le concert des rafales d'armes automatiques. Des éclatements plus rauques d'obus de mortiers couvrent de temps en temps le reste du feu. L'affaire ne dure pas plus de dix minutes. Collard se glisse vers les points de feu, prêt à soigner ou à tuer. Le spectacle qui s'offre à ses yeux n'est que destruction. Des paillotes éventrées brûlent, des corps sans vie, figés dans des poses anormales, brisés, parsèment le désastre. Deux prisonniers en tenue d'été toute neuve, désarmés, très jeunes et casqués de couvre-chefs ornés d'un macaron étoilé de jaune sur fond rouge, sont affalés contre le mur d'une habitation intacte. Le tout sent la poudre et le bois cramé. Des porcs et quelques chiens maigres courent en tous sens, rendus fous par l'apocalypse du combat. Les voltigeurs entassent ce qu'ils ont récupéré au milieu des ruines crépitantes. Collard reconnaît des mousquetons et deux lance-grenades canadiens de 50 mm.

— Ils avaient du beau matériel, souffle-t-il lorsqu'un para vient déposer près du butin la lourde plaque de base d'un mortier de 81 mm vert foncé.

Les paras vainqueurs reçoivent l'ordre de garder le village jusqu'à l'arrivée des tirailleurs sénégalais. Le Parisien fouille tout ce qui peut l'être encore et découvre quelques paperasses.

— Au moins, se dit-il en parcourant les feuilles dactylographiées en français, on sait à qui on a eu affaire...

Les feuillets de papier très fin portent souvent l'en-tête de la 11e compagnie du 64e régiment rebelle. Les paras confient aux Sénégalais un monceau de butin composé de sacs de combat, de tas d'archives, de plus de cent grosses grenades en forme d'ananas, de cinquante obus prêts à être piégés, de six énormes mines et de milliers de cartouches de tous calibres.

Collard ne peut s'empêcher de nourrir des regrets malgré le succès évident du coup de main.

— Si le groupe de mon copain Rott était arrivé dix minutes plus tôt dans le bled, rêve-t-il, ce n'est plus l'arrière-garde qu'on accrochait, mais la compagnie complète ! On faisait le carnage de l'année. Dommage !

Le Parisien pénètre dans un nouveau hameau où la compagnie Audemat s'installe pour la nuit. L'infirmier est tiré d'un sommeil agité par des coups de feu. Le campement est tout entier en effervescence. Trois paras ont capturé un bo doi venu donner en plein dans une embuscade. L'infirmier replonge après l'incident dans le néant d'où il n'émerge qu'à l'aube. Les bérets-bleus se remettent en marche en direction du fleuve Rouge maintenant distant d'une douzaine de kilomètres. Un L.C.T. doit les attendre au village de Vu Dien.

Un accrochage en tête de colonne stoppe le mouvement après trois kilomètres de marche. Les rebelles fuient devant le nombre. Une mine explose à dix heures trente à l'entrée du village. Collard se précipite vers l'origine du raffut et soigne rapidement le chasseur Beauvés qui est blessé au visage. Le hameau est nettoyé dans la fureur. Quelques rebelles s'en échappent et courent dans la rizière vers le fleuve Rouge tout proche. Les fusils-mitrailleurs des bérets-bleus les cueillent dans leur course désespérée. Ils meurent la face dans la boue.

Le L.C.T. n'est pas au rendez-vous lorsque les paras atteignent les défenses d'un poste embarbelé. L'engin ne se manifeste qu'à dix-huit heures. Il remonte son chargement d'hommes fatigués jusqu'à six kilomètres du village dans lequel ils ont passé la première nuit de l'opération Quadrille. Collard retrouve le bouddha hiératique de la pagode et se recroqueville sous sa protection bonasse.

Les paras rentrent à Hanoi en camions dans l'après-midi du mercredi

8 mars. Collard est tout heureux d'apprendre que son nom est en tête de liste au tableau d'avancement pour le grade de sergent.

— Je serais encore plus content si je ne savais pas que le bataillon doit être dissous, confie-t-il à un des sergents les plus anciens de sa compagnie, rescapé comme lui de tous les combats de l'unité, c'est tout de même triste...

Les deux hommes sont accoudés au comptoir de bois noir d'un bar chinois de l'avenue du Grand-Bouddha, encombré de permissionnaires. Ils restent un instant songeurs. Collard pense une fois de plus aux soixante-dix des leurs qui sont morts depuis le 7 octobre 1948, date de la première opération du bataillon mourant.

Les survivants de l'unité promise à la dissolution défilent à Hanoi le vendredi 17 mars après une prise d'armes au cours de laquelle un général a épinglé une croix de guerre avec palme sur leur fanion. L'aventure ne meurt pas avec la fin du 2/1. R.C.P. Collard est volontaire pour la vivre encore au sein de la compagnie de marche du bataillon qui est rapidement formée sous les ordres du lieutenant d'Harcourt.

Les cent quatre-vingt-six paras de la nouvelle unité sont rassemblés à l'aube du 26 mars 1950 dans la cour de la Citadelle d'Hanoi encombrée des camions dans lesquels ils doivent embarquer pour gagner Haiphong. Le paquebot *Doba* les attend là-bas pour les descendre en Cochinchine où ils doivent continuer le combat.

Collard a le cœur serré. Il regarde ses compagnons rapatriables qui présentent les armes aux sections du lieutenant d'Harcourt. Il essaye de reconnaître dans la grisaille du jour naissant les traits marqués de quelques-uns de ses meilleurs amis.

— Je ne les reverrai jamais plus, se dit-il tandis que son G.M.C. commence à rouler.

Des hurlements d'adieu brisent soudain l'intolérable tension du départ. Le Parisien hurle plus fort que les autres. Pour ne pas pleurer.

15

LES GUERRIERS D'UN AUTRE ÂGE

Les paras du lieutenant d'Harcourt se sont installés à la base de Tan Son Nhut, à quatre kilomètres de Saigon. Ils passent leur première journée sur le site en corvée d'installation et d'avitaillement.

— Collard, s'entend tout à coup annoncer l'ancien infirmier de la 8e compagnie du bataillon dissous, tu es sergent !

Le Parisien dépose vivement sur une pile de matériel la caissette de munitions qu'il tenait à bout de bras. Ses yeux brillent.

— C'est toujours le 1er avril que je change de grade ! s'étonne-t-il. On va arroser ça sérieusement ce soir...

Le cœur de l'ancien F.T.P. bat très fort.

— Salut sergent ! se félicite-t-il en s'échinant à la corvée de munitions : il ne te reste plus qu'à mériter la Médaille militaire...

Le nouveau promu recoud, dès la corvée terminée, son galon doré qu'il avait précieusement conservé depuis un an et se prépare à entraîner ses compagnons les plus anciens dans une folle virée dans les bouges de Saigon. Le lieutenant d'Harcourt renvoie ses projets aux calendes grecques en annonçant que la compagnie de marche doit partir en opération à l'aube du 2 avril. Les chefs de sections et les sous-officiers apprennent à leurs hommes les grandes lignes de l'action à laquelle ils vont participer. L'opération est baptisée Adrien et doit se dérouler à cent kilomètres au sud-ouest de Tourane, en Annam.

— C'est pas la porte à côté, se dit le sergent réintégré, on va salement se tanner les fesses dans les camions...

Le convoi qui a chargé les cent quarante-trois bérets-bleus de la compagnie de marche et les vingt-cinq hommes qui forment son P.C. quitte Tan Son Nhut à six heures quarante-cinq. Les G.M.C. protégés par des blindés traversent Gia Dinh, Thu Dau Mot, et s'engagent dans d'immenses plantations d'hévéas à partir de Phuc Hoa.

— C'est monotone, se dit le Parisien au bout de dix kilomètres d'alignements impeccables d'arbres à latex, vivement la montagne...

La brousse remplace bientôt les étendues de plantations. Collard écoute les toussotements de plus en plus irréguliers qui s'échappent du moteur de son G.M.C..

— On va pas aller bien loin, fait-il remarquer à son voisin, qu'est-ce qu'ils prennent, les moulins...

Le camion américain tient encore sa place dans la colonne lancée à bonne vitesse pendant quelques kilomètres mais tombe en panne à quinze heures. Il s'arrête sur le bas-côté de la route coloniale. Une automitrailleuse est détachée de la colonne qui poursuit sa route vers le poste des Trois Frontières, construit aux limites de la Cochinchine, de l'Annam et du Cambodge. Les paras isolés s'éparpillent en défense sous les arbres de la forêt. L'engin repart après quatre heures d'efforts de son chauffeur qui a démonté le moteur défaillant presque pièce par pièce. Le G.M.C. remis en état rejoint les autres camions à une heure du matin autour de

l'obélisque à deux ailes qui marque l'endroit sacré des Trois Frontières. Le convoi arrive au soir du 3 avril à Pleiku où les paras campent sur un terrain de sport. Le lieutenant d'Harcourt laisse un petit élément en base arrière et le convoi touche Kontum à dix-sept heures trente. La cité est la toute dernière ville libre de l'Annam du Sud. Au-delà de ses faubourgs commence le pays moï qui est tenu sous contrôle rebelle.

Les camions cahotent sur une route de plus en plus mauvaise. Le convoi est obligé de stopper souvent devant des ponceaux que les G.M.C. franchissent au pas. L'un de ces ouvrages de fortune cède sous le poids d'un camion malgré toutes les précautions prises. La colonne considérablement retardée n'arrive au poste de Kon Bai que longtemps après la nuit. Le poste isolé est bâti de l'autre côté d'un arroyo que les paras franchissent en bas avant de s'installer entre deux lignes de défense de haies de bambous taillés en pointe.

— Ça vaut certainement le barbelé, apprécie le sergent infirmier en inspectant le rideau de pieux qui se découpe net sous la lune.

La zone à protéger est située plus au nord. Le convoi repart vers Kon Plong, dernier poste français de la région où les paras arrivent le 5 avril en fin d'après-midi. Le poste lui même est bâti sur un piton au-dessus d'une vaste cuvette abritant un village de partisans. Le commandement de l'opération Adrien est déjà installé sur le site et d'autres unités françaises sont au rendez-vous.

— Il n'y a que du beau linge, fait remarquer le Parisien à ses compagnons, on est vraiment entre gens du monde...

L'ensemble du groupement engagé dans l'opération compte une compagnie de légionnaires parachutistes, une autre d'un régiment étranger d'infanterie et une grosse compagnie d'environ six cents partisans commandée par le lieutenant Pierre.

— Il a bien de la chance celui-là, constate Collard, il a un commandement supérieur à bien des chefs de bataillons !

Il pleut toute la journée du 6 avril. Des coolies volontaires envoyés par leurs chefs de villages se présentent le lendemain au P.C. de l'opération. Certains sont de race radhé, très élancés, tatoués et coiffés de superbes chignons, les autres sont des Rhés métissés, plus petits et à cheveux ras. Collard partage ses charges entre des porteurs souriants. Les coolies n'ont pour tout vêtement qu'un étroit cache-sexe qui leur rentre dans la raie des fesses. Le matériel plus lourd est bâté sur des mules énervées par le remue-ménage des préparatifs de départ. La colonne quitte Kon Plong au petit matin du samedi 8 avril, sous la pluie. Elle s'enfonce aussitôt dans une brousse épaisse.

— Saloperies ! laisse échapper le Parisien en se sentant dévoré par des sangsues, ce ne sont pas les mêmes que là-haut, mais qu'est-ce qu'elles piquent...

Le sergent et ses compagnons de marche ne peuvent rien contre des dizaines de sangsues minces comme des fils qui jaillissent de la piste détrempée ou se laissent tomber des feuilles d'arbres les plus basses. Les bestioles affamées pénètrent dans les uniformes par le moindre interstice.

— Elles sont vraiment goulues, constate Collard en s'apercevant que les sales bêtes réussissent à passer dans les œillets de ses chaussures. Saleté de saleté...

Les paras cheminent ainsi pendant onze heures au milieu de la jungle humide et taillent souvent leur route à la machette. Collard s'installe à la nuit dans une cagna sur pilotis du village de Vi Pé.

— Je me demande combien on a pu faire de kilomètres, dit-il à un de ses compagnons en se défaisant de quelques dernières sangsues cramponnées à sa nuque rase.

Un coolie plus âgé que les autres, à la peau tannée et flétrie sur des muscles durs, approche du Parisien.

— Dix pipes, annonce-t-il en détachant de ses lèvres fortement ourlées le long tuyau d'un fourneau sculpté.

Le Parisien et le sergent auxquels il s'adressait se regardent, interloqués.

— Oui, poursuit le vieil homme aux yeux rieurs, dix pipes, ça fait environ vingt-cinq kilomètres puisque je fume une pipe en un peu moins de trois kilomètres quand on marche dans la jungle…

Le Rhé gagne son emplacement de repos entre les pilotis de la cagna de ses chefs. Collard se couche en se demandant ce que peuvent bien fumer les porteurs. La jungle se resserre encore le lendemain. Les paras avancent sans repères dans le fouillis des arbres.

— Heureusement que nous avons les partisans, constate Collard, sans eux on tournerait joyeusement en rond !

La lente colonne serpente dans la montagne superbe. Elle franchit des

torrents en équilibre sur de simples troncs d'arbres et des cours d'eau plus calmes sur des ponts de lianes.

Les paras installent leurs toiles de tentes au village de Manit entouré de petites rizières au fond d'une cuvette traversée par une jolie rivière. Collard profite de l'occasion pour prendre un bain dans l'eau très claire de la Dak Manit. Les coolies expliquent aux bérets-bleus que le Viet-minh est chez lui de l'autre côté de la montagne qui domine le site édénique.

— Il paraît même, avance un compagnon du Parisien, que les Viets ont construit des postes un peu partout par là-bas, ça promet...

L'infirmier ne répond pas et s'allonge pour dormir.

— Enfin, se réjouit-il, finies les marches d'approche, la guerre va commencer !

Les sections se lancent le lendemain matin sur les pentes de la montagne frontière en empruntant une piste en lacet très étroite. Collard découvre bientôt le spectacle magnifique de la vallée du Ré. La rivière calme et large luit au milieu de rizières et de palmeraies d'aréquiers. Les voltigeurs de tête du mouvement plongent dans le cours d'eau.

— Dommage qu'on ne marche pas en pointe, regrette le Parisien émerveillé, il doit sûrement y avoir du Viet dans le coin...

La vallée paradisiaque résonne de coups de feu à seize heures. La progression lente se fige. Les partisans du lieutenant Pierre et les légionnaires ont durement accroché. Collard y ronge son frein et apprend quelques détails de la bataille par radio. L'unité rebelle surprise a eu cinquante tués. Les survivants de ses groupes fuient sur les contre-pentes du Song Ré en abandonnant quelques fusils et trois mulets chargés de matériel de guerre.

La population des villages nonchalamment étalés entre les rizières n'a pas fui. Des femmes aux seins nus sourient aux intrus. La section de Collard s'installe en point d'appui à la sortie d'un hameau en effervescence. Les Français sont accueillis comme des libérateurs et les villageois, femmes en longues jupes et dénudées jusqu'au nombril, enfants nus et hommes musclés, les invitent à partager un repas de fête confectionné avec le riz et le poisson séché abandonnés par les rebelles.

La progression reprend à l'aube du 13 avril dans la vallée du Ré.

— J'ai vingt-deux ans aujourd'hui ! s'exclame le Parisien. Les Viets sont au courant de la manœuvre, gare à nos fesses et bon anniversaire !

Les villageois libérés suivent longtemps les paras, mais l'ambiance change au fil des heures. Collard, en short, chemise largement ouverte et chapeau de brousse, remarque que les porteurs font grise mine. Les villages traversés paraissent moins peuplés que les précédents. Leurs habitants sont inquiets.

— C'est pas bon tout ça, se dit le sergent infirmier, ceux d'hier étaient nettement plus en forme...

La progression stoppe soudain à dix heures. Des partisans signalent un

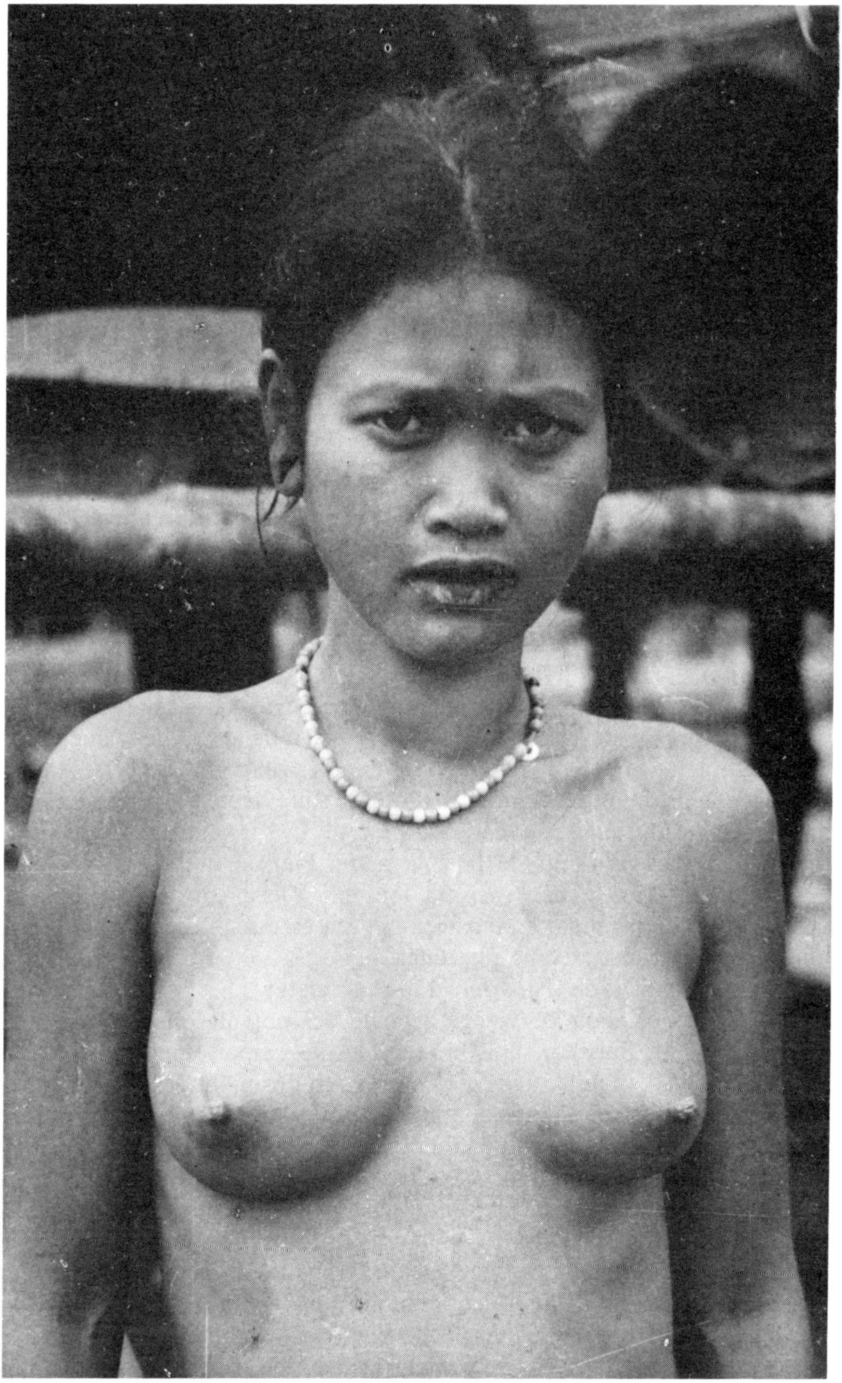

poste rebelle. Les Viets-minhs l'ont déserté après y avoir mis le feu.

— Ils n'ont pas l'air de vouloir accepter le combat, grommelle l'infirmier en se remettant en marche.

La longue colonne parvient au confluent du Song Ré et de la rivière Tra Khuc. L'élément de tête du mouvement accroche un groupe rebelle armé d'un fusil-mitrailleur. Les bo dois rompent tout de suite l'engagement et disparaissent entre les arbres de la ligne de crête qui domine la rivière calme. La brousse dans laquelle marchaient les paras depuis le début de l'après-midi s'éclaircit à nouveau. Les sections bien étirées traversent une plantation de kapokiers. Les partisans signalent tout de suite après la présence d'un second poste viet-minh. Des sections s'écartent de la chenille ondulante pour prendre les bâtiments en tenaille. Les rebelles fuient une nouvelle fois.

— Il y en avait un sacré paquet, apprécie Collard en suivant des yeux la course folle des bo dois disparaissant sous les abris de la brousse à huit cents mètres de lui, on aurait pu les coincer...

L'ordre de passer la nuit dans la plantation de Gi Lang essaime les unités dans la vallée. Les Rhadés et les Rés entreprennent dès le lendemain la construction d'une piste pour avions légers. Les habitants libérés viennent offrir une main-d'œuvre bon marché.

— Je crois qu'on va rester un bon bout de temps dans le coin, avance Collard en épiant le mouvement des officiers commandant les unités de l'opération.

Une patrouille lancée dans la montagne revient au camp animé en milieu d'après-midi après avoir tué deux rebelles. Elle ramène de l'expédition un éléphant paisible avec son cornac que les Viets-minhs avaient réquisitionnés. L'animal est tout de suite baptisé Adrien. La piste de Morane est terminée au matin du 15 avril. Des travailleurs décident de s'engager dans les rangs de la compagnie Pierre.

— Ces gars-là n'aiment pas du tout les Viets, constate Collard en apprenant d'un candidat à l'engagement que la discipline marxiste fait la loi dans les vallées depuis plusieurs mois.

L'homme qui parle est armé d'une arbalète.

— Un de nos chefs de village a invité des notables viets à une fête, explique-t-il au Parisien, ils sont tous morts empoisonnés...

Le guerrier d'un autre âge éclate de rire en dévoilant des dents jaunies par le tabac. Les volontaires aux arbalètes partent en patrouille à quinze heures avec les paras du lieutenant d'Harcourt. Collard marche au milieu de la colonne en regrettant de n'être pas en tête avec les Moïs. La patrouille surprend les arrières d'une compagnie rebelle en repli vers le nord-est. L'engagement est très violent. Les petits Moïs bondissent vers le feu. Collard court derrière eux. Quelques rebelles en sang gisent dans les broussailles épaisses. Des râles montent dans le fracas des armes. Les flèches aiguës des arbalètes achèvent impitoyablement les blessés implorants. Les Moïs ivres de haine arrachent les armes des bo dois. Les paras rentrent à Gi Lang bien après la nuit. Collard s'endort les yeux

Un partisan fait une démonstration de précision à l'arbalète.

emplis des formidables images des combattants nus abattant leurs ennemis à coups de dard.

Un parachutage de matériel et de ravitaillement de bouche offre le lendemain un spectacle rare à la population mise en joie par le combat de la veille. Les lourds fardeaux s'abattent tout près des villageois.

— Bon sang ! ils vont tout prendre sur la gueule, gronde Collard, ils sont fous...

Des gosses courent sur la D.Z. bien balisée. Des paras les plaquent au sol entre les impacts de caisses soutenues par les parachutes. Les villageois manifestent bruyamment leur plaisir.

— Une vraie kermesse, commente le Parisien après le largage, pourvu que ça dure...

Des renseignements signalent deux grosses compagnies de bo dois autour du camp en installation. L'ensemble du groupement part le lendemain sur la route de Quang Ngai, ville bâtie près de la mer à cinquante kilomètres de Gi Lang, pour attaquer un solide poste ennemi établi à vingt kilomètres du campement.

— Nos patrons espèrent que les Viets pensent qu'on va occuper Quang Ngai, apprend un sergent radio à son camarade infirmier, comme ça ils enverront des renforts sur nous et ça soulagera Tourane...

Collard hoche la tête sans répondre. Il se soucie bien peu des hautes considérations tactiques des états-majors.

— Si on tombe sur les Viets du poste de Ki Mao, espère-t-il, ça suffira à mon bonheur...

L'attaque est lancée à sept heures après une approche qui a mené la colonne, partie à cinq heures de Gi Lang, au-dessus des défenses rebelles. Les compagnies amorcent leur descente sur l'objectif. Les bérets-verts du 1er B.E.P. suivent le tracé de la route. Les partisans, la compagnie du R.E.I. et les paras du lieutenant d'Harcourt s'éparpillent dans les brousses de la montagne. Le mouvement approche du poste à enlever après quatre heures de marche à couvert. C'est une bâtisse mafflue, solidement construite, qui surplombe un village de paillotes.

— On dirait un gros bazar de chez nous, s'étonne Collard qui ne s'attendait pas à trouver un pareil ouvrage, ça va être très dur...

Des guetteurs ennemis décèlent le danger et ouvrent le feu sur les éclaireurs du B.E.P. parvenus à moins de cinq cents mètres du poste. Du hameau en contrebas jaillit aussitôt une population affolée qui fuit la bataille. Les compagnies flanquant la route avancent. Les armes collectives crachent leurs projectiles sur les bâtiments du poste. Les légionnaires montent à l'assaut après cinq minutes de préparation.

— Ils foutent le camp, regrette Collard en voyant des files de bo dois s'échapper de leurs positions menacées.

L'assaut ne trouve qu'une demi-douzaine de cadavres dans l'enceinte intacte du fort. Les habitants du village sortent un à un des bois alentour et se réinstallent dans leurs paillotes.

— Il y avait deux cents Viets là-haut, apprend l'un d'eux à Collard et ses compagnons.

— Ils auraient dû accepter le combat, gronde le Parisien en allant soigner un sergent à la cuisse brisée et un légionnaire touché d'une balle dans la bouche.

Les abords du poste déserté sont fouillés très serré. Deux rebelles sont encore abattus pendant que le légionnaire Pauhl meurt à midi juste.

— On ne pouvait rien pour lui, grommelle Collard, mais je crois bien que je ne m'y habituerai jamais...

Le sergent est conscient de ne pas apporter la même valeur à la mort d'un ennemi qu'à celle d'un soldat français ou d'un partisan.

— C'est comme ça, se dit-il, je n'y peux rien du tout... C'est la guerre...

L'infirmier reçoit l'ordre de convoyer le corps du mort et le sergent blessé sur Gi Lang sous la protection d'une section. Des Moïs portent les brancards tout au long de la route. Le campement est rejoint à vingt heures. Collard ne dort pas et demeure à l'affût des contacts radio avec le poste de Ki Mao. Il ne consent à prendre un peu de repos qu'après avoir appris que ses compagnons ont repoussé une contre-attaque rebelle au prix de deux nouveaux blessés. Le dernier message apprend au Parisien que les bérets-bleus rentrent à leur tour sur Gi Lang tandis que les légionnaires restent à Ki Mao.

La colonne est de retour à l'aube. Le Parisien cherche du regard les deux blessés. L'un a la cuisse éclatée et le second le poignet brisé par une balle. Les deux paras à bout de forces sont tout de suite dirigés vers l'infirmerie installée sous une grande tente au milieu du campement. Un lieutenant chirurgien les opère dans une chaleur étouffante. Collard, demeuré tout près de lui, suit le manège précis de ses mains qui fouillent la cuisse sanglante du para anesthésié pour relier des nerfs blanc argent.

— C'est du beau boulot, avoue le sergent hypnotisé par la perfection de l'opération, mais bon Dieu que ça pue !

La tente surchauffée sent le médicament, la sueur et le sang chaud. Le sergent lutte victorieusement contre un haut-le-cœur. Il n'est pas le seul à être incommodé : un infirmier bondit hors de la tente hôpital pour vomir sous les arbres.

— Je pensais avoir l'habitude de la boucherie, s'étonne Collard en sueur, mais en vérité on ne s'y fait jamais...

Une section du lieutenant d'Harcourt part le lendemain pour attaquer deux postes viets-minhs installés à huit heures de marche de Gi Lang. Collard n'est pas de la fête et fulmine.

— En plus, gronde-t-il, on n'a plus rien à bouffer, plus de rations, plus de riz, plus rien...

La section du commando a emmené les dernières boîtes conditionnées de la compagnie. Les officiers râlent sec à la radio et réclament sans cesse du ravitaillement. En vain.

— Qu'est-ce qu'il peut y avoir comme cons à l'arrière, peste Collard, ils se foutent pas mal de nous. Tout ce qui les intéresse, c'est compter tranquillement les coups...

La section lancée en attaque rentre au campement affamé le 21 avril. Le Parisien sait qu'il y a eu de la casse et apprend vite ce qui s'est passé.

— Pour le premier poste, lui explique un chef de groupe, tout a été au poil. On a tué quinze Viets et les autres se sont débinés. On a pas eu de pertes...

L'infirmier écoute sans questionner.

— Mais, poursuit son compagnon, les bo dois nous attendaient au second poste à prendre. On a donné l'assaut mais ils avaient installé des fossés de bambous dans des hautes herbes... Quatre gars se sont empalés dessus...

Collard regrette de plus en plus de ne pas avoir participé au raid.

— Il y a encore eu deux blessés par balles, reprend le chef de groupe, et un autre par éclats de grenade. Les Viets ont profité de la pagaille entre les bambous pour filer sans pertes. On a tout brûlé et nous voilà. C'est tout...

Ce que tait le sergent fatigué et que devine son interlocuteur, c'est l'incroyable marche dans la jungle avec les brancards au cours de laquelle les paras sont allés à l'extrême limite de leurs forces. Chaque ride de leurs visages marqués en raconte le moindre détail. L'atmosphère du campement privé de vivres est à la guerre. En fin d'après-midi, un message radio apprend que le poste de Ki Mao a subi une nouvelle pression rebelle et que les légionnaires ont eu deux blessés. De plus, un élément du B.E.P. en patrouille a déjoué une embuscade viet-minh et lui a infligé des pertes évaluées à quarante-cinq morts au prix de seulement deux tués et un blessé.

— Une section ramène les morts et les trois blessés au camp, apprend Collard à ses infirmiers, ils seront là avant la nuit.

Le sergent connaît bien la route de Ki Mao et attend avec impatience le retour des bérets-verts. La nuit tombe. L'attente se fait dure, énervante.

— Mais qu'est-ce qu'ils foutent ? s'impatiente l'infirmier en scrutant nerveusement l'obscurité, ils devraient déjà être là...

Trois fantômes hagards et titubants débouchent soudain devant les sentinelles du camp aux aguets. Collard court vers eux, devinant l'horreur. Des Moïs portent des brancards d'où montent des râles. Les légionnaires à bout de forces reconnaissent leurs amis. Leurs nerfs lâchent. D'eux d'entre eux s'écroulent au sol. L'un des revenants de l'enfer rend compte de ce qui s'est passé.

— Les Viets nous attendaient, il y en avait des centaines, balbutie l'homme aux yeux creux, ils étaient au col à huit kilomètres d'ici...

Collard voit de nouveaux rescapés de la tuerie sortir de la nuit tandis que le légionnaire poursuit son récit haché d'une voix monocorde.

— Ils avaient une 12,7, des F.M. et des mortiers, explique ce dernier, ils nous sont facilement tombés dessus malgré nos tirs...

Le survivant du carnage reprend son souffle.

— Des gars de chez nous, achève-t-il dans un effort de volonté, ont dû remonter vers Ki Mao, le poste radio a été bousillé tout de suite...

Le héros ne peut en dire plus et, malgré son extrême fatigue, va soutenir la marche hésitante d'un blessé. Collard serre les dents.

— Cette fois, les Viets ont l'air d'en vouloir, se dit-il en soignant un légionnaire taciturne, je crois qu'on va en voir de toutes les couleurs...

16

LA LAME DE FOND

Un élément de bérets-bleus, lancé en reconnaissance des abords de la tragique embuscade dès l'aube du 22 avril, rentre à Gi Lang après avoir ratissé le col meurtrier. Les paras ramènent des corps de légionnaires et quelques dépouilles de partisans horriblement mutilés à coups de machettes.

— On va leur faire payer tout ça en bloc ! se promet Collard, épuisé par les heures de soins prodigués aux blessés de l'embuscade.

Des renseignements arrivent au P.C. du campement dans la matinée. Ils signalent la présence de deux mille cinq cents rebelles en bataillons bien organisés tout autour de la zone pacifiée. Comme l'espérait le haut-commandement, il semblerait que d'autres unités viets-minhs soient en train de converger du nord, délaissant la pression sur le secteur de Tourane.

— On a au moins réussi à les faire bouger de là-haut, explique le Parisien à un de ses infirmiers, comme lui éreinté. Mais maintenant, ajoute-t-il, soudain sombre, nous, on est pas sortis de l'auberge...

Des *Morane* monomoteurs évacuent les blessés vers la paix de Saigon et vingt bérets-verts sautent sur Gi Lang pour combler les pertes du B.E.P. La dernière semaine d'avril 1950 commence mal, les choses se précipitent. Le camp doit être évacué. Les éléments avancés du poste de Ki Mao se replient déjà.

— Ils ont eu de la chance, se réjouit l'ancien F.T.P. en constatant que, malgré quelques rafales essuyées au fil des kilomètres, la colonne n'a subi aucune perte.

De nouveaux renseignements, aussitôt après le retour des hommes de l'ancien poste rebelle, précisent au P.C. de Gi Lang qu'il faut maintenant redouter à tout instant l'assaut d'au moins cinq bataillons viets-minhs, forts de plus de quatre mille hommes.

— Et nous, commente Collard en apprenant la dure nouvelle, on est à peine plus de huit cents... en comptant les Moïs.

Une section de la compagnie d'Harcourt, forte seulement de dix-sept paras et commandée par le lieutenant Montiggionni, est envoyée en reconnaissance pour tâter l'avance ennemie et ramener des renseignements plus précis quant à ses forces exactes. Les bérets-bleus sont durement accrochés aux abords d'un petit village à moins de deux kilomètres du camp de Gi Lang. Comme le message de l'élément piégé annonce des pertes sérieuses, Collard bondit sur son arme et se mêle au renfort destiné à la section prise en embuscade.

Les deux kilomètres séparant le campement du feu sont couverts en moins de vingt minutes de course dans les broussailles et sous les hauts arbres de la jungle. Les paras arrivent bientôt aux abords du village devant lequel la section Montiggionni est arrêtée depuis plus d'une demi-heure d'enfer.

— C'est Camerone ! se dit Collard en se jetant à plat ventre sous les tirs rebelles jaillissant de partout.

Le renfort avance encore de quelques dizaines de mètres. L'infirmier parisien plonge à nouveau sous des rafales grondantes de mitrailleuse lourde de 12,7. Toutes les collines dominant le village en feu sont occupées par les rebelles.

— Ils sont certainement plus de cinq cents, évalue le sergent en courant courbé vers deux blessés.

Le lieutenant Montiggionni a reçu une balle dans le ventre et une autre en plein visage.

— Je ne peux plus rien pour lui, regrette le Parisien en s'éloignant du corps de l'officier qui a vu sa mort de face.

L'infirmier, insensible au bourdonnement des balles ennemies, retrouve deux blessés tassés l'un et l'autre derrière des monticules de terre fouaillés par le feu viet-minh. Le premier est touché d'une balle dans la fesse droite et le second a la cuisse gauche éclatée par un projectile. La dépouille du chasseur Metge, fauché d'une balle en plein cœur, gît à quelques mètres.

Le feu se déchaîne encore pendant quelques longues minutes. Les rebelles, trompés par l'arrivée du maigre renfort qu'ils prennent sans doute pour l'avant-garde d'une force plus conséquente, décrochent soudain, exposant aux tirs des paras à court de munitions leurs sections bien ordonnées. Deux prisonniers, surpris en lisière du village, se montrent très volubiles et précisent l'ordonnancement de la force en fuite. Collard commente ce qu'il vient d'apprendre tout en achevant de soigner sommairement un des deux blessés.

— A huit cents bonshommes, les rebelles devaient commencer à mettre en place un mouvement de tenaille sur Gi Lang. Il est temps de rentrer...

Les paras regagnent leur campement en colonne pressée. Collard surveille de près les brancards portés par des Moïs stoïques.

— Quatre morts, gronde-t-il en marchant au même pas que les hommes à demi nus et en ajoutant aux deux premiers tués les noms du caporal-chef Kieffer et du chasseur Samson. C'est peut-être pas trop cher payé pour avoir empêché les Viets de tomber tranquillement sur le camp...

Des rafales courtes et sèches de mitraillettes P.M. 38 sortent le sergent de ses pensées moroses. Il se retourne en direction des coups de feu et voit deux parachutistes ricanants qui tirent sans ménagements par les jambes les corps mous des deux prisonniers qui ont essayé de fuir dans une courbe de la piste sous les arbres. Le camp est là, tout proche et animé de courses en tous sens.

— On s'en va ! hurle un para en accueillant la section décimée et son recueil alourdi de brancards.

Des *Morane* tournent haut dans le ciel dégagé et se posent un à un sur la piste de fortune bâtie par les Moïs pour enlever les derniers blessés et les morts. Le lieutenant d'Harcourt, marqué par la mort du chef de section qui était son ami, dirige nerveusement les préparatifs de repli de sa compagnie. Les Moïs restant encore au campement en destruction rejoignent la montagne pour lancer des mouvements de harcèlement sur les colonnes viets-minhs qui approchent.

— Ils sont drôlement courageux ! salue Collard en suivant d'un regard ému la course sautillante des petits hommes nus et armés d'arbalètes qui partent pour le combat en souriant.

Un *Morane* accidenté à l'atterrissage ne peut plus décoller.

— Il faut le brûler, annonce le lieutenant d'Harcourt, et en vitesse...

Les paras entassent, le cœur gros, les voilures du renfort du B.E.P. sur l'appareil penché sur son aile droite auprès d'un arbre. L'ensemble arrosé d'essence flambe bientôt.

— Il y en a certainement pour de l'argent, regrette Collard en s'éloignant du brasier ronflant.

Torse nu ou en chemise légère, chargés comme des mules, les bérets-bleus en chapeau de brousse quittent le camp dévasté au moment même où le dernier avionnet sanitaire décolle du site et file vers Tan Son

Nhut. Les Viets-minhs déferlent sur la zone du repli en large tenaille. La colonne franchit le courant calme du Song Tra Khuc alors que leurs premières sections atteignent les collines le dominant au nord. Les hommes en short ont le sourire en s'engageant dans l'eau claire du cours d'eau.

— Il faut espérer qu'on aura le temps d'arriver au col, par là-bas, indique Collard à ses infirmiers soulagés du plus gros de leur charge par des coolies en pagne étroit, sinon on est pris dans la nasse...

Le bras droit du sergent indique un vague creux entre deux montagnes, situé à plus de dix kilomètres de là. Les sections de la colonne progressent, pour une fois, en groupes serrés et entament une véritable course contre la montre et la mort. La nuit, rassurante, surprend le mouvement au flanc de la montagne. La montée rapide et bruyante ne dure que deux heures. Le col fatidique est atteint sans coups de feu par les hommes en nage.

— Ouf ! souffle le Parisien. On y est tout de même. Maintenant, on peut marcher tranquilles, ils ne nous couperont plus la route...

Une section se poste en embuscade près du col, à une coupure de pistes, pendant que le reste de la colonne s'installe, après une marche au coupe-coupe, à un kilomètre du passage. Les hommes s'affalent sur place, là où l'ordre de stopper la progression les a surpris. Collard s'endort comme une masse mais se réveille vite, brusquement tiré de son lourd sommeil, à vingt-deux heures trente, par des échos de rafales coulant du point d'embuscade.

— Les Viets sont là, se dit-il en se recouchant à même le sol. Mais trop tard : ils l'ont eu dans le baigneur...

La colonne exfiltrée in extremis du large piège de la vallée de Si Lang, maintenant réoccupée par des milliers de soldats d'Hô Chi Minh, poursuit son repli tranquille vers le sud. Les paras franchissent des dizaines de pitons, des vallées encaissées et sombres, sur des pistes minces courant au milieu de hautes herbes à éléphants, entre des rochers à pic d'où pendent des entrelacs de végétation peuplée d'oiseaux criards. Les vivres commencent à se faire rares à nouveau. Les bérets-bleus marchent ainsi pendant treize à quatorze heures par jour, parcourant chaque fois plus de vingt kilomètres dans un terrain infernal. Collard sent ses forces décliner après trois jours d'avance vers le poste clé de Kon Plong. A l'aube du 30 avril, les légionnaires qui ouvrent la marche pressent considérablement l'allure.

— C'est vrai, comprend le sergent fatigué en leur emboîtant le pas : c'est aujourd'hui Camerone ! Ils ont envie de fêter ça dans un endroit plus civilisé que la jungle...

Les solides défenses de Kon Plong sont là, à un kilomètre devant les premiers éclaireurs de la colonne étirée. Quelques paras s'écroulent au sol en les découvrant enfin.

— Ce sont les nerfs qui craquent, se dit le sergent infirmier s'affairant à les remettre sur pieds.

La compagnie du lieutenant d'Harcourt s'installe aux abords du poste. Collard agence son infirmerie dans l'enceinte de ce dernier, dominée par des tours d'angles en miradors, dans une cabane comblée de sacs de riz et de tas de poissons séchés.

— Ça sent peut-être pas la rose pour une infirmerie, constate-t-il en déblayant un peu ce qui peut l'être, mais au moins je serai à l'abri pour soigner les gars...

Les échos de la fête improvisée de Camerone font oublier les jours passés. Le Parisien se mêle en invité aux bérets-verts et aux képis-blancs. Il boit et chante jusqu'à ce que ses jambes se dérobent sous lui.

— Bon sang que ça tourne, s'écrie-t-il en regagnant son hangar empuanti. On a plus l'habitude de picoler...

Les factionnaires laissés à l'écart de la fête bruyante ne se détournent pas de leur veille malgré les chants qui montent du poste.

— Vive la Légion, nom de Dieu ! hurle une dernière fois le Parisien en s'endormant tout habillé sur des sacs de riz tassé.

Le médecin de la compagnie d'Harcourt veut inspecter les sections dès le lendemain. La bouche pâteuse, les épaules mordues de crampes, luttant ferme contre la nausée, Collard lui présente tous les malades qu'il connaît. La dysenterie et le paludisme font des ravages dans les groupes et, une fois achevé le décompte des forces déclinantes, le Parisien, complètement remis de Camerone au bout de deux heures de travail, hoche la tête tristement.

— Nous ne sommes plus que la moitié de ce que nous étions au départ de Saigon, conclut-il, ça fait vraiment pas lourd pour une compagnie de marche...

Les quatre-vingt-huit rescapés du feu ennemi ou de la maladie regardent partir, en camions, leurs compagnons évacués, puis se reposent pendant sept jours. Collard, qui n'a plus personne à soigner que lui même, se refait une santé en mangeant beaucoup de riz, de poisson sec et de bœuf, le tout généreusement assaisonné de nuoc mam très fort. Il dort beaucoup.

— Tiens, se rend compte un matin le sergent remis en forme optimale, c'est le 8 mai aujourd'hui, l'anniversaire de la fin de la dernière guerre. Mais, ajoute-t-il, fataliste, est-ce que la guerre finit jamais pour de bon ?

Un ordre d'opération tombe au poste en ce jour anniversaire pas célébré. La compagnie d'Harcourt, dont le chef vient d'être promu capitaine, reçoit pour mission d'aller effectuer un coup de main sur le poste rebelle de Gia Vuc, construit en début de vallée du Song Ré, à deux jours de marche de Kon Plong. Collard retrouve sa pugnacité et prépare son matériel avec entrain.

La forêt est noyée sous les premières pluies de la mousson du sud-ouest qui s'installe en Annam et des centaines de sangsues se ruent sur les jambes des paras. Après avoir passé une première nuit au village de Vi Tuong, la colonne parvient en six heures de marche sur la rive d'un large cours d'eau. L'infirmier s'engage derrière quelques voltigeurs de sa section de commandement dans le gué signalé par les guides moïs. Il a vite de l'eau jusqu'aux genoux. Soudain, un grondement sourd attire son attention en amont de la calme rivière. Une lame haute d'un mètre déferle à sa surface en charriant des grosses branches arrachées aux rives boisées. L'eau monte en même temps d'un bon demi-mètre en avant de la barre menaçante. Collard se rejette vivement vers le bord du song déchaîné au milieu de ses compagnons pataugeants. Un para hurle, happé par le mascaret dévastateur. Une équipe se précipite et le récupère d'extrême justesse à l'aide d'une corde lancée dans la courant fou. L'homme tousse et suffoque pendant de longues minutes.

— Plus question de passer ce soir, se dit l'infirmier après l'avoir réconforté, on verra ça demain...

La colonne transpercée de pluie remonte s'installer à Vi Tuong. A l'aube naissante, le niveau de l'eau a considérablement baissé, le gué est redevenu praticable. Collard et ses compagnons s'engagent dans la rivière et marchent ensuite le long de son cours calmé pour rejoindre l'élément de la compagnie qui avait eu le temps de passer l'obstacle la veille. Le poste viet-minh n'est plus très loin.

— Avec tout le retard qu'on a pris, regrette l'infirmier, les cousins d'en face doivent savoir qu'on s'invite chez eux...

La colonne silencieuse débouche au bord du Song Ré. La rivière n'est pas très profonde malgré les pluies des derniers jours. Les paras s'engagent à gué. De l'autre côté du Song, les villages qu'ils traversent sont déserts.

— Ça prouve que les Viets sont revenus ! se dit le Parisien soudain inquiet.

Les défenses rebelles de Gia Vuc se dévoilent. Des balles sifflent et claquent au-dessus des chapeaux de brousse du commando. Les groupes de paras s'éparpillent sous le feu pour se placer en bonne position d'assaut. Celui-ci se déclenche vite, brutal. Le petit groupe viet-minh abandonné en dernière défense du poste rompt tout de suite le combat et fuit. Collard vitupère en tiraillant vers eux. Le poste à enlever, bâti à la mode des défenses françaises, est incendié tout de suite après le ratissage serré de ses alentours immédiats. Les paras reprennent la direction de Kon Plong en empruntant un itinéraire différent de l'aller. Lorsque Collard et ses compagnons débouchent, après deux journées de piste, au grand poste de leur point de départ, ils sont accueillis par la nouvelle de leur retour imminent à Saigon. Les adieux aux légionnaires qui demeurent dans le secteur sont vite expédiés.

— Ce sont des frères maintenant, ces gars-là, se dit Collard, plus ému qu'il ne veut le laisser paraître. Vivement qu'on les retrouve au baroud...

Les paras du capitaine d'Harcourt retrouvent la paix. Le général Lecoq les accueille à Gia Dinh, à trois kilomètres de Saigon et la compagnie va s'installer à la base militaire de la ville. Collard sollicite un nouvel engagement de six mois qui lui permettra de n'être rapatrié qu'en octobre prochain.

— Et d'ailleurs, explique-t-il au sergent-chef d'administration qui l'a accueilli dans les bureaux de la base de Saigon, je crois bien qu'à ce moment-là j'en reprendrai encore pour six mois...

Le paperassier à l'uniforme tout neuf lève les yeux de ses registres pour mieux détailler le fou qui ne semble pas vouloir quitter la guerre.

— Eh oui, poursuit le rengagé, qu'est-ce que tu veux que j'aille foutre en France en hiver ?

Le guerrier au béret bleu, laissant le fourrier pantois, sort du bureau trop bien rangé pour lui.

— Je n'allais pas lui dire que j'espère avoir le temps de mériter la Médaille militaire, se dit-il, je ne veux pas rentrer en métropole sans elle... Et puis, s'avoue-t-il, très franc avec lui-même, il faut que je me décide à faire quelques économies. Si je quitte l'Armée, ce ne sont pas mes souvenirs qui me feront vivre.

L'unité du rengagé permanent repart en opération le 31 mai 1950.

— Celle-là a tout de même un nom potable, commente Collard, sans jeu de mots, en apprenant que le mouvement auquel il va participer s'appelle Pastis.

Le sergent infirmier embarque sur un L.C.I. bondé de parachutistes coloniaux à bérets rouges et de marsouins. Les quatre-vingt-treize bérets-bleus du capitaine d'Harcourt s'insèrent dans la cohue armée. Le bateau à faible tirant d'eau traverse bientôt le port de Saigon et entame une course lente en direction de la mer, distante de plus de soixante

kilomètres. A mi-route de l'embouchure du fleuve, l'engin, suivi d'autres transports chargés de troupes, s'engage dans un arroyo assez large menant vers le sud-ouest. La navigation tranquille se poursuit tout au long de la nuit. Les paras passent devant Mytho à quatre heures et le bateau remonte peu après l'un des bras du Mékong antérieur, doublant bientôt Vinh Long et Sa Dec. Le L.C.I. surchargé est à Cho Moi en fin d'après-midi . Les marins engagent alors le nez camus de leur navire dans une petite rivière qui lui permet de gagner les flots du Bassac où il mouille pour la nuit devant Long Xuyen.

— Bien sûr, râle Collard, on ne peut même pas sortir dans ce bled qui a l'air sympa... Pas drôle la vie de marin...

Le L.C.I. pénètre le lendemain dans l'étroit canal qui relie Long Xuyen à Rach Gia, dans le golfe du Siam. Le bateau navigue en zone rebelle, canons de 20 mm prêts à réagir à la moindre manifestation hostile. Seuls les plus gros villages traversés restent sous influence française. Collard ne perd pas une miette du spectacle qui s'offre à lui à tribord et bâbord du bateau.

— Puisque les marins veillent au grain pour nous, se dit-il en appréciant le manège professionnel des pompons rouges qui arment les mitrailleuses et les pièces d'artillerie légère du L.C.I., autant faire du tourisme...

Les habitations des villages étalés au bord du cours d'eau étroit, pauvres baraques aux toits de chaume, sont presque toutes prolongées par un sampan. La population fait de grands signes d'amitié aux paras et aux marsouins massés sur les ponts étroits des bateaux gris. Cornant de ses sirènes, le L.C.I. bouscule les sampans qui dansent longtemps dans son sillage boueux. Les paras lancent les bonbons de leurs rations à des dizaines de gosses tondus, vêtus de blanc sale, qui se bousculent et criaillent dans l'eau pour s'emparer des friandises acidulées.

— Tiens, fait remarquer Collard au sergent Tarterat qui, près de lui, scrute les berges de l'arroyo, regarde un peu ce village, il n'a pas l'air comme les autres...

Un marin de l'équipage rôdant au milieu des paras et des marsouins apprend aux deux sergents que le village fortifié qui les intrigue est tout entier construit en dur. Il s'appelle Nui Sap et la carrière grise qui le domine fournit une grande partie des pierres de construction de Saigon. Collard laisse traîner son regard curieux sur des dizaines de péniches larges, pleines de pierres fraîchement extraites et enfoncées à ras bord dans l'eau trouble du canal.

— Il y en a qui doivent être riches dans le coin, se dit-il en passant au ras des barges à peine secouées dans la houle des bateaux de débarquement.

Le L.C.I. touche Rach Gia après avoir lentement navigué entre des rives plantées d'arbres paradisiaques trempant leurs larges palmes dans le courant léger de l'arroyo. Des commandos de la Marine sont là, les bérets-verts de « Jaubert » et de « Montfort » grossissent les unités descendues de Saigon. Des hydravions à deux moteurs grondent dans le ciel dégagé du golfe du Siam. Les engins doivent s'engager le lendemain dans le rach de Cui Lon.

— Tu sais ce que ça veut dire, Cui Lon, sergent ? demande un marin rigolard au Parisien.

Ce dernier se doute bien que la chose doit être salace.

— Non, avoue-t-il, et alors ?

— Alors ? poursuit le marin vite entouré de paras curieux, comme vous le savez peut-être, le cul se dit *Qui lit* en indochinois, et le vagin se dit *Cui Lon*...

Les hommes en chapeau de brousse s'esclaffent.

— Faut vraiment pas grand-chose pour amuser le soldat, se dit Collard en riant lui aussi, mais ça fait partie de notre folklore. Il faut jouer le jeu...

Le sergent philosophe apprend au cours d'un briefing de son commandant de compagnie que les paras vont être transbordés à l'aube sur des L.C.M. pour remonter le rach au nom évocateur et aller détruire, à vingt kilomètres de là, des dépôts de munitions rebelles ainsi que deux ou trois hôpitaux secrets du Viet-minh. L'action doit commencer aussitôt que les commandos de la Marine auront fait sauter un barrage rebelle qui empêche toute infiltration d'engins de débarquement dans leur zone sanctuaire. La compagnie d'Harcourt est seule à être engagée dans le mouvement de destruction. Collard se couche sur le L.C.I. en rêvant de baroud. Il ne dort que quelques minutes, une main nerveuse le secoue.

— Il y a contrordre, lui apprend l'homme qui le réveille, on part tout de suite.

Le Parisien jette un coup d'œil au cadran lumineux de sa montre bracelet.

— Il est minuit dix, se dit-il, qu'est-ce qui leur prend de tout chambouler...

Une fois dans son L.C.M. légèrement balancé par le courant du rach, le sergent encore un peu endormi sent tout son corps vibrer au rythme des moteurs de l'engin à fond plat. Les barges stoppent après deux kilomètres parcourus sur le Cui Long.

— On doit attendre les explosions des commandos, suppute l'infirmier tassé dans la cuve de son engin.

Le sergent espère ainsi de longues minutes les échos des destructions du barrage viet-minh.

— Mais qu'est-ce qu'ils foutent, bon Dieu ! s'impatiente-t-il bientôt, des fourmis dans ses jambes repliées contre sa poitrine, ça sent pas bon tout ça...

Le L.C.M. enrage à nouveau ses moteurs et fait demi-tour vers le golfe du Siam. Les paras rouspètent ferme.

— On a pas idée de dépenser autant de fric pour nous faire venir, maugrée le Parisien en apprenant que l'opération est terminée pour les unités parachutistes.

Faisant une nouvelle fois contre mauvaise fortune bon cœur, le sergent apprécie tout de même le fâcheux contretemps qui lui permet de remonter lentement vers Saigon, en véritable circuit touristique. Les paras entament le retour en L.C.M. puis poursuivent le voyage tranquille en camions.

— On va faire une bonne java pour oublier tout le temps gâché, annonce le Parisien à ses trois habituels compagnons de sortie.

Les quatre sous-officiers en bérets bleus partagent un solide repas dans un restaurant de la ville grouillante et affairée. Fidèle à son régime des jours de fête, Collard ne mange que du steak frites et boit du beaujolais.

— On prend des pousse-pousse et on fonce au Parc à Buffles, décide-t-il, à la fin du repas bruyant. Il ne faut pas mourir idiot. Pas vrai ?

Les quatre bérets-bleus repus payent leur écot, ajustent leur coiffure sur leur crâne à cheveux courts, sortent dans la rue animée et hèlent des cyclos-pousse.

— On voit qu'ils sont plus riches que dans le Nord, constate le Parisien, ici ils ont des engins à moteur...

Les deux cyclos rivalisent de virtuosité pour arriver en tête au Parc à Buffles du boulevard Gallieni et mériter ainsi un plus gros pourboire. Ils frôlent dans leurs acrobaties des dizaines de voitures de marques françaises, Panhard, Citroën, Renault, Simca, toutes uniformément noires, et quelques grosses limousines américaines mafflues. Les paras, un peu étourdis, se retrouvent après dix minutes de course folle devant la large grille du légendaire Parc à Buffles. C'est là, d'après le peu qu'en sait Collard, que se trouveraient des centaines de prostituées toutes plus belles les unes que les autres.

Le Parisien gourmand de plaisir règle son meneur de pousse kamikaze et remarque une dizaine de filles guettant les arrivages de permissionnaires à quelques mètres seulement d'un poste de police tenu par des tirailleurs sénégalais.

— Ils sont costauds les cousins, apprécie le sous-officier en goguette en détaillant les carrures formidables des cerbères africains.

Les quatre sergents passent devant eux, les ignorant.

— Halte là ! crie un Sénégalais armé d'une longue matraque de bois blanc, on ne passe pas comme ça...

Collard parlemente lorsque le chef de garde l'invite à se présenter à la cabine de prophylaxie jouxtant le poste.

— Mais, plaide-t-il pudique, on ne vient pas pour baiser, on veut tout juste boire quelques coups...

L'Africain, un caporal-chef, lève les yeux au ciel.

— Ça fait rien, sergent, grasseye-t-il de son accent des bords de la Casamance, si tu veux rentrer au Parc, il faut montrer la queue à l'infirmier, c'est le règlement...

Les filles en robe fendue très haut sur une cuisse assistent à la scène, gourmandes de piastres.

— Mais, insiste encore Collard décidé à passer outre à l'humiliante corvée, puisque je te dis qu'on ne veut que boire un coup...

Le gradé de garde balance sa longue tête de droite à gauche en répétant inlassablement :

— C'est le règlement : pas de visite, pas de Parc !

Collard souffle de rage, hésite un instant à donner le signal d'une bagarre homérique pour passer en force, puis se résout à se plier à la règle du jeu.

— C'est bon, décide-t-il en entraînant ses trois compagnons vers la cabine d'inspection, on y va.

La formalité de déballage intime est vite expédiée et accompagnée de plaisanteries de mauvais goût.

— On peut pénétrer maintenant ? demande, faussement obséquieux, le Parisien à l'infirmier de service qui ne comprend pas l'allusion et lâche, sans sourire :

— Oui, allez-y !

Collard échappe de justesse aux filles formant une sorte de second poste de garde et se retrouve au centre d'une vaste cour carrée d'une centaine de mètres de côté. Des dizaines de longues alcôves la bordent, chacune meublée de simples lits séparés les uns des autres par de minces nattes de paille de riz. A gauche de la cour, un établissement illuminé laisse échapper des lambeaux de musique sirupeuse.

— Voilà le dancing, devine l'infirmier en entraînant ses compagnons vers la lumière de l'établissement.

Un bataillon de filles monte alors à l'assaut des quatre sergents.

— C'est seulement cent « piastes » pour moi, hurle l'une d'elles, collée contre la poitrine du Parisien, et tu peux faire tout ce que tu veux...

D'autres prostituées, plus réalistes, ne prennent même pas la peine de vanter leur talents. Elle exhibent généreusement et sans pudeur aucune leurs charmes aux nouveaux arrivés.

— Touche ! invite dans un rire obscène une fille dépoitraillée, ça te plaît ?

Les sergents jouent des coudes et des genoux pour franchir les quelques mètres qui les séparent encore de l'entrée du dancing.

— Merde ! hurle tout à coup l'un d'eux, mon béret !

A quelques mètres de la mêlée épique, une jolie métisse rieuse, robe troussée jusqu'au nombril, brandit le couvre-chef du para à bout de bras levé.

— Si tu le veux, chéri, crie-t-elle, viens le chercher chez moi...

Le sergent hésite un court instant puis emboîte le pas à la silhouette indécente au rire pointu.

— La méthode a du bon, s'avoue Collard en enfonçant prudemment son béret bleu dans la poche droite de son pantalon de toile beige.

Le Parisien nu-tête réussit à pénétrer enfin dans le dancing bondé de couples enlacés dans une fumée épaisse. Les roulades d'un tango mou l'accueillent.

— Là, reconnaît-il tout de suite, saisissant les notes connues d'un air plus de cent fois dansé à la salle Wagram, à Paris, c'est tout de même mieux, on donne dans le sentimental. A moi le rêve...

Les couples serrés se frôlent, ondulant à peine au rythme de la musique dans une lumière sourde qui ajoute à la magie trouble de l'endroit. Collard danse bientôt. La fille qu'il a choisie, sortie de la masse des taxi-girls à bas prix, a le corps tiède sous sa robe de soie brillante. La bouche qui frôle le cou du sergent est douce.

Les heures passent, irréelles, menteuses. Les quatre compagnons de sortie se retrouvent quelques heures plus tard au comptoir du dancing après quelques expériences amoureuses dont ils ne parlent pas. Collard goûte l'ambiance fantomatique. Il ne pense plus à la guerre.

— Allez, décide-t-il enfin, on rentre ! Faut pas oublier que demain, on repart...

17

LE B.M.C.

La compagnie du capitaine d'Harcourt quitte à nouveau Saigon le lundi 5 juin. Le Parisien est assis à l'arrière de la jeep de son commandant qui roule en tête du convoi de G.M.C. et de *Dodge* fonçant vers le Cambodge.

— On ne doit pas vraiment aller faire la guerre, plaisante-t-il, puisqu'on nous a fait emporter une tenue de sortie...

Les camions franchissent le large cours du Mékong à Ban Nam et pénètrent au Cambodge à dix heures trente. Les rizières monotones de la Cochinchine sont remplacées par de vastes campagnes verdoyantes. Le convoi roule désormais sans ouverture de route. Le pays est en paix. Des multitudes de paysans saluent les paras de larges gestes amicaux. Phnom Penh, couronné d'envolées de pagodes chamarrées, est atteint à quinze heures. Les bérets-bleus mangent avant la nuit au mess des sous-officiers de la ville étalée dans la verdure. Leurs tenues de combat choquent au milieu des soldats de la garnison vêtus de neuf, cravatés et rasés de près.

— Bande de planqués, se dit Collard en prenant place à une table et remarquant les regards peu amènes de ses hôtes.

Les hommes du capitaine d'Harcourt entonnent une chanson à boire avant de manger. Un adjudant-chef très digne approche de leurs tables.

— Faites silence, leur ordonne-t-il en ajoutant, très vieille France, je vous prie...

Un cri fuse du groupe des sergents parachutistes :

— Ta gueule !

Le gradé fustigé se replie sous les lazzis.

— Vous êtes des malotrus, lance-t-il une fois parvenu à quelques mètres des intrus bruyants. Oui, des malotrus !

Collard éclate de rire.

— Ça, on ne nous l'avait jamais dit, avoue-t-il en prenant ses compagnons hilares à témoin, bravo mon adjudant !

L'infirmier et ses compagnons parcourent les larges rues de la ville royale après le repas émaillé d'engueulades. Mercury, un des sergents les plus anciens de la compagnie et Corse bon teint, trouve tout naturellement et comme partout un café tenu par un de ses lointains cousins. L'ambiance est au beau fixe.

Les paras détendus quittent la capitale le lendemain matin. Leur convoi fait route au nord vers le grand lac Tonlé Sap dont le bassin long de cent kilomètres sert de régulateur au cours du Mékong. Les camions frôlent des dizaines de somptueuses pagodes et une kyrielle de *phnoms,* monuments funéraires bâtis en cônes sculptés. Des éléphants travaillent aux champs et dans quelques rizières. Les paras s'installent au soir dans le grand camp militaire de Kompong Chang. Un village important s'étale en dessous des bâtiments de la base. Ses habitations reposent sur des sortes de radeaux enfoncés dans la boue du Tonlé Sap et qui flottent au moment des crues de la mousson du nord-ouest.

— Il paraît qu'on va passer au moins un mois et demi dans le coin, annonce Mercury à Collard, vivent les vacances !

Le Parisien apprécie la vie douce des Cambodgiens mais se lasse tout de même vite du manque d'opérations. Il est soulagé en apprenant le 8 juin que la compagnie va enfin entrer dans le vif du sujet.

Des camions revenus de Phnom Penh chargent les paras au bord du lac et reprennent la route du sud. Le sergent infirmier a appris au cours d'un briefing les grandes lignes de l'action qui s'ébranle. Des agents indigènes ont rapporté aux services de renseignements français et cambodgiens que des propagandistes viets-minhs organisent une grande réunion à seulement vingt kilomètres au sud-est de la capitale. La colonne dépasse l'aérodrome de Phnom Penh et emprunte ensuite une route crevée de milliers de nids-de-poule. Le blindé de tête du convoi stoppe en dessous d'un poste de l'armée royale. Un guide khmer grimpe dans le premier G.M.C. Les véhicules brinquebalants parcourent encore cinq kilomètres et, à un signal de leur capitaine, les bérets-bleus en jaillissent alors qu'ils ralentissent à peine avant de poursuivre leur route. Les sections se regroupent vite dans la nuit tiède. Les paras emboîtent la marche sûre de leur guide. La colonne s'enfonce dans une brousse épaisse. Le concert des animaux et des insectes, un instant interrompu par l'arrivée tonitruante des camions, reprend de plus belle. Des grillons mêlent leurs chants aigres aux gras coassements des crapauds-buffles embourbés. Des branches fouettent les visages tendus des marcheurs silencieux. Le terrain change bientôt. Le sol devient de plus en plus gras. Les sections pénètrent dans une zone de brouillard épais. Collard est obligé d'agripper de la main gauche le ceinturon de l'homme qui le précède pour être sûr de ne pas dévier sa marche.

Les paras agglutinés en chenille souple parcourent ainsi plus de deux kilomètres dans le noir absolu en essayant d'étouffer au mieux les bruits de succion de leurs semelles de rangers. De lancinants roulements de tams-tams montent soudain dans la nuit. Le rythme régulier des percussions prend les marcheurs aux tripes.

— Qu'est-ce que c'est que ce grand guignol ? grommelle le Parisien tandis que de nouveaux tambours mêlent leurs martèlements aux premiers.

La nuit n'est plus que roulements de plus en plus liés et obsédants. Le concert prend de l'ampleur.

— On dirait qu'on approche d'un village, se dit l'infirmier aux nerfs vrillés par la mélopée étrange.

Le guide khmer dirige la colonne resserrée au travers d'une rizière inondée dans laquelle les paras enfoncent profondément. La progression se fige bientôt dans l'ambiance irréelle. Le capitaine d'Harcourt lance ses hommes trempés en tenaille furtive autour du village auréolé de lueurs de feux de joie et résonnant de rythmes magiques.

Collard jette un regard furtif au cadran de sa montre.

— Il est deux heures dix, se dit-il alors que la village est complètement cerné.

Les tambours se taisent soudain. Une chape de silence tombe sur la rizière et les habitations. Les paras bondissent sans tirer. Des bruits de cavalcades couvrent les crépitations des brasiers. Les voltigeurs regroupent des hommes désarmés sur la place du village investi. Les villageois avouent tout de suite que les émissaires de la rébellion ont quitté la fête trois heures auparavant. Collard est en rage.

— Ils ont dû apprendre notre arrivée, fulmine-t-il, ils doivent avoir de bonnes oreilles à Phnom Penh... comme partout d'ailleurs...

Les suspects rassemblés sont encore interrogés mais ils ne savent vraiment pas grand-chose sur leurs visiteurs du soir. Les paras replongent dans la rizière à trois heures et retrouvent les camions après huit kilomètres de marche épuisante dans le concert déchaîné de la faune devinant l'aube prochaine.

Le Parisien, une fois revenu au campement de Kompong Chang, goûte

aux charmes étranges de la vie khmère pendant six jours tranquilles. Son travail d'infirmier prend le plus gros de son temps car les paras attrapent facilement des maladies vénériennes au village des bords du lac.

— On gaspille trop de pénicilline, déclare-t-il au capitaine d'Harcourt en pensant aux postes du Tonkin qui manquent cruellement d'antibiotiques. Si on doit repartir, nous devrons traîner pas mal de viande inutile...

Le capitaine aux traits maigres et à la fine moustache hoche la tête après le rapport de son sergent.

— Collard, lâche-t-il, il va falloir trouver une solution rapide à ce problème sinon tout le monde sera bientôt inapte...

Le sergent promet de chercher un « truc », comme il dit.

Les jours passent, monotones. Les Viets-minhs venus de l'est ne se manifestent plus. Le Parisien se rend souvent en liaison à la capitale. Il visite rapidement les plus belles pagodes et le trésor du Palais royal.

— Ils sont vachement confiants, confie-t-il à Mercury, regarde, il n'y a pas l'ombre d'un garde !

Le Corse le détrompe.

— Tu parles, lui confie-t-il, il y a des trappes partout, des pièges incroyables et des dizaines de gardes planqués dans les statues, c'est mon cousin qui me l'a dit.

Les deux sergents s'éloignent des statues en or et vont manger dans un restaurant de la rue Rousseau. Ils se retrouvent ensuite dans le café du cousin corse. Collard, mis en confiance par quelques tournées, explique au tenancier les problèmes d'hygiène qui se posent à Kompong Chang. Le visage du Corse s'illumine.

— Dites donc, interroge-t-il, vous devez encore rester longtemps là-haut ?

— Au moins un mois, avance le Parisien, pourquoi ?

Le cafetier offre du champagne aux deux sergents.

— Ben voilà, propose-t-il, je pourrais peut-être vous faire monter quelques filles, comme ça vous n'aurez plus d'histoires...

Les deux paras sourient à la démarche intéressée.

— Combien êtes-vous ? demande encore le Corse devinant la bonne affaire.

— Une centaine, répond son cousin.

— Bon, tranche le cafetier qui trafique un peu de tout à Phnom Penh, disons neuf filles, elles seront là-haut dans quarante-huit heures... D'accord ?

Collard réfléchit un court instant.

— Moi, répond-il, je n'y vois pas d'inconvénient, au contraire, mais il faut que j'en parle au capitaine...

L'infirmier explique le plan du Corse le lendemain matin à son commandant de compagnie. D'Harcourt fronce les sourcils.

— Attendons encore un peu, conseille-t-il.

Collard n'attend pas et, dans la matinée, des dizaines de coolies aux ordres du Corse s'affairent à la construction d'une grande baraque en bambou face à l'entrée du camp. Le bâtiment est tout en longueur avec des alvéoles de deux mètres sur trois donnant sur un couloir central menant à une cuisine, salle à manger. L'infirmier impose au cousin de Mercury l'agencement d'un coin de contrôle médical. La baraque est prête à recevoir son toit le lendemain matin. L'élément manquant, porté par deux douzaines de coolies, est hissé en un temps record. Le capitaine d'Harcourt fait appeler son sergent infirmier.

— Collard, ordonne-t-il, vous prenez la responsabilité de ce bazar...

Le Parisien accepte en se disant qu'à force des les fréquenter, il sait à peu près tout sur les bordels. Un camion civil s'arrête devant le poste en fin d'après-midi. Des filles, jolies pour la plupart et à peine étonnées de se retrouver là, en descendent sous la houlette d'un Cambodgien souriant. Collard hèle ce dernier.

— C'est moi le chef ici, lui annonce-t-il sans ambages.

Le Khmer se fend d'un large sourire, rassuré sans doute de n'avoir pas à demeurer à Kompong Chang. Une femme d'une trentaine d'années approche du duo.

— Voilà Minh, annonce l'homme pressé de regagner la capitale, c'est la responsable des filles...

La maquerelle au corps fin et musclé plante son regard éveillé dans les yeux durs du Parisien.

— Bonjour, lâche-t-elle simplement en relevant sa lèvre supérieure sur une rangée de petites dents carnassières.

Le sergent la trouve tout à fait à son goût.

— Voilà les huit femmes pour le travail, poursuit la Khmère à peine plus petite que le Parisien.

Le groupe pépiant et froufroutant des filles lance un bonjour strident. Le convoyeur remonte dans son camion et repique vers le sud, soulagé. Collard explique le règlement du B.M.C. à la maquerelle tout sourire tandis que ses protégées découvrent leur domaine.

— Un infirmier logera avec vous en permanence, avertit le sergent, et il n'y a que les gens de notre compagnie qui auront le droit de consommer. Personne d'autre... D'accord ?

La fille accepte.

— Bon, reprend Collard en ayant du mal à garder son sérieux sous les regards amusés des paras accourus en cercle, les gars passeront obligatoirement à la visite avant de baiser...

La maquerelle au visage de poupée un peu fané bat des cils pour dire oui.

— Et, lui annonce enfin le Parisien, la bicoque fermera à vingt-trois heures... Sauf pour les nuitées, et pas de passe-droit !

La Cambodgienne semble pressée d'arriver aux questions d'argent.

— D'accord pour tout, chef, tranche-t-elle, toi tu t'occupes de la santé, moi de tout le reste. Voilà les prix : le quart d'heure, c'est cinquante piastres...

Le regard malin de la marchande de plaisir guette la réaction du sergent.

— Pour une heure, poursuit-elle, c'est cent piastres. Et, ajoute-t-elle : si c'est garder la fille pour la nuit, c'est cinq cents piastres.

Pressée d'enlever le marché, la maquerelle vante encore son cheptel.

— C'est les femmes toutes passées à la visite ce matin, explique-t-elle, c'est pas malade, ça vaut le bon prix !

— Pas d'accord, refuse net le Parisien décidé à protéger les économies de ses compagnons de combat, pour la nuit ce sera trois cents piastres...

Le visage de la Cambodgienne se ferme, les yeux incroyablement durs.

— C'est pas moyen, patron, souffle-t-elle, moi pas accepter trois cents piastres...

Collard trouve la solution pour imposer son prix.

— Bon, tant pis, menace-t-il hilare, alors pas de nuits : tout le monde sera consigné au camp à partir de vingt-trois heures... Et voilà le travail...

La fille sent de grosses sommes lui échapper et se rend aux arguments du sergent.

— Toi c'est pas gentil pour moi, gronde-t-elle, c'est pas bon me forcer à dire trois cents piastres...

— Alors, c'est d'accord ? demande encore le Parisien, je vais voir le capitaine...

Le commandant de compagnie mis au courant des marchandages de son infirmier donne ses dernières consignes.

— Bon, Collard, en avant, ordonne-t-il, mais on mettra une sentinelle à la baraque à la tombée de la nuit...

Le Parisien reste suspendu aux paroles de son chef qui reprend, les yeux malicieux :

— Naturellement, vous coucherez là-bas afin de tout surveiller de plus près...

Collard claque des talons et retourne vers le B.M.C..

— Me voilà dans de jolis draps, s'amuse-t-il, toubib et tenancier de bordel... On m'aura tout fait faire dans cette foutue guerre...

« ... toubib et tenancier de bordel, on m'aura tout fait faire dans cette foutue guerre ! »

Profitant d'un légitime droit de cuissage, le Parisien observe l'évolution sanitaire de la compagnie avec satisfaction. Il n'y a bientôt plus aucun exempt dans les sections. Un message radio tombe au P.C. du capitaine d'Harcourt quelques jours après l'installation de ces dames et rappelle la compagnie en Cochinchine. Le camp est aussitôt agité de courses fébriles. Les filles pleurent en balançant des mouchoirs pour saluer les paras.

— Elles faisaient partie de la famille, fait remarquer Collard à Mercury au moment où un mouvement de route masque à son regard le groupe figé des protégées de la jolie Minh.

La compagnie s'installe à la base militaire de Saigon, au camp Petrovski. Les soldats qui l'occupent déjà accueillent les paras sans enthousiasme.

— Pour des marsouins, ironise Collard, ils ne font pas le poids. Heureusement que la Colo a d'autres gabarits que ces zigotos-là...

Les coloniaux ont l'air de prendre les nouveaux venus pour de vulgaires gangsters. Les choses ne s'arrangent pas au fil des jours. Des cris attirent l'attention du Parisien dans un angle de la cour d'honneur du camp écrasé de soleil.

— Merde, gronde-t-il en voyant un chasseur atteint d'une crise de dingue et qui a mis un fusil-mitrailleur en batterie, c'est pas ça qui va arranger les choses...

Le para devenu fou menace les marsouins et ses compagnons.

— J'en ai marre, hurle-t-il en bavant, je vais flinguer le premier qui approche...

Le claquement de la culasse du 24/29 ramenée vivement en arrière par le forcené résonne dans le silence. Personne ne bronche. Collard réfléchit.

— Il faut absolument trouver un truc pour le calmer, se dit-il en gardant le regard braqué sur l'arme noire prête à faire feu.

Tous les hommes qui se tenaient dans la vaste cour ont reculé sous les piliers de ses longs préaux. Le silence est à couper au poignard. Le dément le brise à nouveau en éructant des insultes.

— Je vais tous vous tuer, hurle sa voix déformée par la fièvre, vous allez tous y passer...

Une silhouette décidée revient dans la cour.

— Le capitaine, souffle Collard, il est gonflé !

L'officier avance à pas tranquilles vers le chasseur allongé à une trentaine de mètres de lui. Le Parisien retient son souffle et se rapproche lui aussi des préaux encombrés de spectateurs bouche bée. Le capitaine d'Harcourt avance encore de quelques pas assurés.

— Arrête, ou je te descends ! hurle le fou furieux.

Le doigt crispé du béret-bleu bouge légèrement sur une des queues de détente de son arme à bipied écarté dans la poussière. Le commandant de compagnie n'est plus qu'à cinq mètres du cache-flammes vissé en petit entonnoir à l'extrémité du canon menaçant.

Les marsouins et les paras se figent un peu plus. L'officier fait deux pas en observant le regard flou de l'homme allongé. Deux autres pas et il lance la jambe vers l'arme prête à cracher la mort. Collard bondit lui aussi, soulagé. Le dément est rapidement maîtrisé sans brutalités inutiles.

— Emmenez-le à l'infirmerie, ordonne calmement le capitaine avant de s'éloigner.

Le Parisien suit la haute silhouette du regard.

— Chapeau, mon capitaine ! se dit-il, avec un chef comme vous, j'irai chercher les Viets au plus profond de l'enfer...

La compagnie regagne la caserne de Tan Son Nhut quelques jours après le tragique incident. L'ambiance est bien meilleure qu'au camp Petrouski. Les paras au béret rouge qui l'habitent sont des frères pour les bérets-bleus malgré quelques petites anicroches. Le temps passe en exercices, en patrouilles et en sorties nocturnes dans Saigon et Cholon. Collard commence à trouver le temps long.

— Vivement qu'on nous ramène chez nous, espère-t-il.

« Chez nous », pour le Parisien, c'est le Tonkin où tant de ses amis sont morts. Les paras du capitaine d'Harcourt retrouvent enfin le nord de l'Indochine au début du mois de septembre. L'unité va être dissoute et ses hommes rapatriés pour la plupart. Un bataillon de parachutistes chasseurs à pied arrive en Indochine. Il ne comprend que deux compagnies. Une troisième doit être formée sur place à base de paras indochinois. Les cadres rengagés de la compagnie d'Harcourt forment son encadrement.

— Ça, c'est un beau boulot pour moi, se félicite Collard en arrivant au 10ᵉ B.P.C.P. commandé par le chef de bataillon Michel, on va certainement faire du beau travail, surtout que le capitaine d'Harcourt va continuer à nous commander...

Le sergent heureux de revivre au Tonkin apprend aussi avec plaisir qu'il suffit dorénavant de trois citations au feu pour avoir droit à la Médaille militaire.

— Je vais tout risquer pour l'avoir, se promet-il, plus qu'une citation et à moi la belle jaune !

TROISIÈME PARTIE

LES PARAS INDOCHINOIS

18

LA PAGODE DE LIEN SON

Les volontaires indigènes de la 10e compagnie de parachutistes indochinois sont rapidement entraînés et brevetés. Collard reconnaît parmi eux plusieurs Tonkinois qui avaient servi comme coolies au cours des opérations de l'année passée.

— S'ils se débrouillent aussi bien avec leurs armes qu'avec leurs foutus balanciers de bambous, s'exclame-t-il, la guerre va être facile...

Les combats font rage au nord-ouest du Tonkin pendant que la préparation de la compagnie s'affine. Des paras meurent sur la R.C.4. Ils sont balayés par un ennemi bien supérieur en nombre et même en armement. Un communiqué annonce le 10 octobre qu'ils ont été : « dignes des traditions de l'Armée ».

Bien peu de ces volontaires indochinois survivront en mai 1954 aux massacres de l'apocalypse de Dien Bien Phu.

— Ça veut tout simplement dire qu'ils sont foutus ! grommelle Collard en interrompant nerveusement l'écoute du poste radio du bar des sous-officiers de la compagnie d'Harcourt.

Les nouvelles s'aggravent encore les jours suivants. Le Parisien voudrait être avec ses compagnons assaillis par les bataillons rebelles. That Khe et Cao Bang sont bientôt abandonnés.

— Et notre compagnie qui n'est pas encore prête au combat, enrage le sergent en apprenant que le 3e B.C.C.P. qui avait sauté le 10 octobre autour de That Khe a disparu sous la pression viet-minh.

La litanie des sites évacués écorne chaque jour un peu plus le moral de l'ancien F.T.P. Hoang Su, Paksa, Na Cham, Dong Dang passent sous influence rebelle. Langson est évacué le 21 octobre puis Dinh Lap le 30. Le sergent, à l'affût des nouvelles, accueille l'affectation de nouveaux pistolets-mitrailleurs à sa compagnie avec satisfaction.

— Ça au moins, c'est de la mitraillette, se réjouit-il en démontant et remontant de plus en plus rapidement la Mat 49 qu'il vient de toucher. C'est tout de même autre chose que ma vieille pétoire...

Hoa Binh et Hung Hoa sont abandonnés à leur tour au début du mois de novembre.

— Rien ne s'arrange, reconnaît le Parisien en décidant d'envoyer à ses parents son petit calepin noirci de notes. Avec tout ce qui se trame, j'aime mieux le savoir là-bas, s'il m'arrive quelque chose ils sauront au moins tout ce qu'on nous a fait faire...

Lao Kay est évacué à son tour. L'étau viet-minh se referme sur le delta du fleuve Rouge gangrené par des infiltrations de plus en plus nombreuses. Le train Hanoi-Haiphong est attaqué trois fois au cours des dix premiers jours de novembre. Des postes sont harcelés chaque nuit de plus en plus durement.

— En plus, commente Collard à l'adresse de ses compagnons anciens du 2/1.R.C.P., les choses ne vont pas très bien non plus en Corée et, poursuit-il en serrant une grosse bouteille de bière entre ses mains nerveuses, les renforts promis n'arrivent pas de France... Sale temps !

L'entraînement des paras indochinois se poursuit dans une ambiance morose. L'esprit combatif du Parisien se réveille enfin le 24 décembre à l'annonce de la première opération de la nouvelle compagnie d'Harcourt. La nuit de Noël passe comme toutes les autres nuits et les cent soixante-douze hommes de la C.I.P. quittent leur caserne-école le 25 à quatorze heures trente. Collard, aux anges, inspecte du regard les rangs des sections.

— Nous ne sommes plus que sept sergents du 2/1.R.C.P., constate-t-il en posant le regard sur Chariot, Sentenac, Mièvre aux traits taillés à la hache, Nadal, Mercury et Evrard.

L'infirmier fait la grimace.

— Avec Thuillier qui est au groupement aéroporté et Houbron aux transmissions du bataillon, ça fait neuf, poursuit-il. Pour combien de temps ?

Les cadres de la C.I.P. avant un saut d'entraînement.

Un saut de routine sur les bords du fleuve Rouge.

Le bataillon Michel rejoint une force composée de trois unités parachutistes, d'un bataillon de tirailleurs sénégalais, d'une compagnie de Légion étrangère et d'un bataillon de Muongs, soit en tout à peu près mille cinq cents hommes. Ce groupement doit nettoyer une zone de vingt kilomètres sur quinze autour de Vinh Yen, en dessous du massif du Tam Dao. Le secteur à fouiller est encombré de mamelons touffus, tailladé de clairières et de rizières et transpercé de pistes étroites. Les bérets-bleus passent la nuit à cinq kilomètres de Phuc Yen dans un petit village et repartent à l'aube, toujours en camions. Les hommes en chapeaux de brousse sautent à bas de leurs G.M.C. regroupés sous la protection de blindés derrière une vaste colline.

— Cette fois, jubile le Parisien, c'est reparti.

L'ancien F.T.P. est tout heureux d'apprendre que sa compagnie doit ouvrir la marche du mouvement d'attaque. Les paras autocthones connaissent très bien la région et les ruses de l'ennemi. Ils devinent à plusieurs reprises et sans dommages des pièges sur la piste. Collard débouche, au bout de trois kilomètres, sur la rive caillouteuse d'un arroyo.

— Sale coin pour une embuscade, appréhende-t-il en s'engageant dans l'eau fraîche et claire qui se brouille vite aux piétinements.

Les voltigeurs accélèrent inconsciemment l'allure, pressés de se porter à l'abri des frondaisons qui ornent la rive opposée de la rivière pour être enfin sûrs que la mort n'en jaillira pas. Deux ou trois coups de feu résonnent dans le matin et courent en échos longs à la surface des eaux basses de l'arroyo.

— Des guetteurs, se dit Collard, pas la peine de leur répondre...

La colonne se sépare en deux éléments une fois la rivière franchie. Le bataillon de Muongs et les tirailleurs sénégalais s'éloignent vers le nord en longeant l'arroyo, en direction du village fortifié de Lien Son occupé par les rebelles. Le bataillon de bérets-bleus et la compagnie de Légion étrangère s'engagent sur une piste s'étirant plus à l'ouest et menant à une pagode isolée à deux kilomètres du village à investir. Des échos de rafales et des cris ricochent jusqu'aux paras sur leurs gardes au moment où ils traversent un village désert. Des colonnes de fumée noire montent dans le ciel à quelques centaines de mètres sur leur droite.

— Ce sont les Muongs qui pacifient, plaisante Collard en s'adressant à l'homme qui le précède.

Les voltigeurs indochinois s'engagent dans une rizière presque carrée et longue de trois cents mètres. L'enfer se déchaîne aussitôt, rajeunissant en une fraction de seconde le Parisien de quelques mois. Des rafales, des éclatements de mortiers, des hurlements essaiment la colonne au ras des diguettes. Collard goûte ses retrouvailles avec la fureur. Très calme, prêt à bondir au moindre signal de son capitaine, il détaille les maquis touffus d'où jaillissent les balles en pluie. Les paras du sous- lieutenant Trapp, un grand officier très maigre, bondissent en zigzaguant sous le feu. Ils tirent tous en même temps pour faire boule de feu. Les sergents Chariot et

Nadal réussissent à mener leurs groupes au pied du piton occupé par les rebelles. Un ordre lance une bonne partie de la compagnie sur l'ennemi. La fureur monte d'un ton. Collard se retrouve au sommet d'une position abandonnée par ses occupants bousculés. Le reste de la compagnie demeure tassé de l'autre côté de la rizière battue par le feu de plusieurs fusils-mitrailleurs et d'une mitrailleuse viets-minhs. Les tirs faiblissent un peu au bout de quelques dures minutes. Une autre compagnie du bataillon glisse sur la gauche des paras au contact direct, pour forcer les bo dois à décrocher de leurs défenses bien étalées.

Collard fouille de ses yeux crispés les broussailles serrées des pitons d'où ne partent plus que de rares rafales. De rauques voix rebelles hurlent des ordres de repli. Les paras tonkinois les traduisent dans la seconde à leurs chefs de groupes.

— Au poil pour la manœuvre, se félicite le Parisien, on sait tout de suite ce que vont faire les Viets...

Les pièces amies poursuivent les amorces de retraite des bo dois. La compagnie qui progressait sur le flanc des sections du capitaine d'Harcourt effectue une liaison étroite avec les paras indochinois. Le ratissage reprend. Les Tonkinois, énervés, découvrent du matériel sur les brisées des fuyards et quelques cadavres.

— Ça fait vingt-neuf, comptabilise Collard lorsque le dernier corps de rebelle en uniforme a été retrouvé, pas mal pour une reprise de contact, la vie est belle...

Le Parisien profite de ce que le capitaine d'Harcourt fait glisser vers l'arrière l'unique rescapé de l'assaut pour évacuer le chasseur Don Ngoc Giac qui a le bras droit brisé par une balle.

L'avance se poursuit, émaillée de coups de feu, et parvient à trois kilomètres de Lien Son à quatorze heures. Un dernier piton sépare encore les voltigeurs de la pagode qui précède le bourg. Collard parvient sur la ligne de crête encombrée de végétation serrée. L'édifice religieux est là, planté au sommet d'un mamelon vert qui émerge d'une rizière. Des pentes de pitons viennent mourir dans la boue. La pagode ressemble à un bijou posé dans son écrin. Les bo dois qui l'occupent tirent quelques coups de feu. Plusieurs rafales de fusils-mitrailleurs écornent en riposte les murs ourlés de friselures. Les rebelles n'insistent pas. Le sous-lieutenant Trapp lance ses hommes à l'assaut, les paras tonkinois occupent le bâtiment sacré sans encombre. Collard bondit à son tour vers le mamelon et toute la compagnie d'Harcourt se retrouve en position au milieu de la rizière. Le lieutenant Meugniot s'installe à droite de l'édifice aux murs criblés de balles, le sous-lieutenant Trapp à gauche et le capitaine d'Harcourt case son P.C. à l'intérieur de la pagode.

— On est pas mal ici, apprécie Collard, et...

Le Parisien s'interrompt. Des balles claquent de tous côtés et soulèvent des nuages de poussière là où elles s'écrasent dans le monument. Les arbres s'ébranchent un à un dans un vacarme épouvantable. Des paras touchés souffrent et hurlent. La rizière est devenue un enfer. Collard tire avant de bondir vers les blessés ensanglantés qui gisent au long des deux cents mètres du mamelon supportant la pagode transformée en forteresse. Des obus de mortier labourent tous les alentours. Le Parisien parvient auprès d'une forme allongée et reconnaît le sergent Trang Sy Ngoi.

— Merde, gronde-t-il, il a pris une balle en pleine tête, je ne peux rien pour lui...

L'ancien sergent du 2/1.R.C.P. s'éloigne du mort en rampant sous une nappe de feu. Il arrive tout près d'un second Tonkinois qui gémit, les yeux remplis de larmes. L'homme a les deux chevilles atrocement déchiquetées par des balles. Collard l'empoigne et le tire, toujours en rampant, vers l'abri d'une levée de terre broussailleuse. Chaque effort du Parisien arrache une plainte au jeune soldat blessé. Le sergent aux muscles tétanisés par une volonté surhumaine serre les dents et gronde en s'adressant comme toujours aux forces du ciel.

— Dieu, murmure-t-il, tu n'es qu'un monstre d'avoir permis tout ça...

Les Viets-minhs se ruent soudain à l'assaut en profitant de l'incroyable puissance de feu de leurs mitrailleuses. La section du sous-lieutenant Trapp encaisse le premier choc furieux. Les hurlements de déments qui montent des deux partis liés dans l'horreur se mêlent dans une chorale démoniaque. La vague des bo dois semble hésiter devant la riposte. Collard, ayant ramené deux autres blessés à l'abri précaire des murs de la pagode, reprend son souffle et scrute la rizière en feu. Des silhouettes courent en tous sens en tiraillant. Des nuages de fumée flottent au-dessus du spectacle irréel des lignes d'assaut ennemies qui hésitent de plus en plus.

— Je croyais qu'on devait avoir un appui d'artillerie, s'inquiète le Parisien, s'il n'arrive pas, on est foutus...

Surmontant son réflexe pessimiste, le sergent se laisse couler sous le feu en recueil d'autres blessés qui implorent de l'aide. Le feu se meurt soudain et les Viets refluent vers Lien Son. Quelques rafales d'armes lourdes passent encore au-dessus de la pagode envahie par une poisseuse odeur de sang, plus forte que celle de la poudre.

Des blessés profitent de l'accalmie pour remonter en rampant dans les broussailles. La troisième compagnie du bataillon débouche à son tour au-dessus de l'endroit menacé. Les armes rebelles redonnent de la voix juste au moment où une de ses sections glisse à découvert dans la rizière pour tenter d'établir une liaison avec la compagnie d'Harcourt.

— Quel est le con qui leur a donné l'ordre d'aller se faire tuer ? gronde Collard.

Les yeux exorbités du Parisien ne peuvent se détacher des corps inexorablement hachés par les mitrailleuses ennemies. Les paras piégés s'extirpent difficilement de la rizière en feu et remontent vers les hauteurs boisées. La compagnie indochinoise du capitaine d'Harcourt est à nouveau seule devant l'ennemi.

— Ça va encore chauffer sous peu, apprécie l'infirmier aux mains couvertes de sang.

La position précaire s'organise sous les feux intermittents d'au moins dix armes automatiques. Les paras creusent des trous de combat avec leurs pelles américaines. Ceux qui en sont démunis grattent la terre avec leurs poignards, leurs baïonnettes et même leurs ongles.

— Il faut faire vite, prévoit le Parisien, les Viets vont sûrement revenir bientôt...

Les quatre blessés ramenés à la pagode semblent délivrés de tout. Ils sont allongés près des corps du sergent Tran Sy Ngoi et du chasseur Nong Viet Phan. Ils scrutent le haut des murs de la pagode sans bouger, bercés par la morphine.

— On a malgré tout un sacré pot, constate leur infirmier en les veillant, on aurait pu souffrir encore plus...

La bataille reprend à quinze heures trente avec un feu moins dense qu'aux premiers engagements. Les dernières feuilles des arbres martyrisés tombent sur les paras.

— Drôle d'automne, trouve la force de plaisanter Collard.

Le capitaine d'Harcourt donne des ordres très stricts de discipline de feu car les munitions diminuent rapidement, surtout celles de la section Trapp qui sont un peu recomplétées par celles de la section de commandement.

— Tiens, remarque Collard après plusieurs minutes de mitraille, on dirait qu'ils nous oublient...

Les armes rebelles concentrent le plus fort de leur feu sur les éléments de la 3e compagnie étalés sur le piton où les bo dois les ont rejetés. Des voix amies parviennent soudain aux oreilles de l'infirmier.

— Tenez bon les gars, hurlent-elles, on arrive...

Le Parisien ne reconnaît pas les voix émiettées dans les enragements des rafales qui passent au-dessus de la pagode.

— C'est la Légion, rugit-il soudain à l'adresse de ses compagnons, on est sauvés !

Quelques képis-blancs approchent dans la rizière. Le sergent suit leur avance le cœur plein d'espoir.

— Merde, gronde-t-il, déçu, les Viets les ont vus...

Les légionnaires pris à leur tour sous un feu terrifiant sont obligés de refluer en arrière. Les rebelles se relancent tout aussitôt à l'attaque de la pagode en vagues serrées. Leurs mitrailleuses tirent toutes ensemble. Les murs de l'abri du P.C. du capitaine d'Harcourt s'effritent littéralement sous les centaines d'impacts groupés. La section Trapp, cette fois renforcée par une partie de la 2e section, supporte à nouveau le choc.

— Ne tirez plus qu'à coup sûr, ordonne avec calme le capitaine d'Harcourt.

Les paras judicieusement placés à des angles morts ajustent leurs tirs et abattent à chaque balle ou rafale un bo doi lancé en course hurlante. La situation devient vite désespérée car des rebelles ont installé des fusils-mitrailleurs dans les arbres. Les angles morts ne le restent pas longtemps et les chasseurs sont obligés de se replier. Les fusils-mitrailleurs amis concentrent leurs feux sur les nouvelles positions fichantes des bo dois. L'assaut ennemi tente à nouveau de prendre la pagode, puis recule.

Le sous-lieutenant Trapp, à nouveau à court de munitions, essaye de ramener son monde au-delà de la piste menant au P.C. de son capitaine, mais le feu rebelle se concentre sur sa section. Collard revit les scènes d'horreur qui suivirent la première attaque. Il glisse sous les dernières rafales ennemies vers les blessés éparpillés au flanc du mamelon. Son ami Chariot gît derrière une diguette à demi écroulée. Le Parisien retient son souffle en évaluant les blessures du sergent.

— Balle dans le bras droit, pas très grave, se dit-il en palpant le corps. Une dans la jambe gauche... aïe !...

Quelques rafales passent à nouveau au-dessus de sa position critique. Collard se tasse près de son ami à demi inconscient.

— Il a aussi un sale trou dans le ventre, découvre-t-il en grimaçant.

Le sergent pantelant est ramené derrière la pagode. Les paras récupèrent un à un les cinq autres blessés de l'assaut. Il est dix-sept heures quarante. Les chasseurs évaluent leur force de feu. Le compte est vite fait. La compagnie ne possède plus qu'une trentaine de grenades. Chaque porteur de mitraillette, une cinquantaine de balles. Il reste une quarantaine de cartouches par fusil, trois cents pour la mitrailleuse de 7,62 et douze coups de mortiers de 60 mm.

— Ça devient vachement sérieux, commente Collard à quelques mètres de son capitaine.

L'artillerie entre enfin en action. Les paras se sentent soulagés en écoutant le ronflement des obus de 105 qui vont s'écraser sur les positions ennemies. Rendus moins pugnaces par les salves précises des artilleurs, les rebelles lésinent sur leurs rafales.

Un froufroutement agaçant approche de la pagode dix minutes après le premier tir de l'artillerie.

— Bon sang, se rend compte Collard, les Viets ont amené un gros mortier !

Le premier obus de 81 mm éclate à côté de la position et ceux qui le suivent à rythme régulier ne sont par bonheur pas plus précis. L'artillerie française accélère la cadence. Les derniers obus de ses pièces n'explosent qu'à une centaine de mètres des paras. Ils éventrent la rizière parsemée de cadavres. Le vacarme des explosions résonne dans la pagode.

— C'est à devenir dingue, gronde le Parisien aux oreilles fracassées, on dirait que le temps ne s'écoule plus...

Des bo dois parviennent à moins de cent mètres de la pagode après avoir cheminé au ras de la rizière en colonne tassée. Un hurlement signale leur approche. La mitrailleuse de 7,62 tire en courtes rafales et les prend en compte. Les Viets-minhs reculent vers leurs positions de départ en abandonnant deux morts sur leurs traces.

— Ça sent le troisième assaut, se rend compte l'infirmier attentif à la moindre réaction des blessés.

Les paras regardent presque tous fixement leur capitaine qui semble indifférent aux balles qui claquent au-dessus de lui depuis le début de la bataille.

— C'est vraiment le chef qu'il faut avoir dans un sale coup comme ça, se dit le Parisien, on a l'impression qu'il est en fer...

Les ordres radio tombent du P.C. du bataillon. Le capitaine très calme explique que ses sections vont devoir profiter d'un nouvel effort de l'artillerie pour tenter de rejoindre les hauteurs tenues par les légionnaires.

— Décrochage dans l'ordre 1re section, commandement, 2e et 3e section... ordonne-t-il.

Collard répartit les blessés entre les trois éléments du repli et décide de rester avec la dernière section et le dernier gisant. Des paras chargent leurs malheureux compagnons sur leur dos et entament le mouvement au signal de leur capitaine. Les rebelles, devinant la manœuvre, concentrent à nouveau leurs forces de feu sur la pagode. Le premier élément du repli est déjà au milieu de la portion de rizière menant à la base du piton à gravir. Les pièces de mitrailleuses viets-minhs le poursuivent. Celles des légionnaires ripostent tout aussitôt, les forçant à mollir un peu. Le capitaine d'Harcourt s'élance à son tour sur le billard battu par le feu. Les rescapés de la 2e section quittent ensuite la pagode. Un cri de douleur attire l'attention de Collard. Un para indochinois râle au sol, la jambe criblée d'éclats de mortier.

— Je le prends, hurle le Parisien en empoignant l'homme aux jambes brisées.

L'artillerie amie enrage sa cadence de tir. Ses obus tombent maintenant au ras de la pagode pour empêcher les bo dois de se lancer en poursuite.

— Tiens le coup, implore presque l'infirmier en administrant une piqûre de morphine au Tonkinois grimaçant, on va foutre le camp ! Tiens le coup...

19

UNIS PAR LE SANG

La pagode s'est peu à peu vidée de ses derniers occupants. Collard passe sa mitraillette en bandoulière devant sa poitrine et se baisse pour empoigner le blessé qui balbutie des mots inintelligibles.

— Merde, souffle le Parisien, un fusil...

Une arme délaissée par un blessé grave est déposée dans un angle de mur. L'infirmier s'en empare.

— On ne va tout de même pas faire de cadeaux aux Viets, gronde-t-il en ajustant l'arme au-dessus de sa mitraillette.

Les derniers voltigeurs de la troisième section se lancent dans la rizière vers la droite du piton occupé par les képis-blancs.

— Ça va être à nous, hurle le Parisien au Vietnamien blessé, cramponne-toi...

L'ancien F.T.P. saisit le gisant à deux mains et le hisse sur ses épaules en esquissant une sorte de projection de judoka. Les jambes sanglantes du para tonkinois s'abattent, molles, sur ses mollets aux muscles bandés. Les rebelles essayent encore de retarder le repli. Leurs armes se déchaînent à nouveau et leurs mortiers pilonnent de plus en plus serré. Les légionnaires ajustent la cadence de leurs tirs au crescendo viet-minh. Le vacarme devient un hurlement continu. Collard gonfle sa poitrine en feu d'air empuanti, serre les dents et bondit dans la rizière en course titubante. Le blessé se plaint encore plus sur son dos douloureux.

— Heureusement que j'ai choisi un chemin sec dans cette foutue rizière, a le temps de se rendre compte le sous-officier ployant sous son fardeau de chairs fouaillées.

Les Viets-minhs se préparent au dernier assaut en arrière des courses folles des paras. La pagode se déchire sous les éclatements d'obus de mortiers.

— Il faut courir, courir, se répète le Parisien, c'est ma seule chance d'amener ce pauvre gars en haut du piton...

Des balles claquent au-dessus du para encombré de ses deux armes. Son cœur bat de plus en plus fort. Son souffle rauque se fait brûlant sous l'effort inhumain. Le blessé a laissé choir mollement sa tête au-dessus de l'épaule droite de son sauveur.

— Il a perdu connaissance, le pauvre gars, se rend compte l'infirmier, c'est mieux comme ça, il ne souffre plus. Cours, René, il faut tenir le coup...

Il reste encore quelques bérets-bleus derrière la pagode. Le Parisien se retourne un court instant et les voit plonger à leur tour dans la fournaise. Deux d'entre eux tombent et sont tout de suite agrippés par leurs compagnons. Les légionnaires font merveille et retardent la poursuite viet-minh en plaquant les vagues de bo dois sous leurs feux pendant de précieuses secondes. L'artillerie donne de toutes ses pièces. Elle pilonne maintenant la pagode elle-même.

— Encore trente mètres, apprécie Collard, il faut que j'y arrive...

Les légionnaires hurlent pour encourager les paras. Leurx voix exacerbées percent de temps en temps le vacarme des armes.

— On arrive, leur répond l'infirmier aux jambes mordues de crampes.

Soudain, le sergent trébuche en jurant. Le blessé se répand sur lui en grognant sa douleur. L'ancien F.T.P. replace son fardeau sur ses épaules d'un mouvement d'haltérophile et se remet péniblement en marche. Les arbres du bas de la pente occupée par les képis-blancs sont là, tout proches. Les yeux du Parisien les fixent comme pour les rapprocher encore. Un dernier et formidable effort projette l'infirmier à l'abri. Il reprend son souffle pendant quelques secondes. Le blessé qu'il a déposé tout doucement près de lui émerge de l'horreur et lui sourit d'une pauvre grimace qui tend à peine ses lèvres crispées par la douleur.

— On continue, souffle Collard, il faut grimper là-haut...

Les balles viets-minhs s'enfoncent dans les troncs d'arbres serrés. Quelques voltigeurs sont descendus en recueil à l'orée du bois.

— Donne ton blessé, propose l'un d'eux à Collard, t'es crevé...

Le sergent se sépare à regret de son fardeau et attend encore quelques minutes pour voir si d'autres blessés n'attendent pas ses soins. Le légionnaire qui l'a déchargé s'éloigne sur la pente raide.

— Je crois que c'est fini, souffle l'ancien F.T.P. Ils ne nous auront plus aujourd'hui...

Les paras contournent le volcan des légionnaires qui n'abandonnent pas leur formidable pression sur les bo dois et se regroupent à l'abri des hauteurs. Collard profite du répit pour rassembler ses blessés près du médecin du groupement. Cinq bérets-bleus vietnamiens ont encore souffert du feu ennemi pendant le dernier bond du repli. Le Parisien soigne son ami Houbron, touché d'éclats à la jambe droite.

— Encore un des plus anciens qui a morflé, se dit-il en nettoyant les plaies de son compagnon. A quand mon tour ?

Un caporal s'approche du groupe des ensanglantés en se tenant le bras droit.

— Premier ! le hèle Collard, qu'est-ce que tu as ?

L'homme illumine son visage hâve d'un pâle sourire en soulevant douloureusement son membre blessé. Un infirmier commence à le soigner.

— C'est vrai, le pauvre Premier était à vingt centimètres de moi quand il a été touché, se souvient le Parisien en essayant de ne pas trop malmener la jambe torturée du sergent Houbron. Encore un qui a pris à ma place...

Un ordre lance le repli sur quatre kilomètres vers un village proche des lieux des premiers accrochages de la journée. Les paras se détendent. Collard pense au sergent Sentenac et au chasseur Dao Van Tu qui manquent à l'appel.

— Pourvu que les Viets ne les aient pas coincés, espère-t-il en arrivant au village.

Le site résonne de coups de pelles et de crissements de terre creusée. Le capitaine d'Harcourt s'approche de son infirmier. Son visage aiguisé est pâle.

— Collard, dit-il de sa voix toujours aussi calme, regardez un peu, je crois que je suis blessé...

Le sergent s'empresse et soigne la fesse et la cuisse droite de son chef.

— Chapeau ! se dit-il en opérant le plus doucement possible. Ça fait des heures qu'il souffre et il a attendu que nous soyons au campement pour se plaindre. Drôle de bonhomme...

Le Parisien panse le grand officier aux traits marqués par l'intolérable tension des combats.

— Voilà, c'est fini mon capitaine, annonce-t-il, vous pouvez marcher tranquillement, ou presque...

L'ancien commandant de la compagnie de marche du 2/1.R.C.P. se réajuste rapidement, remercie d'un sourire crispé, et s'éloigne pour inspecter son dispositif. Le bataillon de Muongs arrive lui aussi au village. Des messages radio annoncent que le bataillon de tirailleurs sénégalais est parvenu au village de Lien Son et qu'il n'a rencontré aucune résistance.

— C'est bizarre, se dit Collard en apprenant l'étrange nouvelle, les Viets ne se sont pourtant pas évaporés... Ils étaient là, devant nous, on a tout de même pas rêvé toute cette chiennerie...

Une section quitte le campement en accompagnement des blessés les plus graves. Le Parisien apprend peu après qu'elle est tombée en embuscade.

— Encore du sang, gronde-t-il en évaluant les derniers échos de l'accrochage.

Le Parisien est à bout de forces. Ses nerfs lâchent. Il refait à nouveau le décompte des blessés de la journée.

— Chariot, mon vieux copain, psalmodie-t-il en repensant au sergent maintenant à l'agonie et qui lui ressemble tellement, et puis Houbron... et tous les autres, tous nos jeunes paras vietnamiens...

La nuit envahit brusquement les reliefs dominant le village bruissant de

Le sergent Chariot était le frère de guerre de René Collard.

vie. Collard mange du bout des dents et s'apprête à s'allonger dans son trou individuel creusé devant une cagna encombrée de blessés. Chariot meurt à vingt heures. Le Parisien bondit vers la forme molle de son ami. Son visage sculpté par les fatigues du jour se fait encore plus dur.

— Je ne sais même plus pleurer, regrette-t-il, la gorge et le cœur enserrés dans une main de fer.

Quelques obus de mortiers éclatent, çà et là, tout autour du village assoupi. Le Parisien ferme les yeux. Il a froid et il a peur tout à coup. Peur de la nuit. Peur du lendemain. Peur de la mort de son ami Chariot. Il fuit dans le sommeil.

— Chariot, se répète-t-il une dernière fois avant de sombrer dans le néant, tout le monde croyait que tu étais tabou. Comme moi...

L'infirmier brisé dort quelques heures. Des échos de combats venant du nord le réveillent un peu après minuit.

— Ce sont les Sénégalais qui accrochent, se rend-il compte, chacun son tour...

Le repos a balayé la peur du sergent. La mort de Chariot elle-même lui apparaît comme irréelle. Il repense aux révélations d'un prisonnier tout en évaluant l'intensité des accrochages.

— D'après ce qu'il a raconté, se dit-il dans une sorte de torpeur ouatée, ils étaient près de quatre mille en face de nos compagnies... On les retrouvera certainement bientôt sur notre chemin...

Un obus de mortier s'écrase à quelques mètres seulement de la cagna des blessés, brisant net les pensées de l'infirmier. D'autres engins tonitruants s'abattent en grappes serrées un peu plus à l'écart du village. Collard rêve encore de combats dans un sommeil agité. Il bondit soudain sur ses jambes en sentant une main nerveuse le secouer.

— Collard, entend-il dans une demi-conscience, c'est à toi...

Le sergent infirmier réalise que c'est à son tour de prendre la veille. Il est quatre heures et la nuit est calme, du moins dans le secteur immédiat car, plus au large, naissent des lueurs rougeoyantes suivies dans une fraction de seconde d'échos d'explosions. Les minutes de veille s'écoulent, tendues. Le tireur au fusil-mitrailleur du Parisien, allongé dans un trou d'homme, ne lâche pas le pontet de son arme. Des bruits étouffés naissent soudain en contrebas du poste de guet. Collard tend l'oreille et scrute l'obscurité menaçante. La rizière qui court au bas du village est dominée par deux petits pitons qui se découpent sous la lune.

— Veille bien par là, susurre le chef de poste à son tireur, ça bouge...

Une voix monte maintenant de l'ombre.

— Je tire, chef ? s'impatiente le para au 24/29. Il y a du monde, j'en suis sûr...

Collard hésite quelques secondes à libérer les rafales de l'arme noire. La voix faible se refait entendre.

— On ne dirait pas une voix de Viet, souffle le sergent en réprimant à nouveau l'impatience de son compagnon de veille prêt à ouvrir le feu. C'est peut-être un piège...

Un vent léger siffle entre les branches d'arbres, soudain énervant. La voix monte à nouveau de la rizière.

— Cette fois, reconnaît Collard, je suis presque sûr que c'est un Européen... attention...

Les guetteurs retiennent leur souffle. La voix crispante se rapproche.

— A moi, les gars, hurle-t-elle soudain au pied du village.

Collard se dresse sur ses jambes, le cœur battant.

— Ne tirez pas ! crie à nouveau l'organe torturé, je suis un Français blessé...

Le Parisien hurle à son tour :

— Sentenac ! Nom de Dieu, c'est Sentenac...

Le revenant n'est plus qu'à deux cents mètres de ses amis. D'autres voix naissent dans le noir. Un groupe des Muongs qui veillent plus à gauche de la position de l'infirmier recueille le sergent miraculé. Collard est obligé de se retenir pour ne pas courir vers son compagnon.

— Vivement le jour, espère-t-il en guettant les prémices de l'aube, je veux le voir...

Les derniers moments de la veille s'écoulent trop lentement. De nouveaux échos de bataille descendent du nord à sept heures alors que la nuit se déchire en pâles bandes laiteuses. Des groupes désordonnés de Sénégalais se présentent devant le village réanimé. Les Africains sont à bout. Leurs cohortes débandées s'abattent aux pieds des légionnaires, des paras et des Muongs qui les accueillent sans oser les interroger, respectueux de leur douleur. Les tirailleurs sont les derniers survivants de leur bataillon étrillé par les compagnies de bo dois.

— Il y aurait près de trois cents disparus, commente l'infirmier à l'adresse de ses compagnons, encore un vilain coup...

Un *Morane* survole la région des accrochages de la nuit et guide au plus juste les tirs de l'artillerie amie qui se déchaîne sur les approches de Lien Son.

Le Parisien apprend enfin l'incroyable aventure de son ami Sentenac. Ce dernier a été blessé à la fin du repli de la pagode de Lien Son d'une balle qui avait pénétré à la base du cou pour ressortir au beau milieu du dos. Le chasseur Dao Van Thu avait essayé de le traîner vers la pente mais n'avait réussi qu'à le déposer derrière l'unique tronc d'arbre du bord de la rizière avant d'être touché à mort par une rafale de mitrailleuse. Le sergent encadré par les tirs ennemis avait attendu la nuit en faisant le mort, il avait réussi ensuite à ramper vers les couverts et à marcher vers le sud.

— Quelle veine ! conclut le Parisien après le récit de l'exploit surhumain de son vieux compagnon, je ne crois pas, ami François, que tu aies deux fois la même dans ta vie...

Tous les éléments engagés dans le secteur se replient en bon ordre sur la base de départ de l'opération. La compagnie du capitaine blessé demeure en ultime protection du mouvement. L'artillerie pilonne inlassablement tout au long de la matinée du 27 décembre les zones d'où les Viets-minhs risquent de dévaler à tout moment en poursuite. Les artilleurs poussent leur feu au paroxysme lorsque les compagnons de Collard quittent le campement à leur tour. Les bo dois sont là, sur les pitons qui font face au grand village abandonné. Les obus amis passent en ronflant au-dessus de la colonne, frôlent la cime des arbres et éclatent quelques secondes plus tard.

Collard marche toute la journée. Les heures du repli sont à peine cassées de quelques haltes. Les paras débouchent à vingt heures trente au fort de Phu To. Des G.M.C. sont là, bien protégés par des automitrailleuses. Le convoi chargé d'hommes très las arrive enfin à Vinh Yen. Les éléments de la colonne essaiment leurs renforts dans les postes alentour. Les bérets-bleus accueillent avec fatalisme l'annonce d'une nouvelle attaque d'envergure des bataillons rebelles. Le capitaine d'Harcourt installe ses sections en alerte au grand poste de Vinh Yen. La nuit s'écoule, fracassée de centaines d'explosions d'obus d'artillerie. Collard apprend ce qui se passe à l'aube.

— Les Viets ont attaqué huit postes, commente-t-il pour ses compagnons, ils en ont pris deux... la poisse continue...

Des colonnes lancées en secours des unités attaquées ramènent au poste des dizaines de blessés qui encombrent vite l'infirmerie centrale du secteur. Des avions sanitaires et des ambulances emmènent rapidement ceux qui peuvent être transportés vers Hanoi. Une grande tente, montée près de l'infirmerie, sert de morgue. De tristes porteurs de brancards y déposent à bon rythme des corps froids.

— Cette fois, la grande offensive des Viets sur le delta a commencé, se dit le Parisien après avoir donné un coup de main aux soins des blessés.

Les soldats français, allemands de la Légion, africains et indochinois sont réunis dans le sang. Les paras quittent Vinh Yen en G.M.C. un peu après quatorze heures. Collard se retrouve bientôt dans un village fortifié bâti tout en dur, à Huong Canh, sur la route de Phuc Yen.

— Ouf ! se réjouit-il en détaillant, juste avant la nuit, les solides défenses de l'endroit. On va peut-être enfin passer une nuit tranquille... Pas trop tôt !

Le capitaine d'Harcourt piétine les rêves de repos de son sergent infirmier en annonçant que la compagnie est placée en alerte immédiate et doit pouvoir quitter le poste en moins de dix minutes.

— Personne n'enlève ses chaussures ! ordonnent les chefs de sections.

Collard n'obéit pas. Il se déchausse et s'allonge à même le sol de terre battue d'un bâtiment du poste. L'artillerie commence à tirer à une heure cinquante, tout près d'Huong Canh. Le Parisien se rechausse dans le noir épais.

— On ne sait jamais, grommelle-t-il.

L'alerte est donnée dix minutes après le départ de la canonnade. Les paras bondissent vers les camions qui démarrent aussitôt. L'artillerie pilonne de plus en plus. La colonne grondante traverse Phuc Yen et bifurque vers le nord sur une piste très mauvaise. Les obus passent en sifflant au-dessus des camions secoués. Collard scrute la nuit déchiquetée. Des lueurs dansent au loin tout autour d'une hauteur sombre. Les chauffeurs de G.M.C. éteignent leurs phares. La colonne aveugle ralentit considérablement. Les lueurs dansantes se rapprochent petit à petit.

— C'est certainement un poste qui brûle, se dit Collard, pourvu qu'on n'arrive pas trop tard...

Les camions s'arrêtent un peu après quatre heures. Le G.M.C. du Parisien est en troisième position dans la colonne, seul un autre camion et une automitrailleuse le précèdent. Les hauteurs du poste attaqué sont à quelques centaines de mètres, dévorées par les flammes. Le Parisien se sent saisi d'une étrange impression d'angoisse, son cœur se serre pendant plusieurs secondes. Il frissonne dans l'air glacial.

— Il n'y a pas que le froid qui doit me faire trembler, reconnaît-il, je suis à bout de nerfs.

Un cours d'eau chantonne à quelques mètres de la route. Les paras dépassent une tour de guet avancée qui est abandonnée. Le chant de l'eau est vite couvert par les bruits de saut, les cliquetis d'armes et les jurons étouffés des paras qui quittent les G.M.C.

— Il devait y avoir un bac, chuchote un sous-lieutenant à Collard, il n'est pas là...

Le Parisien, toujours dans son camion, vérifie sa mitraillette. Trois coups de feu éclatent, venant de l'autre rive de la coupure d'eau. Les paras déjà au sol mettent un genou à terre et attendent en retenant leur souffle. Quatre secondes passent. L'enfer se déchaîne soudain. Des balles claquent au-dessus des hommes tapis dans le noir. Elles ricochent sur les tôles des camions. Des pneumatiques percés s'affaissent en chuintant. Les paras qui n'étaient pas encore descendus de leurs engins encadrés par le feu sautent tous ensemble. Collard bondit par-dessus la ridelle de son G.M.C. et se retrouve tassé dans l'étroit fossé qui borde la piste. La pagaille s'installe pendant une longue minute dans les sections cueillies à froid.

— Ils ne sont pas loin, apprécie le sergent infirmier. Et ils ont au moins trois fusils-mitrailleurs.

Les bérets-bleus indochinois et leurs cadres européens se reprennent vite. Leurs armes arrosent de balles traceuses la position des rebelles. La mitrailleuse de 12,7 du blindé d'accompagnement couvre leurs staccatos de ses rauques aboiements. Le calme revient peu à peu.

— Faut tout de même faire gaffe aux munitions, se dit Collard après les furieux échanges du premier engagement.

Les mortiers, qui n'avaient encore tiré que quelques coups très imprécis, pilonnent de plus en plus serré et forcent les rebelles à décrocher.

— Ouf ! soupire le Parisien, on respire un peu mieux.

L'infirmier rengaine son enthousiasme : des obus de mortiers ennemis s'abattent tout le long de la piste. Le vacarme est étourdissant mais le sergent constate vite que les Viets-minhs allongent trop leur tir et ne causent pas de pertes à ses compagnons. Le capitaine d'Harcourt réclame un appui d'artillerie. Les obus de 105 saccagent tout à deux cents mètres des bérets-bleus qui sont bientôt obligés de reculer de quelques dizaines de mètres pour échapper aux éclats amis. La nuit n'est plus que déchaînements et riches jeux de lueurs. Collard, plaqué dans la boue froide d'une rizière, apprécie le spectacle dantesque. L'artillerie faiblit de temps en temps. Les armes rebelles reprennent alors la relève du vacarme. Le poste à secourir, situé à trois kilomètres de l'autre côté du cours d'eau infranchissable, brûle de plus en plus.

— Les Viets doivent se cramponner devant nous pour permettre à leurs copains d'achever leur sale besogne, évalue l'infirmier en bouillant de rage impuissante.

Les artilleurs amis allongent soudain considérablement leurs tirs.

— Bon Dieu ! gronde le Parisien, ils bombardent le poste... Qu'est-ce qui se passe ?

Des camions grondent sur la piste, amenant d'autres renforts. Le jour éclaire le champ de bataille. Les choses se précipitent. Une patrouille traverse le rach embrumé à l'aide d'un radeau de fortune. Collard distingue quelques cadavres rebelles éparpillés sur la rive grasse de la rivière.

— Qu'est-ce qu'on attend pour foncer à la poursuite, s'enrage-t-il en détaillant le matériel ennemi récupéré par les voltigeurs.

Les armes ramassées près des bo dois tués sont neuves, chinoises et russes. Le poste attaqué sort de l'ombre. Le château fort, irréel et gainé de brume, flambe et fascine tous les paras.

— Qu'est-ce qu'on va retrouver là-bas ? s'interroge le Parisien frissonnant dans la fraîche du petit matin.

20

NAPALM !

Les éléments de la colonne de renfort dépassent les paras à huit heures.

— C'est ça, vitupère Collard, on reste coincés pendant des heures dans la merde, et quand ça se calme, ce sont les copains qui vont sortir les marrons du feu...

La mauvaise humeur de l'infirmier tombe un peu lorsque sa compagnie reçoit l'ordre de marcher sur les traces des éléments frais. Les paras traversent le rach sans encombre en canots M 2 à fond plat amenés par un groupe du Génie. Le poste attaqué sort tout à fait de son halo de brume. Il est couronné de hautes vrilles de fumée. Les bérets-bleus dépassent les hommes qui les précèdent et débouchent tout près du fort détruit après une bonne heure de marche sur les brisées rebelles. Des fantômes hagards, rescapés de l'attaque, sortent des abris boueux qui les ont sauvés. Le Parisien les observe.

— Je devrais pourtant être blindé, se dit-il, mais tout de même, les pauvres gars !

Les survivants gémissent. Leurs yeux sont fous. Ils glissent dans l'inconscient dès que les paras les approchent. Des brancardiers indochinois les chargent sur des toiles rêches. Certains défenseurs du poste souffrent de plusieurs blessures.

— Il y a de tout, fulmine l'infirmier du capitaine d'Harcourt en détaillant les horribles plaies sanguinolentes. Des traces de balles, d'éclats, de coups de baïonnettes et de poignards ! Quel carnage...

Le sergent compatissant serre les poings. Il gronde en portant ses regards sur les décombres fumants du poste ravagé :

— Ils se sont acharnés sur eux avant de partir... comment peuvent-ils être encore en vie ?

Des cadavres gisent, Viets-minhs, Sénégalais, Français et Indochinois fidèles emmêlés dans les réseaux de barbelés écrasés entre les hauts murs du fortin. Le site empeste. La fumée, le sang, la boue et la poudre mélangent leurs effluves en un coktail dégoûtant. Collard est écœuré. Son attention douloureuse est soudain détournée de l'horreur. Des villageois silencieux sortent des cagnas bâties très à l'écart du poste. Une toute jeune fille en pleurs s'approche de son groupe, hoquetante, presque cassée en deux. Le Parisien pense tout d'abord que la femme en khe khouan souillé de boue est blessée. Il avance vers elle.

— C'est venir avec moi, implore-t-elle, c'est pour chercher mon fiancé...

L'infirmier interroge ses compagnons du regard.

— Vite, reprend la Tonkinoise, il va mourir...

Une patrouille suit le sergent vers le village miraculeusement respecté qui jaillit du brouillard à cinq cents mètres de la position anéantie. Les paras parviennent vite aux premières paillotes humides. La jeune fille au souffle court se révèle d'une force disproportionnée eu égard à ses bras minces et sa taille de poupée fluette. Elle soulève à gestes rapides des amas de bois mouillé et tire d'une cache un immense soldat noir sans connaissance.

— Bon Dieu ! grommelle l'infirmier en se penchant sur le Sénégalais inerte. Qu'est-ce qu'il a pris...

La Tonkinoise esquisse un sourire douloureux.

— Je suis allé le chercher là-bas, explique-t-elle.

Collard siffle entre ses dents pour saluer l'exploit.

La jeune femme ne pleure plus.

— Et elle a réussi le coup sous le feu, se dit le Parisien. C'est beau l'amour !

Le grand corps du tirailleur est ramené vers les ambulances dépêchées sur le site ravagé. La femme qui l'a sauvé de l'enfer trottine tout près du brancard trop court pour supporter tout entier la masse de l'Africain.

— Il va certainement s'en tirer, se réjouit le sergent infirmier en arrivant près des véhicules frappés d'une croix rouge.

La Tonkinoise se remet à pleurer.

— Tu le reverras à Hanoi, lui affirme le Parisien, ne t'en fais pas...

Le visage chiffonné de la jeune fille s'irradie en une fraction de seconde. La frêle silhouette hoquetante court derrière l'ambulance bondée de blessés qui roule vers la paix.

Collard part en patrouille à douze heures. Les bérets-bleus ratissent les broussailles qui courent sur deux kilomètres autour du poste de la cote 124. Quelques rafales tirées de loin sifflent au-dessus des groupes.

— Les salauds, tempête l'infirmier acharné à la fouille, ils sont encore dans les parages. Qu'est-ce qu'on attend pour leur courir aux fesses ?

Méprisant les balles qui passent, les paras découvrent encore une trentaine de blessés tapis dans les moindres recoins des cagnas plantées éparses dans la garrigue. Tous les éléments du secours se regroupent au poste ruiné. Les paras retournent à dix-sept heures trente au rach derrière lequel les G.M.C. les attendent. Le bac est cette fois en service. La compagnie d'Harcourt se réinstalle à Huong Canh juste avant le soir.

Collard trouve difficilement le repos. Ses yeux sont imprégnés d'images d'horreur, de crânes éclatés, de jambes ouvertes et il ne s'endort qu'un peu avant l'aube du samedi 30 décembre.

Les paras soignent leurs armes tout au long de la matinée. Le poste de Huong Canh s'anime à nouveau en début d'après-midi. Les moteurs de G.M.C. grondent. Les bérets-bleus ramassent leurs équipements à la va-vite et embarquent dans les camions, tout heureux d'apprendre que l'opération Bécassine est terminée. La colonne de véhicules franchit le pont Doumer à dix-huit heures trente. Hanoi est là, grouillante de vie et semblant tout ignorer de la guerre qui fait rage aux marches du delta.

— Ce soir : java ! décide Collard une fois son matériel bien remisé à son cantonnement, faut pas rater le réveillon !

Mercury, Mièvre, Nadal et Evrard, les quatre derniers sous-officiers indemnes du groupe arrivé en Indochine au mois d'octobre 1948, acceptent l'invitation du Parisien malgré leur fatigue intense. Les cinq sergents se retrouvent dans un dancing plutôt louche et tout proche de l'hôpital Lannessan. Les vétérans de la compagnie d'Harcourt plongent dans le plaisir à quelques dizaines de mètres seulement de leurs compagnons blessés. Les bouteilles de mauvais champagne se succèdent à bon rythme. L'ambiance monte crescendo. Le phono qui distille toujours les mêmes airs dans la boîte bondée ne suffit plus aux clients hors du temps. Les paras chantent. Il n'y a pas assez de filles pour eux. Ils dansent entre hommes en s'esclaffant. Des images de sang s'imposent de temps en temps aux yeux un peu troubles de Collard.

— Les copains doivent voir les mêmes que moi, se dit-il en se forçant à rire de plus en plus fort aux grasses plaisanteries qui fusent de partout, ils trichent aussi bien que moi...

Des voix avinées annoncent l'imminence de la mi-nuit. Un silence relatif s'empare de l'assistance colorée des légionnaires, des marins et des paras à bérets rouges et bleus passés sous leurs épaulettes frappées ou non de l'ancre des marsouins. Le boui-boui explose de hurlements à minuit juste. Les hommes s'embrassent en se partageant de solides claques sur les épaules.

— Bonne année ! hurle Collard dans le charivari.

Ses compagnons crient à l'unisson. Tout bascule dans la joie païenne de l'An nouveau. Des bouchons de bouteilles de champagne mal frappé claquent dans le tumulte en dérisoires pétarades. Les entraîneuses à robe fendue sur la cuisse profitent de la liesse pour pousser encore les hommes à boire. Des centaines de piastres gagnées à prix de sang changent de main en quelques minutes. Collard achève d'embrasser ses quatre compagnons.

— Bonne année, répète-t-il en litanie criarde.

Au fond de lui, une autre voix, beaucoup plus grave que celle qu'il pousse au paroxysme, se fait entendre et précise comme un écho lucide :

— Reste en vie, vieux frère... surtout, reste en vie !

Le Parisien noie d'une coupe de champagne tiédie les réalités grimaçantes du futur. L'année commence dans une fausse euphorie.

Bientôt las de bruit et redevenu lui-même, l'infirmier cherche ses quatre frères de guerre dans la cohue enfumée.

— Tant pis, décide-t-il en ne les trouvant pas, j'en ai marre, je fous le camp...

Hanoi est en folie. Des grappes de soldats dansent en farandoles ivres surveillées par des patrouilles casquées et armées. Le Parisien se fraie un passage difficile sur les trottoirs encombrés. Il s'attire des insultes qui ricochent sur son visage fermé. Il retrouve, à peine conscient, la maison basse d'une jeune Tonkinoise avec qui il s'est plus ou moins mis en ménage, payant ses faveurs au mois. Le sergent frappe à coups sourds sur un battant de bois qui s'entrouvre prudemment et laisse échapper un maigre rai de lumière jaune dans la ruelle sombre. L'infirmier pèse sur le panneau pour vaincre la résistance de sa congaye ensommeillée.

— Minh, ouvre, crie-t-il, c'est moi...

La jeune femme écarquille ses yeux très noirs.

— C'est toi, mon chéri ? lâche-t-elle d'une voix très douce et étonnée, viens...

Le para s'abat sur la couche étroite de la chambre. Sa photo est encadrée sur une commode laquée. Son linge de corps parfaitement lavé et repassé est entassé sur une chaise. Minh, dévêtue et heureuse, déshabille son guerrier avec des gestes respectueux. Le Parisien se retrouve nu dans des draps frais et s'endort, serré contre la peau tiède de la Tonkinoise qui le veille.

Les paras réorganisent leur campement dès le lendemain du retour de l'opération Bécassine. Collard sort à nouveau en ville au soir du premier jour de l'année 1951. Il retrouve par hasard, au *Buffle sur le Toit,* quelques compagnons d'autres unités qui ont participé au dégagement du poste de la cote 124. La guerre à demi oubliée pendant le réveillon dérisoire de la veille est à nouveau présente. Le Parisien en apprend un peu plus sur les tragiques événements du 29 décembre. Un adjudant de la Coloniale, vieux briscard des rizières, explique qu'un rescapé miraculeusement retrouvé indemne lui a raconté l'assaut en détail.

— Les Viets avaient réussi à arroser la grande barrière de bambous avec de l'essence, commente le marsouin à la poitrine ornée de la Médaille militaire et d'une Croix de guerre piquetée de quatre étoiles. Ils ont tout de suite donné l'assaut, à travers les flammes...

Collard avale une gorgée de bière très amère.

— Les cent cinquante hommes du poste ont bien réagi, poursuit l'adjudant, les Viets tombaient comme des mouches dans les défenses de barbelés et de bambous enflammés.

Des images du poste en feu dansent devant les yeux de l'infirmier. La voix du narrateur cisèle les faits d'horreur.

— Les salopards ont tout de même réussi à approcher des murs du poste avec des charges d'explosif... Tout a pété en quelques minutes...

L'adjudant de la Coloniale boit à son tour une longue rasade de bière blonde, s'essuie la bouche d'un revers machinal et poursuit son récit.

— Les Viets se sont fait sauter en même temps que leurs charges, ils devaient être choumés à mort ! C'est alors que le chef de poste a commandé des tirs d'artillerie en plein sur ses positions submergées...

Collard ne bronche pas. Il demeure suspendu au récit du colonial.

— Le gars qui m'a tout raconté est devenu à moitié cinglé, précise ce dernier, il a vu ses copains tomber sous les éclats de chez nous, mélangés aux Viets qui hurlaient. Il a réussi à se défiler au milieu des salves de 105... Quel pot...

Les paras et les coloniaux trinquent une nouvelle fois en commentant les derniers ragots qui ont filtré des états-majors enfiévrés par l'arrivée du général de Lattre de Tassigny qui les secoue depuis le 17 décembre 1950. L'ancien commandant en chef de Collard en Alsace et en Allemagne a été nommé haut-commissaire en Indochine et commandant en chef du corps expéditionnaire en remplacement du haut-commissaire Pignon et du général Carpentier.

— Avec lui, affirme péremptoirement l'adjudant aux quatre citations, les choses ne vont certainement pas traîner...

— Espérons, soupire Collard. Salut les gars... Je vais me coucher...

Tard dans la nuit, la vision des corps retrouvés sur la cote 124 danse sous les paupières du Parisien. Ils sont cassés, hachés, leurs mains mortes demeurent crispées sur des armes, des fusils, des poignards que ni les Sénégalais ni les marsouins n'ont voulu céder devant la folle attaque.

Les paras du 10e B.P.C.P. quittent à nouveau Hanoi quelques jours après. Ils franchissent le pont Doumer au cœur de la nuit du 16 janvier 1951.

— Il paraît qu'on retourne à Huong Canh, avance le Parisien dans l'obscurité fracassée par les hurlements des moteurs. Les Viets reprennent leurs attaques en force...

La colonne éventre Phuc Yen et s'arrête de l'autre côté de la ville un peu avant l'aube. Le canon tonne à quelques kilomètres au nord. L'horizon sombre est auréolé de girandoles fugaces. Un ordre relance les camions vers Huong Canh où ils stoppent à huit heures trente. Les paras sautent à bas de leurs G.M.C. Le bruit court dans les sections que les bataillons viets attaquent depuis la veille.

— Ils sont à l'autre bout de la ville, précise même un fantassin d'un élément de protection.

Le bataillon de paras s'engage à pied dans l'artère principale de Huong Canh.

— Ça doit vraiment chauffer, se dit Collard en croisant l'exode de centaines de civils apeurés et chargés de baluchons.

Les bérets-bleus sortent sans encombre de la ville à l'abandon. Des éléments ennemis qui ont occupé tous les villages alentour prennent les

Minh, la douce congaye du Parisien, avait à peine seize ans...

voltigeurs de tête à partie. Les officiers lancent leurs hommes vers une voie ferrée qui court à trois cents mètres de là.

— Ouf ! se dit l'infirmier une fois tassé à l'abri du remblai, on est tout de même mieux là...

Des tirailleurs restent pris sous les feux rebelles aux dernières maisons de la ville. L'artillerie se déchaîne. Ses obus vrillent le ciel au-dessus des paras et s'écrasent à quatre cents mètres devant la voie ferrée. Un ordre lance la compagnie indochinoise en avant. Le Parisien bondit d'abri en abri en profitant du matraquage des obus de 105. Des avions vrombissent au-dessus du vacarme et plongent en retrait des collines qui s'élèvent progressivement vers le massif sombre du Tam Dao, à l'est de Lien Son.

— Qu'est-ce qu'ils balançent ? s'interroge le sergent infirmier en plongeant derrière l'ultime abri d'une levée de terrain, devant le premier village à nettoyer.

Les huit appareils lâchent chacun deux grosses bombes sur les positions rebelles. Des incendies orangés se développent aussitôt après les sourdes explosions. Tout brûle en quelques minutes devant les paras.

— Du napalm ! s'exclame le Parisien en découvrant pour la première fois les effets dévastateurs du liquide infernal.

Les rebelles amorcent un mouvement de repli avant le retour des avions délestés de leur provende d'apocalypse. Les bérets-bleus bondissent en hurlant. Collard est vite saisi par une odeur horrible. Un hoquet incoercible monte de ses entrailles nouées. Des corps achèvent de se consumer. Leurs chairs mortes se convulsent en cloques de graisse. Ils sont figés comme de grotesques et noires statues ornées de lambeaux de vêtements qui flambent doucement en courtes flammèches.

— Espérons que leurs copains en fuite auront eu le temps de les contempler avant de partir, souligne le sergent écœuré, cela leur coupera peut-être l'envie de revenir...

L'attaque s'enraie. La compagnie d'Harcourt est placée en réserve. Le mouvement d'assaut n'est relancé qu'à onze heures vers le second village occupé par les survivants du bombardement au napalm et du rush des bérets-bleus. Les mortiers lourds tirent les premiers puis l'artillerie donne de la voix. Les avions reviennent larguer des bidons de napalm. Le chef de bataillon Michel lance ses compagnies à l'attaque lorsque les tirs de préparation s'allongent. Collard et ses compagnons calquent leur course sur celle des autres sections un peu plus en retrait. Des balles claquent au ras de leurs chapeaux de brousse informes. L'assaut furieux traverse l'objectif. Les sections se plaquent en position d'attente à la sortie du village en profitant des avantages d'un mamelon boisé.

— Il n'y a plus qu'à attendre que les copains bougent à nouveau, apprécie Collard, c'est tout de même chouette la réserve...

Des bouts de branches coupés net par les balles ennemies tombent sur le groupe du sergent infirmier. Deux minutes passent. Les paras glissent souplement sous le feu pour trouver les meilleurs angles morts.

— Ils sont fous les Viets, rugit tout à coup le Parisien, ils contre-attaquent !

Le tir rebelle décuple de puissance. Les bo dois courent en rangs serrés vers les bérets-bleus. Les armes des parachutistes crachent la mort. Leurs rafales taillent des coupes claires dans les sections ennemies. Des bo dois blessés titubent et viennent s'abattre à bout de forces à quelques mètres seulement des Français. Collard, bien placé pour observer, se prépare à tirer au cas où la vague folle s'obstinerait malgré ses lourdes pertes. Des hurlements rappellent les survivants du carnage vers l'ouest. Les armes individuelles se taisent. Le Parisien essaye de reconnaître les blessés des compagnies placées devant lui et que l'on ramène vers l'arrière.

— Nom de Dieu ! éructe-t-il soudain en reconnaissant le sergent Evrard. Encore un des vieux qui a morflé...

Les brancardiers s'éloignent en trottant.

— Nous ne sommes plus que quatre du premier voyage, marmonne le Parisien : on y passera tous...

L'état-major ranime le mouvement à treize heures, après une formidable concentration des feux de l'artillerie et de l'aviation. Les paras bondissent pour une ruée de cinq cents mètres. Les rebelles inexorablement matraqués se cramponnent au terrain couronné d'un long rideau de fumée. Les voltigeurs de tête du bataillon profitent du répit relatif pour avancer sans pertes. Un *Morane* d'observation approche des positions viets-minhs. Son pilote prend des risques et signale que le gros des rebelles amorce un long mouvement de décrochage. Les artilleurs à l'écoute reprennent leur cadence maximale et les avions de chasse piquent sur le site éclaté.

— Là-bas, regardez ! hurle Collard à l'affût derrière les premiers éléments de son bataillon. Ils foutent le camp...

Débusqués par les éclatements serrés des obus et le flot ravageur du napalm, des dizaines de bo dois se ruent vers le nord-ouest en jaillissant d'un piton enfumé. Toutes les armes des paras les encadrent, l'air saturé d'effluves de poudre brûlée devient vite irrespirable. Une formidable et rauque clameur monte dans le vacarme. Les compagnies levées comme un seul homme se lancent en poursuite. Le Parisien enjambe des corps morts, respectueux de l'ennemi défait.

— C'est une vraie chasse au canard, se rend-il compte dans l'infernal tohu-bohu, ils tombent comme des pipes à la foire...

Le piton d'où se sont échappées les grappes de bo dois débandées est conquis. L'artillerie allonge le tir pour harceler les fuyards. Les paras ne tirent plus que pour achever quelques moribonds insoignables. Quatre-vingts cadavres viets-minhs jonchent la pente martyrisée et les équipes de fouille en découvrent d'autres alentour longtemps après le dernier coup de feu de la bataille.

Les paras vainqueurs reviennent à Huong Canh à dix-huit heures et s'installent pour la nuit tout au long d'un mamelon, au nord de la ville maintenant totalement dégagée de l'emprise des bataillons viets. Des tirailleurs prolongent le dispositif à gauche du 10e B.P.C.P. et des compagnies d'infanterie vietnamienne s'étendent sur la droite des paras. Une pluie froide s'abat sur le site juste avant la nuit. Collard, qui a installé sa toile de tente mal imperméabilisée au-dessus d'un trou d'homme vite creusé, frissonne. Des centaines d'obus pilonnent encore le repli des colonnes rebelles.

— La nuit risque d'être salement longue, envisage le Parisien. Pour les Viets comme pour nous...

21

LA BATAILLE DE VINH YEN

Le Parisien se réveille bien avant l'aube du 16 janvier, tout étonné d'avoir dormi.

— Je croyais pourtant qu'ils allaient revenir, se dit-il en faisant jouer ses muscles gourds et émergeant de son trou d'homme trempé.

La pluie ne tombe plus. Le bataillon quitte sa position à cinq heures. Les paras marchent en file indienne très espacée. Ils atteignent bientôt le bord de la route Huong Canh-Vinh Yen à deux kilomètres de la première cité. Les compagnies reçoivent l'ordre de se tapir dans la nuit finissante.

— Nos grands patrons n'aiment toujours pas les attaques de nuit, regrette Collard impatient d'entamer la poursuite.

L'aube illumine le paysage. Les collines du nord-ouest se précisent peu à peu. Les bérets-bleus se remettent en marche en longeant la route défoncée. Ils atteignent une tour de guet aux pans de murs écroulés et noircis. L'avance hachée de haltes de plus en plus fréquentes est énervante. Le Parisien n'est pas à la fête.

— A ce train-là, se plaint-il, on n'arrivera jamais à temps là où nos chefs veulent nous mener...

Les rebelles ne se manifestent pas pendant les trois premières heures au lent mouvement en accordéon. Les hommes du capitaine d'Harcourt parviennent à dix heures quinze aux abords d'un poste construit à cinq kilomètres de Vinh Yen. Ses défenses écroulées sont abandonnées et une automitrailleuse achève de brûler au milieu d'un véritable tapis de douilles vides. Des éléments d'infanterie venus de Vinh Yen font liaison avec les paras à onze heures.

— Ils ont l'air drôlement contents de nous voir, remarque Collard, ils ont dû en subir de dures...

Le massif du Tam Dao sort de la brume matinale, au nord. Des colonnes de renfort déferlent de Huang Canh et de Vinh Yen en longues traînées de fourmis lentes.

— C'est la première fois que je vois autant de monde en Indo ! constate l'ancien F.T.P. Cette fois, ça devient une guerre de front. C'est tout de même impressionnant. Qu'est-ce qu'il doit y avoir en face...

Les premiers éléments du 10e B.P.C.P. atteignent à onze heures trente des collines embroussaillées sur lesquelles un ordre les fige.

— Ce doit être la ligne d'attaque, évalue le Parisien un peu las de la monotone progression.

Les Viets-minhs dévoilent leurs armes collectives une à une. Les mitrailleuses tiennent toutes les crêtes qui surplombent les colonnes arrêtées aux approches de la cote 210.

Collard renoue le long morceau de toile de parachute qu'il porte en foulard depuis le repli de Gi Lang.

— C'est là-haut que nous devrons certainement monter, évalue-t-il en indiquant du bras la longue masse de la plus haute colline.

Des automitrailleuses débouchent à l'extrême gauche du mouvement ami et avancent lentement en tirant vers les premiers mamelons tenus par les rebelles. Des sections du 1er B.C.C.P.flanquent leur approche.

Des tirailleurs tentent de progresser aussi sur la gauche. Les compagnies du commandant Michel entament l'attaque de la cote 210, la troisième marchant en pointe. L'artillerie pilonne les sommets à enlever. L'aviation pique en déchirements de moteurs au-dessus des explosions d'obus.

— Les Viets amènent eux aussi du renfort ! grommelle Collard, ça va chauffer dur...

Des colonnes de bo dois pressées se dirigent vers les positions menacées par le mouvement qui s'ébranle. Elles sont aussitôt pilonnées par des tirs de 105 et de mortiers lourds mais persistent à progresser vers la cote 210. Les paras approchent de leur objectif à quatorze heures trente. Un plateau long de trois cents mètres monte en pente douce vers les hauteurs à enlever. Les artilleurs et l'aviation poursuivent le martèlement destructeur de la contre-pente de l'objectif qui disparaît dans des nuages de fumée. Des formes floues continuent à avancer dans l'enfer. Les paras de la 3e compagnie sont au contact de l'ennemi à cent mètres devant le

Parisien. Ils tirent, se lèvent, courent en tirant encore, plongent derrière des rochers, tirent à nouveau, se relèvent et avancent en hurlant.

L'avant-dernier éperon du plateau qui devance l'arête de la cote 210 de deux cents mètres est conquis à quinze heures vingt. L'assaut vers les derniers mamelons barrant l'accès de l'objectif final est lancé moins d'un quart d'heure après le regroupement sur les positions enlevées aux bo dois. Les premiers quarante mètres de pente sont gravis sans que les rebelles bien embusqué réagissent.

— Ça cache quelque chose, gronde Collard essoufflé. Ils mijotent un sale tour de cochon. Gaffe mes frères...

Les herbes hautes et les buissons étalés en dessous des roches tenues par les Viets-minhs s'enflamment tout à coup en ronflements terrifiants. Les paras ne peuvent franchir le mur de feu crevé de rafales furieuses. Ils se replient sur leur ligne de départ. L'artillerie concentre ses tirs sur la cote 210 pendant de longues minutes. L'objectif des bérets-bleus devient un véritable volcan en éruption. La terre des pentes tremble. Une mitrailleuse rebelle ne cesse de tirer et bloque toute tentative des hommes en chapeaux de brousse. Soudain, elle se tait. Les paras bondissent aussitôt et courent jusqu'à la base de la côte à enlever. L'attaque finale est lancée à seize heures vingt-cinq. Collard suit l'assaut du regard. Il est placé en attente à moins de cent mètres des premiers voltigeurs hurlants.

Des bo dois demeurés miraculeusement indemnes sous le bombardement de l'artillerie et des mortiers lancent des grenades sur les premiers bérets-bleus parvenus au pied de leurs positions. Toutes les armes françaises tirent sur eux. L'assaut un instant enrayé repart de plus belle à seize heures quarante. Le Parisien, qui a emprunté les jumelles d'un sergent de la section de commandement, ne peut détacher son regard enfiévré de la mêlée noyée dans la fumée des éclatements. Les paras sont au corps à corps et liquident les derniers bo dois abandonnés en combat retardateur.

Il ne reste bientôt plus qu'un seul Viet-minh indemne sur la cote 210. Collard le voit se lever sur sa position fracassée pour faire face à l'ennemi. Le bo doi tire ses dernières munitions sur ses vainqueurs, jette son arme inutile dans leur direction et s'écroule, criblé de balles, à deux mètres des paras.

— C'était un lion, ce type-là ! gronde l'infirmier en rendant les jumelles au sergent impatient de mieux suivre à son tour l'action de ses camarades.

Les bérets-bleus dénombrent rapidement trente-sept cadavres viets-minhs au sommet de la côte enlevée. Le bataillon se regroupe tout entier à dix-sept heures sur le plateau martyrisé. Les tirailleurs placés sur la gauche de l'objectif enlevé de haute lutte n'ont pas eu autant de réussite et se replient, encombrés de blessés. Les rebelles, qui occupaient un piton moins large que la cote 210, les avaient laissés approcher à moins de trente mètres avant d'ouvrir un feu meurtrier. Les sections du 1er B.C.C.P. et les automitrailleuses paraissent elles aussi en difficulté. La bataille fait rage à quelques kilomètres.

Les paras reçoivent l'ordre de se préparer à passer la nuit près des bo dois abattus. Collard creuse un abri après avoir repoussé quelques dépouilles d'ennemis sur la pente et récupéré leurs couvertures. Les blessés du bataillon ont vite été descendus vers Vinh Yen avec les corps des tués au cours de l'assaut. Un grondement de moteurs annonce bientôt que les tirailleurs et les automitrailleuses amorcent un mouvement de repli vers un piton plus au sud. Les appareils de la chasse tournent inlassablement au-dessus des collines occupées par les rebelles et plongent chacun leur tour en mitraillant. L'artillerie règle ses tirs au plus près des campements en installation pour barrer la route à d'éventuelles contre-attaques.

Collard a terminé son installation et contemple le champ de bataille dans le cliquetis des pelles et des poignards de ses compagnons poursuivant leurs travaux de défense.

— Bon Dieu, regarde ! lance-t-il à un de ses voisins, les Viets ! Il y en a des centaines...

Les rebelles viennent s'installer en longues colonnes tranquilles sur les lignes des collines qui s'assombrissent à six cents mètres au nord-ouest de la cote 210 transformée en forteresse. Les paras des deux compagnies du commandant Michel, qui n'ont pas été engagées au cours des premiers assauts, partagent leurs munitions intactes avec les bérets-bleus de la 3e compagnie. La nuit noie le site empuanti. Le dernier avion qui s'obstine à mitrailler encore les rebelles en train de s'installer plonge une dernière fois sur l'ennemi pour vider ses soutes. Collard ne peut détacher son regard des lignes serrées de balles traceuses qui jaillissent de l'appareil invisible. Des lumières s'allument au loin vers Vinh Yen et des dizaines de paires de phares de camions zèbrent la route, annonçant des renforts.

Les Viets-minhs ouvrent un feu nourri dès vingt heures. Leurs tirs jaillissent de partout.

— On est gentiment encerclés, gronde Collard qui a bondi de son abri.

Le Parisien essaie de deviner l'ennemi qui va se lancer sur la cote 210. Les quarts d'heure passent, rien ne vient. Des bruits de bataille naissent à vingt-deux heures, à un kilomètre de la position des bérets-bleus. Des cris aigus montent dans la nuit. Collard reconnaît les hurlements de haine des bo dois se ruant à l'assaut. Il serre machinalement son arme de rage impuissante. La position attaquée luit d'éclairs brefs. L'artillerie met ses plans de tirs repérés en exécution pour repousser la horde hurlante. La position assaillie redevient silencieuse. La liaison radio est interrompue avec les assiégés.

— Est-ce qu'ils ont tenu ? s'interroge le Parisien en scrutant nerveusement l'obscurité tailladée de temps en temps de rafales de balles traceuses. Où sont les Viets maintenant ?

Personne ne songe à dormir sur la cote 210 isolée. Soudain, des obus de mortiers s'abattent sur les bérets-bleus. Les explosions rauques sont vite suivies de claquements de balles d'armes individuelles. Des silhouettes jaillissent du noir profond et se découpent dans les lueurs d'éclatements à trente mètres au plus des premiers postes de guet. Les paras tirent des fusées éclairantes et leurs armes balayent les groupes de bo dois infiltrés pour les repousser vers le nord. Des blessés hurlent. Collard bondit vers une forme tassée derrière un rocher.

— Reculez de vingt mètres ! hurle un chef de section.

Des Viets-minhs tombent aux pieds des voltigeurs qui ont failli être submergés par l'attaque furtive. Collard traîne son blessé derrière le mouvement de repli bien ordonné, le dépose à l'abri et ouvre le feu sur des formes floues lancées à nouveau à l'assaut. L'enfer baisse de ton.

— On dirait qu'ils reculent, espère l'infirmier en commençant à soigner l'homme qu'il a ramené du feu et qui se plaint.

Des éclatements de mortiers ennemis peuplent la nuit fracassée pour couvrir le repli des bo dois. L'assaut repoussé n'a duré que huit minutes. De longues minutes d'éternité pour les paras qui regagnent leurs positions premières dans les déchirements faiblissants des tirs ennemis. Les blessés sont regroupés au centre du dispositif malmené.

Des bruits inquiétants montent à nouveau des broussailles à une heure cinquante.

— Ils reviennent, suppute Collard, ils sont têtus les cousins...

Une nouvelle vague rebelle jaillit du maquis et vient s'abattre à quelques mètres des paras. L'attaque est enrayée par la projection d'un véritable mur de grenades offensives et défensives.

— A nous de jouer, jubile Collard en tirant de longues rafales de Mat 49 dans les buissons.

Des hurlements de rage et des cris de douleur montent de la pente balayée par les armes des bérets-bleus. Les bo dois reculent une nouvelle fois en traînant leurs blessés. Les mortiers rebelles redonnent de la voix. Le Parisien sursaute soudain.

— Ecoute ! lance-t-il à l'homme qui est tapi à deux mètres de lui, tu entends ?

Une voix monte, nette, dans la mitraille faiblissante.

— Même élément, pour dix obus, ordonne-t-elle en français au servant d'une pièce de mortier, feu !

L'infirmier est abasourdi.

— C'est un Français, gronde-t-il, le salopard...

Les secondes qui suivent l'ordre du traître s'égrènent, crispantes. Le premier obus de la salve tombe en dessous des paras, le deuxième beaucoup plus près. Collard se tasse un peu plus au sol et compte les coups à haute voix.

— Quatre... cinq... six...

Tout explose autour de lui. Des éclats miaulent en ricochant contre les rochers.

— Sept... huit...

Les obus tombent à intervalles de quatre secondes.

— Neuf...

Un para hurle de douleur.

— Dix... ouf ! lâche le sergent en courant au secours de l'homme blessé.

La voix maudite ne se fait plus entendre pendant de longues minutes. Collard soigne rapidement deux autres paras touchés. Une nouvelle salve d'obus maltraite la position, puis tout redevient calme à deux heures quinze. Des cris étouffés montent des buissons en contrebas de la position assaillie, des frôlements s'éloignent.

— Ils récupèrent leurs blessés, avance l'infirmier en engageant un nouveau chargeur dans la poignée de sa Mat 49.

Les derniers bérets-bleus fouaillés par le feu de l'attaque avortée sont allongés près de leurs compagnons blessés au premier assaut.

— Pourvu qu'ils ne reviennent pas, prie le Parisien en comptant rapidement ses chargeurs pleins et ses munitions en vrac, on commence à être salement justes en bastos...

L'infirmier écoute tous les bruits de la nuit redevenue presque calme. Les plus faibles chuintements du vent dans les broussailles lui paraissent menaçants. Quatre heures arrivent. Une longue colonne de camions roule au loin sur la route de Vinh Yen.

— Ça donne du courage, se réjouit le Parisien sur le qui-vive, au moins on sent qu'on ne nous abandonne pas dans la merde...

Une heure passe encore, calme. Les gémissements des blessés troublent seuls la tranquillité revenue. Un cri plus aigu que les autres monte dans la nuit. Collard frissonne en l'écoutant. Il jette un coup d'œil à sa montre bracelet. Il est cinq heures douze. Le concert assourdissant des rafales ennemies reprend, toujours rythmé par des éclatements de mortiers.

— On dirait qu'ils y vont moins fort que les premières fois, constate le sergent infirmier en économisant ses derniers chargeurs de 9 mm.

Les mortiers se taisent. Les rafales s'espacent. Les bo dois, sans doute écœurés par l'incroyable résistance des bérets-bleus, refluent dans l'ombre rayée de balles. La fin de la nuit s'écoule sans autres manifestations de l'ennemi. L'aube dévoile le champ de bataille.

— Pas trop tôt, grommelle Collard en plissant ses orbites douloureuses pour distinguer la pente qui s'éclaire.

Les paras contemplent bientôt un spectacle dantesque. Des blessés gisent çà et là, enturbannés et pansés de bandes rougies de sang. Treize corps sans vie sont allongés un peu à l'écart.

— On a eu deux morts à la compagnie, regrette le Parisien, et treize blessés, c'est dur...

Le sous-officier laisse échapper un juron en reconnaissant le pâle visage du caporal Premier.

— Merde ! gronde-t-il, c'est pas vrai, tu as pris un abonnement...

Le caporal déjà blessé à la pagode de Lien Son sourit tristement. Collard s'éloigne vers d'autres gisants.

— Et moi, se dit-il, je passe toujours au travers... jusqu'à quand ?

Les bérets-bleus fouillent les pentes de la cote 210 où ils ont rejeté les attaques de la nuit au prix de quarante-deux blessés. Le sergent Simon Nadal pousse une patrouille un peu plus au large, vers le nord-est. Une fusillade éclate. Elle ne dure pas longtemps. Les paras remontent vers leurs compagnons. Le Parisien scrute les buissons, saisi d'une sale appréhension.

— Nadal ! hurle-t-il presque, c'est pas vrai... pas toi...

Son ami de tous les combats gémit. Le sergent est blessé par des éclats de grenade et transpercé d'une balle. L'infirmier regarde les hommes de la patrouille emporter le corps pantelant vers le P.C. du bataillon. Il serre les poings.

— Tu vas t'en tirer, murmure-t-il contre toute évidence, il faut que tu t'en tires...

Mercury est sombre lui aussi. Il a vu Nadal au passage. Il échange avec Collard un signe de main fataliste.

— Il n'y a plus que lui et Mièvre à n'avoir pas souffert, se dit le Parisien en regroupant son matériel de soins.

Des renforts arrivent de Vinh Yen à neuf heures. Les paras redescendent de la cote 210 sous les regards lourds de compassion des hommes de la relève. Le général de Lattre a engagé dans la bataille sept bataillons rameutés de Cochinchine avec tout le matériel aérien en état de voler, avions civils réquisitionnés y compris, pour enrayer la formidable attaque des régiments du Viet-minh.

Le Parisien se retourne une dernière fois vers le nord pour suivre un instant du regard les longues litanies de bo dois qui tracent leur route vers le massif du Tam Dao. Les unités rebelles sont poursuivies par les avions de chasse revenus sur le site dès l'aube. Des bombes au napalm brûlent des tranches entières de colonnes serrées.

— Pour un peu, gronde l'ancien F.T.P. en détournant à regret ses yeux du terrible spectacle, on demanderait à rester encore un peu ici, qu'est-ce qu'ils prennent !

Les paras encombrés de leurs quarante-deux blessés et quatorze morts parviennent à la route de Vinh Yen après une heure et demie de marche lente. Collard, une fois les morts et les blessés confiés aux véhicules sanitaires, court vers un rach clair et boit de l'eau sans reprendre son souffle.

— Bon Dieu, s'aperçoit-il soudain, on a rien bu et rien mangé depuis près de trente-six heures...

La colonne des hommes affamés longe la route encombrée de véhicules qui amènent encore des troupes fraîches. Elle débouche à Vinh Yen à

Les paras rescapés de la cote 210 se détendent après trente-six heures de combat.

douze heures trente. Le Parisien rôde autour de camions G.M.C. dans lesquels des hommes à la mine défaite entassent, à quarante par véhicule, les morts descendus de la ligne de feu. Le spectacle est difficilement soutenable. Les yeux désespérément secs de l'infirmier ne peuvent pourtant se résoudre à se détourner des corps enveloppés de toile de tente qui s'entassent en chocs mous. Leur sang coule au-dessous des cuves surchargées.

— On est vraiment peu de chose, conclut le Parisien au visage mangé de barbe éparse tout en s'éloignant du sinistre étalage.

Les bérets-bleus se reposent jusqu'à vingt et une heures quarante-cinq et retrouvent leurs anciens bivouacs de Huong Canh un peu après vingt-deux heures. Ils y demeurent au repos toute la journée du jeudi 18 janvier. Le capitaine d'Harcourt s'arrête en fin de matinée devant son sergent infirmier un peu reposé et rasé de frais au poste des marsouins.

— Vous avez été très bien là-haut, mon vieux, lâche le grand capitaine, merci !

L'officier s'éloigne du sergent ému.

— Ceux qui ont été très bien, pense ce dernier, ce sont nos morts et nos blessés...

Un remue-ménage attire l'attention du Parisien. Le colonel Edon qui commande le groupement comprenant le 10e B.P.C.P. passe en revue la compagnie vite rassemblée.

— Vous êtes des lions et des hommes, lance l'officier à cinq galons, et la célèbre phrase de l'histoire adaptée à l'occasion est valable pour vous...

Le colonel se raidit un peu plus, enfle sa voix de commandement et lâche aux quatre vents :

— Quand vous direz : « J'étais à Vinh Yen », on dira : « C'est un brave ! »

Collard ne peut empêcher un maigre sourire de s'installer sur sa face fatiguée.

— Qu'est-ce qu'il nous balance le colon, se dit-il, ça fait plaisir mais j'aime mieux le style du capitaine d'Harcourt...

Le bataillon se retrouve à Hanoi le 21 janvier. Les journaux relatent en long et en large les phases de la bataille de Vinh Yen. Le Parisien apprend à leur lecture ques les Viets-minhs ont perdu dans l'affaire plus de cinq mille cinq cents tués, plus de six mille blessés, et quatre cent vingt prisonniers restent aux mains des forces de l'ordre.

Nadal meurt deux jours plus tard à l'hôpital Lannessan.

— Et voilà, nous ne sommes plus que trois, gronde le sergent en fermant machinalement les yeux pour retenir des larmes qui ne viennent pas.

Le sergent Nadal, avec le fanion de la 7e Cie du 10e B.P.C.P., quelques semaines avant sa mort.

22

LA VIE CIVILE

Les paras passent quelques jours de repos à Hanoi. La vie de garnison déplaît toujours autant au Parisien.

— Une semaine à ne rien faire, ça suffit comme ça, s'impatiente-t-il dès le samedi 27 janvier 1951, on ferait mieux de retomber sur les Viets qui n'ont pas dû digérer leur raclée de Vinh Yen... et, poursuit le sergent infirmier, le portefeuille est à sec, heureusement que le kebout est roi...

Le kebout, système de crédit à ressort, se pratique dans la majorité des bars tenus par des Jaunes. Il offre aux soldats la possibilité de vivre nettement au-dessus de leurs moyens mais coûte cher car les « mères kebout » profitent des plus folles soirées pour corser les additions.

— Avec les bataillons qui sont passés à la casserole ces temps derniers, suppute le Parisien désargenté par une semaine de bombance, les tenanciers vont commencer à tirer la langue, mais je leur fais confiance : le soldat meurt mais pas le kebout...

Le 10e B.P.C.P. quitte la ville de lucre au matin du 28 janvier. Les camions qui le transportent touchent Haiphong après avoir traversé Ke Sat et Haiduong. Il est quinze heures trente. Le grand port grouille de soldats aux tenues très nettes que frôlent les G.M.C. chargés de paras poussiéreux. Collard ne connaît à peu près rien de l'opération dans laquelle il va être engagé. Il sait seulement qu'elle doit se dérouler vers Ninh Giang. Il descend de son camion américain après que le convoi a franchi un dernier bras du delta du fleuve Rouge au bac de Tien Lang à vingt heures trente. Le sol de la piste-digue qu'empruntent les paras est recouvert d'une couche de boue de quinze centimètres.

— Ça promet du joli, envisage le Parisien en évitant la chute d'extrême justesse.

Le mouvement d'approche de l'objectif inconnu se lance. Les bérets-bleus pataugent sur leur patinoire sombre. Des jurons mal étouffés saluent le moindre dérapage. La marche est très lente et ce n'est qu'à l'aube du 29 janvier, après avoir franchi en bacs bruyants deux cours d'eau du delta, que les hommes aux jambes mordues de crampes parviennent devant Ninh Giang. La colonne se fige, les ordres tardent.

— Mais qu'est-ce qu'on est venus faire par ici ? se demande le sergent infirmier en inspectant l'étendue morne de la plaine brumeuse.

Le Parisien ne reconnaît aucun des indices familiers qui accompagnent d'habitude la mise en route d'une opération. Les paras se dirigent vers un village situé à quatre kilomètres du gros bourg catholique. Ils y restent trois jours lassants. Collard ne décolère pas. Il éclate intérieurement de rage lorsqu'un ordre ramène, d'abord à pied, puis à bord d'engins de la Marine et en camions, le bataillon aux casernes d'Hanoi.

— On n'a pas vu le nez d'un Viet, se force-t-il à plaisanter avec ses compagnons déçus de la promenade, et on n'a rien compris du tout. Ça fait tout de même cher du kilomètre pour le pauvre contribuable !

La capitale s'anime le samedi 3 février. Des patrouilles de combat la sillonnent en tous sens et les gardes des cantonnements sont renforcées. Les bérets-bleus sont rassemblés, équipés et armés, à vingt-trois heures trente pour garder la large digue du fleuve Rouge.

— Il paraît, annonce un sous-lieutenant du P.C., que les Viets vont attaquer la ville...

Collard accueille la nouvelle en haussant les épaules et rien ne se passe. La nuit s'écoule tranquille. L'aube ramène les paras dans la ville qui s'éveille. Le Parisien mort d'ennui est appelé aux services administratifs de son bataillon au matin du samedi 10 février.

— Tenez, lui annonce un fourrier en lui tendant une feuille de papier, c'est pour vous, une citation...

Le sergent lit les quatre lignes sans âme signées du général de division Salan qui le citent à l'ordre de la brigade pour l'affaire du 26 décembre 1950, à Lien Son.

— Courage, ânonna-t-il, rare sang-froid... ça ne veut vraiment pas dire grand-chose, enfin ça fait tout de même plaisir : et de trois ! On va arroser le coup...

— Il paraît qu'on va s'installer dans un poste pour un mois, apprend le lendemain un de ses compagnons au décoré.

— Ça ou autre chose, lui répond sans entrain Collard, ce dernier se souvenant soudain qu'il doit être rapatrié dans moins d'un mois...

Les bérets-bleus quittent Hanoi à l'aube du 12 février. Ils traversent la rivière Claire et s'installent pour la nuit autour du grand poste de Vietri. Les paras se transforment en bâtisseurs et coupent des tonnes de bambous dans la région pour ceindre leurs bivouacs de solides défenses.

— Mercury a presque de la chance d'être à l'hôpital avec la jaunisse, grommelle le Parisien au cours de la corvée. C'est tout de même pas du travail pour un para...

La routine s'installe au campement du capitaine d'Harcourt. Dans la matinée du samedi 17 février, des explosions réveillent l'instinct guerrier du sergent. Les paras s'équipent en deux minutes. Une patrouille de coloniaux revient au poste. Elle marche tassée et très lentement.

— Ils ont des blessés, s'aperçoit Collard en détaillant les Sénagalais et les marsouins.

Les bérets-bleus reçoivent l'ordre d'aller patrouiller dans la zone où les hommes du poste sont tombés en embuscade, à cinq kilomètres au nord de Vietri. Les rebelles sont déjà loin. Les paras retrouvent quelques blessés de la patrouille attaquée. Collard dévisage un lieutenant exsangue qui s'est redressé d'un effort surhumain à l'approche du recueil. Le pied droit de l'officier est arraché et son bras droit pend inerte, criblé d'éclats. Un grand Sénégalais râle à quelques mètres de son chef, le ventre béant.

— Ils ne vont pas aller bien loin tous les deux, reconnaît douloureusement le Parisien, ils sont foutus...

La patrouille rentre au fort, alourdie de chairs pantelantes. Les jours et les nuits passent tranquilles et un bataillon de Légion étrangère vient bientôt relever le 10e B.P.C.P. Les bérets-bleus retraversent la rivière Claire et vont, à pied, réoccuper le poste de Cho Vang, à doüze kilomètres au nord-ouest de Vinh Yen.

Collard suit les voltigeurs de sa compagnie qui ouvrent la route du bataillon. Il fait encore nuit sur la rizière sèche qui mène à un village ceinturé de hauts arbres. Les cagnas désertes sont vite fouillées et dépassées. Le jour se lève. La colonne parcourt encore trois kilomètres. Les rebelles ouvrent le feu d'un second village. Les paras méprisent les balles qui sifflent au-dessus d'eux et continuent d'avancer. L'artillerie pilonne le secteur douteux et fait fuir les tireurs embusqués. Le poste à tenir est là. L'infirmier écarquille les yeux en découvrant le site désolé.

— C'est ça le palace ? se dit-il. Si on doit vivre ici, ça promet !

Les tours du fortin plusieurs fois matraquées par les Viets-minhs et l'artillerie amie ne sont plus que des amas de briques. Seules les défenses de barbelés demeurent intactes car les rebelles devaient savoir qu'elles étaient truffées de mines. Le bataillon s'enterre un peu plus chaque jour pendant une semaine insipide. Des bo dois viennent arroser de très loin les travaux rondement menés. Des chars font sauter les mines antipersonnel du réseau rouillé. Une noria de camions amène sur le site tout le matériel lourd nécessaire à la construction de véritables blockhaus. Collard n'apprécie pas du tout cette vie de soldat-maçon et trouve le temps long. Il ne vit vraiment qu'au hasard des patrouilles auxquelles il se mêle le plus souvent possible.

— D'ailleurs, se rend-il compte au matin triste du 14 mars, je devrais déjà être à Hanoi depuis longtemps... pour ce qu'on nous fait faire dans ce coin pourri...

Le Parisien n'est pas le seul à être en partance. Deux officiers et trois sous-officiers parmi lesquels se trouve le sergent Mièvre s'impatientent aussi.

— Ce serait tout de même trop con de mourir ici d'un éclat de mortier imbécile, souligne l'infirmier en s'adressant à Mièvre, tu ne trouves pas ?

Un ordre enjoint aux rapatriables de ne plus participer aux patrouilles.

Une semaine énervante passe encore. Le canon tonne dur dans la nuit du 20 mars. Des postes de Vietri et de Vinh Yen sont attaqués en force.

— Autant en reprendre pour six mois si ça doit péter vraiment, se promet le Parisien.

Les deux officiers et les quatre sergents en fin de campagne quittent le poste qui a repris fière allure, au matin du mercredi 21 mars. Ils sont à Hanoi le soir même. Collard est mal dans sa peau. Tout l'indiffère. D'un seul coup, toutes les fatigues des mois passés lui retombent sur les épaules. Houbron et Thuillier, les deux autres rescapés du 2/1.R.C.P. sont aussi en attente de départ. La bataille reprend dans les secteurs du Dong Trieu et Mao Khe. Un bataillon de paras a eu près de cinquante tués et plus de cent blessés. Collard, qui l'avait vu passer en colonne de G.M.C. bruyante, reçoit très mal les échos des combats.

— J'ai la sale impression de déserter, s'avoue-t-il en reposant le journal qui relate les détails des barouds de ses compagnons.

Les sergents en civil embarquent dans un *Constellation* d'Air France à l'aérodrome d'Haiphong qu'ils ont rejoint en D.C.3. L'appareil fait escale à Calcutta, Karachi, Damas, et se pose le 23 avril 1951 à Orly. Collard se retrouve devant la gare d'Orsay. Il est treize heures, Paris vit, indifférent aux hommes maigres et à cheveux ras qui reviennent de la planète Mort. Mercury, bien remis de sa jaunisse, rompt le charme et hèle un taxi.

— On va chez un cousin qui tient un hôtel-restaurant, annonce-t-il à ses compagnons.

Le cousin corse accueille bien les rapatriés et leur donne des chambres.

— J'ai faim, claironne Collard peu pressé de retrouver son passé.

Une table est vite servie. Les paras boivent sec pour s'étourdir. Le Parisien a encore le bavardage du chauffeur de taxi aux oreilles. L'homme ne parlait que de vie chère et de grèves. Pas un mot de la guerre d'Indochine.

— Ça va être salement dur de se remettre à l'heure, se dit l'ex-infirmier en reprenant du beaujolais pour la dixième fois au moins.

Les soldats dépaysés s'écroulent un à un. Collard se réveille le lendemain à onze heures.

— Quelle gueule de bois, se rend-il compte tandis que Mercury le secoue.

Le cousin du Corse a préparé un repas léger aux revenants de l'enfer.

— Sans vin pour moi, précise l'ancien F.T.P. rasé de frais.

Le déjeuner est triste et finit vite. Les sergents se serrent une dernière fois la main sur le trottoir ensoleillé. Thuillier, Oubron, Mièvre et Mercury sont vite dévorés par la foule. L'infirmier se retrouve seul.

— Cette fois on y est, se dit-il la gorge serrée, il va falloir réapprendre la vie...

Le sergent en rupture de guerre dépense rapidement ses maigres économies. Il passe chaque soirée au bal de la salle Wagram, tuant le temps à grandes tranches de plaisirs faciles. Paris se moque bien de la guerre d'où il est revenu. Le soldat cherche désespérément ses frères paras au bout de quelques semaines. Il retrouve avec soulagement Jamotte, son compagnon de l'opération Bastille au 2/1.R.C.P. en juillet 1949. L'ancien béret-bleu est toujours dans l'Armée.

— J'ai fait un stage d'officier de réserve, annonce-t-il à son camarade, j'attends d'être nommé pour partir en Corée... Tu devrais faire comme moi.

Les deux amis réunis par le hasard entament un pèlerinage à motocyclette qui les mène aux quatre routes de l'amitié chez des anciens d'Indochine dont ils ont conservé les adresses. Certains sont mariés, d'autres ont bien changé et ne se reconnaissent plus dans les traits maigres

René Collard avec quelques anciens du C.E.F.E.O., à Levallois-Perret.

de leurs visiteurs. Collard pose sa candidature au stage d'officier de réserve de Strasbourg dès le retour du périple du souvenir. Il commence ses cours le 18 août 1951 et les termine le 15 septembre.

— J'ai bien fait de serrer les dents, se félicite-t-il en apprenant qu'il est reçu dix-huitième sur cent vingt élèves. Vivement les galons et la Corée !

Le temps passe, le futur officier de réserve s'inquiète.

— Qu'est-ce qu'ils attendent pour m'appeler ? se demande-t-il alors que l'année 1952 est déjà commencée. J'en ai marre de la vie civile... Je ne suis pas chez moi !

Paris s'endeuille à la mort du général de Lattre de Tassigny. L'ancien de Vinh Yen remet son uniforme pour suivre les cérémonies qui se déroulent pendant trois jours, aux Invalides et à l'Arc de Triomphe où le Président Vincent Auriol dépose le bâton de Maréchal de France sur le cercueil de l'ancien haut-commissaire et commandant en chef en Indochine. Le sergent décoré, serré dans la foule, a du mal à retenir ses larmes.

— Adieu, mon général, s'entend-il murmurer, et encore merci pour Vinh Yen...

Les mois de l'année 1952 passent sans rien apporter de nouveau à l'ancien infirmier quant à son appel sous les drapeaux comme officier de réserve. Le Parisien écrit au directeur du recrutement pour savoir dans quelles conditions il pourrait souscrire un nouvel engagement pour l'Indochine. Les réponses qu'il reçoit sont assez vagues.

— Mon dossier est encore là-bas, gronde-t-il, qu'est-ce que c'est que cette histoire ?

Le travail de courtier en bijouterie qui lui permet de survivre lui donne envie de vomir. Comme il porte toujours un insigne miniature de brevet parachutiste à la boutonnière ainsi que les liserés de ses décorations, il s'attire de plus en plus souvent des remarques acides qui amènent presque toujours une bagarre. Son dossier est enfin retrouvé au mois d'octobre.

— Mais, lui annonce-t-on lorsqu'il dépose une demande de rengagement, comme vous avez plus de six mois d'interruption de service, vous ne serez repris que comme caporal-chef...

Le sergent aux quatre citations fait la moue.

— Je m'en fous pas mal, accepte-t-il tout de même, du moment que je retrouve l'Armée !

Un mois traîne encore. Le courtier en bijoux de fantaisie signe enfin un contrat de trois ans au titre de la 1re demi-brigade de parachutistes coloniaux. Le rengagé est à Vannes le 5 décembre à l'aube. Il se présente à huit heures au bureau administratif de la caserne de la ville.

— C'est vous, Collard ? s'enquiert un sergent secrétaire.

— Bien sûr, s'énerve le rengagé refroidi par l'accueil sans âme.

— Bon, poursuit le bureaucrate, on va compléter votre fiche de renseignements...

Le sergent froisse quelques feuillets crissants.

— Caporal-chef depuis quand ? demande-t-il au bout d'une minute d'examen sérieux.

— Depuis hier ! lâche Collard d'une voix sèche.

Le sous-officier à la poitrine vierge de toute décoration lève la tête.

— Comment ça depuis hier ? interroge-t-il en haussant les sourcils.

Le Parisien entame le récit de son histoire. Le sergent décide que le cas le dépasse lorsque le caporal-chef en arrive à son examen réussi d'officier de réserve.

— Je vais voir le capitaine, annonce-t-il au rengagé.

Un officier d'administration sort bientôt d'un bureau et l'ancien sergent d'Indochine est obligé de recommencer son récit.

— C'est bien, conclut l'homme à trois galons, si tout cela est vrai, on va vous mettre au tableau d'avancement tout de suite...

Le capitaine regagne son bureau. Un planton guide le caporal-chef dans la vaste caserne et l'abandonne dans une chambre triste à deux lits située au premier étage de bâtiments austères. Le Parisien défait machinalement sa valise, range ses affaires de toilette au-dessus du lavabo de la pièce et s'allonge sur le matelas sans draps de son lit étroit. Il contemple le plafond sale les mains croisées sous la nuque.

— Ça y est, se dit-il le cœur serré, je suis revenu chez moi... Pas trop tôt ! Vivement l'Indo...

QUATRIÈME PARTIE

LE MARSOUIN

23

A NOUS LES VIETS !

Le caporal-chef René Collard oublie vite les errances de la vie civile. Le nouveau marsouin remodèle ses muscles au cours de longues heures d'exercices de combat. Il saute à nouveau en parachute au centre de Meucon et retrouve ses galons de sergent le 1er février 1953.

— Ça ne fait guère que la troisième fois que j'arrose ce foutu galon de sous-off, explique-t-il à ses compagnons du 1er bataillon de parachutistes coloniaux en offrant le champagne à la caserne de Saint-Brieuc, où son unité cantonne.

Les relations avec les civils du cru ne sont pas toujours des plus cordiales. Staline, le petit père des peuples, meurt au mois de mars. Les communistes de la région tendent l'immeuble de la Maison du Peuple de drap rouge pour recevoir une gigantesque effigie du défunt moustachu. Collard et quelques anciens d'Indochine n'apprécient pas du tout que le drapeau soviétique flotte au vent breton, même encadré des trois couleurs républicaines. Un petit commando de bérets-rouges attaque la permanence communiste du boulevard Charner, bouscule quelques militants de garde et dérobe le drapeau russe crêpé de noir. Les instances fédérales du P.C. portent plainte, mais personne ne retrouve l'emblème couleur sang.

Une formidable explosion réveille les Briochins quelques jours plus tard. Il est deux heures trente, la verrière de la gare vole en éclats, les vitres de l'*Hôtel de l'Ouest* sont en miettes et le siège fédéral du parti communiste a beaucoup souffert. Des civils avancent le lendemain qu'ils ont vu cinq parachutistes rentrer en courant à leur caserne tout de suite après l'attentat. La sentinelle qui était de faction prétend qu'elle n'a rien vu, ni même rien entendu, puisqu'elle dormait. Le factionnaire écope de huit jours de prison.

— Ça va pas se terminer comme ça, prévoit Collard en lisant dès le lendemain un tract appelant la population à stigmatiser l'attentat fasciste au cours d'un meeting de protestation. Il va sûrement y avoir une enquête sérieuse...

Le sergent tend un tract rouge à un de ses compagnons.

— En tout cas, plaisante-t-il, regardez, ce n'est pas de notre faute si les drapeaux russes disparaissent et si le P.C. saute, c'est écrit là : « De tels actes criminels sont la conséquence de la politique de fascisme, de misère et de guerre du gouvernement ! »

Crucq, un gradé de la compagnie du Parisien, se fiance. Ses beaux-parents tiennent un hôtel-restaurant tout près de la caserne des paras remuants et invitent tous les amis sous-officiers de leur futur gendre à partager un repas de fête. L'ambiance est joyeuse, les événements des jours passés sont loin. Une traction avant s'arrête au ras du trottoir devant l'hôtel résonnant de chansons. Un panier à salade suit la Citroën noire, des agents en descendent. Les trois occupants de la voiture légère pénètrent dans l'établissement, se présentent poliment et annoncent qu'ils ont l'intention d'interroger les sous-officiers présents aux fiançailles. Les bérets-rouges hurlent leur désapprobation mais acceptent, après de longs palabres, de quitter les lieux par groupes de cinq et à condition que les agents les ramènent ensuite à la fête troublée.

— Ne vous en faites pas, lance Collard qui fait partie de la première fournée d'interrogés et attrape au passage une bouteille de beaujolais, de toute façon, nous on a rien vu et à peine entendu, alors...

Les interrogatoires serrés ne donnent rien et n'ont pour effet que de retarder de trois jours le départ du 1er B.P.C. en permission avant le grand voyage pour l'Indochine. Les paras participent ensuite à de grandes manœuvres au début du mois de juin. Collard commande un groupe de la 2e compagnie dans lequel tranche nettement le première classe Bruni, un brun solide et fort en gueule qui a derrière lui une carrière de sept années de Légion étrangère. Les deux hommes sympathisent tout de suite.

— On va faire du bon travail en Indo, se réjouit le Parisien.

Le bataillon embarque bientôt sur un aérodrome proche de Lorient dans des avions américains pour sauter sur la lande bretonne. Les largueurs s'étonnent de la vitesse d'éjection des Français. Le Parisien, une fois au sol, éclate de rire après s'être dégrafé.

— Bande de salopards, hurle-t-il en constatant que les paras de son stick ont eu le temps d'arracher tout ce qui pouvait l'être dans la vaste carlingue du porteur U.S.

Les bérets-rouges hilares font un petit tas de leur butin. Les tenues de sortie de l'équipage yankee, soigneusement ajustées dans des housses sur leurs portemanteaux, les extincteurs de l'appareil et même des balais gisent sur l'herbe bretonne.

— On va tout de même se faire engueuler, prévient l'ancien sergent du 10e B.P.C.P., ça va être notre fête...

La punition attendue se traduit par l'interdiction de se rendre à un bal de campagne donné dans un village en l'honneur du bataillon.

Le Parisien hèle Bruni.

— On va monter une patrouille bidon, lui annonce-t-il, et on va danser tout de même...

La mine sombre de l'ancien légionnaire se déride. Une douzaine de volontaires se rassemble en tenue de sortie. Collard prend le commandement. La fausse patrouille franchit sans encombre deux postes de garde du camp d'entraînement.

— Les cons, jubile le sergent pressé d'aller danser au hameau de La Feuillée, ils n'ont même pas remarqué qu'on a pas d'armes...

Une vraie patrouille croise l'escapade. Les deux chefs se saluent très protocolairement. Collard retient mal un éclat de rire. Le bal est là. Sa musique émoustille les paras.

— Merde, gronde le Parisien au moment de pénétrer dans la fête, les officiers sont là...

Bruni projette son chef de groupe d'une bourrade dans la lumière du bal. Le sergent s'attable et boit avec son chef de section, le lieutenant Meunier, qui ne pipe mot de la punition escamotée.

Le grand départ pour l'Indochine est enfin annoncé.

— Les gars sont en forme, exulte le sous-officier rengagé, on fait une dernière virée et on fout le camp...

Les restaurants de Saint-Brieuc résonnent de chants paillards et guerriers. Collard a sorti tout son groupe, même les paras qui, désargentés, ne voulaient pas festoyer...

— Ne vous en faites pas, leur a-t-il dit pour les décider, on paiera pour vous... c'est normal...

Les sections de sortie regagnent la caserne tard dans la nuit. Les bérets-rouges sont éméchés mais marchent fièrement au pas cadencé en chantant. Leurs voix éraillées gueulent aux quatre vents la profession de foi du 1er B.P.C. Des civils réveillés en sursaut regardent aux fenêtres les jeunes gens qui réclament le combat à leur patron saint Michel et à tous les dieux de la guerre. Collard hurle comme les autres.

— Aujourd'hui c'est jour de fête... Tous les paras vont sauter...

La voix du sergent enfle encore.

— Sur Hô Chi Minh et ses Viets, chante-t-il, pour aller les supprimer...

Le chant guerrier prête à l'archange saint Michel des désirs sauvages qu'il n'a peut-être jamais eus en avançant qu'il est :

— ... la terreur des Viets et le sauveur des Moïs !

Le bataillon se retrouve, à l'aube de la courte nuit, sur le quai de la gare à la verrière réparée. Les Bretons sont nombreux et chaleureux pour saluer les soldats en partance. La locomotive du convoi de wagons de troisième classe réquisitionnés crache des nuages de vapeur blanche, siffle et démarre en grinçant.

— On ne voit pas les cocos, regrette Collard en ne reconnaissant aucun militant du P.C. dans la foule des badauds, c'est dommage...

Le drapeau rouge dérobé à la permanence du Parti flotte soudain au vent de la gare, accroché à la portière d'un wagon. Les amis venus saluer le départ des bérets-rouges éclatent de rire et poussent des hourras.

Le train passe par Rennes, Le Mans, Bordeaux, Toulouse, Narbonne et Sète. Les militants communistes se manifestent tout de même à Nîmes. La gare de la cité tauromachique domine une grande place ensoleillée. Une centaine de manifestants rassemblés par le P.C. est massée aux abords de la voie. Les militants sifflent, hurlent, brandissent le poing fermé en direction du train ou lancent des pierres et des boulons sur les paras penchés aux fenêtres de leurs compartiments.

— Faut pas nous laisser faire, hurle Collard en lançant sur la masse houleuse une boîte de bœuf cuit d'un kilo.

Les conserves pleuvent sur la manifestation. Un homme qui avançait avec les mains posées sur le guidon d'une bicyclette reçoit un lourd projectile en pleine face et s'effondre.

— Bravo ! hurle le Parisien, joli coup au but ! Ça leur donnera l'occasion de nous traiter de fascistes dans leurs feuilles de chou à la solde du Viet-minh...

Le *Pasteur* déborde du quai de la Joliette à Marseille à l'aube du 21 juin 1953. Collard revit vraiment.

— Cette fois, se réjouit-il en caressant une dernière fois du regard la côte française, plus rien ne pourra m'empêcher de retourner au baroud...

Le sergent a depuis longtemps déjà oublié sa déconvenue de n'avoir pu servir comme officier de réserve.

— Maintenant, se dit-il en se rappelant la plaisanterie des paras coloniaux en Indochine après la mort de son ami Marseille, je suis un vrai sergent : un marsouin !

Le *Pasteur* fait une courte escale à Mers el-Kébir pour embarquer un bataillon de tirailleurs marocains et quelques groupes d'isolés. La musique de la Légion étrangère accompagne longtemps le départ du navire bondé. Le voyage passe vite en escales colorées. Le grand navire est au large d'Haiphong au petit matin du 10 juillet après avoir transbordé les Marocains et les légionnaires au cap Saint-Jacques. Le Parisien ne se lasse pas de contempler les îlots effilés de la baie d'Along qui ferment l'horizon tout autour de la grande île de la Cat Ba. Un L.C.T. et un L.S.T. approchent du transport de troupes. Le bataillon de paras descend sur le L.S.T. *Orne* en compagnie de tirailleurs sénégalais.

— Bon Dieu qu'il fait chaud, se plaint l'ancien infirmier des bérets-bleus en se tassant dans la foule de soldats encombrés de sacs, pourvu que les marins ne traînent pas...

Le grand chaland s'écarte du *Pasteur*. Tout va très vite une fois le quai atteint. Des dizaines de G.M.C. sont là. Ils chargent les bérets-rouges et les mènent à un vaste campement de tentes établi à l'autre bout de la ville.

Collard déguste au soir sa première soupe chinoise. Il ferme les yeux pour mieux apprécier les saveurs mêlées du mets acheté pour quelques piastres à un vendeur installé en plein air au ras du trottoir. Le Parisien et

Bruni servent de guides aux sous-officiers novices. Le bataillon quitte la ville portuaire dès le lendemain. Les paras s'entassent dans un train pour se rendre à Hanoi. Le paysage jadis familier des rizières se réimpose aux yeux de Collard. Les visages de ses compagnons morts se précisent dans son souvenir. Le train surpeuplé entre en gare de Haiduong. Bruni tire son chef de groupe par le bras.

— Oh ! le hèle-t-il. Tu rêves ?

Le sergent songeur s'ébroue pour chasser sa nostalgie.

— T'as pas quelques piastres ? lui demande l'ancien légionnaire, c'est pour acheter des bananes.

Collard fouille dans la poche de son pantalon de treillis et tend ce qui lui reste de la sortie de la veille. Le marsouin brun descend sur le quai encombré de caisses grillagées d'où s'échappent des cous de volailles et revient bientôt les bras chargés de bananes fraîchement cueillies. Collard retrouve avec plaisir le goût épais des courtes bananes vert sombre et replonge dans ses souvenirs de combat.

Les postes qui défendent de place en place la voie ferrée n'ont plus l'aspect inachevé des années passées. Le Parisien ne reconnaît plus rien des lignes nettes des blockhaus qui ont remplacé les anciens fortins à la Dubout. Le train approche bientôt du pont Doumer. L'ouvrage est maintenant protégé de nombreuses batteries de canons qui émergent comme des verrues des berges du fleuve Rouge. Le convoi entre en gare d'Hanoi. Des musiciens de la Légion jouent en bienvenue les mêmes airs que la musique de Mers el-Kébir au départ du *Pasteur*. Collard a le cœur serré.

— Qu'est-ce qui me prend ? se demande-t-il en franchissant la porte de la gare, c'est tout de même pas cette foutue musique...

Des G.M.C. emmènent le 1er B.P.C. aux bâtiments du Protectorat qui sont situés à quelques kilomètres de la ville. Les cantonnements sont exigus. Des sections s'installent dans les couloirs, dormant à même le sol. Les paras perçoivent leur armement au matin du 12 juillet et le bataillon défile pour le 14 juillet dans Hanoi pavoisé aux couleurs françaises et à celles des Etats associés de l'Indochine remis sous la houlette de l'empereur Bao Dai. Collard retrouve au soir les établissements de la rue Paul-Bert. Les « mères kebout » lui font fête. Une Chinoise ridée verse même quelques larmes de joie en l'honneur d'un de ses meilleurs clients des années passées.

— C'est très bien d'être revenu, lui lance-t-elle, émue, c'est maintenant moi payer à boire pour toi...

— Ce sera bien la première fois, rigole le Parisien en vidant le verre d'un trait.

Le bataillon change de cantonnement le 16 juillet et s'installe dans de vastes locaux à côté de l'hôpital Lannessan. Des *Dakota* survolent Hanoi toute la journée du 17. Les appareils transportent quatre bataillons de paras qui vont sauter sur Lang Son. Collard les suit des yeux, impatient de retomber sur le Viet-minh.

Les paras coloniaux sont réveillés à trois heures dans la nuit du 23 juillet. Le Parisien se retrouve avant l'aube à l'aérodrome de Bach Mai. Des dizaines d'appareils de transport sont alignés le long des pistes d'envol.

— Ça change un peu des malheureux *Junker 52* de mon premier séjour, remarque-t-il, en embarquant dans un *Dakota,* sans parachutes.

L'appareil survole bientôt à basse altitude les rizières du delta en direction du sud-ouest, puis prend de la hauteur pour franchir une chaîne de montagnes ennuagées. La température fraîchit sérieusement dans l'avion américain.

— On est au Laos, apprécie Collard en montrant du doigt à Bruni la plaine des Jarres qui défile sous l'avion en taches vert pâle parcourues de saignées ocre et rouge.

Le *Dakota* fait deux fois le tour d'un aérodrome isolé et se pose sans heurts sur sa longue piste. Les paras grimpent dans des *Dodge* et partent pour le sud du pays. Les blindés de tête de colonne parcourent une trentaine de kilomètres et pénètrent dans Xien Kouang, la capitale du pays méo. La ville est étalée au milieu d'une cuvette bordée de collines à la végétation somptueuse. Elle ne compte plus que trois centaines d'habitants qui contemplent les nouveaux venus sans extérioriser le moindre sentiment.

Les bérets-rouges s'installent dans la ville morte sur les campements des légionnaires qui tenaient l'endroit depuis trois mois. La compagnie de Collard reçoit l'ordre d'aller occuper un mamelon au sud-est de l'agglomération. Quelques cagnas bâties en dur ne suffisent pas à abriter les hommes de la relève. Les coloniaux entament dès l'aube du lendemain des travaux de défense de leur domaine désolé. Les *Dodge* ont amené des rouleaux de fil de fer barbelé.

— Il paraît qu'il y a une grosse compagnie viet dans le secteur, à moins de vingt kilomètres d'ici, annonce Collard aux paras de son groupe pour stimuler un peu leur ardeur au travail.

Le mamelon se hérisse au fil des jours de défenses solides en rondins enterrés. Un *Dakota* vient larguer de nouveaux rouleaux de barbelé. Les lourds ballots s'enfoncent profondément dans le sol mou. Le Parisien dirige une corvée pour les récupérer.

— Attention ! hurle-t-il soudain en regroupant ses hommes sous les arbres, collez-vous contre les troncs...

L'avion libère son dernier chargement d'une trentaine de rouleaux en plein sur la corvée.

— Ça serait tout de même trop con de se faire tuer par cette saloperie, se dit le sergent en suivant la chute des derniers lourds colis. Sans même avoir eu le temps de se frotter aux Viets !

Une patrouille capture un guetteur rebelle le lendemain.

— C'est bon signe, se réjouit l'ancien infirmier, quand y en a un, y en a plusieurs ! Ils vont peut-être venir s'occuper de nous...

Le Parisien doit se contenter de banales patrouilles dans les environs de Xien Kouang, le plus souvent sous une pluie qui réveille les sangsues de la jungle. Les rebelles se tiennent prudemment à l'écart, au plus profond de la forêt. Les jeunes paras s'aguerrissent tout de même en traques et en embuscades. Le mois d'août se meurt ainsi, monotone. Collard retrouve les anciennes excitations de son premier séjour le 6 septembre.

L'ordre de préparer une section par compagnie en vue d'un saut opérationnel tombe à Xien Kouang. La section du Parisien hérite de la mission de la 2e compagnie. Le sergent pressé de retrouver le vrai combat houspille son groupe au démontage des tentes et à la préparation des sacs individuels. Par malheur, l'opération est annulée. L'ancien infirmier de Vinh Yen tempête et replonge dans la routine. La pluie noie le campement trop calme. Un ordre rappelle enfin les marsouins à Hanoi. Des *Dakota* les déposent sur la piste de Bach Mai au soir du 17 septembre.

— On aura tout de même rodé le bataillon, reconnaît le Parisien en ne regrettant pas le Laos. Maintenant on peut viser plus haut...

Les autorités lancent une opération d'envergure qu'elles baptisent Brochet. Le mouvement est destiné à anéantir deux bataillons viets-minhs installés entre Bac Ninh et la région des pins parasols.

— Moi, je connais ! avertit Collard en apprenant la destination de son bataillon. Tu vas voir, Bruni, c'est un chouette terrain de chasse...

Les paras quittent Hanoi le 21 septembre en G.M.C. et cantonnent au soir cinq kilomètres après le canal des Rapides. Plusieurs bataillons sont engagés dans l'affaire et l'artillerie pilonne les environs toute la nuit.

— Ça a l'air sérieux, espère le Parisien en écoutant le bruit des moteurs de dizaines d'automitrailleuses, de chars et de camions qui passent sur la route.

Les grandes lignes de l'opération sont expliquées aux chefs de sections qui les répercutent à leurs chefs de groupes. Collard apprend ainsi que quatorze bataillons sont scindés en cinq groupements mobiles. Le 1er B.P.C. fait partie du seul groupement composé de deux bataillons.

— On part demain, annonce le chef de groupe à Bruni et ses compagnons, et c'est nous qui allons marcher en tête !

Les paras du lieutenant Edme sont prêts au départ à l'aube du 23 juillet. Ils embarquent dans les premiers G.M.C. de la colonne. Les moteurs grondent. Un contrordre enraye le mouvement. Collard saute à bas de son véhicule en pestant contre le mauvais sort. Les officiers de sa compagnie courent aux nouvelles et reviennent très vite aux camions. Le Parisien retrouve vite le sourire, lorsque le lieutenant Edme, aux cheveux prématurément tombés, redonne le signal du départ.

— Les Viets ne sont plus où on les croyait, annonce-t-il à ses compagnons, ils sont maintenant à cent kilomètres d'ici. Mais ça ne change rien pour nous...

Les G.M.C. partent à neuf heures et traversent bientôt une zone incontrôlée autour de Hung Yen. Des villages brûlent tout le long de la route. L'artillerie amie pilonne à l'écart et des échos d'accrochages parviennent aux oreilles du Parisien. Le bataillon atteint bientôt le fleuve Rouge et le longe sur quelques kilomètres.

Les paras sautent à terre avant douze heures. Collard mène la marche le long d'une route sabotée en touches de piano. Les voltigeurs de tête passent, après trois kilomètres de progression tranquille à côté de la carcasse d'un avion de chasse qui s'est écrasé là. Le groupe du Parisien débouche auprès d'un poste bâti en toute dernière défense devant le territoire contrôlé par le Viet-minh. Une sentinelle enlève le cheval de frise dérisoire qui sanctionne la coupure entre les deux mondes.

— A nous les Viets ! plaisante Collard en montrant du bras l'immensité inconnue.

24

PIÈGES EN SÉRIE

Collard et ses voltigeurs parcourent tranquillement quatre kilomètres sur la route éventrée par les saboteurs viets-minhs. La bataille fait rage à cinq kilomètres plus au nord de la progression étirée. Des bombardiers B 26 et des avions de chasse plongent sur une ligne matérialisée par des explosions d'obus d'artillerie.

— Chef, on ne peut pas passer, annonce bientôt un éclaireur vietnamien en débouchant au bord d'un arroyo.

Le para aux yeux bridés tient à la main gauche la longue tige de bambou dont il s'est servi pour sonder le cours d'eau.

— Il faut absolument trouver un passage, ordonne le Parisien en prenant la tête d'une patrouille de quelques hommes pour longer la coupure d'eau.

Les voltigeurs en tenue camouflée pataugent dans les lises putrides du rach et ne décèlent aucun indice de gué.

— Si ça se trouve, enrage l'ancien infirmier, on va passer la nuit ici. On perd du temps...

Un éclaireur s'accroupit soudain dans les roseaux et montre du doigt

une touffe de bambous à quelque deux cents mètres de l'autre côté de l'obstacle infranchissable. Collard bondit vers lui.

— J'ai vu un gars avec un fusil, chuchote le deuxième classe indochinois, j'en suis sûr...

Le sergent ne répond pas. Ses hommes ont disparu au ras du sol derrière lui. Des oiseaux s'envolent en nuées piaillantes de l'abri du guetteur ennemi. Le Parisien arme sa carabine U.S. et l'épaule.

— Attention ! gronde-t-il au para tout proche de lui et qui est armé d'une Mat 49, si tu as vu juste on va l'avoir...

Un mouvement furtif trahit à nouveau le rebelle. Le chef de groupe appuie sur la queue de détente de son arme légère. Une seconde carabine donne de la voix tout aussitôt. Le Viet-minh s'affole et se lance à découvert. Collard tire à nouveau quatre balles. Le bo doi s'écroule, mort.

— Dommage qu'on ne puisse passer ce foutu cours d'eau, regrette le tireur, on va perdre son fusil...

Les paras se détournent de la forme morte qui se devine à peine, à cent cinquante mètres de la rive opposée de l'arroyo, et plongent à nouveau de longues baguettes de bambou pour sonder l'eau trouble et profonde. Au bout d'une demi-heure de sonde, Collard reçoit l'ordre d'aller reconnaître un petit village appelé X Dinh. Les paras s'y installent pour la nuit. Les combats se poursuivent au loin, des mitrailleuses lourdes aboient toute la nuit et l'artillerie donne sans cesse. A trois heures dix, un élément rebelle passe de l'autre côté du rach et tire quelques rafales sur la position de X Dinh, tenue éveillée par le vacarme constant.

— Quand je dis que ça vient, se réjouit le Parisien lorsque les balles sifflent au-dessus des cagnas, c'est que ça va venir...

Les accrochages s'enragent encore au matin du 24 septembre sur la gauche des bérets-rouges. Collard et ses voltigeurs fouillent quelques hameaux le long du rach. Une fusillade toute proche le détourne un instant de son travail de traque.

— Naturellement, c'est pas pour nous, grommelle le chef de patrouille tandis qu'un groupe d'une autre compagnie accroche un petit élément rebelle.

Le bilan du combat très bref est annoncé par radio. Les paras ont eu deux blessés dans l'affaire.

— C'est le métier qui rentre, plaisante le Parisien.

Un ordre radio rameute la section en patrouille au gros du bataillon un peu après midi. Les paras dégagent une zone de broussailles pour permettre à un hélicoptère de venir récupérer les deux blessés.

— De mon temps, se laisse aller à regretter Collard, on n'avait pas cette chance-là...

Le Parisien récite machinalement les noms de quelques-uns de ses anciens compagnons de combat morts faute de n'avoir pu être évacués à temps.

La compagnie du lieutenant Edme repart après l'enlèvement des blessés

pas l'habitude de la chaleur, fait-il remarquer à Bruni.
t...
it son avance sous un soleil de plomb. Deux paras
u sol.
e disais, râle leur chef de groupe en les défaisant de
. Aidez-les !
arent des corps mous de leurs compagnons à bout de
r la piste chaude jusqu'au poste de Tho Truong, où
eures trente. Les hommes las reprennent quelques
s rations qui ont été amenées à leur intention. Le
l'ordre d'aller s'installer dans un village de ralliés.
il à ses chefs de sections et de groupes, c'est là-bas,
royo.
arche.
voltigeur de tête une fois arrivé au bord du cours
t !
s le para.
nde-t-il, c'est reparti pour le bain...
gagent prudemment dans l'eau trouble. Collard
e l'eau jusqu'au cou et avance péniblement en
au-dessus de sa tête casquée. Le bain improvisé
s fusent, rassurant le chef de groupe quant à leur
ciens catholiques du village rallié accueillent les
ntillesse. La nuit s'écoule, enfin reposante.
ntre dans sa deuxième phase à l'aube du
Des bruits de cantonnement prévoient que
de.
ollard à son groupe, deux bataillons viets dans
ues kilomètres de ce coin tranquille...
mouvement des trois groupements mobiles
mpagnie Edme marche une nouvelle fois en
fois, Collard progresse derrière la section du
gent Cassiède. La colonne de paras serpente
pé. Les rebelles sont au rendez-vous. Ils
squés et chargés seulement de leur petit sac
vivres. Leurs balles claquent sec au-dessus
t de suite lancé. Les mortiers du bataillon
he et au-delà du village, la 1re compagnie
te, Collard et sa compagnie bondissent en
armes. Les Viets-minhs s'enfuient devant
Le village est conquis.
reconnaît le Parisien en détaillant de
ents de repos et de combat jonchés de

la fouille serrée de toutes les cagnas.

par un hélicoptère *Hiller*. L'ancien F.T.P. marche toujours en tête du mouvement.

— On arrête là, ordonne le lieutenant aux cheveux rares lorsque les éclaireurs du Parisien parviennent à la ligne d'une digue élevée, creusez des trous d'hommes !

Les paras installent rapidement un large point d'appui au-dessus d'une longue rizière. La 2e compagnie est relancée vers la rivière infranchissable à seize heures. Collard fait alléger ses paras au maximum.

— On fait juste une reconnaissance et on revient ici, explique-t-il à Bruni.

L'ancien sergent infirmier a reçu pour consigne de passer à tout prix de l'autre côté du rach. Ses voltigeurs taillent de gros bambous et confectionnent de tout petits radeaux carrés sur lesquels ils installent leurs sacs de combat et leur armes. Le chef de patrouille montre l'exemple et plonge dans l'eau boueuse. Toute la compagnie rameutée passe ainsi et reprend son avance en direction d'un village planté dans la boue de la rizière, à deux kilomètres du cours d'eau. Les mortiers lourds du bataillon pilonnent le hameau. Collard entraîne ses voltigeurs sous la protection des fusils-mitrailleurs qui tirent tous ensemble.

— Ils se sauvent, hurle un para, là-bas...

Le Parisien ouvre le feu sur quatre hommes en uniformes sombres qui se défilent dans la rizière. Le village est plus important qu'il n'apparaissait de loin. Les bérets-rouges investissent sa partie nord. Quelques bo dois sont encore abattus. Les mortiers ne tirent plus. Collard lance un nouveau bond d'une de ses voltiges après avoir placé son fusil-mitrailleur en protection. Il sent soudain la terre céder sous son pied droit.

— Bon Dieu ! grommelle-t-il dans le vacarme de la fouille, je suis sur un piège...

Des voltigeurs dépassent leur chef immobilisé et qui hésite à faire le moindre mouvement. Une rafale de fusil-mitrailleur lâchée par une pièce rebelle demeurée coite jusque-là brise ses atermoiements. Il bondit en arrière.

— J'ai eu du pot, souffle-t-il une fois à l'abri, cette saloperie n'a pas fonctionné...

Un parachutiste vietnamien n'a pas eu la même chance que lui. Il a le pied transpercé par un bambou acéré. Les 24/29 de la compagnie ripostent à l'arme rebelle qui se tait bientôt. Le lieutenant Edme reçoit un ordre de repli. Les bérets-rouges se retirent du village, groupe par groupe. Le para indochinois blessé est transporté par deux de ses compagnons. Une tornade d'obus de 105 s'abat sur les cagnas dès que le dernier marsouin s'est éloigné du village. Ses baraques en dur s'écroulent une à une et ses paillotes flambent.

Des paras se sont encombrés de poulets et de quelques porcelets pas très gras. La nuit tombe et les radeaux ne sont pas faciles à retrouver.

— Quelle pagaille, se plaint Collard une fois de l'autre côté du rach, on se croirait dans l'armée de Bourbaki, c'est vraiment le bordel !

Les paras dégoulinant d'eau retrouvent leurs positions sur la digue creusée de trous et commencent à s'y installer. Un ordre les renvoie au village de Dong Cap situé à un kilomètre de là. La compagnie harassée se noie dans la nuit. Les bérets-rouges qui n'ont pas voulu abandonner leurs cochons et leurs volailles arrivent à leur nouveau bivouac à vingt et une heure trente.

— On fait du feu pour faire cuire nos bestioles, décide Collard, il n'y a pas de danger...

Les paras affamés s'activent et les lueurs de leurs brasiers dansent vite entre les cagnas de Dong Cap. Les cochons vidés et les poulets rapidement plumés commencent à cuire en grésillant. Un ordre radio émanant du P.C. du bataillon stoppe les préparatifs du repas.

— On éteint tout, annonce le Parisien à contrecœur, on bouffera mieux demain...

L'artillerie pilonne sans trêve les villages à l'est de la position retombée dans l'obscurité totale. La nuit est glaciale. Collard frissonne dans ses vêtements trempés. Les villages matraqués par les artilleurs brûlent.

— Ça fait joli, reconnaît le sous-officier affamé, mais ce n'est pas ça qui va nous réchauffer...

Le Parisien transi apprend au cours d'une vacation radio que les autres bataillons engagés dans l'opération Brochet ont eu de nombreux tués.

— Mon vieux Bruni, confie-t-il à l'ancien légionnaire, on aura peut-être une chance de faire nous aussi un bon coup. Espérons toujours...

Les deux guerriers avides de combat ne dorment pas de la nuit. Le lendemain, les paras du lieutenant Edme stockent leurs sacs dans le village tranquille et reçoivent l'ordre de rameuter le gros du bataillon. Le Parisien apprend en arrivant près de l'aire d'atterrissage d'hélicoptères agencée la veille que le sergent Debonne, avec qui il avait passé une partie de sa permission de départ, a sauté sur une mine. Son compagnon n'a plus qu'une jambe. Le lieutenant Quillet a été tué et plusieurs paras ont été plus ou moins gravement blessés au fil des heures.

— Cette fois, songe le chef de groupe, les choses sérieuses ont vraiment commencé...

Le lieutenant Edme reçoit l'ordre de convoyer au poste le plus proche les morts et les blessés du secteur. Cinq cadavres de parachutistes d'un bataillon vietnamien et trois morts du 1er B.E.P. sont allongés, enroulés dans des nattes de paille de riz, près des deux morts du bataillon de bérets-rouges. Des coolies se chargent des fardeaux tragiques.

— Bon Dieu qu'ils puent, les pauvres copains, constate Collard au bout d'une heure et demie de marche vers le poste éloigné de neuf kilomètres.

Les porteurs, écœurés par l'odeur pestilentielle de leurs charges, hoquettent et vomissent. Les paras détournent la tête et allongent le pas pour se débarrasser au plus vite de l'horrible corvée. Les défenses du

L'avance grignote encore mille cinq cents mètres de rizières. Un village tout entier cerné de barbelés lui barre bientôt la route.

— Sale gueule ce bled, gronde Collard saisi par la tristesse de l'endroit désert.

Une explosion trouble la fouille du sinistre village.

— C'est Costes, apprend aussitôt Bruni à son chef de groupe, il a sauté sur une mine...

Trois autres blessés émergent d'un halo de fumée, l'adjudant-chef Pourrier, le para Oberlé et le lieutenant Edme qui a reçu un éclat dans la poitrine. Deux hurlements de douleur vrillent les oreilles du Parisien, poussés par les paras Gaston et Mounié qui ont chacun un pied transpercé par le dard d'une chausse-trape. Le sergent-chef Costes a une jambe complètement arrachée et l'autre très abîmée.

— Encore un de foutu, grommelle l'ancien sous-officer infirmier tandis qu'un hélicoptère approche de l'orée du village truffé de pièges.

Un char prend les blessés les moins touchés en charge. La progression enrayée reprend vers le village d'An Cu. L'objectif à enlever, qui n'est plus qu'à six cents mètres des premiers voltigeurs, est paraît-il occupé par un bataillon entier de bo dois. Une section de la compagnie du lieutenant blessé avance rapidement vers un petit village à droite de l'objectif principal. Collard voit les premiers éclaireurs amis parvenir à la lisière du maigre hameau. Un nuage de fumée noire les entoure soudain, une explosion court au ras de la rizière piétinée.

— C'est un obus piégé, reconnaît le Parisien, ils ont dû souffrir dur...

La section a perdu un tué et six blessés, et deux autres voltigeurs accourus pour porter secours aux malheureux déchiquetés tombent dans des pièges hérissés de bambous acérés.

— Ça commence pas très bien, tempête Collard, impuissant.

L'artillerie se déchaîne sur le village à conquérir. Les obus passent en ronflant au-dessus des sections de paras pendant près de vingt minutes. Le vacarme est terrifiant. Tout le bataillon avance maintenant en ligne lente dans la rizière. Le village d'An Cu flambe devant lui.

— Qu'est-ce qu'on attend pour foncer ? gronde le Parisien, irrésistiblement attiré par les positions des bo dois matraqués.

25

L'HAMEÇON D'HÔ CHI MINH

Les éléments de tête du 1er B.P.C. atteignent les premières habitations du village rebelle. Les mitrailleuses et les mortiers de l'appui se taisent. Il est quatorze heures dix. Collard installe son groupe dans trois cagnas délabrées. Les légionnaires avancent seuls à la fouille. Des groupes rebelles s'enfuient à un kilomètre. Des avions de chasse plongent tout de suite sur eux. Le gros bourg est tout à fait nettoyé un peu avant seize heures. Les paras coloniaux quittent alors les paillotes dans lesquelles s'installent les légionnaires et vont occuper les hameaux alentour dans les rizières. Le Parisien se retrouve dans le plus petit groupe d'habitations bâti à l'écart d'une longue digue.

— Allez reconnaître les cahutes qui sont là-bas, lui ordonne son chef de section, faites vite avant la nuit...

Collard s'éloigne des sections de sa compagnie. Bruni marche derrière lui. Les voltigeurs du groupe se coulent entre les pauvres habitations sous la protection de leur pièce de fusil-mitrailleur installée à l'orée du village.

— Gaffe aux pièges à cons ! hurle l'ancien infirmier.

Le sous-officier pénètre dans une paillote sombre. Il est accueilli par une odeur de pourriture et hoquette de dégoût.

— Ce doit être une ancienne infirmerie, se dit-il en éparpillant à coups de pieds rageurs des tas de pansements en décomposition.

Le chef de groupe écœuré retrouve l'air libre avec soulagement et fait quelques pas vers deux de ses compagnons de fouille. Il rattrape Bruni et sent tout à coup son pied droit s'enfoncer dans un trou à peine plus large que sa chaussure. Une douleur fulgurante envahit tout son corps rejeté en arrière dans un mouvement réflexe.

— Bon Dieu ! jure le sergent piégé, je suis baisé...

Les tempes enfiévrées du blessé battent fort. Le Parisien serre les dents et attend, couché sur le dos, l'explosion d'une grenade installée sous le piège. Rien ne vient. Le sergent, qui a oublié dans l'attente nerveuse la douleur qui mord son pied, appelle au secours. Bruni bondit vers lui et se penche sur sa jambe clouée.

— Tire-moi de là, ordonne Collard d'une voix sourde. Vite, ça fait mal...

L'ancien légionnaire reconnaît du bout des doigts le fond de la chausse-trape.

— Y a pas de grenade, souffle-t-il, cramponne-toi...

Collard aide le mouvement de son chef de voltige qui le soulève avec douceur et laisse échapper un gémissement.

— Je ne dois avoir qu'un orteil transpercé, apprécie-t-il en grimaçant, ce n'est rien du tout...

Bruni hoche la tête.

— C'est rien, c'est rien, repète-t-il en écho, on dit ça et puis on crève parce que les pièges sont empoisonnés...

La nuit s'annonce.

— Faut qu'on rentre, lance le Parisien, on va retirer cette saloperie...

Les autres paras du groupe se sont placés en protection des deux hommes. Des explosions crèvent la pénombre naissante à l'autre bout de la rizière enserrant le village. L'ancien légionnaire dégage du piège une planchette dardée de longs piquants.

— C'est un clou qui t'a baisé, annonce Bruni, il est salement rouillé...

Collard décide de brusquer les choses.

— On va pas coucher là, avance-t-il, regarde un peu le crochet...

L'ancien képi-blanc examine l'extrémité du fer qui émerge du gros orteil de son chef.

— Il n'y a qu'un petit hameçon, annonce-t-il.

Le chef de groupe réfléchit un court instant.

— Allez, décide-t-il, on arrache le fourbi...

Bruni le dévisage, étonné.

— Ne me regarde pas comme ça et tire dur, ordonne le blessé, dépêche-toi...

Le para très brun cramponne à deux mains la planchette hérissée de clous rouillés, salis d'excréments et de viande avariée.

— Allez, vas-y ! gronde le sous-officier prêt à souffrir, je vais tirer en même temps que toi...

Le Parisien enserre sa cheville douloureuse de ses deux mains. Il se force à sourire, serre les dents et tire. Une plainte s'échappe de sa bouche crispée. Bruni hésite à tirer encore.

— Vas-y, bon Dieu, encourage le sergent torturé, tire !

L'ancien légionnaire accentue sa traction. Collard sent son pied éclater. Il éructe un cri rauque de douleur et retombe sur le dos, libéré du piège sanguinolent. Bruni se défait d'un geste rageur de la planchette.

— Ça va ? demande-t-il en se rapprochant de son ami.

Le chef de groupe a fermé les yeux. Ses mains nouées sur le bas de sa jambe ne se sont pas desserrées. Il reprend peu à peu ses esprits, fouaillé par la douleur atroce et se relève tout doucement. Du sang chaud coule dans sa chaussure transpercée.

— Ça désinfecte, se dit l'ancien infirmier en sentant son pied baigner peu à peu dans le liquide poisseux, faut que ça saigne...

La nuit s'est abattue sur la rizière.

— Je vais rentrer au P.C., décide le blessé, toi Bruni, tu gardes le groupe en attendant les ordres...

Le Parisien ramasse le piège jeté par son suppléant.

— Le lieutenant qui voulait en voir un de près va être servi, se force-t-il à plaisanter.

Boitillant, le sergent s'engage dans la boue en s'aidant de la canne de bambou que lui a taillée un voltigeur. Il est tout de suite assailli par de fulgurantes lancées de douleur mais parvient sans encombre au gros de la compagnie.

— Allez vous faire soigner en arrière, lui ordonne son commandant de compagnie en jetant le piège à l'écart de la cagna dans laquelle il a installé son P.C.

Le reste du bataillon est à un peu plus de deux cents mètres. Le Parisien boite de plus en plus bas en grimaçant un peu plus à chaque enjambée douloureuse. Il parvient bientôt sur la rive d'une coupure d'eau.

— Manquait plus que ça ! gronde-t-il en longeant l'arroyo sur une dizaine de mètres pour en sonder le cours.

Bien décidé à se faire soigner au plus vite, le sergent s'engage dans le courant sombre. Il frissonne en tenant son arme et sa légère canne au-dessus de sa tête et parvient à la rive opposée avec de l'eau jusqu'au cou.

— Sergent Collard, tirez-pas ! hurle-t-il pour se faire reconnaître des postes de guet du P.C.

Rapidement soigné et pansé, le Parisien, trempé, s'allonge dans un trou de digue pour essayer de dormir.

— J'ai eu de la chance, se dit-il délaissé par le sommeil, et ce n'est pas ce foutu clou dans l'orteil qui va m'empêcher de continuer l'opération avec les copains...

Le blessé, pressé de retrouver son groupe de combat, grelotte dans sa tenue camouflée trempée. L'artillerie tire sans interruption bien au-delà de An Cu toujours tenu par les légionnaires.

— Bon sang, le temps ne passe pas vite, observe l'insomniaque agressé par la douleur lancinante qui sourd de son pied et s'éparpille dans tout son côté droit, vivement le jour...

Une fusée éclairante, tirée d'un poste de guet, descend en biais dans l'obscurité. Des formes furtives courent et semblent danser dans la lumière crue distillée par l'engin chuintant. Collard braque son arme vers elles et tire en même temps que ses compagnons du P.C. Des hurlements de douleur se marient au tumulte des détonations sèches.

— Ça soulage drôlement de tirer, apprécie le blessé, j'en oublie mon mal...

Les paras cessent leurs tirs. Les bo dois se sont évanouis dans la nuit. Collard se réinsère dans son trou humide.

— Bon sang, grogne-t-il en regardant l'heure à sa montre, il n'est qu'onze heures ! La nuit risque d'être longue...

De nouvelles rafales jaillissent dans la rizière. Elles sont tirées du village occupé par la première compagnie. Leurs enchaînements rapides meurent au bout de quelques minutes. Le bourg d'An Cu explose à son tour peu après. Les postes radio du P.C. sont en écoute permanente. Collard est aux premières loges pour suivre les événements. Il apprend ainsi que des groupes de Viets-minhs, qui s'étaient diaboliquement enterrés dans des caches au cours des fouilles de la journée, sont sortis au milieu des bivouacs et créent la pagaille un peu partout. Des fuyards tombent sur les positions de bérets-rouges et s'écrasent en hurlant dans la rizière.

Une colonne bien ordonnée se précise devant le regard fiévreux du Parisien un peu après trois heures du matin. De nouvelles fusées éclairantes précèdent le déchaînement de toutes les armes de la digue-forteresse. De nouveaux cris de douleur font vibrer la rizière balayée de lumières crues, déchiquetées d'explosions et zébrées de balles traceuses. La fin de la nuit ramène le calme. L'aube révèle des corps de bo dois allongés sous des langues de brume. Collard, qui a réussi à dormir un peu après la dernière manifestation des rebelles, n'a plus la sensation d'avoir un pied droit. Il est frigorifié et pourtant dégoulinant de sueur.

— Il faut que je retourne avec les copains, se décide-t-il dans le petit matin alors qu'il vient d'apprendre que la nuit a coûté un tué et cinq blessés à la première compagnie de son bataillon.

Un infirmier essaye en vain de retenir le blessé au P.C.

— C'est rien du tout, je te dis, je peux marcher, plaide le sergent en s'éloignant à grandes enjambées dans la rizière sillonnée des patrouilles lancées à la recherche des bo dois touchés au cours de la nuit.

Le Parisien parcourt ainsi une centaine de mètres puis se remet à boiter bas.

— Oui, se rend-il compte, je peux marcher, mais tout de même pas aussi bien que j'ai voulu le faire croire...

L'arroyo franchi à l'aller est là, fumant de brume. Le sous-officier fiévreux s'enfonce à nouveau dans l'eau froide en grimaçant. Son groupe est encore au village de la veille. L'artillerie reprend ses canonnades au large d'An Cu redevenu calme. Un ordre intime aux compagnons de Collard de fouiller encore les paillotes de leur village.

— Il y a peut-être des souterrains comme à An Cu, avance Bruni tout heureux de retrouver son chef. Mes copains de la Légion ont eu pas mal de pertes cette nuit...

L'ancien infirmier fait la moue.

— Ça m'étonnerait, rétorque-t-il à son compagnon, c'est trop humide par ici, mais, poursuit-il, avec ces foutus Viets on ne sait jamais...

Les paras découvrent de nombreux pièges bien plus importants que la chausse-trape dans laquelle leur chef de groupe s'est écroulé. Certains sont de véritables trappes à tigres. Ils sont profonds et tapissés de pics de ferrailles rouillées de plus de cinquante centimètres de haut. Le Parisien frissonne à leur vue.

— On se croirait au Moyen Age, se dit-il en détournant son regard de l'horreur dans laquelle il aurait pu tomber.

Les autres sections de la compagnie rejoignent les voltigeurs de pointe et un ordre de repli rameute tout le bataillon au poste d'où il est parti la veille à l'aube. La section du Parisien est chargée de couvrir le repli et son groupe marche en queue de colonne.

— On fait tout flamber, décide le chef de la section serre-file, on a le temps...

Les paillotes humides brûlent difficilement et des vrilles de fumée grise s'échappent des brasiers à flammes courtes. Collard claudique de plus en plus en quittant les lieux empuantis. Les derniers paras de la colonne tranchant les rizières sont attaqués après moins d'une demi-heure de repli. Un élément rebelle, tapi dans le village de Do Xuyen, prend la diguette sur laquelle cheminent leurs ennemis par son travers gauche. Le Parisien oublie sa douleur et bondit dans la boue.

— Bon Dieu ! rugit-il en sentant des balles siffler au-dessus de lui dans le sens contraire de celles qui claquent en provenance du village rebelle, ils nous allument de partout. Sale temps...

Les bo dois trop éloignés pour assurer leurs rafales ne causent aucune perte aux paras dégoulinant de boue et qui reprennent vite leur marche.

Des obus de mortiers soulèvent de gros geysers dans la rizière.

— La prochaine salve est pour nous, évalue Collard, planquez-vous !

Les bérets-rouges désertent à nouveau la digue. Des obus, plus précis que les premiers, éventrent la piste quelques secondes après.

— On continue dans la bouillasse, s'exclame le blessé en suivant l'exemple du groupe qui s'éloigne devant lui. C'est plus prudent...

Les hommes en tenues camouflées enfoncent dans la boue jusqu'aux genoux au ras de la digue battue par le feu sporadique des bo dois embusqués au loin. Collard souffre à chacune de ses courtes enjambées, en extirpant son pied blessé de la boue brune.

— Dire qu'il y a encore au moins quatre bornes à faire, évalue-t-il en sentant ses forces décliner.

Le sergent masque sa douleur à ses compagnons. Bruni le dévisage de temps en temps, prêt à l'aider à la moindre défaillance. Il est bientôt dix-neuf heures. Des échos d'accrochages courent sur l'immensité des boues découpées par les digues et diguettes venant de tous les villages peu à peu réoccupés par les rebelles. L'arrière-garde de la longue colonne laissc les dernières maisons du gros bourg de Batong Thuyen à un kilomètre sur leur droite. De nouvelles rafales prennent la section serre-file pour cible.

— Cette fois, ils tirent de plus près, apprécie le Parisien en replongeant dans les hautes tiges de riz et en se retournant pour faire face à l'ennemi.

Le gros de la colonne poursuit sa route sur la digue, vers le poste.

— On va rester tout seuls, se promet Collard, ça va chauffer pour notre matricule...

Une ligne de bo dois jaillit de la rizière et se lance à l'assaut de la section isolée. Le lieutenant Edme, souffrant toujours de sa blessure à la poitrine, renverse son dispositif de progression. Les rafales de ses fusils-mitrailleurs obligent les assaillants à refluer dans les hautes herbes de la rizière. Collard n'a pas eu besoin de donner d'ordres précis à ses paras. Leurs tirs tassent un peu plus l'assaut rebelle dans la boue. Les bo dois de Batong Thuyen forcissent leur cadence de feu. Le lieutenant Edme revient vers son arrière-garde menacée.

— Pas de casse ? interroge-t-il, le souffle court.

Le Parisien sourit à son chef sans cesser de tirer.

— Ça va, mon lieutenant, répond-il. Du moins pour le moment...

Un formidable ballet de mort s'organise. Les pièces de fusils-mitrailleurs couvrent les équipes de voltige qui reculent. Les rebelles se lancent à leur poursuite. Des bo dois s'écrasent dans la boue à quelques mètres des derniers bérets-rouges. Collard détaille un à un ses compagnons trempés. Bruni est transfiguré par la dureté du combat.

— On va s'en sortir, jubile le chef de groupe tandis que son commandant de compagnie retourne, sous le feu, vers ses premiers éléments.

Le repli en tiroir bien ordonné réussit à grignoter quelques dizaines de mètres à la horde ennemie mais tombe bientôt sous de violents tirs latéraux qui jaillissent d'un autre hameau, sur la droite de la digue.

— Ils mettent le paquet, gronde le Parisien qui a complètement oublié les douleurs de son pied.

De nouvelles rafales s'abattent aux abords de la piste en provenance du village de Do Xuyen, situé à gauche de la progression menacée. Un para se tasse dans la boue. Collard craint le pire mais sourit lorsque l'homme se relève et court en titubant vers le gros de la compagnie. Les bérets-rouges tirent de toutes leurs armes sur les deux foyers de feu de la longue embuscade.

— Bruni, hurle le Parisien presque à court de munitions, là-bas... un F.M. !

L'ancien légionnaire rampe vers son chef. Ce dernier lui montre d'un doigt tendu les départs de rafales d'une pièce ennemie, tapie à moins de deux cents mètres de la digue.

— On l'allume tous en même temps ! ordonne Collard. Préviens les gars, vite !

L'ancien légionnaire reglisse dans la boue vers le reste du groupe. Le fusil-mitrailleur et toutes les armes des paras encadrent bientôt l'emplacement de la pièce viet-minh redoutablement postée. Des bo dois s'affolent, se lèvent et s'abattent en hurlant. Leur arme se tait.

— On les a eus ! claironne le Parisien en relançant le mouvement vers le salut.

Les paras essoufflés parcourent encore une quarantaine de mètres vers leurs compagnons qui les couvrent toujours de leurs rafales.

— Bruni, hurle à nouveau le chef de groupe, demande par radio aux copains sortis de la merde de déposer des munitions sur le bord de la route. On les récupérera au passage. Dis-leur qu'on est à bout...

Des précisions données par le lieutenant Edme sur les positions et les mouvements de l'ennemi permettent à l'artillerie, qui jusque-là ne tirait pas de peur de toucher les bérets-rouges, de pilonner juste derrière le repli. Collard exulte.

— Cette fois, ils ne nous auront plus ! crie-t-il dans la mitraille.

Les paras bondissent en tirant leurs dernières balles. Les bo dois manœuvrent très serré et ne les lâchent pas d'une rafale. Des obus d'artillerie s'abattent sur leurs équipes hurlantes. Des éclats hululent sinistrement au-dessus des tenues camouflées.

— Manquait plus que ça, grommelle Collard, ils tirent tout de même un peu court, les artilleurs... On va en prendre plein la gueule...

Les batteries, alertées, ralentissent le tir. Les paras ramassent le ravitaillement de munitions déposé par leurs compagnons maintenant à l'abri. Les staccatos des rafales forcissent à nouveau. La nuit tombe. Le Parisien l'accueille avec soulagement.

— Ils peuvent toujours cavaler maintenant, jubile-t-il en accélérant sa course claudicante. Ils ne nous auront plus...

Les paras sortent de l'enfer. Le poste est là. L'artillerie reprend, au signal du lieutenant Edme, ses tirs sur les sections rebelles qui se tiennent maintenant à l'écart. La rizière éclate à nouveau en éclaboussures de feu. Les bérets-rouges, à bout de souffle, contemplent le spectacle.

— Encore un sacré coup de veine, se dit Collard en réalisant que sa compagnie ne compte que deux blessés.

La douleur de son pied se réimpose au sergent.

— C'est pas tout, ordonne ce dernier à ses hommes, maintenant il faut aller récupérer les sacs au village, de l'autre côté de l'arroyo...

Les paras exténués traversent à deux reprises le cours boueux avec de l'eau jusqu'à la poitrine.

— Une bonne baignade ça détend, plaisante le Parisien en pataugeant dans le noir.

Une colonne de G.M.C. bien protégée par des blindés grinçants charge les paras mais ne démarre pas du site. Collard s'impatiente au bout d'une demi-heure d'inaction.

— Qu'est-ce qu'on attend pour foutre le camp ? se demande-t-il, à nouveau mordu par la douleur.

Les lueurs de plus en plus nombreuses des explosions d'artillerie marquent l'horizon d'une bande de feu. Les camions s'ébranlent enfin à vingt-deux heures trente.

— On ne sait même pas où on va, s'inquiète Bruni en grignotant du pain de guerre.

— Ça te servirait à quoi de savoir ? lui répond une voix dans le noir.

L'ancien légionnaire se renfrogne. Collard serre les dents en cherchant la position idéale pour encaisser les chocs du parcours sans trop de douleur. La colonne passe à Ke Sat. Les formes immenses de l'église des Mille Martyrs rappelle des souvenirs au Parisien qui somnole à demi. Un sourire naît sur son visage défait.

— Elle est peut-être toujours dans la région, ma petite amie de 1949, s'attendrit-il en revivant sa courte idylle de Xuan Mao.

Les camions roulent encore une quinzaine de kilomètres vers Hanoi puis bifurquent vers le sud sur la route de Hung Yen. Des rafales ennemies trouent la nuit et passent au-dessus des G.M.C.. Les paras descendent à Hung Yen et s'abattent tout autour du convoi pour dormir à même le sol d'un terrain d'aviation. Il est un peu moins de quatre heures du matin. Collard lutte contre de nouveaux assauts de douleur qui naissent au bout de son pied gourd.

— Et dire qu'aujourd'hui, c'est la Saint-Michel, grimace-t-il, drôle de jour de fête...

26

LES FEUX DE LA SAINT-MICHEL

Les paras passent leur jour de fête en transports qui les mènent au soir au bord du canal des Bambous, à mi-distance de Hung Yen à l'ouest et Ninh Giang à l'est. Ils embarquent à l'aube du 30 septembre sur un L.C.T. de la Marine, qui les dépose un peu avant sept heures plus au sud.

— C'est reparti pour le ratissage, annonce le Parisien à Bruni et au caporal Jarmunzinski, un de ses meilleurs voltigeurs.

Le sergent souffre toujours du pied. Il reçoit l'ordre d'ouvrir la marche de la colonne et fouille quelques villages à peine débarrassés de la brume matinale.

— Chef, crie soudain Jarmuzinski, là-bas... Regardez !

Des formes pressées apparaissent pendant quelques secondes à travers l'écran des nappes de brouillard. Collard enrage.

— On est arrivés trop tard, gronde-t-il en accélérant la fouille.

Les rebelles se défilent au loin. Les bérets-rouges ne se lancent pas à leur poursuite. Ils progressent en ligne bien étalée dans la rizière et parviennent un peu avant midi aux abords d'un dernier village à reconnaître. Des balles claquent au-dessus du casque du chef de groupe boitant bas. Le Parisien plonge au sol. Ses compagnons disparaissent dans la même seconde dans les herbes à riz. Les Viets-minhs dévoilent une pièce de fusil-mitrailleur. Collard évalue la situation en quelques secondes tout en ripostant de quelques balles de carabine. Des bo dois se lèvent pour gagner à la course de meilleures positions de tir.

— Il y en a au moins une section, crie le Parisien dans les claquements de plus en plus rapprochés.

Le chef de groupe arrête de tirer pour changer le chargeur de son arme américaine. Il essaye de mieux distinguer les emplacements de ses hommes.

— Pas de casse ? hurle-t-il avant de reprendre le feu.

— Non ! lui répond une voix qu'il ne reconnaît pas dans le vacarme.

Le lieutenant Edme lance le reste de sa compagnie à la rescousse. Les paras casqués courent courbés, en couchant des brassées de riz dans la boue. Collard reçoit l'ordre de déplacer son groupe vers un second village plaqué dans la rizière, à deux cents mètres sur la droite du bastion rebelle. Bruni et ses compagnons bondissent sous le feu. Le groupe parvient sans encombre au hameau à fouiller en se coulant derrière la ligne basse d'une diguette. Un *Morane* d'observation tourne au-dessus des engagements et passe très bas au-dessus de la section rebelle. Les autres groupes du lieutenant Edme sont maintenant placés en tenaille autour des bo dois. Collard fait rapidement fouiller les paillotes de son objectif désert.

— Y a rien, lui rend compte Jarmuzinski, rien que des poulets et des cochons. Tout le monde a foutu le camp...

Des rafales tirées de l'autre village obligent les paras à abandonner la course au ravitaillement qu'ils avaient joyeusement entamée.

— Qu'est-ce qu'on attend pour donner l'assaut ? s'impatiente Collard. Ils vont trouver le moyen de foutre le camp, comme d'habitude...

Une patrouille d'avions de chasse grossit dans le ciel maintenant bien dégagé.

— Evidemment, admet le Parisien, avec eux il y a moins de risques de casse...

Le petit *Morane* laisse choir, sur le village crachant le feu, deux pots fumigènes pour signaler le plus exactement possible la position des bo dois.

— Qu'est-ce qu'ils vont prendre sur le citron ! commente Bruni, hilare.

Les avions plongent, deux par deux, sur la rizière. Des bombes au napalm explosent en souffles épais en plein milieu des paillotes. Le village brûle en quelques minutes. Les pilotes, acharnés, mitraillent dans les flammes pour achever le travail de la fournaise ronflante.

— Un sacré feu pour la Saint-Michel, se dit Collard, même si c'est un jour trop tard...

Les avions délestés de leur cargaison de mort s'éloignent vers le nord. La progression reprend. Les paras encombrés de gorets et de volailles se refigent à quatorze heures devant une nouvelle ligne de villages. Le lieutenant Edme reçoit l'ordre de demeurer en réserve de la fouille.

— On va en profiter pour bouffer, lance le Parisien à ses compagnons, on a le temps de faire rôtir nos bestioles...

Le sous-officier boiteux se défait de son sac de combat, le pose au sol, couche sa carabine dessus et couvre le tout de son casque. Trois porcelets et quelques volailles attisent bientôt de leurs graisses les feux allumés par les bérets-rouges.

— Chef ! hurle tout à coup Jarmuzinski, venez voir mon sac...

Le caporal vient de retirer la main qu'il avait plongée dans son sac de toile. Ses doigts sont pleins d'huile échappée d'une grosse boîte de sardines qui devaient servir de hors-d'œuvre au repas improvisé. Collard empoigne le petit havresac et passe un doigt dans un trou net sur son rabat.

— Eh bien, tu as eu un drôle de pot, constate-t-il en souriant. La balle qui a foutu le bordel dans tes rations t'a frôlé de cinq centimètres...

Le caporal épargné demeure quelques instants sans voix.

— Ah, ben ça alors, ne peut-il que grommeler lorsque son sergent étale le contenu ravagé de son sac sur le sol, ben... ça alors...

Les paras dévorent la viande de porc rôtie. Leurs mentons luisent de graisse chaude. L'endroit sent bon. L'après-midi s'écoule très tranquillement pour la compagnie Edme. Des colonnes sillonnent les rizières alentour. Des fumées d'incendies chapeautent les groupes de paillotes investies à chaque embranchement de diguettes. La section du Parisien, bien reposée, se lance sur les traces de la fouille à dix-neuf heures trente. Le sergent au pied blessé remet son sac de toile sur ses épaules et coiffe son casque.

— On ne va pas bien loin, annonce-t-il en montrant de la main gauche des paillotes plantées au-dessus des boues, à huit cents mètres à peine du bivouac abandonné.

Les paras laissent derrière eux des carcasses de porcelets et des petits tas d'os de poulets. Leurs voltigeurs de tête s'engagent dans la rizière et pataugent dans la boue collante masquée de tiges de riz. Ils mettent près de deux heures pour parcourir le petit kilomètre qui les sépare du but de leur mouvement. Collard peste et jure en grimaçant à chaque fois que son pied droit sort de la boue. La nuit noie bientôt la progression malaisée.

— Foutu pays, gronde le Parisien en tombant dans une lise qui l'avale jusqu'à la poitrine, aidez-moi !

Deux paras à peine mieux lotis que leur chef se jettent sur lui et le halent vers eux en ahanant.

— Merde ! jure le sous-officier, mon casque...

Le casque lourd qui a chu au cours de l'effort disparaît dans la boue liquide, irrécupérable.

— Allez ! ordonne le sergent décoiffé, on continue, je me passerai bien de cette foutue gamelle...

Les fantômes dégoulinant de boue visqueuse atteignent enfin le village où ils doivent passer la nuit, et qui est déjà occupé par la compagnie indochinoise du bataillon. Collard se fait rapidement soigner le pied. Un caporal infirmier grimace en défaisant le pansement trempé qui enserre son gros orteil.

— Vous devriez arrêter de marcher, conseille l'homme de l'art, ça va sûrement s'infecter...

Le sergent remue la tête avec lassitude.

— C'est ça, balbutie-t-il, pour que les copains tombent sur les Viets sans moi... pas question, je continue !

Les paras indochinois assument le plus gros de la veille autour du village. Le Parisien s'endort, bourré de médicaments. Il émerge de son repos agité aux premières lueurs de l'aube. Les paillotes résonnent d'un concert de bavardages où se mêlent les accents rapides des Vietnamiens et les grasses plaisanteries rituelles de leurs compagnons métropolitains. Le site s'odorise d'effluves de mauvais café et d'Ovomaltine bouillis sur des feux difficilement allumés dans l'humidité. Un remue-ménage éclate à l'orée du campement bourdonnant. Deux paras ramènent un bo doi d'une première fouille matinale. Ils le poussent devant eux à coups de pied.

— Il était planqué avec deux grenades à trois mètres d'un poste de guet ! claironne un des deux hommes en tenue camouflée.

Collard se détourne du trio gesticulant pour relacer douloureusement sa chaussure droite.

— Il a dû ramper jusque-là, suppute-t-il, et puis il a eu la trouille de lancer ses foutues grenades. Heureusement pour nous...

Les paras indochinois et leurs compagnons s'éloignent du village tranquille, à dix heures, après y avoir mis le feu. La colonne progresse lentement vers le canal des Bambous. Un L.C.M. charge ensuite les sections et les mène en plusieurs voyages grondants qui font bouillonner le canal, au pied d'un poste de la Coloniale. Des norias de camions et de blindés passent sur la route de Hung Yen. Collard se remet en marche en fin d'après-midi sur le bas-côté de la route malmenée. Les blindés et les camions soulèvent des nuages de poussière qui retombent sur les paras.

— C'est aussi dégueulasse que la boue, souligne le Parisien en crachant pour expulser un magma de salive tiède de sa bouche sèche.

Le sergent marche comme un automate en essayant de ne pas faire souffrir son pied blessé.

— On va vous envoyer des camions, hurle un sergent de la Coloniale en frôlant les hommes las.

— Pas trop tôt, gronde Collard qui a récupéré le casque d'un blessé et s'endort à chaque courte pause sur le bord de la route, je commence à avoir trop mal...

Collard, qui somnole, Crucq et Bruni (sans couvre-chefs) attendent les camions.

Des G.M.C. stoppent sur le remblai friable de la route de Hung Yen. Le Parisien se prépare à embarquer mais les véhicules sont prévus pour les légionnaires du 1er B.E.P.. Le blessé se remet en marche la tête basse. Les camions reviennent enfin à vide. L'un d'eux s'est retourné à l'aller. Les légionnaires ont subi de nouvelles pertes. Collard ne commente pas l'accident et se hisse difficilement dans son G.M.C. Le convoi file vers Hung Yen dans un nuage continu de poussière. La ville ralliée est atteinte à vingt-deux heures trente et les paras s'allongent dans un champ de céréales fraîchement labouré.

La colonne de camions et de blindés repart à l'aube du vendredi 2 octobre, vers Hanoi. Collard somnole dans la cuve de son G.M.C. et sursaute lorsque celui-ci pile à un mètre derrière le camion qui le précède. Des rafales furieuses naissent en tête de la longue chenille. Une compagnie saute au sol. Ses paras courent en foulées nerveuses vers le feu et s'éparpillent en débordement. Le char de tête donne du canon. Le silence retombe très vite.

— Qu'est-ce qui s'est passé ? interroge le Parisien complètement éveillé par les déchaînements de l'accrochage.

Un sergent, qui fait partie d'un groupe de paras ramenant quelques prisonniers viets-minhs vers l'arrière de la colonne, répond au blessé.

— D'après ceux-là, indique-t-il, ils étaient en train de monter une embuscade pour piéger deux camions de ravitaillement d'un poste. Ils n'ont pas eu de chance... On a récupéré deux fusils-mitrailleurs.

Le sergent rejoint le groupe d'hommes vaincus qui ont les bras entravés dans le dos. Les camions se remettent en marche. Les cadavres des bo dois surpris par l'arrivée du convoi sont allongés à quelques mètres de la route. Ils paraissent avoir été déchiquetés par les tirs du char, à la mitrailleuse et au canon. La colonne atteint Hanoi en début d'après-midi. Collard respire.

— Je vais pouvoir reposer ce foutu pied, jubile-t-il, c'est tout de même pas trop tôt...

Les paras sautent de leurs camions et gagnent leurs cantonnements. Un ordre radio casse net leur entrain.

— Bougez pas ! ordonne le lieutenant Edme à ses chefs de sections, on repart tout de suite...

Le Parisien accueille la nouvelle en grimaçant de lassitude. Il hésite un instant à se faire mettre hors service. Sa soif de combat est la plus forte. Il décide de rester à sa section.

— Démerdez-vous pour trouver de la bière et du pain frais, ordonne-t-il à trois de ses hommes, faites vite !

Les paras débrouillards partent en courant et reviennent les bras chargés de bouteilles brunes, auréolées de couronnes de pain.

La colonne des camions, qui ont rapidement fait le plein d'essence, part vers le sud sur la route de Phu Ly. Les bérets-rouges s'installent, après avoir dépassé le gros bourg, sur un terrain vague à l'entrée de Nam Dinh.

— On est tout seuls dans le coup, avance Collard en constatant qu'aucun autre élément de l'opération Brochet n'a suivi la course rapide des camions vers le sud, on va peut-être s'amuser...

L'aube du 3 octobre se lève sur le campement improvisé.

— Repos pour ce matin, annonce le lieutenant Edme, vous pouvez même aller faire un tour en ville...

Collard ne se fait pas prier malgré son pied endolori. Il parcourt avec Bruni les rues animées de la ville qui compte plus de quarante mille habitants.

— Tiens, du saucisson, indique l'ancien légionnaire à son compagnon, on en achète ?

Un Chinois natté et tout sourire au vent offre deux saucissons aux paras. Le Parisien acquiesce et tend la main pour saisir les charcuteries appétissantes.

— C'est très bon, vous verrez, promet le commerçant en empochant les piastres des paras, c'est fait avec la meilleure viande de chien...

Collard sursaute. Bruni éclate de rire et goûte tout de suite une tranche de saucisson.

— C'est un peu plus gras que le jésus de chez-nous, apprécie-t-il, mais c'est tout de même rudement bon...

Les sections remontent dans leurs camions et les G.M.C. se regroupent à la sortie sud de la ville. La colonne emprunte la route coloniale numéro un qui longe une voie ferrée et traverse le site triste de Ninh Binh où tout est ravagé depuis les combats de la bataille du Day en 1951. Le Génie a construit des blockhaus tout autour des villages ruinés. L'église qui a vu le martyre des fusiliers marins du commando François du lieutenant de vaisseau Labbens dans la nuit du 28 au 29 mai 1951 domine toujours une cité morte[1]. Le haut rocher planté au-dessus du Song Day, sur lequel est mort le fils du maréchal de Lattre, est devenu un véritable château fort imprenable. Un pont de fortune a remplacé le gros ouvrage de fer qui supportait avant guerre la route et la voie ferrée.

— C'est tout de même un sale coin, songe Collard en détaillant la grisaille des villages fantômes et en pensant aux combats de son premier séjour en Indochine, un peu plus au sud du site mortel.

Le convoi stoppe à quinze heures aux défenses serrées d'un poste. L'ancien infirmier descend de son camion en essayant d'épargner sa jambe droite. Le fortin est bâti au nord-est de Yen Mo, bien connu du Parisien.

— On doit s'installer au village qui est là-bas, indique le lieutenant Edme après avoir pris les ordres de son chef de bataillon.

Collard installe ses voltigeurs et les servants de sa pièce de fusil-mitrailleur dans des cagnas sales, encombrées de déchets des opérations anciennes. Le bataillon commence à fouiller le secteur vers

1. *Le Commando*. Éditions Grasset.

l'est, le lendemain à l'aube. Le Parisien ne ressent plus que quelques picotements énervants sur son pied droit et marche d'un bon pas. Il mène ses voltigeurs sur des pentes de collines touffues qui émergent de longues rizières. Des hauteurs de calcaire cernent le site vers l'ouest et un vent frais venu de la mer de Chine, d'au-delà de Phat Diem, caresse le paysage. Les paras en tenues camouflées ne trouvent rien devant eux. Ils éventrent en vain des caches vides depuis longtemps et sondent des dizaines de jardinets à l'abandon.

Des tirs d'armes automatiques troublent la fouille lassante en début d'après-midi. Elles proviennent d'un secteur fouillé par une autre compagnie du bataillon. Collard, en sueur, écoute au poste S.C.R. 300 de son chef de section le détail de l'action nerveuse.

— C'est bon pour les copains, souffle-t-il en apprenant le bilan de l'accrochage, mais nous on a eu peau de balle !

Les amis du Parisien ont découvert onze bo dois dans un souterrain et récupéré deux fusils-mitrailleurs, sept fusils, des grenades par dizaines et une mitraillette.

— Et ils n'ont eu que deux blessés, conclut l'ancien F.T.P. Joli coup !

La fouille, un moment interrompue pendant l'accrochage qui s'est déroulé à sept cents mètres de là, reprend, tout aussi vaine. La nuit tombe bientôt et les paras campent au village de Cha Tu. Un élément viet-minh tire sur les feux de camp à vingt heures quarante-cinq. Collard empoigne son arme mais les rebelles se perdent dans la nuit redevenue calme après quelques rafales imprécises. Deux paras légèrement blessés sont rapidement soignés par leur infirmier.

— On risque de ne pas dormir beaucoup cette nuit, annonce Collard à Bruni, ils doivent être tout autour de nous...

Le Parisien ne se trompe pas. Des obus de mortiers tombent en plein sur le village occupé par les bérets-rouges deux heures après la première attaque. Les bo dois, sans cesse en mouvement, tirent dans tous les azimuts sur les cagnas au fil des heures. Les hommes de guet ripostent en aveugles. Collard, l'œil noir, le menton mangé de barbe naissante, ne dit pas un mot jusqu'à la fin de la nuit crispante. Sa compagnie est lancée par le P.C. du bataillon en direction de l'est, vers la ville de monseigneur Le Huu Tu, puis reçoit l'ordre de bifurquer vers le sud après avoir fouillé deux villages et parcouru trois kilomètres.

— Les zouaves de cette nuit ne doivent pas être bien loin, confie le Parisien à Bruni, si seulement on pouvait avoir un peu de chance...

L'ancien képi-blanc est de mauvaise humeur. Il hausse les épaules.

— Je m'en fous ! lâche-t-il pour toute réponse.

Les éclaireurs arrivent bientôt au bord d'un arroyo qu'ils franchissent à l'aide de barques vermoulues et de radeaux trouvés dissimulés dans des rideaux épais de roseaux. Un village émerge de l'étendue de la rizière un kilomètre devant la progression. Un soleil de plomb balaye le site de ses rayons brûlants. Collard est vite en sueur. Il patauge dans l'eau boueuse en râlant. Les paillotes à rejoindre semblent danser au bout d'une patinoire luisante. La réverbération intense du soleil fait naître des mirages fugaces devant les yeux des paras silencieux.

— Il y a du monde dans le fourbi, annonce le Parisien à ses compagnons dégoulinant de sueur, attention...

Des formes humaines apparaissent entre les habitations écrasées de soleil.

— Plus que cinquante mètres, gronde le chef de groupe en arrachant une jambe à la gangue de boue, pourvu qu'ils ne foutent pas le camp...

Le Parisien s'écroule dans un trou. Ses compagnons ont tous en même temps de l'eau jusqu'à la poitrine.

— Si ce sont vraiment des Viets qui sont en face, prévoit le sergent enlisé, on est bons comme la romaine !

Les paras s'extirpent lentement du piège de boue et parviennent à l'orée du village. Ils bondissent en hurlant entre les cagnas et réunissent rapidement des groupes de *nha qués* au centre du hameau.

— Ils ont de sales gueules, tu trouves pas ? fait remarquer l'ancien infirmier à Bruni, on dirait vraiment pas des paysans... Ils font semblant d'avoir peur...

Les suspects, une cinquantaine de gaillards solides, baissent la tête et fuient les regards des Français.

— Il y aurait parmi eux les copains de cette nuit que ça ne m'étonnerait pas, se dit le Parisien, faut faire gaffe...

Les paras fouillent et refouillent le village uniquement peuplé d'hommes et ne trouvent pas d'armes. Les suspects sont poussés sur trois kilomètres vers la route et chargés dans des camions qui les emmènent vers un centre de tri. La nuit tombe. La compagnie du lieutenant Edme s'installe en position de défense autour d'un poste en construction.

Collard reçoit, au matin du 7 septembre, l'ordre d'aller reconnaître une digue à demi submergée pour voir si celle-ci est praticable aux compagnies du bataillon.

— Vous pousserez ensuite, lui explique le lieutenant Edme, jusqu'au village que vous voyez là-bas. Normalement il doit y avoir une autre digue qui en part vers le nord-est. Rendez compte par radio.

Il est douze heures trente. Le Parisien lance sa patrouille sur la digue noyée de place en place et parvient presque au hameau à reconnaître.

— Il y a du monde ! hurle un voltigeur tandis que quelques balles claquent au-dessus de la patrouille.

Les bérets-rouges bondissent vers les cagnas d'où s'échappent quelques bo dois surpris au gîte. Collard ajuste une forme courbée qui fuit et tire trois balles de carabine. L'homme échappe à la mort.

— Bon Dieu ! gronde le sous-officier, je dois avoir la berlue... c'est pas possible...

Bruni abat le fuyard d'une longue rafale de Mat 49 et sourit, goguenard, à son chef de groupe.

Une section de la troisième compagnie rameutée par radio et qui jusque-là avançait sur la gauche de Collard en empruntant une autre digue plonge dans la rizière pour couper la route aux rebelles en fuite, affolés et émiettés par les rafales françaises.

— Ils boulent comme des lapins, se dit le Parisien qui ne tire plus, on va tous les avoir...

La plupart des bo dois ne parviennent pas à l'extrémité de la longue rizière. Les corps des morts s'enfoncent à demi dans la boue. Le silence retombe bientôt sur le site.

La digue est reconnue comme étant praticable. Le bataillon s'y engage et regagne, après sept kilomètres de marche tranquille, l'endroit où les paras avaient déposé leurs lourds sacs à dos sous la protection d'un élément ami du secteur. L'opération est démontée après quatre jours de fouilles qui ne donnent pas grand-chose. Les Viets-minhs refluent prudemment vers les hauteurs du sud-ouest. Les camions qui ramènent les paras à Hanoi roulent à bonne allure sous un ciel dégagé.

— Cette fois, espère Collard, on ne va pas nous faire le coup de l'autre jour...

Un coup de feu claque. Les camions stoppent. Le Parisien saute à bas de son G.M.C. Il n'y a pas trace d'éléments rebelles. Un para qui somnolait avec son fusil armé entre les jambes a appuyé sur la queue de détente de l'arme dans un cahot. Il est mort, la tête éclatée.

— C'est tout de même trop con, gronde le Parisien en reconnaissant la forme amollie d'un deuxième classe père de trois enfants. Il y a de ces malchances...

Le chef de groupe remonte dans son véhicule.

— Je crois même que sa femme attend un quatrième gosse, dit-il à Bruni, c'est vraiment dégueulasse... Tu trouves pas ?

Bruni hoche la tête sans répondre. Cette mort, qui n'est pas venue de l'ennemi et se produit au moment même où le convoi sort des zones d'insécurité, lui apparaît comme une insulte du sort. Les camions touchent Hanoi. Le Parisien, choqué par l'incident stupide, prend vite connaissance des premiers bilans de l'opération Brochet. Les communiqués officiels font état de près de huit cents tués chez les Viets-minhs et à peine deux cents de moins du côté ami. Le 1er B.P.C. n'a eu pour sa part que sept tués et quarante-cinq blessés.

— Drôle de victoire, se dit le chef de groupe en apprenant que le seul 1er B.E.P. compte quarante-deux tués. Espérons qu'on fera mieux la prochaine fois...

27

LA GRENADE !

Le haut-commandement lance une nouvelle opération d'envergure dans laquelle le 1er B.P.C. n'est pas engagé. Un élément du 2/1.R.C.P. commandé par le chef de bataillon Bréchignac tombe dans une grosse embuscade le 30 octobre 1953.

— Il doit y avoir des anciens de mon vieux bataillon qui ont souffert, se dit Collard en apprenant la nouvelle. Qu'est-ce qu'on attend pour nous envoyer les rejoindre ?

Le Parisien ronge son frein pendant quatre jours encore. Son bataillon est alerté juste avant le repas de midi, le mardi 3 novembre.

— Dépêchez-vous de bouffer, on part dans une heure, annonce le sergent à ses compagnons sous-officiers, il paraît que ça chauffe encore dur vers Ninh Binh...

Les paras rassemblent les affaires qu'ils n'emportent pas et les rangent dans leurs cantines.

— Comme ça, se dit le Parisien habitué à ce genre de formalité, en cas de coup dur, il n'y aura pas de pagaille pour envoyer nos fringues en France...

Les sous-officiers rejoignent leurs groupes qui se rassemblent bruyamment dans des cliquetis d'armes entrechoquées. Des camions déposent les paras à l'aérodrome de Bach Mai à quatorze heures. Des *Dakota* sont prêts à les charger. Les appareils brassent l'air de leurs hélices à trois pales.

— On ne touche pas de parachutes ? s'inquiète Bruni qui croyait ferme en une intervention aéroportée.

Collard est déçu lui aussi mais n'a pas le temps de ressasser ses regrets car son C 47 roule sur la piste et décolle à quatorze heures trente-trois.

— Ça n'a pas traîné, constate le Parisien, c'est bon signe...

Les avions piquent au sud. Ils ne volent pas haut. Collard reconnaît la ville de Phu Ly entre des nappes de nuages. Les rochers de Ninh Binh sont bientôt survolés.

— S'il n'y avait pas le pont cassé sur le Day, on ne les remarquerait pas, souligne l'ancien du 2/1.R.C.P. en se démontant le cou pour mieux voir le paysage écrasé par la perspective plongeante.

Personne ne lui répond dans le vacarme des moteurs. Le *Dakota* amorce sa descente. Collard s'inquiète.

— On va tout de même pas se poser dans les rizières ? plaisante-t-il.

Le Génie a considérablement allongé la piste du bourg de Dong Giao. Les rizières courent de plus en plus vite sous le ventre de l'avion américain. Des pitons défilent autour du fuselage gris. L'appareil roule sur le sol inégal et stoppe net tout en bout de la mauvaise piste.

— On a pété quelque chose, se dit le Parisien en sautant au sol et s'apercevant que le *Dakota* penche.

Des camions attendent le renfort en bout de terrain.

— Faut dégager le zinc avant de partir, ordonne un officier, allez... vite !

L'avion a profondément enfoncé sa roue droite dans une fondrière. Les paras saisissent des pelles américaines et s'attaquent au travail.

— Plus vite, les pressent leurs chefs, il n'y a pas une minute à perdre !

Le pilote extirpe son avion du piège dans des hurlements de moteurs. Les bérets-rouges courent vers les G.M.C. et la colonne vite formée prend la direction de Phu No Quan, en empruntant une route fraîchement ouverte à la circulation. Les camions soulèvent une épaisse poussière rougeâtre qui patine vite les chamarrages sombres des tenues camouflées des paras. Le convoi stoppe au bourg de Lai Cac, près du P.C. de l'opération Mouette.

— C'était pas la peine de courir si vite pour ne rien faire, reproche Collard lorsque sa compagnie reçoit l'ordre de s'installer en attente autour des P.C. hérissés d'antennes radio.

Le ciel s'emplit soudain, à dix-huit heures, de vrombissements épais. Les paras lèvent tous la tête. Collard, toujours précis, compte les appareils qui approchent. Il reconnaît vingt chasseurs et douze bombardiers B 26. Les formations tonitruantes plongent sur des villages éparpillés à cinq kilomètres de Lai Cac.

— Quel rodéo, fait remarquer le chef de groupe saisi par l'intensité dramatique des ballets de mort. Il doit y avoir du monde là-bas...

Les avions s'éloignent en formation serrée et disparaissent au nord. L'artillerie prend aussitôt la relève de l'aviation. La zone arrosée de napalm est nappée d'éclatements d'obus de 105 et 155 au phosphore. La nuit tombe et semble brûler sur toute une ligne vers l'ouest. Le rythme des matraquages ne faiblit pas un seul instant au cours des premières heures d'obscurité.

— Pas besoin d'espérer dormir, grommelle Collard impatient de voir le jour revenir pour combattre enfin.

Les avions réaparaissent dès les premières lueurs de l'aube du 4 novembre et l'artillerie, qui avait cessé de tirer de façon continue après minuit, reprend son rythme de croisière. Les hauteurs visées éclatent sous le déluge infernal.

— Qu'est-ce qu'on attend pour aller là-bas ? tempête le Parisien en contemplant le spectacle majestueux.

Les bérets-rouges sont équipés depuis l'aube et trépignent près des P.C. animés. Ils embarquent enfin un peu avant dix heures dans leurs camions et poursuivent la course de la veille. Le convoi dépasse Phu No Quan et s'arrête à l'intérieur d'un point d'appui avancé de l'artillerie moins de deux kilomètres plus loin. Collard se lance avec ses compagnons vers une ligne de villages à fouiller vers l'est.

— Naturellement, se plaint-il en ne rencontrant pas de rebelles, le gros boulot n'est pas encore pour nous...

Des combats d'infanterie enragent pourtant le site à moins de trois kilomètres de là. La traque stérile est abandonnée à treize heures. Les paras retournent au P.C. avancé des artilleurs. Le Parisien explose de rage en recevant l'ordre de faire poser des barbelés.

— On nous prend vraiment pour des coolies ! maugrée-t-il en obéissant à contrecœur. C'était pas la peine de prendre l'avion pour venir faire ça...

La corvée traîne jusqu'à dix-huit heures. Les paras, sombres, remontent dans leurs camions et retournent à Lai Cac.

— Voilà maintenant qu'on redescend sur les gros P.C., s'étonne le Parisien, c'est vraiment pas notre jour de gloire !

La colonne croise une chenille de G.M.C. chargée d'une unité qui gagne la zone de feu. Les véhicules s'imbriquent dans une pagaille monstre. Des injures percent les grondements de moteurs. Collard demeure stoïque dans la nuit qui vient de tomber et subit cette nouvelle avanie sans faire de commentaires. Les colonnes se dépêtrent tout de même après vingt heures. Les paras retrouvent Lai Cac une demi-heure plus tard et s'installent sur leurs positions de la veille. L'artillerie poursuit ses tirs au phosphore et le Parisien ne dort pas plus que la nuit précédente.

Le lendemain, les autorités entament un mouvement de repli des unités engagées. Les bérets-rouges sont maintenus en réserve de division.

— Encore un nom d'oiseau, s'amuse Collard en apprenant par hasard que la phase du repli général de l'opération Mouette est baptisée Goéland, elles manquent vraiment d'imagination nos grosses têtes...

Le Parisien râle tout le long du jour. Les paras sont transportés de point d'appui en point d'appui pour protéger le recul des colonnes qui descendent des hauteurs toujours pilonnées par l'aviation et l'artillerie. Ils passent la nuit du 5 au 6 au sommet d'un piton au sud-est de Lai Cac.

— On est tout de même aux premières loges pour admirer le spectacle son et lumière, se force à plaisanter l'ancien infirmier déçu de la tournure prise par les événements, on n'aura pas tout perdu !

Les sections du lieutenant Edme remontent dès l'apparition du jour en direction du nord-est, en suivant la ligne de collines qui court vers Lai Cac. Elles ont reçu pour mission de protéger encore les mouvements de repli et prennent position, un peu avant dix heures, sur un kilomètre de crêtes orientées nord-ouest-sud-est.

Collard suit de son regard des mauvais jours l'interminable colonne de camions qui roule lentement sur la route coupant la large vallée. Des fantassins progressent à pied dans les longs nuages de poussière soulevés par les véhicules. Le défilé dure plusieurs heures. Les camions bondés de soldats sont protégés par une noria de chasseurs et de bombardiers prête à plonger sur le moindre mouvement rebelle signalé par les *Morane* entoilés qui frôlent les hauteurs menaçantes.

Une colonne en repli se heurte à un gros élément rebelle. Le bilan de l'accrochage est répercuté par toutes les radios de l'ensemble du mouvement.

— Ils en ont eu quarante, annonce Collard à ses compagnons de veille. Et nous, pendant ce temps-là, on se tourne les pouces...

Le gros de l'opération s'est replié sur douze kilomètres. Les paras font retraite à leur tour après dix-sept heures.

— Enfin, constate avec soulagement le Parisien en quittant son poste de guet, il n'y a plus que nous sur le terrain. Ça va peut-être devenir bon...

Quelques chars embossés protègent encore de très loin le reflux des bataillons disparus à l'est. Les bombardiers et les chasseurs plongent de temps en temps sur les villages flanqués sur les collines. Collard, qui suit chacune de leurs actions avec intérêt, reste soudain bouche bée. Un B 26 explose dans le ciel bleu. Des débris de toutes tailles s'abattent sur un piton derrière les paras. Le Parisien, figé sur place comme tous ses compagnons frappés de stupeur, espère en vain l'apparition de corolles de parachutes en dessous du nuage de fumée né de l'explosion. La progression reprend.

— Les Viets vont faire tout un tabac, prévoit le sergent encore sous le coup de la destruction du bombardier. Ils n'auront pas tort, c'est un joli coup... Nos pauvres gars de là-haut n'ont pas eu le temps de souffrir !

Les voltigeurs en sueur débouchent sur une petite route, large de deux mètres cinquante, qui serpente au milieu de hautes herbes à éléphants débordant d'une brousse épaisse. La colonne disparaît entre deux rideaux serrés de deux mètres de hauteur. Les paras sont surpris par la nuit, à plusieurs kilomètres des lignes amies. Les six derniers chars du mouvement roulent doucement sur la piste fantôme en écrasant les hautes herbes et en soulevant une poussière assoiffante. Les bérets-rouges avancent vite.

— On fait plus de sept kilomètres à l'heure, constate Collard dans le vacarme des moteurs et des chenilles de blindés.

Les messages radio font encore presser l'allure car les bataillons viets-minhs se lancent en poursuite.

— On devrait plutôt se planquer pour les attendre, gronde Collard, on en finirait avec eux une fois pour toutes dans le secteur.

Le sergent marche les yeux braqués sur les talons du para qui le précède de deux mètres. Les hommes somnolent presque, bercés par le rythme régulier de leurs pas rapides. Bientôt, des lumières dansent à l'horizon.

— Bon Dieu, que ça paraît loin, apprécie le Parisien, on n'est pas encore tirés d'affaire.

La marche ne ralentit pas. Les brasiers allumés par les unités repliées au-delà de la piste du terrain de Dong Giao grandissent peu à peu. Les blindés accélèrent soudain et filent vers les lignes amies. Les saccades des pas des processionnaires prennent la relève des grondements de moteurs. Des fusées éclairantes montent dans le ciel pour guider les paras vers leurs positions de repos. Des silhouettes dansent dans les halos irréels.

— C'est vous les gars ? lance une voix dans la nuit trouée par les fusées. Y en a plus derrière vous ?

— Non, vieux, répond une voix lasse.

Le dernier groupe de bérets-rouges pénètre dans le dispositif bien étalé.

— Nos chefs ont réussi leur mouvement de repli, reconnaît le Parisien bien conscient de l'exploit tactique réalisé tout au long du jour.

Les paras coloniaux sont guidés en bordure de piste dans un terrain broussailleux.

— Il faut dégager un peu les épineux, ordonne Collard à ses hommes fourbus et assoiffés.

Le défrichage sommaire est vite terminé. Le chef de groupe donne l'exemple du repos et s'abat au sol.

L'opération est totalement démontée le lendemain. Les paras rentrent à Hanoi en fin d'après-midi. Collard trouve de nouvelles raisons de vitupérer contre le haut-commandement car sa section est affectée à la protection des avions au terrain de Gia Lam.

— C'est pas avec des affaires comme celle-là que je vais gagner ma Médaille militaire, plaisante-t-il, mi-figue mi-raisin.

La garde fastidieuse s'éternise, seulement entrecoupée par le traditionnel défilé du 11 novembre dans Hanoi pavoisée et noyée sous la pluie.

— Ils nous emmerdent, grommelle le Parisien trempé en revenant de la parade, comme s'ils ne nous avaient pas assez vus...

Le sergent, qui n'accepte pas facilement l'inaction, prend les fonctions de sous-officier adjoint de sa section. Son nouveau chef, l'adjudant Dartancey, était sergent avec lui à son premier séjour en Indochine. Les deux hommes s'estiment mais un énervant climat d'émulation s'installe entre eux.

Tous les chefs et adjoints de sections des compagnies du 1er B.P.C. sont rassemblés à l'aube du 20 novembre 1953 par leur chef, le commandant Souquet. Collard sent le rythme de son cœur s'accélérer en apprenant qu'il va sauter sur l'ennemi. La mission du bataillon est rapidement expliquée.

— Nous sauterons à trois cents kilomètres à l'ouest, annonce l'officier parachutiste sans préciser le lieu de l'attaque.

Les détails de l'opération baptisée Castor sont fignolés dans un brouhaha de voix énervées. Le Parisien ne retient que les lignes principales du mouvement prévu et les rapporte à ses compagnons de combat.

— On nous envoie reprendre un coin tenu par les Viets depuis le mois de mai dernier, annonce-t-il.

Les paras pressent leur adjoint de section de questions.

— Il y a au moins un bataillon viet sur place, précise Collard, il occupe le bled principal et un terrain d'aviation. Il possède des mortiers de 120...

Bruni laisse échapper un juron étouffé. Le sergent reprend son exposé.

— En plus, précise le Parisien, ils ont aussi un régiment, le 148 paraît-il, qui est disséminé dans un rayon de dix kilomètres sur des hauteurs...

Les paras avides de tout savoir apprennent aussi que cinq bataillons seront engagés en deux jours dans l'affaire et qu'ils doivent sauter au jour « J ».

Collard, casqué et engoncé dans son équipement, se hisse dans le *Dakota* numéro 562 qui est piloté par le capitaine Rousselet. Le Parisien regarde l'heure à sa montre au moment où l'appareil s'arrache en grondant de la piste en plaques *Summerfield*. Il est treize heures cinquante et une minutes. Les avions tournent au-dessus de la capitale pour prendre leur formation de vague. Les paras chantent quelques airs martiaux dans le ronflement des moteurs puis se taisent. Leurs visages maigres se ferment. Collard essaye de déchiffrer la carte grandeur nature qui défile à quatre cents mètres sous son avion. Les *Dakota* approchent de l'objectif après une heure de vol. Le 6e B.P.C. du commandant Bigeard a déjà sauté sur l'inconnu à dix heures trente. Collard le sait et s'en plaint.

— Surtout que le 2/1.R.C.P. du commandant Bréchignac a sauté aussi, râle-t-il pour lui-même, ils ne vont pas nous laisser grand-chose...

Le signal annonçant l'imminence du saut tire le sergent de ses réflexions. Il vérifie l'accrochage de ses hommes en dévisageant un à un les paras tendus. Les choses se précipitent. L'adjoint de section se balance bientôt sous la voilure de son parachute extraite sans histoires de son sac dorsal. Il reconnaît à moins de trois cents mètres au-dessous de ses rangers les détails du terrain appris par cœur à Hanoi. Des colonnes de fumée noire montent de place en place au pied des hauteurs qui enserrent une longue vallée sillonnée par une rivière luisante. Le Parisien n'a guère le temps d'apprécier le spectacle coloré. Le sol se rapproche de lui. Il boule très durement.

— Pourvu que je ne me sois pas bêtement pété la cheville, gronde-t-il mordu par une douleur vive, ça serait vraiment pas de chance...

Le para se dépêtre de ses suspentes vrillées, se désharnache, se redresse, pèse vivement de tout son poids sur sa cheville douloureuse et sourit, rassuré. Il est tombé dans une rizière asséchée et abandonnée. Un rapide coup d'œil alentour lui permet de repérer le point de regroupement de sa compagnie. Il court à la tête d'une dizaine d'hommes tombés autour de lui. Le petit groupe débouche vite sur une piste étroite qui mène au premier village à occuper. D'autres paras isolés grossissent l'avance en sortant des broussailles dans lesquelles ils se sont écroulés. Collard est bloqué, à trois cents mètres de son point de chute, par un rach boueux surplombé de rives de près de deux mètres cinquante d'à-pics. Il fait signe à deux voltigeurs de son groupe de descendre dans l'obstacle.

— Y a pas beaucoup d'eau, hurle un des deux hommes, on peut passer...

Les paras se laissent glisser sur la terre qui s'écroule sous leur poids et passent le gué avec de l'eau jusqu'aux genoux. La petite colonne enfle au fur et à mesure qu'elle approche du point de regroupement. Quelques coups de feu claquent par-ci, par-là. Collard découvre des cadavres de bo dois désarmés.

— C'est bien ce que je disais dans l'avion, grommelle-t-il, les premiers arrivés ont tout pris...

Le bataillon est bientôt tout entier regroupé. Le Parisien apprend que le village principal de la longue vallée s'appelle Dien Bien Phu et que la rivière qu'il a traversée est la Nam Youm. La colonne des derniers largués sur le site sauvage traverse le gros village détruit et occupé par les paras de Bigeard. Des lazzis les accueillent.

— C'est ça, encaisse Collard, foutez-vous de nous, tout le monde ne peut pas avoir la chance de sauter en premier...

La colonne des compagnies du commandant Souquet poursuit sa marche au nord-est de Dien Bien Phu sur la route menant à Tuang Giao situé à soixante kilomètres de la vallée. Les paras coloniaux s'installent en fin d'après-midi sur les premières pentes d'un piton, dans une jungle épaisse. La nuit tombe sur un véritable chantier de défrichage et résonne longtemps de coups de machettes.

La section Dartencey reçoit pour mission de surveiller la route de Tuang Giao. Ses trois groupes se serrent en point d'appui fermé en triangle et quelques sentinelles sont placées en élément sonnette tout au bord de la large route. Un coup de feu claque soudain dans la nuit tranquille. Le Parisien bondit vers l'endroit d'où il est parti. Le deuxième classe Gorce lui indique du bras la direction dans laquelle il a tiré.

— Il y avait du monde sur la route, raconte à voix basse la sentinelle, j'en suis sûr...

Collard scrute l'obscurité pendant près de deux minutes et remonte au point d'appui pour rendre compte à son chef de section.

— Prenez ma lampe électrique et retournez voir s'il y a des traces, ordonne ce dernier.

Le sous-officier adjoint accueille l'ordre en sursautant.

— C'est pas possible, il se fout de moi, se demande-t-il en se souvenant qu'il y a quelques mois encore l'adjudant le tutoyait.

— De toute façon, poursuit le chef de section en tendant sa lampe torche à son adjoint, maintenant on est repérés s'il y a vraiment quelqu'un... alors...

— C'est bon, on y va, souffle le Parisien.

Le sous-officier prend Bruni au passage et le caporal-chef Régnier se joint à la patrouille avec trois autres parachutistes. Les six hommes descendent au poste de guet.

— Vous trois, restez là ! ordonne le chef du mouvement, couvrez-nous s'il y a du raffut.

Collard, Bruni et Régnier s'enfoncent résolument dans l'inconnu broussailleux.

Le Parisien balaye d'un rapide rai de lumière une touffe de buissons.

— C'est une histoire de fou, gronde-t-il, il doit bien se foutre de moi, l'adjudant, là-haut...

Bruni et Régnier marchent un peu en retrait de leur chef, prêts à tirer. Le sergent s'enfonce dans la brousse et éclaire de temps en temps de rapides coups de lampe le sol inégal.

— Bon Dieu ! laisse-t-il échapper, un casque viet...

Bruni se rapproche de lui.

— Ça ne prouve rien, souffle ce dernier en palpant le couvre-chef neuf frappé d'une étoile rouge, les Viets ont pu le perdre ce matin...

Le trio prudent avance encore. Collard tient de la main gauche le canon fin de sa carabine en même temps que la lampe électrique. Sa main droite se crispe sur la crosse de bois brun de son arme de 7,62. Soudain, un éclair de lumière pénètre l'épaisseur du maquis. Collard hoquette. Un bras vient de sortir de la végétation : il lance une grenade qui rebondit sur la main gauche du Parisien. La lampe électrique tombe sur le sol et s'éteint. Le sergent tire quatre balles sur la silhouette entrevue. Bruni et Régnier arrosent l'endroit de longues rafales de mitraillettes.

Les trois hommes bondissent en arrière. La grenade lancée par le bo dois n'explose pas. Collard parvient au bord de la route le souffle court. Le trio s'engage sur le ruban net. Des rafales serrées les encadrent. Un fusil-mitrailleur, placé à moins de cent mètres en face du poste de guet tenu par Gorce, balaye le bord de la route. Régnier laisse échapper une plainte. Il a reçu une balle dans le bras. Quelques armes individuelles de bo dois tirent aussi. Collard dirige le canon de sa carabine vers les petits points rouges qui naissent dans les broussailles tenues par le Viet-minh.

— Je vais rendre compte là-haut, décide-t-il lorsque les rebelles cessent leur tir, bougez pas et ouvrez l'œil.

L'adjudant Dartencey accueille son adjoint avec soulagement.

— Vous n'avez rien ? s'enquiert-il. Cette fois, on est vraiment repérés.

Un ordre du P.C., alerté par le raffut de l'accrochage, rameute la section vers le gros de la compagnie. Collard redescend au bord de la route pour rappeler Bruni et ses compagnons.

— Merde ! jure-t-il au moment de décrocher, alors que de nouvelles armes viets tirent sur le repli. Ils ont des yeux de chats...

Les fusils-mitrailleurs de la compagnie ripostent. Les bo dois n'insistent pas. Collard rejoint ses compagnons et se tasse dans la forêt à la base du piton. Un épais brouillard s'empare du site. Le Parisien grelotte. Des hurlements énervants montent de la route de Tuang Giao.

— On ne sait pas s'il nous insulte ou s'il a mal, cet empaillé, fait remarquer l'adjoint de section à Bruni. En tout cas pas question de dormir. Vivement demain qu'on aille voir de quoi il retourne...

28

LA FRANCE NOUS A TRAHIS...

L'aube arrive vite. La cuvette de Dien Bien Phu est écrasée de brumes épaisses. Collard est pressé de retourner sur les traces des rebelles et piétine sur son bivouac. Il traverse, enfin libéré, la route provinciale 41 et mène une patrouille sur le chemin parcouru dans la nuit. Les indices de présence des Viets-minhs sont nets. Le sergent tombe soudain en arrêt.

— Bon Dieu ! la grenade, laisse-t-il échapper, c'est une défensive...

Un voltigeur ramasse l'engin de mort non explosé et le tend à son chef.

— J'ai tout de même eu un sacré coup de pot, se dit ce dernier en soupesant l'engin américain non dégoupillé.

Le Parisien prend Bruni à témoin.

— Regarde, il a dû être ému, mon petit Viet, plaisante-t-il. Il me l'a balancée comme un vulgaire caillou...

La reconnaissance perce le rideau épais de verdure entrelacée et débouche sur une piste presque aussi large que la route de Tuang Giao. La route clandestine est taillée net dans la montagne et subtilement camouflée sous la végétation.

— C'est leur fameuse piste Hô Chi Minh, commente l'adjudant Dartencey qui a récupéré sa lampe électrique, ils en ont paraît-il construit des centaines de kilomètres comme ça...

Collard suit la route fantôme pendant plus de trois cents mètres en direction du nord. Les voltigeurs trouvent des traces de sang qui les mènent à une musette de combat. Le Parisien remarque des indices de piétinements.

— Ils ont dû récupérer tranquillement leur blessé, avance-t-il, ils ne doivent pas être bien loin...

Un ordre enraye le mouvement de reconnaissance et le rappelle aux positions du bataillon.

— On va faire péter la grenade viet, décide l'adjudant Dartencey avant de retrouver la route.

Un para dégoupille l'engin quadrillé et le lance dans une profonde ravine où il explose en projetant des éclats sifflants. L'ancien infirmier ne peut retenir une grimace.

— Si l'andouille de Viet l'avait bien utilisée hier soir, se dit-il, je serais sûrement en petits morceaux... C'est le destin !

Les hommes du commandant Souquet aménagent de mieux en mieux le long piton qu'ils occupent à gauche de la route. Ils construisent de véritables fortins en se servant d'arbres qu'ils abattent. Des corvées ramènent des poutres des ruines de Dien Bien Phu pour agencer des emplacements d'artillerie de 105. La vallée se transforme vite en camp bien organisé. Le mois de décembre 1953 naît en travaux qui agitent tout le site occupé chaque jour un peu plus par de nouvelles unités.

— Je me demande bien ce qu'ils ont l'intention de faire dans ce coin, se demande Collard qui commence à trouver le temps long.

La piste d'aviation a été complètement dégagée. Des avions s'y posent de plus en plus nombreux au fil des jours de plus en plus tranquilles. Les paras oublient leur ennui naissant au cours de patrouilles lancées en éclairage au large des travaux.

Un voltigeur découvre au cours de l'une d'elles un fil téléphonique partant de l'ouest de la piste d'aviation et courant vers le nord-est. Le lieutenant Edme obtient l'autorisation de le suivre. Collard progresse en queue de mouvement et ferme la marche de sa section. Tout est beaucoup trop calme pour lui. Il décide de tuer le temps en fouillant tout seul les abords du rach encaissé que suit sa compagnie. Il s'engage dans la brousse. Ses compagnons s'éloignent sur le bord du cours d'eau, à son niveau le plus bas de la saison sèche. Le Parisien croit tout à coup rêver. Une face indochinoise ahurie dépasse de la ligne nette d'un tronc d'arbre et le regarde comme s'il sortait de l'enfer. Le sergent tire deux balles de sa carabine dans un mouvement réflexe. Deux étoiles de sang naissent sur le visage entr'aperçu. Le corps du bo doi s'écroule. Les paras de la section Dartancey reviennent vers leur adjoint. Le corps du rebelle a la tête dans l'eau. De longues traînées de son sang s'effilochent dans le maigre courant. L'homme mesure au moins un mètre quatre-vingts. Collard fouille la grande carcasse molle.

— Il n'a rien sur lui, annonce-t-il en retournant le tué face dans l'eau troublée de sang, on dirait un Chinois...

Un para ramasse le fusil du rebelle. La progression au long du fil téléphonique est abandonnée. La compagnie retourne aux positions du bataillon.

— Ce satané bout de fil nous aurait bien mené en Chine, plaisante Bruni sur le chemin tranquille du retour.

Le bataillon part tout entier en reconnaissance à l'aube du 4 décembre, vers le nord-est de Dien Bien Phu. Sa première compagnie avance en tête en colonne par un. Les paras casqués respectent de longues distances entre eux. Ils progressent sur une piste bordée d'épaisseurs de broussailles. Brutalement, des rafales jaillissent du magma serré de la jungle. Des dizaines de bo dois sortent de la forêt en tirant tous en même temps. La première compagnie est hachée en quelques secondes. Collard se trouve à deux cents mètres du massacre et tire sur les derniers Viets-minhs qui disparaissent après avoir traversé la colonne comme des furies. Des hurlements de douleur montent tout le long de la piste sombre. Un avion passe au-dessus de la brousse et largue des rouleaux de barbelés sur le site enfumé.

— Qu'est-ce que c'est que ce bordel ? gronde le Parisien tandis que les lourds rouleaux gris s'enfoncent dans les broussailles en bruits mats, ils sont complètement fous là-haut...

Les rebelles vainqueurs se sont éloignés et ont placé des pièces d'armes automatiques pour enrayer toute velléité de poursuite. La compagnie du lieutenant Edme n'a perdu que deux tués et quelques blessés mais la première compagnie, bousculée par l'assaut imprévisible, en compte une quarantaine. La plupart de ses hommes sont blessés. Les survivants du massacre rapide se chargent de leurs compagnons morts et blessés pour revenir vers la tranquillité de Dien Bien Phu. Personne ne parle en marchant. Des plaintes rythment la lente procession défaite. Le bataillon a perdu en tout, morts et blessés confondus, l'effectif d'une compagnie de combat.

La deuxième compagnie, relativement épargnée par l'embuscade, reçoit l'ordre, au matin du 6 décembre, de se rendre à Laichau par avion. La ville, à cent kilomètres au nord du chantier, doit être évacuée dans les jours à venir. L'appareil dans lequel Collard a pris place se pose sur le petit terrain de l'agglomération. La piste naît au bord d'un rach encaissé et court entre des hauteurs sombres. Les paras s'installent dans des baraques en bambou près du terrain et sont aussitôt envoyés en patrouille pour rassurer la population méo. Des commerçants ont déjà fui la ville mise en émoi par le départ des troupes françaises et d'autres bradent leurs stocks à bas prix.

— Il paraît, explique Collard à ses compagnons, que les Viets descendent en masse du nord, ils ne seraient plus qu'à trois jours d'ici...

Les civils demandent assistance aux nouveaux venus. Les sous-officiers ont reçu pour consigne de leur dire que, de toutes façons, ils seraient accompagnés vers le sud.

— A force de le répéter, grommelle Collard, on finirait bien par y croire soi-même...

Les paras transportent leur bivouac le lendemain de leur arrivée auprès du vaste et luxueux mess de la garnison repliée. Le gérant en instance de départ fait et refait l'inventaire de tout ce qu'il confie aux paras coloniaux. Il va même jusqu'à compter les poulets et les canards de sa basse-cour avant de filer vers les avions de l'évacuation.

— Crétin, lui lance le Parisien bien décidé à occire les volatiles pour améliorer l'ordinaire de la compagnie, finie la belle vie pour toi !

La ville était en paix depuis longtemps et semble découvrir la guerre avec stupeur. Les indigènes se pressent à l'aérodrome. Ils abandonnent le plus gros de leurs bagages pour être plus sûrs de monter dans les C 47. Les paras, placés en protection du terrain, empilent des monceaux de valises, des sacs, et même des meubles en vrac.

— Ceux-là, apprend l'adjudant Dartencey à son adjoint, vous voyez comme ils sont beaux... Ils appartiennent à Déo Van Long, le roi des Méos...

Le Parisien jette un coup d'œil vaguement intéressé sur les magnifiques et imposants fauteuils de cuir et les meubles de bois rares. Il s'éloigne de l'étalage de richesses inutiles en haussant les épaules pour partir en patrouille au bord de la rivière Noire, à trois kilomètres de la ville.

Les éclaireurs de la section de patrouille découvrent un groupe d'hommes en noir au bord du cours d'eau.

— Qu'est-ce qu'ils foutent là ? se demande Collard en s'apercevant que les Méos jettent des armes dans le courant.

Les paras bondissent vers le manège étrange. Les hommes sont des partisans qui ont choisi de détruire leur armement lourd pour ne pas l'abandonner aux Viets-minhs. Ils acceptent, après un long palabre, de remettre ce qui leur reste encore à la patrouille et se dirigent vers la piste d'aviation où ils déposent tristement sept mitrailleuses, une dizaine de fusils-mitrailleurs et cinquante fusils sauvés in extremis de la noyade.

— Elles pourront encore servir à Dien Bien Phu ou ailleurs, commente Collard demeuré au bord de la rivière.

Le Parisien se met en slip pour plonger dans le courant et récupérer ce qui peut l'être encore. Six de ses compagnons qui l'ont imité plongent et replongent dans l'eau trouble, ramenant à chaque fois un fusil sur la rive. Le courant est très fort. Le Parisien est soudain pris dans un tourbillon qui l'entraîne en même temps que deux autres plongeurs. La rivière fait un large coude.

— Rien à faire pour résister ! se rend compte l'adjoint de section en suffoquant.

Le sous-officier disparaît dans des bouillonnements de plus en plus forts.

— J'ai la trouille, s'avoue-t-il en reprenant une nouvelle fois son souffle, une bien sale trouille...

Le sergent est ballotté comme un bouchon de liège. Les rives de la rivière Noire défilent de plus en plus vite autour de lui. Ses compagnons tourbillonnent en hurlant.

— On va essayer de passer sur l'autre rive, leur crie-t-il entre deux tasses, on a une chance...

Les trois paras nagent de leur mieux dans le courant et approchent au fil des minutes de la rive nord de la rivière en furie.

— On y est ! hurle le Parisien à bout de forces.

Un de ses compagnons se cramponne désespérément à une grosse racine d'arbre à feuillage majestueux. Collard touche la terre à son tour. Le troisième para est encore à une dizaine de mètres du salut. Les deux hommes suffoquant courent sur la rive pour suivre sa nage désordonnée sur encore deux cents mètres de tourbillons. L'homme à bout de résistance réussit à s'approcher du bord. Ses deux camarades l'agrippent et le tirent au sec. Le miraculé reste longtemps allongé sur le dos. Il garde les yeux fermés, bave de l'eau et s'agite de tremblements nerveux.

— On a l'air fin maintenant, plaisante le sous-officier, nous voilà à poil et sans armes à plus de deux kilomètres des copains... Sale temps, mes frères !

Une piste longe le cours d'eau en furie. Les trois hommes nus s'y engagent et la suivent pendant une vingtaine de minutes. Le paysage est magnifique. Des nuées d'oiseaux chamarrés s'envolent des cimes d'arbres inconnus. Des singes hurlent en s'enfuyant et un buffle paisible mâchonne de l'herbe dans une rizière étroite. Des branches basses fouettent les peaux humides des paras. Des moustiques se plaquent par dizaines sur leurs dos.

Un groupe d'hommes en armes entoure brusquement le pitoyable trio. Collard regarde fixement les canons de fusils que les intrus en noir braquent sur lui.

— Si c'est des Viets, gronde-t-il, on va le savoir tout de suite...

Les inconnus ont l'air féroce. Leurs yeux bridés n'expriment pourtant aucun sentiment. Le Parisien se retient d'esquisser le plus petit mouvement et abandonne son dos aux moustiques avides de sang. Une minute s'écoule. Un homme en noir, un peu plus grand que les autres, sort à son tour du maquis et interroge les paras français.

— Ouf ! souffle le sergent en détendant ses muscles crispés et chassant les moustiques de son dos, on continue à avoir de la chance, ce sont des partisans...

Le grand homme explique qu'il a décidé de rester dans la montagne pour mener la vie dure aux Viets-minhs qui vont déferler du nord. Les Méos, toujours aussi silencieux mais souriants maintenant, mènent les trois rescapés vers un endroit plus calme de la rivière et leur font regagner la rive opposée en barque.

— Maintenant, on court, décide Collard en se lançant en petites foulées vers l'endroit où il avait plongé pour récupérer les armes, on ne risque plus grand-chose...

Les paras du lieutenant Edme accueillent les trois rescapés avec effarement.

— Il y a des rapides un peu plus loin, précise le lieutenant chauve, on vous croyait perdus... Vous l'avez échappé belle, allez vous rhabiller !

Des patrouilles en jeep quittent Laichau les jours suivants. Elles sont chargées d'explosifs pour faire sauter les postes abandonnés par les Méos. Collard traîne dans la ville agonisante. Une toute jeune fille enturbannée de noir et portant de lourdes boucles d'oreilles en argent ciselé lui sourit. Elle a un joli petit nez épaté, sa bouche étroite est charnue et révèle au sourire des dents bien blanches. Ses yeux brillent d'un vif éclat au-dessus de pommettes saillantes.

— Naturellement, pense le sous-officier en la détaillant, elle ne doit pas parler un mot de français...

La voix chantante de la jeune Méo le rassure.

— Vous allez nous protéger sur la route ? demande-t-elle.

Collard est pris de court.

— Oui, certainement, balbutie-t-il, pourquoi ?

La fille vêtue d'un *sin,* une sorte de longue jupe de gros tissu marron foncé, sourit de plus belle.

— Alors, décide-t-elle en prenant la main du sergent, je ferai le voyage avec vous... Je porterai vos affaires, vous voulez bien ?

Le Parisien se demande s'il rêve. Tout se passe très vite. Il apprend que la jeune fille vit toute seule et qu'elle travaillait chez un commerçant qui a déjà fui la ville menacée. Il oublie la guerre et suit la jeune Méo dans sa chambre.

— Tu m'emmèneras ? redemande après l'amour la fille aux muscles souples. Dis... tu ne me laisseras pas ?

Collard vit l'intermède de paix avec intensité. Il savoure passionnément le plus fugace sourire et la moindre caresse de la jeune femme à la peau très brune.

— Bien sûr, promet-il sincèrement, je t'emmènerai...

Les événements se bousculent. Les bataillons viets-minhs approchent. Les paras incendient leurs baraques en bambou. Les meubles du roi des Méos flambent aussi. Une foule muette se masse aux abords du terrain d'aviation. Les sections de bérets-rouges montent dans les C 47 dont les hélices tournent au ralenti. Collard est sombre. Il a croisé pendant une seconde le regard grave de la petite Méo rencontrée la veille.

— J'ai honte, se dit-il en s'asseyant sur la banquette de lanières de grosse toile de son avion, c'est trop dégueulasse ce qu'on nous a fait faire ici... les pauvres gens !

L'avion décolle. Le Parisien sent une boule douloureuse monter et descendre dans sa gorge serrée. Les yeux très expressifs de la fille de Laichau sont là, devant lui.

— Tu as menti, semblent-ils lui dire, tu me laisses, tu as trahi. La France nous a trahis...

Le sergent ému chasse l'image trop précise de son esprit torturé.

— Pardon, murmure-t-il, nous n'y sommes pour rien... ce sont les ordres...

La compagnie du lieutenant Edme se réinstalle sur son piton de Dien Bien Phu. Collard apprend quelques jours plus tard qu'une colonne de réfugiés mal protégée par des partisans a quitté Laichau en marche désespérée et que les Viets-minhs l'ont facilement anéantie.

— Quel scandale, gronde le Parisien, quelle saloperie...

Deux bataillons lancés en éclairage de la vallée bourdonnante de travaux se font encercler par les rebelles après le massacre des civils de Laichau, à sept kilomètres au nord de Dien Bien Phu. Le lieutenant-colonel Langlais, commandant le groupement des unités parachutistes, décide de ramener les compagnies attaquées à Dien Bien Phu en dépêchant deux bataillons vers elles. Le 1er B.P.C. est de la partie. Les paras progressent en colonne pressée tout au long du 13 décembre. Quelques obus de mortiers et quelques rafales d'armes lourdes viets-minhs, tirés de très loin, saluent leur passage dans la forêt. La liaison avec les unités recueillies est établie à la nuit tombante.

— Moi, avoue Collard, je n'aime pas du tout ça, les Viets nous ont peut-être laissés passer et doivent être en train de refermer la nasse derrière nous... on a déjà vu des coups comme ça...

Les bérets-rouges du secours s'installent rapidement en défense sur les lignes de crête. Les premières heures de la nuit sont hachées par des explosions de mortiers ennemis. Les deux bataillons bien éprouvés franchissent le dispositif de protection et coupent directement à travers la montagne en empruntant le lit d'une rivière courant sous les arbres. Collard voit des dizaines de brancards défiler en direction de Dien Bien Phu. Les blessés ont pour la plupart été bâillonnés par leurs compagnons pour les empêcher de crier de douleur dans les lignes viets. Il est bientôt minuit.

— C'est à nous maintenant, annonce en chuchotant le lieutenant Edme, on y va...

Les paras, qui ont accroché de petits morceaux d'écorce en décomposition et phosphorescents aux filets de leurs casques pour éviter de s'égarer, se lancent sur les arrières du repli alourdi de morts et de blessés. Ils parviennent juste avant l'aube au-dessus de Dien Bien Phu prisonnier de brouillards très denses. Il reste encore six kilomètres à parcourir en zone dangereuse. Des éléments amis sont là pour assurer le dernier bond du retour. Le mouvement accélère et, lorsque Collard arrive au pied du piton aménagé par sa compagnie, les blessés des combats de l'avant-veille sont déjà à l'hôpital de campagne bâti au centre du dispositif.

Le bataillon des coloniaux est rappelé à Hanoi le 18 décembre 1953.

— Pas fâché de quitter le coin, apprécie le Parisien dans le C 47 qui le ramène aux bords du fleuve Rouge.

— Moi non plus, lui répond en écho son ami Bruni, ils ont fait un sacré travail par ici, mais je ne sais pas pourquoi : je n'aime pas ça...

Collard suit longtemps du regard les brillances de la rivière Nam Youm.

— Je ne suis pas pressé de revenir par ici, se promet-il lorsque des hauteurs gomment la cuvette de son champ de vision, car si on revient un jour c'est que tous ces points d'appui qui portent des noms de femmes seront attaqués... Eliane, Béatrice, Isabelle, Dominique... Ce sont certainement les fiancées du Diable !

29

LA PATROUILLE REBELLE

Les paras quittent Hanoi en camions au matin du 24 décembre 1953.

— On veut nous faire faire des économies, plaisante Collard alors que le convoi prend la direction de Haiphong.

Les compagnies de coloniaux passent la nuit de Noël à Ninh Giang, à quelques kilomètres au nord-ouest du grand port.

— Ça, c'est du réveillon ! Pas vrai ? commente le Parisien en ouvrant une boîte de rations.

Les camions rechargent les bérets-rouges à l'aube du 25 et les déposent sur un terrain vague au centre de Haiphong. Un ordre interdit toute escapade en ville. Collard s'impatiente.

— Si encore on savait ce qu'on va faire de nous, jure-t-il. Mais non, rien...

Les choses se précipitent tout de même le 26. La deuxième compagnie rembarque dans les G.M.C. L'ancien F.T.P. se retrouve en fin d'après-midi sur l'aérodrome de Cat Bi. Les paras s'entassent à cinquante dans des *Dakota*. Le Parisien, comprimé, suffoque.

— Il doit y avoir de la casse où on nous emmène, se dit-il, on a l'air pressé de nous voir. D'habitude, on se met à moins de quarante par zinc...

Les avions se posent à la nuit sur la piste de Seno (comme sud,est,nord,ouest), une grande base installée à vingt kilomètres à l'est du Mékong et de la ville de Savannaket, au Laos. Les bérets-rouges passent la nuit sur la piste. Le lieutenant Edme reçoit le lendemain l'ordre d'aller établir un solide point d'appui près d'un carrefour situé à un kilomètre et demi des défenses de Seno.

— Et ça recommence comme à Dien Bien Phu, grommelle Collard à nouveau transformé en chef d'équipe de bûcherons.

Toute la zone du carrefour est défrichée en quelques jours par les paras en slip de bain ou en short. Le sol se ravine de tranchées. Des centaines de mètres de fil de fer barbelé ceinturent le campement. Le capitaine Bazin de Bezon remplace le commandant Souquet à la tête du bataillon et, dès son arrivée reçoit l'ordre de mener ses compagnies sur la route coloniale numéro neuf qui relie Seno à Dong Heim.

— Et voilà, remarque Collard après avoir ramassé son maigre bagage, maintenant que tout est bien installé on va se faire voir ailleurs...

Le Parisien n'est pourtant pas malheureux de quitter le point d'appui car l'action lui manque. Une colonne de camions venus de Seno attend les paras bâtisseurs et les conduit vers le nord sur une route secondaire. Le but de la mission a été rapidement défini par le lieutenant Edme à ses sous-officiers. Il s'agit d'effectuer une reconnaissance pour détecter l'arrivée au Laos de gros éléments rebelles repliés du Tonkin. Les bérets-rouges débarquent de leurs G.M.C. et marchent pendant près de vingt-cinq kilomètres vers le nord-est.

— Ça change des rizières, apprécie l'adjoint de l'adjudant Dartencey en cheminant pendant des heures dans une forêt coupée de vastes champs de tabac.

Les groupes fouillent quelques villages. La population tranquille accueille les nouveaux venus avec chaleur. Un ordre ramène la compagnie à son point de départ à dix-neuf heures.

— J'en ai vraiment plein les pattes, avoue le Parisien après la longue promenade de santé.

Le sergent laisse échapper un grognement rageur en apprenant de son chef de section que la marche n'est pas terminée. Les sections fatiguées quittent à nouveau la route de Seno pour aller s'installer en point d'appui à huit kilomètres au nord.

Chaque compagnie reçoit à l'aube du 7 janvier 1954 l'ordre de dépêcher une section en reconnaissance des villages alentour. Collard et Dartencey dirigent leurs groupes vers un gros village éloigné de douze kilomètres au nord-est du point d'appui sentant le café chaud. Les paras s'enfoncent une nouvelle fois dans la forêt. Leurs trois groupes se dirigent à la boussole et sont guidés par deux partisans laotiens qui se ressemblent comme des frères jumeaux. La forêt se brise soudain net aux cultures du village à reconnaître. Les hommes coiffés de bérets de toile s'accroupissent dans les hautes herbes entre les derniers arbres.

— Tout a l'air calme, avance Dartencey, on y va...

Les voltigeurs de la section approchent des maisons aux murs de terre et coiffées de hauts toits de chaume noirs. Les deux Laotiens pénètrent les premiers dans les ruelles et reviennent bientôt avec le sourire.

— Il n'y a pas Viet-minh, annoncent-ils à l'unisson aux sous-officiers parachutistes.

Collard dévisage les habitants.

— Ceux que nous avons rencontrés hier étaient beaucoup plus souriants, s'inquiète-il, c'est louche...

Le gros village est rapidement reconnu. Un autre s'étale au milieu de champs de tabac et de manioc à quelque deux kilomètres.

Collard et Dartencey dans la forêt laotienne.

— On va le visiter aussi, décide l'adjudant Dartencey.

Les deux partisans, désarmés, partent vers l'est. Collard les suit du regard. Les deux hommes disparaissent au détour de la piste qui relie les villages. Le temps s'écoule lentement. Les paysans, inquiets, évitent de croiser les regards des parachutistes placés en attente tout autour de leurs maisons. Les deux Laotiens réapparaissent au bout de vingt minutes. Ils marchent tout aussi tranquillement qu'à l'aller.

— Ils n'ont rien trouvé d'anormal, regrette le Parisien.

Les deux partisans se mettent soudain à courir vers les Français. L'adjoint de section va au-devant d'eux.

— Il y a beaucoup d'étrangers là-bas, hoquette le premier des deux hommes, tout plein...

— Au moins un bataillon, précise le second éclaireur ayant enfin retrouvé son souffle.

Collard prend quelques voltigeurs et coupe à travers champs. Les fusils-mitrailleurs de la section couvrent sa reconnaissance.

— Nom de Dieu ! souffle bientôt le Parisien parvenu à distance d'observation du village suspect, je comprends pourquoi les gens du premier village font la gueule... Bruni, regarde un peu...

Le caporal-chef, tapi dans des herbes à un mètre du sergent, tend le bras pour saisir la paire de jumelles que lui tend ce dernier.

— Merde ! gronde-t-il, il y a vraiment du monde...

Le chef de patrouille reprend ses jumelles et les rebraque sur des dizaines de Viets-minhs en armes qui déambulent tranquillement entre des rangées nettes de cagnas. D'autres rebelles accroupis soignent leur armement.

— On file, décide l'ancien F.T.P. en s'arrachant à la contemplation de l'ennemi.

Les voltigeurs regagnent le gros de la section en traçant leur route dans les hautes herbes du bord des champs. Dartencey rend compte par radio de ce que le Parisien peut préciser sur la force rebelle et reçoit l'ordre de ramener sa section vers le bataillon.

— Les copains des autres compagnies ont accroché à sept kilomètres au nord de notre point de départ, annonce-t-il après la vacation, ils ont eu de la casse...

La section trace à nouveau son chemin à la boussole sous les arbres et sort bientôt de la forêt peu serrée, loin de l'ennemi au moins trente fois supérieur en nombre.

— Il va bientôt faire nuit, prévoit Collard, il faut qu'on se presse un peu...

Les paras allongent leurs enjambées. La route est là. La patrouille plonge soudain dans les herbes folles qui la bordent. Collard rampe vers les hommes de tête.

— Qu'est-ce qu'il y a ? s'inquiète-t-il à voix contenue.

L'homme qu'il interroge ne répond pas mais indique de la main gauche le canon d'un fusil qui dépasse d'un buisson. Le Parisien hésite quelques secondes.

— On dirait bien un flingue de chez nous, se dit-il, faut faire gaffe à la méprise...

Le sergent prêt à tirer se relève tout doucement en criant :

— Oh ! Les gars... c'est nous... tirez pas !

Les buissons s'animent. De joyeux éclats de voix saluent le retour de la patrouille.

— Une demi-heure plus tard on se faisait gentiment allumer, imagine l'ancien F.T.P. en traversant l'embuscade amie, encore un sacré coup de chance !

Le Parisien apprend que les deux autres sections lancées dans l'inconnu ont subi des pertes sérieuses.

— Il n'y a pas de doute, les Viets sont là et bien là, se dit-il.

Le nouveau commandant du bataillon éprouvé reçoit l'ordre d'aller, dès l'aube du lendemain, tâter en force les compagnies rebelles débusquées. Le mouvement s'ébranle à six heures du matin. La compagnie de Collard marche en arrière-garde et en protection des éléments d'armes lourdes du bataillon. La première heure de l'avance s'écoule tranquillement sur la route de Ban Na Kham. Les Viets-minhs sont là. Les deux premières compagnies les accrochent tout autour du gros bourg. Des armes lourdes tirent des hauteurs qui cernent le site résonnant. Les tireurs aux mortiers du bataillon de bérets-rouges couvrent au mieux les mouvements de leurs compagnons au contact. Le combat indécis dure des heures. Collard en écoute les péripéties à la radio de son chef de section.

— Les copains trinquent pendant qu'on se les roule, enrage-t-il au fil des heures chaudes.

Des avions viennent lâcher des bidons de napalm sur les positions rebelles au milieu de l'après-midi. La ligne des villages, deux fois enlevée et deux fois reperdue par les paras, brûle. Le Parisien trouve enfin l'occasion d'agir. Il reçoit l'ordre, alors que le soir approche, de mener une patrouille à deux kilomètres des pièces de mortiers qui tirent sans cesse.

— Prends trois gars et viens avec moi, dit-il à Bruni, on va voir si les Laotiens qui doivent occuper un carrefour de pistes sont bien à leur poste...

Les cinq hommes pénètrent dans la forêt. Ils avancent lentement vers l'objectif à reconnaître. Les échos des accrochages de Ban Na Kham glissent sous les frondaisons. Collard s'allonge dans un fossé au milieu des broussailles après huit cents mètres parcourus en une demi-heure. Une piste descend vers la ligne de feu.

— On y va, décide le Parisien en se relevant au bout d'une minute d'observation.

Bruni lui fait un signe de la main pour le replaquer au sol.

— Ecoute, chuchote l'ancien képi-blanc, il y a des gars qui viennent vers nous...

Les cinq paras retiennent leur souffle.

— Ce doit être la section de Laotiens, espère le chef de patrouille en scrutant la sente sur laquelle des hommes approchent.

Des bruits de chocs dans les buissons grandissent. Deux Indochinois surgissent dans le champ de vision du sergent figé.

— Nom de Dieu ! gronde sourdement ce dernier, ce sont des Viets...

Les intrus, tranquilles, portent des uniformes verdâtres et des casques plats à étoile rouge. Ils fouillent la broussaille en progressant très lentement. Les paras échangent des regards inquiets. Leurs armes sont prêtes à cracher la mort.

La fouille rebelle avance encore. Les premiers bo dois passent à moins de vingt mètres de Collard.

— On va les avoir, se réjouit le sergent en visant déjà un homme casqué.

Une vingtaine de nouveaux Viets-minhs marchant en paquet serré derrière les éclaireurs apparaissent à leur tour. Puis d'autres s'annoncent par des éclats de voix. Le Parisien se tasse un peu plus au sol. Ses compagnons attendent ses ordres. Bruni fait un mouvement de tête pour interroger son chef qui lui répond de rester coi par un signe de main. Les rebelles défilent maintenant tout près de la patrouille. L'un d'eux sort de la colonne, fait quelques pas vers les bérets-rouges, s'arrête, pose son arme contre sa cuisse gauche, ouvre sa braguette et urine en levant les yeux au ciel.

— S'il nous aperçoit, gronde l'ancien F.T.P. pendant que le bo doi se soulage, on tire dans le tas et on file rejoindre les copains...

Le Viet-minh se réajuste et repart lentement vers la colonne dont il rattrape les derniers éléments. Les bo dois disparaissent entre les arbres. Les bruits de leur progression s'amenuisent. La forêt redevient silencieuse. Collard demeure longtemps plaqué au sol. Il souffle enfin de soulagement.

— C'est pas tout, lance-t-il d'une voix contenue à Bruni qui ne bouge pas non plus, maintenant il faut voir où vont ces gugusses...

Le Parisien se redresse sur ses jambes dévorées de picotements énervants et avance sur la piste pour calculer à la boussole l'angle de marche des Viets-minhs. Puis il jette un rapide coup d'œil sur sa carte.

— Merde, jure-t-il, ils vont en plein sur la base arrière du bataillon, sale temps...

Le sergent lance sa patrouille vers les positions de sa compagnie. Les huit cents mètres sont cette fois parcourus à la course. Le lieutenant Edme prévient aussitôt par radio la base arrière installée à cinq kilomètres au sud. Un message lui annonce beaucoup plus tard que les rebelles signalés par le Parisien ont été accrochés et ont perdu pas mal de monde dans l'affaire.

— Tant mieux, souffle Collard, enfin soulagé.

Les compagnies engagées tout au long du jour reviennent vers l'arrière. Leurs sections sont décimées. L'ensemble de la manœuvre recule de deux kilomètres au sud du village repris une dernière fois par les rebelles. La nuit tombe. Des colonnes d'hommes las progressent encore vers la base arrière. La compagnie Edme, placée en protection de repli pour barrer la route à une éventuelle poursuite de l'ennemi, rejoint le gros du bataillon très tard dans la nuit. Les compagnies se sont resserrées autour d'un carrefour.

— Nous ne sommes plus que la moitié de ce que nous étions hier, évalue Collard, ça fait léger si les Viets décident de débouler du nord...

La nuit s'écoule très lentement. Des rafales éclatent de temps en temps dans la forêt, vers les villages qui brûlent. Des paras égarés au cours des combats de l'après-midi rejoignent les positions amies par petits groupes. L'artillerie, qui ne s'était pas manifestée une seule fois au long de la journée, commence à pilonner les positions viets-minhs un peu après minuit.

Un premier bilan des combats circule à l'aube dans les sections. Le capitaine Marin, commandant de la première compagnie, et le lieutenant Weber figurent sur la liste des morts. Une trentaine de blessés a été récupérée et cent cinquante hommes sont portés disparus. Des patrouilles essaiment dans la matinée pour éclairer le point d'appui du bataillon. Collard mène l'une d'elles à deux kilomètres vers Ban Na Kham.

— Creusez des trous, ordonne-t-il à ses hommes lorsqu'il atteint la ligne extrême de sa reconnaissance, on ne sait jamais ce qui peut nous tomber dessus.

Les brumes matinales libèrent peu à peu le paysage. Des formes isolées sortent de la forêt.

— Ne tirez pas, ordonne le Parisien, ce sont des gars de chez nous...

Les fantômes titubants sortis de l'enfer se pressent vers la patrouille enterrée. Certains sont couverts de cloques horribles et n'ont plus de visage. Leurs vêtements sont par endroits amalgamés à leurs chairs brûlées par du napalm tombé sur les combattants des deux partis emmêlés. Un élément d'une unité de renfort dépasse l'ancien infirmier. Des villageois ramènent sur des brancards des corps pantelants qu'ils ont découverts sur le champ de bataille et défilent lentement sur la piste. Collard reconnaît au passage les traits déformés par la douleur du sergent Spanier, un de ses bons amis de sortie qui a passé toute la nuit sous les tirs d'artillerie français.

Le bataillon s'éloigne du site massacré le 11 janvier. Il se déplace vers l'est pour occuper de nouveaux points d'appui. La deuxième compagnie, une nouvelle fois épargnée par le sort, lance de nombreuses patrouilles tout autour des sections en réorganisation, puis fait un bond de vingt kilomètres plus à l'est. Le Parisien traverse le village de Ban Hine Siu qui est complètement rasé. Le troisième bataillon de parachutistes vietnamiens a eu une cinquantaine de tués sur le site désolé quelques jours auparavant. Le sol noirci est jonché de débris des combats furieux. Les bérets-rouges piétinent des sacs calcinés, des casques des deux camps de la bataille et des grenades intactes. L'air est lourd, empuanti d'odeurs de charognes humaines mal enterrées. Des millions de mouches recouvrent de larges plaques de sang séché. La rizière qui entoure le village détruit est piquetée de dizaines de tombes fraîches. La colonne croise trois kilomètres après le triste endroit les éléments du 6e B.P.C. qu'elle vient relever. Les plaisanteries habituelles fusent, incongrues sur le site de mort.

— Ça va les cocus ? hurle un soldat de Bigeard.

— Et ta sœur, toujours lesbienne ? lance en écho un para du lieutenant Edme.

Le Parisien hurle lui aussi quelques interpellations rituelles.

— C'est complètement imbécile, se rend-il compte lorsque les deux colonnes ont achevé de se croiser, mais c'est la seule façon qu'on connaisse de se saluer et de nous prouver notre estime mutuelle...

Les jours suivants la relève s'écoule tranquillement. Le 1er B.P.C. descend ensuite au sud-sud-est en direction de Dong Heim, à un peu plus de trente kilomètres de Ban Hine Siu. La colonne d'hommes bien reposés découvre le gros bourg étalé autour de la R.C.9.

— C'est la paix par ici, constate Collard, vivent les vacances !

La route coloniale, artère principale de l'endroit, est bordée de petits magasins proprets. Les vastes bâtiments d'une école de cadres de l'armée laotienne s'élèvent entre des rangées d'eucalyptus et des massifs de fleurs bien soignés. Le tout n'est protégé que par un fragile réseau de barbelés qui relie des petits postes à armatures de rondins. Un bataillon quitte l'endroit au moment où les paras y pénètrent. Le Parisien reconnaît une silhouette dans la colonne qui s'éloigne.

— Mièvre ! crie-t-il en courant vers son compagnon du premier séjour en Indochine.

Les deux hommes joignent leurs mains droites, se regardent longtemps, et des mots creux montent de leur gorge serrée. Mièvre s'éloigne. Collard le suit longtemps des yeux.

— On avait pourtant tellement de choses à se dire, regrette-t-il en retournant vers ses compagnons, pourvu qu'il s'en tire encore, ce vieux Mièvre...

Les habituelles corvées de déboisement reprennent au fil des jours tranquilles. Les nuits passent en patrouilles et en embuscades. Une colonne de G.M.C. blindés s'arrête un matin à Dong Heim. Des Laotiens descendent des camions et paradent devant les coloniaux pendant qu'arrive sur la route une batterie de canons de 105. Un ordre relance l'avance des véhicules chargés de soldats en uniformes neufs. La colonne se dirige vers la ville de Pha Lane, située à trente kilomètres à l'est et qui a été évacuée quelques jours auparavant.

— Ils sont pénibles, ces Laotiens, commente Collard après le départ du dernier blindé d'escorte, à les entendre ils vont gagner la guerre à eux tout seuls... Heureusement qu'ils sont accompagnés de Vietnamiens et de quelques sections de biffins de chez nous...

Un message radio appelle les paras au secours, un peu avant douze heures. La colonne de reconquête de Pha Lane est tombée dans une longue embuscade. Collard bondit dans son camion. Des colonnes de fumée vrillent le ciel. Elles s'échappent d'une trentaine de camions pris sous le feu de dizaines d'armes automatiques et de mortiers. Les Indochinois qui arment les canons de 105 ont réussi à reculer hors du piège et ont ramené leurs pièces vers Dong Heim. Les sections européennes de la colonne se sont placées en point d'appui au large de la route coloniale. Les Viets-minhs donnent le dernier assaut à l'unité laotienne qui croule sous le nombre et abandonne ses armes. Les paras s'installent encore plus à l'écart du massacre.

— Pas question d'aller se fourrer dans le merdier, commente le Parisien à l'intention de Bruni.

Les deux vieux briscards détaillent à la jumelle l'étendue du désastre.

— Ça fait un drôle de butin pour les Viets, enrage l'adjoint de section alors que la nuit tombe.

Les bérets-rouges creusent des emplacements de combat face à l'est. Les rescapés de l'embuscade bien montée défilent vers Dong Heim. Des balles sifflent au-dessus des groupes de paras. Un ordre radio rappelle la compagnie Edme vers l'ouest. Les hommes en tenues camouflées glissent silencieusement dans la nuit. Les Viets-minhs, qui ne se sont pas aperçus du mouvement de repli, tirent longtemps sur leurs positions abandonnées.

— Il n'y a pas de doute, grommelle Collard, ils se sentent forts et vont nous tomber dessus dès demain...

30

AU SECOURS DE MUONG SAÏ

Le bataillon du capitaine Bazin de Bezon, amoindri par les combats de Ban Na Kham, demeure au village de Dong Heim, chaque jour un peu plus déserté par ses habitants inquiets. Les Viets-minhs s'étalent en nombre à dix kilomètres des défenses parachutistes. Des patrouilles de trois bérets-rouges et de deux volontaires laotiens parcourent les villages alentour.

Collard quitte Dong Heim à l'aube du 11 février en même temps que toute sa section. Les paras délaissent tout de suite la route coloniale pour suivre une piste vers le village de Ban Bok qui se trouve à douze kilomètres au sud-est de l'école des cadres laotiens. Les groupes de la section Dartencey éclatent en petites patrouilles après la reconnaissance du village. Le Parisien s'éloigne vers l'est avec quatre hommes, le caporal Dietrich, le parachutiste Nguyen Thi Nhan et deux guides de la région. Le soleil tape très dur. Le petit groupe suit une piste imprécise qui se confond parfois avec des ruisseaux taris. L'ancien F.T.P. mène sa patrouille vers l'endroit de l'embuscade qui a coûté si cher aux réguliers laotiens. Il approche bientôt de la R.C.9. Les guides refusent d'avancer plus.

— C'est bon, décide le sergent en renonçant de les convaincre, on va y aller sans vous...

Les camions brûlés sont toujours là. Les trois paras s'installent en guet pendant une demi-heure. Rien ne bouge à des kilomètres à la ronde.

— On rentre, décide le Parisien, il n'y a rien à voir...

Les trois hommes retrouvent leurs guides timorés à l'endroit où ils les ont abandonnés et rejoignent Ban Bok où les attend le reste de la section Dartencey, après avoir marché près de cinquante kilomètres sous le soleil. La section en nomadisation quitte son bivouac au matin du 12 février pour regagner Dong Heim en passant par Chelamong, un chef-lieu de canton menacé par les rebelles. Collard parcourt à peu près deux kilomètres et débouche dans un petit village.

— Qu'est-ce qui se passe ici ? s'interroge-t-il en découvrant l'agitation fébrile des villageois.

Un vieux Laotien maigre habillé d'un long vêtement brun accueille les paras en faisant des courbettes. La section s'éparpille en défense du village.

— Votre venue est un heureux présage, explique le vieillard d'une voix aigre, nous vous attendions...

Collard sursaute près de son chef de section.

— S'ils nous attendaient, se dit-il, les Viets peuvent très bien en faire autant...

Des femmes enturbannées s'affairent autour des brasiers en plein air sur lesquels sont posées de grosses marmites de fonte noircie. Des gosses à demi nus, curieux et morveux, se glissent entre les jambes des paras en caressant leurs armes au passage.

— Nous préparons un *boun* en votre honneur, précise le Laotien chenu qui semble être le *naiban* du village sympathique. Il faut que vous y participiez, le *boun* est un repas d'honneur pour nos visiteurs de marque...

Le vieil homme montre de ses deux bras décharnés, qui s'échappent des larges manches de son étrange vêtement, les femmes qui accommodent leur cuisine de fête. L'adjudant Dartencey hésite à demeurer au village. Sa radio est en panne et il ne peut prendre les ordres du lieutenant Edme.

— C'est bon, décide-t-il tout de même, on reste ici, pour deux heures seulement...

Les yeux vifs du chef de village brillent de contentement. Il fait de grands gestes de bras et lance des ordres dans sa langue chantante. Les femmes au cou alourdi de bijoux en argent et vêtues du *sin* de parade s'agitent encore plus. Les enfants criards courent pour chercher la vaisselle de gala. Le vieil homme récite des incantations. De l'encens et des parfums brûlent. Leurs senteurs entêtantes se mêlent aux chaudes odeurs de viandes rôties. Les plus jeunes femmes du village, les *pou sao,* offrent des présents aux paras sous la forme de friandises très sucrées. Un groupe d'entre elles exécute un *lamb ton,* une danse laotienne traditionnelle. Elles sont simplement accompagnées par l'acide musique de quelques *khen,* des sortes de flûtes de Pan de différentes tailles. Le *naiban* explique aux sous-officiers que certaines de ces danses rituelles servent à éloigner les *pou phi,* les mauvais démons qui ont amené la guerre dans son beau pays. Le vieil homme demande que les parachutistes participent à la cérémonie du bracelet. Collard fait partie des six volontaires pour l'expérience. Une *pou sao* très belle dépose un œuf cuit dur dans sa main droite et unc boulette de riz très chaude dans sa main gauche.

— C'est un symbole d'abondance perpétuelle, explique en zézayant la jeune officiante très grave, il faut serrer les mains...

La jeune fille aux oreilles cachées par d'énormes boucles en forme de patelles recule d'un mètre et se tient coite devant le sous-officier. La population colorée observe la scène aux magiques significations. Le reste de la section de bérets-rouges veille à quelques mètres des premières cagnas en fête. Collard referme les mains sur l'œuf brûlant et le riz. Les villageois psalmodient en plusieurs tons des antiennes séculaires. Des gosses font vibrer des crécelles agaçantes, d'autres frappent des tambourins et les *khen* accompagnent le concert de mélopées lancinantes. Les jeunes filles qui dansaient se sont mêlées au cercle qui entoure les paras saisis par l'ambiance étrange. Le *naiban* ordonne soudain le silence. Seuls quelques gosses ne le respectent pas et s'obstinent à manœuvrer leurs crécelles. Le chef de village tient dans sa main gauche des cordonnets de coton blanc. Il saisit le bras droit du Parisien et noue de ses doigts tremblants et parcheminés trois brins de coton filé par les femmes du village autour du poignet de l'adjoint de section. Les incantations des villageois reprennent de plus belle lorsque les six bérets-rouges qui participent à la cérémonie de bienvenue ont tous reçu un bracelet magique. Collard se sent étrangement ému. L'officiant aux mains tremblotantes explique en quelques mots la signification des gestes qu'il vient de faire.

— C'est le symbole de l'union entre vous qui êtes venus de si loin pour défendre notre liberté, dit-il, et nous qui refuserons toujours la barbarie viet-minh...

Des cris de joie saluent la fin de la cérémonie et donnent le signal du *boun.* Les porcelets rôtis sont vite découpés et servis sur la vaisselle chamarrée. Collard mange l'œuf dur et la boulette de riz sacrés et boit du *lao tio,* un lourd hydromel qu'il préfère au lait de noix de coco qui circule en jarre dans les groupes en fête. Les villageois courent apporter à manger aux guetteurs qui ne se laissent pas détourner par la liesse générale. L'adjudant Dartencey donne le signal du départ. Le Parisien s'arrache à regret de la magie de l'ambiance. Les Laotiens font un joyeux cortège à la section repue et leurs cris résonnent longtemps derrière la colonne qui se perd vers Chelamong.

Les paras atteignent le chef-lieu un peu après midi. Chelamong est un très gros bourg de plusieurs milliers d'habitants. Il est défendu par une puissante milice d'autodéfense. Les hommes de Dartencey achètent des poulets et les font rôtir. Des villageois leur offrent à boire. Collard remange.

— C'est pour tous les jours où on la saute, explique-t-il à son chef de section qui plaisante son féroce appétit.

Le responsable du chef-lieu, le *tasseng,* est aux petits soins pour ses visiteurs en tenues camouflées. Il fait grise mine lorsqu'une estafette dépêchée de Dong Heim apporte un ordre de repli urgent à l'adjudant Dartencey. Les paras n'achèvent pas leur repas et pressent le pas vers la R.C.9. Les habitants de Chelamong et leurs miliciens escortent la section pendant quelques centaines de mètres.

— Ils aimeraient bien nous garder, comprend Collard, leur gentillesse n'est pas tout à fait gratuite... Ils ont salement peur des Viets...

Le bataillon est déjà rameuté à Seno lorsque la section rentre à Dong

Heim. Les bérets-rouges embarquent dans deux G.M.C. Une automitrailleuse ouvre la route des véhicules. Les hommes de Dartencey sont à Seno à minuit. Collard va aux nouvelles.

— On saute demain sur un poste encerclé par les Viets ! apprend-il à ses compagnons dès son retour du P.C.

Bruni veut en savoir davantage. Le Parisien explique que le poste est situé à Muong Saï.

— C'est un bled qui se trouve entre Dien Bien Phu et Luang Prabang, précise-t-il à l'ancien légionnaire, c'est à plus de cinq cents bornes d'ici, mais toujours au Laos.

Les paras sont bientôt sur le terrain de la grande base aéroterrestre. Le général Gilles est là pour leur souhaiter bonne chance.

— On l'aime bien notre général para, se dit Collard après le bref discours de l'officier supérieur, mais s'il a tenu à nous dire au revoir, c'est que ça va barder...

La vague de *Dakota* décolle et vole vers le nord. Le Parisien, dans l'avion numéro 115 qui est piloté par le commandant Meignet, suit les mouvements des montagnes qui défilent sous lui. Quelques-uns de ses compagnons dorment. Les avions survolent Thakket. Le relief se creuse ensuite vers Luang Prabang. L'appareil du sergent tombe dans des trous d'air de plus en plus fréquents.

Le rituel de la préparation du saut commence. Les paras sont brutalement tirés de leur somnolence. Collard vérifie les mousquetons de ses hommes. Le *Dakota* perd de l'altitude et ralentit. Le poste de Muong Saï est là, planté en carré au sommet d'un long piton dénudé. Des pistes mordent la jungle épaisse des hauteurs qui dominent le site coupé par une rivière.

— Go ! hurle soudain le largueur.

Le Parisien bondit dans le vide. Le sol monte à sa rencontre. Le choc est très brutal et le sonne. Le sergent est tombé au milieu d'une rizière étagée en immense escalier aux marches hautes de deux mètres et larges de vingt. Des paras hurlent sur la D.Z. impraticable pour appeler les infirmiers pendant que Collard se dégrafe et court en boitillant pour diriger le rassemblement de ses groupes.

— On a jamais vu ça, gronde Bruni en se massant vigoureusement une cheville douloureuse, on a au moins une quarantaine de gars qui se sont salement plantés...

La compagnie Edme est tout entière rameutée avant la nuit. Les Viets-minhs, surpris par la rapidité du largage, ne réagissent pas. Les paras s'enterrent rapidement dans le sol très meuble. Le lieutenant chauve rassemble ses chefs de sections après avoir comptabilisé les entorses.

— Bon, précise-t-il en pointant la main droite sur sa carte d'état-major, nous sommes ici. Et on a l'ordre de s'y cramponner sérieusement...

Collard repère la carte qu'il a eu le temps de contempler grandeur nature en sautant. Sa compagnie se trouve au-dessus d'une piste d'atterrissage, à droite de la route de Dien Bien Phu et à quelques centaines de mètres du poste à aérer. La nuit s'écoule tranquillement. Le travail d'installation commence dès l'aube du 14 février sous une nappe épaisse de brouillard.

— On est peinards pour creuser nos trous, se réjouit le Parisien en mettant la main à la pâte, on est en plein milieu du dispositif.

Le poste menacé est au nord-est et huit points d'appui forment un immense ovale coupé dans sa plus grande dimension par la route de Luang Prabang-Dien Bien Phu. Les bérets-rouges triment dur pendant deux jours. Les pièces rebelles matraquent toujours le poste maintenant bien défendu et les autres points d'appui qui cernent le piton du 1er B.P.C. sans tirer sur les paras. L'unité encerclée à Muong Saï distille par radio des renseignements précieux sur tout le secteur.

Les hommes du capitaine Bazin de Bezon entament la deuxième phase de l'opération de sauvetage qui consiste à lancer des mouvements pour prendre contact avec l'ennemi.

— On ne sait même pas exactement où se trouvent les Viets, commente Collard après un briefing mené par son commandant de compagnie, ça va être dur dans ce fouillis de pitons.

Les bérets-rouges s'éloignent de leur point d'appui, toujours méprisé par les servants des pièces lourdes du Viet-minh, bien avant l'aube du 16 février. Leurs équipes serpentent dans la jungle le plus silencieusement possible. Le jour les surprend alors qu'ils sont parvenus à un kilomètre au nord-est du dispositif de protection de Muong Saï. Une rivière serpente au bas de la montagne à un kilomètre de là.

— D'après les renseignements donnés par les gars du poste, se souvient le Parisien, les Viets se placent toujours en embuscade au-dessus de la flotte... Va falloir faire très attention...

Les tenues camouflées de la colonne atteignent le cours d'eau. Quatre voltigeurs le sondent et découvrent tout de suite un gué praticable. Les rebelles sont bien au rendez-vous et ouvrent un feu dense sur les premiers éléments avancés dans la rivière peu profonde. Les mortiers du poste donnent aussitôt de la voix. Leurs obus de 120 s'abattent sur l'embuscade en blessant quelques paras très avancés. Les bérets-rouges profitent du tir bien réglé pour refluer vers les couverts des arbres. La compagnie Edme déplore un seul tué.

— Ça commence bien, gronde Collard en arrière de l'élément de tête. Comme prise de contact, c'est réussi !

Le commandement étant fixé sur la présence viet-minh s'estime satisfait et rappelle les paras sur leurs positions de départ. Le Parisien marche en tête. Le reste de la colonne est soudain pris sous une grêle d'obus de mortiers rebelles. Les salves tirées de loin sont diaboliquement serrées et précises. Le bataillon compte à nouveau plusieurs morts et blessés. Le mouvement de retour accélère pour sortir de la zone dangereuse. Les paras se faufilent à la course sous les arbres. Les averses de feu ne cessent pas après leur départ et les servants des pièces viets-minhs s'obstinent longtemps à pilonner une zone désertée.

Les rebelles ne bombardent toujours pas le point d'appui des bérets-rouges le lendemain, ni même le surlendemain. Les autres unités du dispositif sont systématiquement matraquées. Un ordre du P.C. de l'opération placée sous le commandement du colonel de Crèvecœur, intime au capitaine Bazin de Bezon de monter des embuscades de nuit vers le sud de sa position tranquille. Comme l'adjudant Dartencey s'est foulé une cheville au cours du mouvement vers les rebelles, Collard hérite du commandement de sa section et reçoit le plan de la première embuscade à monter.

— Vous allez pouvoir vous distinguer, souligne le lieutenant Edme qui est bien au courant de la rivalité guerrière de ses deux sous-officiers. A vous de jouer...

Les renseignements donnés par les gens du poste précisent que les rebelles se promènent tranquillement chaque jour dans des villages situés à huit cents mètres du camp bien caché sous les arbres et que la population civile a disparu du secteur.

— Ça élimine les risques de méprise, se félicite le chef de section par intérim en écoutant la fin de l'exposé précis de son commandant de compagnie.

Le Parisien répercute les indications du lieutenant à ses hommes.

— On va passer entre les lignes viets à la nuit tombée pour aller nous placer en embuscade à deux kilomètres et demi plus au sud. C'est tout simple !

Collard choisit huit Vietnamiens et emmène le caporal Jarmuzinski avec lui. Le petit groupe franchit dans la nuit noire le dernier réseau de barbelé du point d'appui situé le plus au sud du poste. Une rizière sèche s'étend sur cinq cents mètres devant la patrouille. Une large piste la coupe.

— On va avancer le plus lentement possible, souffle le chef de section à Jarmuzinski.

Les paras mettent un genou à terre. Un éclaireur s'éloigne souplement d'une trentaîne de mètres et se poste longuement en observation au ras du sol. Collard le rejoint en entrainant le reste du groupe. Le Vietnamien repart une nouvelle fois pour un bond silencieux de trente mètres et reprend son manège de guet. Le Parisien relève l'éclaireur aux nerfs entamés au bout de cent mètres de rizière.

— A chacun sa chance, s'efforce-t-il de plaisanter, il faut qu'il y en ait pour tout le monde...

D'après les renseignements les plus frais, les bo dois doivent se trouver embusqués aux alentours. Le lent manège furtif débouche aux premières broussailles qui marquent la fin de la rizière. La colonne s'engage entre les arbres.

— Pourvu qu'il n'y ait pas de mines, espère Collard en marchant juste derrière le Vietnamien qui éclaire sa patrouille.

Un bruit de feuillages froissés monte dans le silence noir. Puis des écrasements de branches résonnent, énervants. Les paras se plaquent au pied des arbres. Le Parisien crispe sa main droite sur la crosse de sa carabine U.S. Son index demeure seul souple et effleure la queue de détente de l'arme légère. Les bruits inquiétants grossissent. Un crépitement de galopade éclate soudain. Trois buffles insomniaques frôlent la patrouille tapie. Soulagé, Collard esquisse un sourire et relance son mouvement.

Les paras arrivent à l'endroit prévu pour placer le piège. Il est un peu plus de vingt-trois heures. La lune se lève et dévoile le paysage aux bérets-rouges allongés près d'un carrefour de pistes.

— Il était temps, souffle le chef de l'embuscade. Le lieutenant a calculé son coup à la minute près...

La nuit sent le bois brûlé. Un village bombardé dans la journée se consume un peu plus au sud. La rizière court, nette sous la pâle luminosité de la lune, sur près de trois cents mètres. Un petit sentier passe à deux mètres de Collard, de l'autre côté d'une haie, et serpente en direction de la rivière qui chantonne à moins de deux cents pas de l'embuscade. Un ponceau en bambou enjambe le cours d'eau et la piste s'attaque à un mamelon piqueté de cagnas étalées entre des boqueteaux.

— Il n'y a plus qu'à attendre, souffle le Parisien après avoir vérifié une dernière fois l'installation de son piège serré.

Des chiens aboient dans le village un peu après minuit. Collard, saisi par le froid, sursaute. Des échos de voix coulent des cagnas et se rapprochent du petit pont de bambou. Le para vietnamien qui est allongé le plus près du chef de section glisse comme un serpent sur le sol humide pour se rapprocher encore du Parisien.

— C'est les Viets, chuchote-t-il en bout de reptation, ils parlent de mettre des sentinelles en place...

Le cœur de Collard bat très fort.

— Pourvu qu'ils traversent la rivière, espère-t-il en fixant du regard la base du mamelon à se faire mal aux yeux.

Le temps passe très lentement pour les nerfs à vif de l'ancien du 2/1.R.C.P. Des martèlements sourds et réguliers se font entendre.

— C'est les Viets faire marcher les moulins à paddy, susurre à nouveau le para vietnamien allongé près du sergent, ils préparent le riz pour demain...

La corvée de mouture cesse. Le silence, seulement troublé par les frissonnements de la rivière, se repose sur le site. Deux heures passent. La lune a parcouru un grand arc de cercle dans le ciel sans nuages. Des bruits de pas et des éclats de voix énervent une nouvelle fois les guetteurs transis.

— C'est eux venir faire la relève des sentinelles, souffle l'interprète tapi à cinquante centimètres de son chef.

Collard, les muscles tiraillés de crampes de plus en plus nombreuses, résiste mal à la tentation de faire ouvrir le feu.

— J'ai bien envie de ramper vers la rivière et de tuer un ou deux factionnaires, se dit-il lorsque les bo dois relevés remontent au village en bavardant.

Le Parisien jette un coup d'œil sur les formes étendues de ses compagnons de veille.

— Je n'ai pas le droit de risquer bêtement leurs vies, se dit-il pour endiguer ses désirs de mort. Et puis, se persuade-t-il, ces emplumés vont peut-être finir par traverser la rivière...

La lune disparaît. Il est bientôt cinq heures.

— Il faut décrocher bien avant l'aube, décide le Parisien en suivant les ordres du lieutenant Edme, sinon on va se retrouver en plein jour juste au-dessous des Viets...

Les paras transpercés d'humidité glissent vers le nord au signal de leur chef.

— Si ça se trouve, les guetteurs viets roupillent, avance ce dernier en s'arrachant à son emplacement d'embuscade une fois que ses neuf hommes se sont éloignés de quelques mètres.

La patrouille énervée par les heures passées à quelques dizaines de pas de l'ennemi traverse rapidement la forêt. L'aube éclaire la rizière qui mène au premier point d'appui ami.

— Chef ! regardez, crie presque un des paras vietnamiens, c'étaient les Viets être ici aussi...

Le sous-officier découvre une dizaine d'emplacements de combat très frais. Un para aux yeux bridés pose le dessus de sa main droite sur une pierre plate.

— Elle est encore un peu tiède, annonce-t-il, ils viennent juste de partir...

— Quel jeu de cons, gronde le Parisien, pendant qu'on était là-bas en embuscade, eux ils faisaient la même chose ici... on a joué à cache-cache... merde alors !

La petite colonne rejoint sans encombre son point d'appui en éveil. L'endroit ne sent pas l'habituelle odeur de café qui peuple tous les bivouacs : les paras n'ont pas allumé de feu depuis leur arrivée sur le long piton. Collard rend rapidement compte de sa mission. Les mortiers de 120 de Muong Saï pilonnent le village au-dessus de la rivière.

— Pourvu que mes Viets n'aient pas encore foutu le camp, espère le Parisien lourd de sommeil, ça serait tout de même dommage de les rater...

Les Viets-minhs décèlent enfin la présence des bérets-rouges. Leur point d'appui est pris sous une pluie d'obus de 75 sans recul, dans la matinée.

— C'est Verdun, plaisante Collard bien à l'abri dans un trou profond et couronné de rondins serrés.

Un avion de reconnaissance est touché par un obus. Il s'écrase et flambe au flanc d'un piton. Les patrouilles lancées à rythme régulier pour apprécier au plus juste les mouvements rebelles ne trouvent le contact que de plus en plus loin. Le Parisien part en longue reconnaissance à l'aube du 23 février, tout au long de la route, vers le nord-est.

— Les Viets ont foutu le camp, se rend-il compte, ils sont sûrement partis emmerder les copains de Dien Bien Phu...

31

VERS DIEN BIEN PHU

Le 1er B.C.P. rentre à Hanoi le 1er mars 1954. Collard change de section et se retrouve adjoint sous le commandement de l'adjudant Langrognet, son ancien major de discipline de Saint-Brieuc. Les deux hommes s'entendent à merveille. L'ambiance est au beau fixe. Les paras sont une nouvelle fois affectés à la défense du terrain de Gia Lam puis gagnent Haiphong pour assurer les mêmes corvées de protection à l'aérodrome de Cat Bi. Des aviateurs américains, frères jumeaux des G.I.'s de la Libération, sont là. Ils arment de gros avions *Packetts* C 119 et volent de nombreuses heures chaque jour pour ravitailler les treize mille hommes qui occupent maintenant la vallée de Dien Bien Phu. Les nouvelles venant de là-bas deviennent franchement alarmantes au début du mois d'avril. Le 1er B.P.C. est rappelé d'urgence à Hanoi par avion.

— On va sans doute retourner à Dien, espère Collard en grimpant dans son appareil.

L'enthousiasme du sous-officier s'effrite lamentablement en arrivant au terrain de Gia Lam. La compagnie Edme se replace en garde des avions. Les paras de veille dorment chaque nuit à même la piste, tout près des porteurs qu'ils protègent. Collard trompe son ennui croissant dans les petits bistrots qui se sont ouverts tout le long de la route de Haiphong. Des bruits plus ou moins fantaisistes circulent à l'aérodrome. L'un des bobards annonce que le 1er B.P.C. va bientôt sauter au Laos sur les arrières du Viet-minh et regrouper les maquis méos qui survivent encore. Un autre prétend que les paras vont être largués à Tuang Giao, à soixante-dix kilomètres au nord-est de la garnison encerclée pour couper les routes du ravitaillement ennemi.

Les choses se précisent à l'aube du 17 avril. Le capitaine Bazin de Bezon reçoit l'ordre de préparer ses compagnies pour sauter enfin sur la cuvette de plus en plus menacée. Collard déchante vite. Ce sont des volontaires parachutistes non brevetés qui partent vers l'ouest le 18 à deux heures du matin. Le sous-officier oublie sa déconvenue et se sent fier des volontaires français et vietnamiens qui vont être largués de nuit pour leur tout premier saut.

— Chapeau bas, les gars ! salue-t-il en suivant les flammes qui jaillissent des pots d'échappement des avions roulant sur la piste, vous êtes gonflés...

De nouveaux largages de non-brevetés ont encore lieu les deux jours suivants. Cette fois Collard explose :

— Mais qu'est-ce qu'on fout ici, à compter les départs de zincs ? On nous prend pour des bons à rien, c'est pas Dieu possible !

Les Viets-minhs, sans doute enhardis par ce qui se passe à Dien Bien Phu, tendent de grosses embuscades sur l'axe routier Hanoi-Haiphong et la voie ferrée qui relie les grandes villes. Les paras partent le mercredi 21 avril en élément de recueil d'une unité piégée par l'une de ces actions d'envergure.

— Il y a encore une centaine de gars de chez nous au tapis, commente le Parisien qui a pris le commandement de sa section pour cette opération de dégagement, ils prennent rudement confiance, les Viets...

Le sergent se porte volontaire dès le retour du recueil pour embarquer comme largueur sur les avions qui font sans cesse l'aller et retour Hanoi-Dien Bien Phu. Il se retrouve au matin du 23 avril à bord d'un *Dakota* chargé de munitions de 105. L'appareil volant à deux mille mètres d'altitude met une heure et demie pour parvenir au-dessus du site encerclé. Le ciel est très clair. Collard découvre parfaitement l'ensemble de Dien Bien Phu et pousse dans le vide les caissons d'obus arrimés à des parachutes à ouverture retardée. Le largage s'effectue tout au sud de la longue vallée, sur les défenses baptisées Isabelle qui protègent un terrain d'aviation secondaire. La ligne droite de l'aire d'atterrissage est nettement coupée par une tranchée viet-minh. Quelques flocons de D.C.A. éclatent au-dessous de l'avion qui fait rapidement demi-tour. Le largueur occasionnel découvre des pistes fraîchement taillées sur les montagnes et qui serpentent en venant du nord-est.

— Bon Dieu, est-il obligé de reconnaître, les Viets travaillent drôlement vite et bien... Leurs camions russes pourront bientôt arriver tout près de Dien Bien Phu...

Le Parisien reprend la garde autour des avions. Il repart en mission de largage le 28. Cette fois, le *Dakota* dans lequel il est monté gagne le nord-ouest du Tonkin. L'avion vole très bas sur son objectif situé non loin de la frontière de Chine, au sud-ouest de Lao Kay. Des maquisards encadrés par quelques Européens du groupement mixte d'intervention (ancien G.C.M.A.), entourent l'étroite D.Z. difficilement repérée dans la jungle et font de grands gestes du bras pour saluer l'arrivée du ravitaillement.

— Bonne chance ! murmure le Parisien au courant de l'extrême abandon dans lequel sont maintenant laissés les maquis de partisans.

L'adjoint de l'adjudant Langrognet part en opération deux jours après la mission sur les commandos isolés. Les paras quittent Gia Lam à l'aube vers le canal des Rapides. Un solide groupe viet-minh s'est enfermé dans un village au-dessus de vastes rizières. Collard, oubliant dans l'action le drame qui se noue à Dien Bien Phu, retrouve les automatismes de la guerre banale. Il marche les yeux braqués vers l'objectif en empruntant une diguette.

Les rebelles ouvrent le feu dès que les voltigeurs de tête du mouvement d'attaque parviennent à quatre cents mètres de leurs positions. Les paras en bérets de toile camouflés sautent de la digue sous les rafales. Ils parviennent vite, en petits bonds, aux tranchées aménagées par les défenseurs du village fortifié. Un para vietnamien de la deuxième section de la compagnie Edme est fauché en pleine course et meurt en hurlant. Les rebelles bousculés fuient vers le nord, tout de suite poursuivis par des salves d'obus de mortiers.

Le calme revient peu à peu. Quelques corps de bo dois désarmés sont regroupés au ras des paillotes fortifiées de plaques de boue et d'épaisses couches de bambous serrés. Une mine saute. Collard apprend tout de suite que le lieutenant Meunier, son premier chef de section au bataillon, fait partie des trois blessés ensanglantés par les ravages du piège. Les paillotes sont toutes incendiées. Les bérets-rouges attendent à quelques dizaines de mètres des brasiers pour guetter le jaillissement de rebelles enfermés dans des caches. Rien ne sort de la confusion de craquements et de grésillements qui anéantit le village. Les paras rentrent à Gia Lam à vingt heures trente.

Le samedi 1er mai s'écoule en attente crispante des nouvelles de Dien Bien Phu qui filtrent des P.C. radio bourdonnants. Gia Lam n'est que bruits de moteurs. Des avions se posent ou décollent sans cesse sur ses pistes.

— Ça doit aller de plus en plus mal là-bas, commente Collard en fin de matinée du dimanche 2 mai dans le bar des sous-officiers de la base.

Les gradés savent que deux points d'appui des Eliane ont été enlevés par des centaines de bo dois au cours de la nuit et qu'une compagnie du 2/1.R.C.P. a été anéantie dans l'action[1].

La porte du bar s'ouvre brutalement. Les sous-officiers parachutistes interrompent leurs conversations pessimistes. Un motard casqué pénètre dans la grande pièce claire.

— Je voudrais voir le commandant de la deuxième compagnie, demande l'homme visiblement pressé.

Collard repose la bouteille de bière amère qu'il buvait au goulot.

— Je suis de la 2, prévient-il, viens boire un coup...

L'envoyé du haut-commandement refuse l'invitation.

— Non, s'excuse-t-il, c'est trop pressé...

Le Parisien le plaisante.

1. Voir *le Para*, éditions Grasset.

— Tu parles, qu'est-ce que tu veux qu'il y ait de pressé un dimanche ? lance-t-il.

Le motard refuse une nouvelle fois la bouteille de bière embuée que lui tend le sergent plus petit que lui.

— J'apporte un pli pour votre commandant de compagnie et je sais ce qu'il y a dedans, lâche-t-il.

Les compagnons de Collard font cercle autour du courrier qui finit par se saisir de la canette de bière.

— Oui, poursuit l'homme après avoir avalé une gorgée de liquide frais, vous sautez cette nuit sur Dien Bien Phu !

Une chape de plomb s'abat sur le bar. Les conversations meurent autour du groupe de paras soudain graves.

— Oh, merde ! souffle le Parisien en reposant sa bouteille entamée, viens avec moi...

Les gradés parachutistes courent vers leurs sections et l'adjoint de Langrognet conduit le porteur de la nouvelle vers le lieutenant Edme.

— Faites ramasser tout le matériel, ordonne l'officier, on porte tout au camp Paoli, à Hanoi...

Les sous-officiers pressent le mouvement de ramassage de sacs. Tout est prêt en moins d'une demi-heure dans les sections énervées. L'ordre de parachutage est confirmé à onze heures. Une compagnie du bataillon sautera chaque nuit et la compagnie Edme sautera effectivement la première. Le Parisien, qui espérait cet ordre depuis des jours et des jours, est partagé entre deux sentiments aussi violents l'un que l'autre.

— Je suis salement content d'aller aider les copains à découdre du Viet, se dit-il en achevant de préparer son matériel, mais j'ai une sacrée trouille... C'est dur, surtout qu'on ne peut se confier à personne...

Les bérets-rouges entreposent leurs cantines au camp Paoli, occupé par la base arrière du 2/1.R.C.P. qui souffre à Dien Bien Phu depuis plusieurs semaines. Collard et ses compagnons prennent leur dernier repas au mess de la Concession.

— Reprends des frites, l'invite le sergent Piéplu, le second sous-officier de la section Langrognet. On est certainement pas prêts d'en remanger...

Le dîner d'adieu est copieusement arrosé. Les gradés des autres compagnies offrent tournées sur tournées.

— Tout est gratuit ce soir, plaisante le Parisien, on devrait partir plus souvent pour l'enfer...

Le sergent rassasié se sent envahi par une douce euphorie. Dien Bien Phu est encore loin. Des sous-officiers confient des lettres à ceux qui restent. Collard serre des mains inconnues. La porte du local chaleureux claque derrière lui. Il se retrouve dans un autre monde. Il est déjà « là-bas ».

Les paras aux visages fermés quittent Hanoi à dix-huit heures. Il pleut à torrents sur l'aérodrome de Gia Lam. La compagnie Edme se met à l'abri dans le hangar de la compagnie de ravitaillement par air. Collard, qui est de la deuxième vague du saut, s'assied sur le sol sec pour griffonner une dernière lettre à ses parents. Il la cachette et pose la nuque sur son sac de combat pour somnoler en attendant le départ.

— Si je croyais vraiment en Dieu, se dit-il, j'appellerais ce que je suis en train de faire un examen de conscience, mais...

Des images se bousculent devant son regard clos. Paris en 1944, les heurts de la Libération, son premier coup de fusil de guerre à Levallois, le colonel Fabien, l'Allemagne vaincue, son arrivée en Indochine défilent en quelques minutes. Puis il revoit des femmes. Des dizaines de femmes, gentilles marraines de guerre naïves ou putains de bordels infâmes, toutes réunies en images de tendresse.

— Heureusement que j'ai eu le courage de ne pas me marier, reconnaît-il, car maintenant...

Le sergent plaque sur ses nostalgies le corps nu de la jeune Chinoise à qui il a fait l'amour la veille au soir.

— Tu seras peut-être la dernière, dit-il en pensée à la prostituée prématurément marquée par son métier.

Des rampants de l'aviation viennent rôder autour des paras que la pluie persistante contraint à l'inaction.

— Qu'est-ce qu'ils ont à nous regarder comme ça, gronde l'ancien F.T.P. en entrouvrant les paupières, on est tout de même pas encore morts !

Les grappes d'hommes allongés s'animent. Les bérets-rouges se lèvent pour percevoir leurs parachutes. Collard tapote son ventral et son dorsal aux sacs mouillés puis se rallonge. La pluie tombe toujours. Le Parisien se laisse aller à un réflexe de facilité.

— Pourvu que ça n'arrête pas de flotter, se dit-il les yeux à nouveau fermés, ça nous fera toujours vingt-quatre heures de gagnées...

Puis le combattant reprend le dessus.

— Et puis non, merde ! tempête-t-il intérieurement, les copains comptent sur nous là-bas... Il faut que cette foutue pluie s'arrête...

La veillée bercée par le cliquetis régulier de la pluie sur le ciment et les toits du hangar de la C.R.A. cesse à vingt-trois heures. Les paras s'équipent avec des gestes quasi liturgiques.

— Tout est joué, souffle Collard, on y est enfin...

Un homme de la compagnie de pliage passe tout près du sous-officier en train de s'équiper. Le Parisien se souvient tout à coup des quelques mots écrits à la va-vite à l'intention de ses parents. Il arrête le plieur.

— Tiens, lui demande-t-il, tu posteras ça... n'oublie pas surtout...

L'homme qui demeure dans une vie normale saisit la missive d'un geste respectueux, promet de la poster et s'éloigne du para à l'avenir grimaçant.

— Et voilà, se dit le sergent, le dernier lien est tranché...

Un ordre fait monter les paras dans des camions qui prennent tout aussitôt la direction des avions grondant sur la piste. Le Parisien fixe, hypnotisé, les flammes bleues qui jaillissent en saccades derrière les moteurs de *Dakota.* Les sticks de quinze hommes montent dans les appareils ruisselant d'eau de pluie. Collard a hérité du C 47 numéro 415. Le largueur, le sergent Ragouilloux, est un de ses amis.

— Comme ça, on se sent en famille, plaisante le Parisien en s'installant sur la banquette de croisillons de toile bien tendus.

Le *Dakota* se met à vibrer de plus en plus fort en roulant sur la piste détrempée. Son pilote, le lieutenant Richeux, déchaîne toute la puissance de ses deux moteurs. L'avion se cabre. Collard regarde instinctivement l'heure à sa montre : il est minuit vingt. Son cœur se serre. Il dévisage subrepticement les faciès durs de ses compagnons indochinois et européens.

— On se ressemble tous, constate-t-il, on a la pétoche...

Le sergent est assis en troisième position contre le flanc droit de la cabine bruyante et laisse traîner son regard froid sur les lumières sourdes d'Hanoi qui s'amenuisent peu à peu. Les moteurs de l'avion distillent leur ronronnement de croisière. Quelques paras s'endorment ou font semblant de somnoler. Des images précises de souvenirs perdus surgissent de l'inconscient de l'ancien F.T.P. Des visages rient devant ses yeux fixes, d'autres souffrent et pleurent.

— Bon Dieu ! grommelle-t-il en lui-même, foutez-moi la paix. Je n'ai rien à regretter...

Le lieutenant Fesselet, adjoint du lieutenant Edme et qui doit sauter le premier de l'appareil, s'agite sur la banquette. Son regard grave croise celui du sergent et il esquisse un pâle sourire. Collard, un instant détourné de ses rêveries, reprend le fil de ses pensées.

— J'ai fait un choix. C'est mon destin que j'ai voulu forger à ma manière, se dit-il. Ça va être dur, tout est peut-être foutu là-bas, mais je ne changerais pas ma place pour un empire, les copains qui sont dans la merde vont être heureux de nous voir arriver...

Le Parisien pense soudain aux deux bidons de cognac qu'il a emmenés.

— Et, poursuit-il, on boira un bon coup ensemble pour arroser les retrouvailles...

Un sourire naît sur le visage crispé du sous-officier. La soirée de la veille s'impose à lui. La Chinoise est là, presque palpable.

— Elle était assez chouette, se souvient le rêveur, pourvu qu'elle ne m'ait pas refilé un sale truc, ça serait le comble de mourir plombé...

Le visage du Parisien redevient une sculpture triste.

— On a tout de même une chance de revenir entiers, se persuade-t-il en reprenant l'évocation de la fête à Hanoi et souriant à nouveau. Et l'autre andouille de copain qui était avec moi s'est cru obligé de bouffer les trois poissons porte-bonheur de la mère maquerelle ! Tout crus, se souvient-il. Qu'est-ce qu'on peut faire comme conneries...

La voix du sergent Ragouilloux brise en éclats la scène rabelaisienne.

— Accrochez ! hurle-t-il en fin de rituel dans le grondement des moteurs de l'appareil changeant de régime à l'approche de Dien Bien Phu.

Collard se lève maladroitement. Les claquements secs des mousquetons de lanières d'extraction sont couverts par le sifflement épais du vent qui s'engouffre par l'ouverture de la porte. Les lumières sourdes de l'avion s'éteignent. L'appareil perd de l'altitude. Le Parisien aperçoit entre les jambes du lieutenant Fesselet et de l'homme qui le précède des lueurs éparses qui clignotent à trois cents mètres au-dessous de l'avion aveugle. L'officier s'encadre dans la porte du *Dakota*.

— Go ! hurle Ragouilloux.

Le lieutenant disparaît dans le noir.

— 2 ! crie encore le largueur.

Le deuxième para du stick plonge à son tour dans le vide. Collard entend nettement le claquement sec de la corolle ouverte en arrière de l'avion.

— A moi, se dit-il en sentant le vent fouetter son visage tendu.

La main amicale de Ragouilloux frappe violemment son épaule au-dessus de la sangle épaisse de son dorsal. Le cri de départ du largueur parvient à peine à l'oreille du Parisien. Le sergent plonge résolument vers son destin menaçant.

CINQUIÈME PARTIE

LES FIANCÉES DU DIABLE !

32

ÉLIANE 2

Le Parisien balancé au bout de ses suspentes descend vers Dien Bien Phu. Des balles traceuses zèbrent la nuit fraîche. La rivière Nam Youm brille entre les points d'appui. Le signal lumineux qui balise la zone de saut danse, maigre, sur la droite du parachutiste. De grosses étincelles marquent des impacts d'obus tirés par le Viet-minh sur les positions encerclées.

— Bon sang que c'est long, se dit le sergent en passant entre des rafales, on a pourtant sauté de deux cents mètres à peine...

Tous les muscles en effort du béret-rouge se crispent encore un peu plus. Une grappe de projectiles semble monter vers lui.

— Je suis en train de rêver, a-t-il le temps de penser en sentant la rafale le frôler.

Le vent pousse le sergent hors de la zone hachée par les balles ennemies. Il rassemble instinctivement ses jambes l'une contre l'autre. Le sol est là. Le Parisien ressent un choc moyen. Il boule en avant en écartant les suspentes de sa voilure qui s'affaisse en gros ballon et saisit sa carabine passée sous le sac de son ventral. Il attend quelques secondes avant de commencer à dégrafer ses harnais. Quelques obus éclatent à une trentaine de mètres de son point de chute. Collard se tasse au sol sous les éclats miaulants. De la terre retombe sur lui en crissant.

— On dirait des mortiers, apprécie-t-il. Je ne sais même pas si je suis tombé chez nous ou chez les Viets...

Le Parisien isolé achève de se dégrafer et ajuste rapidement son sac de combat sur son dos libéré du sac vide de son parachute. Sa vue s'habitue peu à peu à l'obscurité. Les formes imprécises d'un blockhaus s'imposent à son regard à une trentaine de mètres de lui. Tout lui apparaît dévasté, lunaire. Une ombre furtive s'approche. Le sergent arme sa carabine tout doucement. L'homme qui marche dans la nuit n'est plus qu'à cinq mètres de lui et le hèle d'une voix à l'accent nord-africain.

— Il doit avoir des yeux de lynx, ce gars-là, s'étonne le sergent marsouin en se redressant, soulagé.

— Quis ti fais là ? demande le tirailleur sorti de la nuit.

Collard, saisi par la simplicité de la demande, laisse échapper un rire nerveux.

— Je descends de là-haut, explique-t-il tout aussi simplement.

Le Nord-Africain, casqué et armé d'un fusil Mas 49, lève la tête vers le ciel sans étoiles.

— Ah ! fait-il, ti es parachitisse, ci très bien...

Le Parisien, tout heureux de n'être pas tombé chez l'ennemi, dégage un de ses bidons de cognac de son étui de toile.

— Pour un peu je l'embrasserais, le musulman, se dit-il en tendant l'alcool au tirailleur.

Une salve de mortiers s'abat vers le blockhaus. Les deux hommes plongent au sol dans le même mouvement.

— Tiens, bois un coup, conseille le sergent après les explosions, c'est du bon cognac !

— Cognac ? s'étonne le tirailleur en s'ébrouant, donne... ci bon...

Le Parisien avale lui aussi une gorgée d'alcool et emboîte la longue enjambée du Maghrébin qui le dépasse d'une bonne tête. Le guide tranquille se dirige vers le blockhaus tout proche. De nouveaux obus de mortiers hululent. Les deux hommes bondissent dans l'abri profond. Collard est tout de suite saisi par l'horrible remugle de sueur et de vomissures qui hante le réduit. Il ressort le bidon de cognac entamé, boit une nouvelle rasade et tend l'alcool aux hommes qu'il devine tassés dans le trou infect. La terre tremble sous les explosions des obus rebelles. Les occupants de la redoute enterrée sont européens et acceptent volontiers de boire au bidon du parachutiste. Ils ne parlent pas et dégustent le cognac tout doucement.

— On dirait que ça se calme un peu, dit le Parisien en revissant le bouchon de bakélite noire de son bidon, le P.C. para, c'est par où ?

Le tirailleur et deux soldats aux yeux vidés de toute expression humaine sortent de l'abri et montrent une tranchée.

— C'est par là-bas, indique un des deux Français, du moins, je crois...

Collard s'éloigne dans le boyau à demi écroulé et plein de boue par endroits. Il marche pendant trois quarts d'heure avant de retrouver quelques-uns de ses compagnons de largage qui, comme lui, progressent vers le point de regroupement de la compagnie situé après le P.C. du camp retranché, auprès d'un pont enjambant la rivière Nam Youm.

— Bon sang, enrage le sergent, je suis tout de même tombé un peu loin de l'endroit prévu...

Les hommes en tenues camouflées se hèlent discrètement dans le noir. Le Parisien retrouve encore quelques paras de sa section. Sa compagnie, peu à peu regroupée, franchit la rivière. Les bérets-rouges se dirigent ensuite au sud-est, vers ce qui reste des ruines de Dien Bien Phu. Collard s'installe pour le reste de la nuit dans un blockhaus construit avant le point d'appui d'Eliane 3. La pluie se met à tomber, l'eau suinte irrésistiblement entre les rondins de l'abri encombré.

— Il n'y a rien d'autre à faire que d'attendre le jour, conseille le Parisien aux hommes dont il ne voit même pas les visages, autant essayer de roupiller un peu...

Le sous-officier donne l'exemple et s'allonge dans la boue, la nuque sur son sac de combat et l'arme sur le ventre. Des obus de mortiers, accompagnés de rafales d'armes lourdes, font trembler les rondins disjoints du blockhaus.

— Ça finit par bercer, se dit le Parisien en se laissant couler dans un semblant de sommeil.

Un enragement d'explosions réveille les paras à l'aube du 3 mai. Collard, trempé et grelottant, sort dans le boyau menant à son abri. Le P.C. central du dispositif réduit est entouré de dizaines d'impacts d'obus viets-minhs. Il pleut toujours une brouillasse très fine. Le Parisien ne reconnaît rien du Dien Bien Phu de décembre 1953. Son regard court sur des creux, des bosses et des alignements de tranchées coiffés de barbelés, parfois déchiquetés. Les collines alentour, embrumées, sont dénudées.

— Ils ont tout tondu, qu'est-ce qu'ils ont enlevé comme arbres, s'étonne le sergent qui a remis instinctivement son casque et se souvient des courses dans la forêt de l'opération Castor qui lui ont valu sa cinquième citation au feu.

La pluie énervante cesse bientôt. Les sections du lieutenant Edme se regroupent. Collard compte ses hommes.

— Il manque deux gars ! annonce-t-il à l'adjudant Langrognet.

L'ancien sous-officier de discipline de la caserne de Saint-Brieuc fait la grimace et s'éloigne du Parisien pour avertir son commandant de compagnie.

— Ils sont peut-être tombés chez les Viets, envisage son adjoint, ou blessés dans le fouillis des tranchées...

Les artilleurs et les mitrailleurs viets semblent accorder une trêve au camp retranché. L'adjudant Langrognet revient vers Collard, la mine sombre. Le Parisien s'attend au pire, à la mort des deux paras manquants, un Français et un Vietnamien.

— Ils ont refusé de sauter ! annonce le chef de section.

Collard reçoit la nouvelle comme une insulte.

— C'est pire que s'ils étaient morts, gronde-t-il en serrant les poings. Quelle honte pour la section...

Le Parisien houspille ses compagnons pour calmer ses nerfs.

— Nettoyez vos armes, crie-t-il, elles sont déjà pleines de merde.

Les Viets-minhs ne tirent toujours pas. Certains paras s'enhardissent et se hissent sur le bord de la tranchée pour nettoyer leurs fusils et mitraillettes plus à l'aise. Des fantassins d'une unité qui vit en enfer depuis longtemps font de grands gestes de bras pour les faire redescendre dans le boyau boueux. Un formidable tir concentré s'abat sur la position. Les bérets-rouges plongent dans les abris. Collard est jeté au sol par le souffle d'une explosion toute proche. Cinq paras, touchés par le fer des obus de 75, ne se relèvent pas de la boue et trois autres gémissent, durement touchés. Le Parisien s'ébroue. Un désagréable sifflement s'obstine à vriller son oreille gauche.

— Je suis sonné, se dit-il en tapotant le pavillon douloureux.

Les morts sont rapidement amenés vers le centre du dispositif et les blessés brancardés vers l'hôpital bondé du commandant Grauwin.

— Il paraît qu'on n'enterre même plus les morts, avance Collard à l'adresse du deuxième classe Gruber, il y en a trop...

La compagnie Edme reçoit l'ordre de se rendre au point d'appui d'Eliane 3 à treize heures. Les paras cheminent dans les boyaux qui y mènent avec de la boue jusqu'aux mollets. Les Viets-minhs pilonnent de temps en temps le site désolé d'obus de mortiers. Les blockhaus sentent le pourri. Collard détaille les défenses d'Eliane 2 qui font face à sa position, à moins de deux cents mètres en surplomb, de l'autre côté de la route provinciale 41 qui n'est plus qu'un souvenir. Le spectacle est dantesque. Des corps de bo dois en décomposition jalonnent les pentes vers les hauteurs dominant Dien Bien Phu. Les batteries ennemies sont installées à l'abri des contre-pentes, bien au-delà de leurs premières lignes de fantassins. Le Parisien ne reconnaît pas les pitons qu'il avait découverts boisés et qui sont maintenant devenus les points d'appui Dominique, au nord des Eliane.

Le jour passe sans nouveaux drames à la deuxième compagnie. Les pièces du général Giap concentrent à vingt et une heures un tir d'enfer sur Eliane 2 tenue par des légionnaires du 1/13.D.B.L.E.

— Ils doivent préparer un assaut sérieux, suppute Collard aux aguets.

Le sergent ne se trompe pas. Un concert d'armes individuelles se fait entendre dès la dernière salve ennemie. Les hurlements des bo dois lancés à l'attaque du point d'appui percent de temps en temps le bruit assourdissant des rafales. Les paras sont mis en alerte sur leurs emplacements. Eliane 2, illuminée d'éclatements, frôlée de balles traceuses, ressemble à un volcan en furie.

— C'est très joli, se dit l'adjoint de Langrognet, mais les copains doivent drôlement souffrir...

Quelques obus s'abattent tout près des bérets-rouges. Le vacarme des armes et les cris des hommes faiblissent un peu. Les bo dois reculent une fois encore. Collard ne dort pas. Il attend les avions qui doivent larguer la troisième compagnie du bataillon. Leurs moteurs se font entendre à minuit quinze. La D.C.A. de Giap se déchaîne. Des dizaines de mitrailleuses lourdes labourent le ciel de traits de feu, vers les *Dakota* invisibles.

— Ils ont dû sauter, constate le Parisien en écoutant décroître les échos des moteurs, vu d'en haut hier soir c'était plus impressionnant. On est tout de même mieux en bas...

La nuit se fait calme. Le sergent somnole. Il est tiré de son repos par les échos d'un bombardement massif du point d'appui Opéra, qui domine la piste d'aviation crevée de cratères d'obus.

— Bon Dieu ! gronde-t-il, les obus tombent à plus d'un kilomètre et la terre tremble jusqu'ici... Qu'est-ce qu'ils balancent...

Le matraquage d'Opéra cesse au bout de vingt minutes. Les Viets-minhs dirigent leurs tirs une nouvelle fois sur Eliane 2, dix minutes après. De nouvelles attaques de bo dois sont repoussées par les képis-blancs rescapés de dizaines d'assauts furieux. Une section du lieutenant Edme se coule avant l'aube dans l'unique tranchée gorgée de boue qui descend de la position martyrisée pour protéger le repli des légionnaires blessés. Collard voit passer des fantômes aux yeux creux, sales, sanglants, mais qui restent dignes.

— Chapeau la Légion ! chuchote le Parisien en rectifiant instinctivement la position au passage des morts-vivants.

Le combat dure tout au long des dernières heures de la nuit. Le tir des artilleurs de Giap s'allonge à l'aube.

— A nous de trinquer, ironise Collard en bondissant à l'abri de son blockhaus délabré.

Les explosions écroulent un peu plus les défenses déjà bien entamées. La tranchée qui mène au volcan maintenant apaisé d'Eliane 2 est éventrée sur des mètres.

— On va bientôt monter là-haut pour relever les légionnaires, annonce un sergent à Collard en fin de matinée.

Le Parisien profite du répit offert par les Viets pour se raser rapidement à sec et sursaute à la nouvelle. Son regard se pose sur la position infernale.

— Ça promet du joli, lance-t-il à son compagnon de combat qui s'éloigne pour porter la nouvelle à d'autres groupes.

L'ordre de la relève est confirmé un peu avant quatorze heures. Les paras se faufilent à pas lents dans la gadoue du long boyau comblé par endroits de plus d'un mètre d'eau boueuse. Collard patauge sans chercher à éviter les pièges.

— De toutes façons, on est déjà dégueulasses, plaisante-t-il en franchissant une véritable coupure d'eau, alors, un peu plus ou un peu moins...

Le lente chenille des statues de boue parvient à une coupure franche qui offre une cible de choix aux mitrailleurs viets-minhs. Les paras passent un à un sans attirer de réaction de l'ennemi.

— Ils doivent faire la sieste, plaisante encore l'adjoint de Langrognet pour détendre l'atmosphère de la progression.

Eliane 2 est atteinte sans pertes. Collard découvre l'horreur des casemates à demi écroulées. Les légionnaires relevés n'ont plus la force de sourire. L'un d'eux frôle le Parisien, s'arrête un instant devant lui et lâche d'une voix métallique en indiquant la pente nord-est du piton laminé :

— Salut sergent ! ils creusent une mine là-dessous...

Collard voudrait en savoir plus. Le légionnaire se tait et bondit dans la tranchée vers le repos relatif des blochkaus plus en retrait. Un para s'écroule, décapité par un éclat de 75. Le Parisien hoquette de dégoût.

— Ça commence pas mal ! trouve-t-il la force de dire en serrant son arme inutile...

Les bérets-rouges découvrent mieux leur nouveau domaine lorsque cesse le tir. Les légionnaires relevés ont disparu vers Eliane 3. Tous les képis-blancs n'ont pas quitté l'enfer. Il en reste encore qui tiennent une partie du point d'appui. Le tir de l'artillerie de Giap reprend à seize heures. Cette fois, les Viets-minhs donnent le grand jeu. Collard sent son corps frémir au rythme des explosions continues. Les bo dois mêlent les feux de leurs mortiers de 120 et des canons de 75. Le cocktail de mort écrase toute la position. Des paras s'écroulent en hurlant, percés d'éclats tranchants.

— Et on ne peut même pas riposter ! enrage le Parisien tassé contre la terre tressautante. C'est dégueulasse !

L'ancien du 2/1.R.C.P. et du 10e B.P.C.P. essaye d'évaluer la force de frappe de l'ennemi.

— Pour pilonner comme ça, se dit-il au bout de quelques minutes d'écoute, ils doivent au moins avoir trente tubes de 120 de l'autre côté de la montagne... Qu'est-ce qu'on déguste... Ils vont sans doute nous tomber dessus...

La nuit s'abat sur le site éclaté. Les morts, légionnaires et paras, sont regroupés et les blessés les plus graves brancardés vers le point d'appui central. Collard fait une synthèse.

— On n'a pas de nouvelles de la troisième compagnie, commente-t-il pour lui-même, je n'ai pas vu Bruni de la journée, ni Jarmuzinski, pourvu qu'ils soient encore en vie...

Le Parisien pense très fort une prière païenne. Il frissonne dans l'humidité et goûte les minutes de calme.

— Et cette foutue histoire de sape, se rappelle-t-il tout à coup. On se croirait revenus aux guerres du passé...

L'ancien petit résistant de 1944 écoute dans le silence quasi miraculeux.

— Ils doivent creuser quand leurs pièces tirent, déduit-il en n'entendant pas d'écho de la mine mystérieuse.

De nouveaux tirs de mortiers prennent la position pour cible. Des cris de rage montent de la nuit. Les bo dois tâtent les nouveaux occupants d'Eliane 2. Les bérets-rouges ripostent en roulant des grenades sur la pente attaquée. Des cris de douleur remplacent les insultes et les hurlements de haine.

— Ils ne sont qu'à quelques mètres, apprécie le Parisien dans le vacarme.

Les bo dois reviennent à plusieurs reprises au contact. Les paras ont plusieurs tués avant l'aube. Collard n'a pas pris une seule minute de repos.

— Avec tout ça, fait-il remarquer au sergent Piéplu, on n'a pas entendu les avions cette nuit, les copains n'ont peut-être pas sauté...

Les lueurs du jour embrumé balaient les pentes rases d'Eliane 2. Elles sont piquetées de corps de bo dois tués dans la nuit. Collard apprend, après une vacation radio du lieutenant Edme avec le P.C. des colonels Langlais et Bigeard, que seulement soixante-quatorze hommes de la quatrième compagnie ont pu sauter à l'heure prévue et que la troisième demeure en réserve en vue d'éventuels mouvements de contre-attaque.

— Ils vont vite rentrer dans la bagarre, avance le Parisien soudain pessimiste, on ne va pas tenir le coup bien longtemps...

Le sergent las se reprend vite.

— En tout cas, s'avoue-t-il, je me demande comment font tous les copains qui sont là depuis plus d'un mois pour tenir...

Le Parisien pense à ses compagnons du 2/1.R.C.P. du commandant Bréchignac, aux Vietnamiens du commandant Botella, aux coloniaux du 6e B.P.C., aux paras à béret vert de la Légion, et à ceux du 8e Choc, qui subissent de lourdes pertes depuis des semaines sans faiblir.

Le harcèlement des armes lourdes reprend de plus belle et chasse les réflexions du sergent. Sa section se place en réserve dans un gros blockhaus au centre du dispositif malmené. Un para de la section de commandement pénètre dans le réduit profondément enterré et tend un ordre écrit à l'adjudant Langrognet. Le chef de section fronce les sourcils. Son adjoint, assis au sol à trois mètres de l'ouverture du réduit, le dévisage, pressentant la mauvaise nouvelle.

— Collard ! crie presque l'adjudant.

— Oui, répond le Parisien dressé d'un bond, qu'est-ce qu'il y a ?

Le chef de section approche de son sergent.

— Prenez la moitié des gars et allez chercher les munitions et les vivres de la compagnie au P.C.

Le Parisien accueille fraîchement la mission.

— C'est normal, se dit-il, c'est le boulot de l'adjoint...

Les paras désignés pour la dangereuse corvée s'équipent en silence et ne s'encombrent pas de leurs sacs de combat. Les tirs ennemis faiblissent. Collard jette un dernier coup d'œil vers ses compagnons qui demeurent à l'abri.

— Allez, gronde-t-il en poussant un voltigeur d'une bourrade amicale, on y va...

33

LA NUIT DES TUMULTES

La douzaine d'hommes de la corvée se faufile dans le boyau crevé qui mène à Eliane 3. Les Viets-minhs reprennent leurs tirs dès son départ. Le Parisien est à la tête du mouvement. Il parvient bientôt à la longue coupure de tranchée.

— Il s'agit de faire très attention, se dit-il, les Viets doivent être aux aguets...

Les brumes matinales ne sont pas encore levées et masquent sans doute la brèche, longue maintenant d'une dizaine de mètres, aux regards des mitrailleurs de Giap.

— Brume ou pas, envisage Collard, ça ne change rien, ils ont dû régler leurs tirs depuis longtemps...

Les paras de la patrouille se sont tassés derrière leur chef et attendent ses ordres. Le Parisien évalue la longueur exacte de la coupure nette.

— On passe trois par trois et en courant, décide-t-il en se collant le dos à l'extrême limite de la tranchée intacte, allez... vite !

Trois bérets-rouges bondissent et passent indemnes à l'abri du boyau.

— Aux suivants ! ordonne le sergent.

Le deuxième trio file en soulevant des gerbes d'eau boueuse et rejoint les premiers sans dommages. Le reste du groupe bondit en quelques secondes.

— Ouf ! toujours ça de gagné, se réjouit le Parisien en sautant à son tour dans la gadoue piétinée.

Le gradé dépasse un à un ses hommes boueux pour reprendre la tête de la progression. Il parvient bientôt à Eliane 3 et reconnaît au passage des paras de la troisième compagnie de son bataillon, déjà crottés. La colonne débouche tout de suite près de la rive de la Nam Youm. Collard saute dans une ravine. Les bérets-rouges font de grands flop en s'enfonçant profondément dans la glèbe détrempée du bord de l'eau. La rivière est grosse des pluies de la mousson du sud-est. Il n'y a pas de pont.

— Et naturellement, grommelle Collard, les ordres sont les ordres, pas question d'aller jusqu'au pont plus au nord.

Les paras sont entièrement à l'abri des vues de l'ennemi et ne craignent plus que l'arrivée d'une salve d'obus de mortiers. Une corde est tendue au ras du courant pour faciliter le passage des corvées de ravitaillement.

— Allez, décide le Parisien en montrant la corde mouillée à un para, à toi l'honneur...

L'homme casqué agrippe les torons froids et descend dans l'eau brune. Il s'enfonce jusqu'à la poitrine dans le courant assez fort qui file vers le sud. Un deuxième voltigeur plonge carrément dans la rivière et, bientôt, toutes les tenues camouflées de la patrouille reprennent leurs couleurs d'origine.

— A mon tour, décide l'adjoint de Langrognet. Avec ma taille, je vais en avoir jusqu'au cou...

Le sergent franchit les trente-cinq mètres du cours d'eau en appréhendant l'ouverture d'un tir viet.

— On a eu de la chance ! clame-t-il une fois sur l'autre rive. Allez, on fonce...

Les paras bondissent dans une tranchée qui mène vers les entrepôts du P.C. Les treillis camouflés débarrassés de leur boue par l'eau de la Nam Youm se resalissent vite.

Des magasiniers transformés en combattants attendent la corvée. Les caissettes de munitions, de grenades et de vivres sont entassées hors des blockhaus. Les paras commencent à se partager les charges. Des obus de mortiers hululent tout à coup.

— Planquez-vous ! hurle Collard en plongeant à plat ventre dans la boue au ras d'un abri.

Une vingtaine d'obus labourent les abords du P.C. en quelques dizaines de secondes.

— Ils sont à peine plus tranquilles ici que là-haut, reconnaît le Parisien pendant les explosions. Il n'y a pas de vrais planqués à Dien Bien Phu !

Le tir cesse. Les bérets-rouges et les magasiniers se relèvent un par un. La patrouille alourdie repart vers la Nam Youm. Des échos de canonnades coulent des Eliane invisibles.

— Et ça recommence, grommelle Collard chargé comme une mule et enfonçant de plus en plus dans la boue. Qu'est-ce qu'on va retrouver là-haut ?

Les porteurs, qui ont rejeté leurs armes en bandoulière, pestent en dérapant. Quelques-uns d'entre eux s'affalent sous les charges.

— On ne risque rien, avance l'un d'eux en se relevant, on marcherait tout de même plus facilement en dehors de cette saloperie de tranchée...

Collard aide le para à se relever.

— Pas question de faire les acrobates, lui ordonne-t-il, il y en a qui sont morts pour moins que ça. Allez, avance...

La statue de boue casquée reprend sa marche lente. Collard accorde un temps de pause à ses hommes déjà fourbus en arrivant à la corde de la rivière.

— Allez, ouste ! assez feignanté, décide-t-il au bout de trois minutes de répit, les copains attendent tout le barda...

Les paras sont obligés de faire plusieurs voyages dans le courant froid. Ils ne peuvent porter chacun qu'une seule caisse sous un bras pendant qu'ils se halent sur la corde de leur main libre.

— Ça va pas assez vite, gronde le chef de la patrouille, les Viets vont finir par arroser le secteur, dépêchez-vous !

La dernière charge de vivres est enfin amenée sur l'autre rive. Collard pénètre le premier dans le boyau menant aux points d'appui en agonie. Les paras de la troisième compagnie sont encore autour d'Eliane 3. Ils saluent de cris d'encouragements et de plaisanteries le passage de leurs amis.

— Gueulez, les gars ! se dit le Parisien qui n'a pas le cœur à rire, allez-y tant que vous pouvez encore le faire...

Les caisses mouillées tiennent mal en main. Les paras les laissent souvent choir dans la boue en crachant des jurons. Collard arrive à la coupure dangereuse.

— On respire un petit coup, décide-t-il, et on passe.

Les bérets-rouges ne prennent même pas la peine de déposer leurs charges pendant la pause et s'appuient simplement le dos contre les bords de la tranchée éboulée.

— En route, ordonne leur chef, vite...

Les hommes couverts de boue passent cette fois tous ensemble et serrés les uns contre les autres. Les mitrailleuses rebelles restent muettes.

— On est cocus, plaisante le Parisien en pressant le mouvement de ses fantômes sales. Allez, on accélère...

La basse colline désolée d'Eliane 2 émerge de la brume en haut du boyau. Les paras éreintés déposent leurs fardeaux humides aux pieds de leurs compagnons marqués par l'insomnie et s'abattent dans leur blockhaus pour récupérer un peu.

— Pas de casse ? s'inquiète l'adjudant Langrognet.

— Non, lui répond son adjoint trempé, mais c'est tout de même pas une promenade de santé...

Les vivres et les munitions sont rapidement partagés entre les sections de la compagnie et les légionnaires. La troisième compagnie se faufile à son tour dans les tranchées de liaison pour relever les derniers képis-blancs à bout de forces. Les Viets-minhs s'aperçoivent de la manœuvre. Des salves épaisses s'abattent sur les abords du point d'appui animé par les colonnes qui se croisent. Les hommes du capitaine Pouget subissent des pertes. Collard, tassé dans un angle de son abri, grelotte dans ses vêtements détrempés en écoutant le raffut du bombardement meurtrier.

— Ça y est, la relève est finie, se dit-il lorsque les éclatements d'obus se font plus rares.

Le silence retombe sur la position. Les paras revenus de la corvée de ravitaillement peuvent enfin somnoler un peu.

— Et cette foutue mine, demande Collard au sergent Piéplu, qu'est-ce qu'elle devient ?

— Il y a des gars du P.C. de la compagnie qui ont nettement entendu des bruits de sape sur leur position, explique ce dernier à son chef, mais personne n'en parle trop...

Le Parisien fait la grimace.

— On verra bien, souffle-t-il en s'allongeant près de ses hommes fourbus, de toute façon, que ça pète d'en dessous ou d'en haut... c'est la même chose, pas vrai ?

La nuit tombe et les Viets-minhs reprennent leurs tirs de plus belle.

— Ils vont revenir nous emmerder ! prévoit Collard en comptant ses grenades. Encore une nuit sans sommeil...

Tous les bérets-rouges entassés dans le blockhaus se sont redressés, inquiets. La terre tremble de plus en plus. Des morceaux de ferrailles entassées sur le toit de l'abri tombent devant l'ouverture dans la tranchée.

— Remarque, dit le Parisien à son voisin de repos comme pour se rassurer, tant que ça pleut comme ça, les Viets ne peuvent pas nous tomber dessus... C'est bon signe, non ?

L'interlocuteur du sergent ne goûte pas son humour grinçant et se tasse un peu plus contre le mur tremblant du réduit. Les heures passent, entrecoupées d'accalmies pendant lesquelles les hommes du capitaine Bazin de Bezon attendent l'attaque des bo dois.

— Mais qu'est-ce qu'ils fabriquent ? s'impatiente Collard au troisième répit des canons et mortiers viets-minhs.

La pluie de feu reprend avec autant de force.

— C'est peut-être pour cette fois, gronde le sergent qui n'arrive pas à réchauffer ses membres gourds.

Les rebelles attaquent à vingt-deux heures. Le Parisien bondit à la porte de son abri. Des rafales de mitrailleuses ont pris la relève des armes lourdes. Les Viets tout proches hurlent leurs insultes habituelles en rampant sur les glacis dévastés de l'est d'Eliane 2.

— Le téléphone de campagne ne fonctionne plus, annonce l'adjudant Langrognet à l'ancien F.T.P. après plusieurs minutes de combat, allez voir ce qui se passe chez le lieutenant...

Le Parisien bondit dans la tranchée et monte vers les positions directement prises sous l'attaque. Des balles claquent partout. Des nappes compactes de projectiles traçants frôlent les murettes entourées par les explosions de grenades et de mortiers légers. Le sergent parvient juste au-dessus des bo dois vociférants. Les plus proches ne sont plus qu'à une vingtaine de mètres des défenses parachutistes. Des obus éclairants, tirés par l'artillerie amie, dépotent au-dessus de l'attaque. Des corps de bo dois déchiquetés apparaissent dans la lumière crue des lucioles. Ils sont éparpillés dans les réseaux de barbelés éventrés.

— Ils sont gonflés, reconnaît Collard. Ces types se sont fait sauter la gueule pour ouvrir le passage à leurs petits copains...

Les premières lucioles faiblissent. Les soldats de Giap repartent à l'assaut. Des mitrailleuses installées sur le mont Chauve planté à quelque six cents mètres au sud-est de la position assiégée tirent des milliers de balles sur les paras pour couvrir le mouvement rampant de leurs voltigeurs, parvenus maintenant à dix mètres des abris français. Collard vide trois chargeurs de carabine sur des formes imprécises qui lui apparaissent dans les lueurs d'éclatements de mortiers.

— Ça sert pas à grand-chose, enrage-t-il en scrutant la nuit ravagée, il en sort de partout... faut y aller à la grenade...

Le Parisien dégoupille une défensive de modèle 1937 et la lance de toutes ses forces sur la pente. L'explosion de son engin à quadrillage intérieur se mêle au concert de tous les autres éclatements de grenades lancées de la longueur des boyaux écroulés. Les bo dois, rendus fous par la riposte de plus en plus dure des paras, se jettent en grappes serrées à l'assaut des derniers mètres qui les séparent encore de leurs objectifs. Les fragments d'acier les hachent. Les survivants de la course folle parviennent en hurlant leur haine aux pieds des défenseurs d'Eliane 2, qui les abattent à la mitraillette.

— Je n'ai jamais vu ça, même pas à Vinh Yen, gronde Collard en tirant à nouveau à la carabine sur les Viets.

Des bérets-rouges, blessés ou morts, se tassent sur leurs emplacements de tir. Des plaintes horribles trouent le vacarme affolant. La vague, endiguée de justesse, reflue de quelques dizaines de mètres. Les obus de mortiers ennemis s'abattent à nouveau sur les blockhaus. Les pièces d'armes automatiques du mont Chauve noient littéralement les paras sous leurs rafales incessantes. Des gémissements montent de la pente malaxée par les grenades.

— Ils ont dû dérouiller dur, se réjouit le Parisien. Mais ils vont sûrement revenir...

Les infirmiers des deux compagnies très éprouvées ne savent plus où donner de la tête. Des blessés râlent sur toute la position. Collard, délesté d'une bonne partie de ses munitions, fouille de son regard enfiévré la nuit déchirée de traits de feu. L'artillerie amie pilonne le mont Chauve, mais à rythme moindre que les pièces de Giap.

— On ne doit plus avoir beaucoup d'obus, s'exclame le Parisien tassé dans sa tranchée. Les autres sont plus facilement ravitaillés...

Le pilonnage ennemi diminue tout de même d'intensité. Les bo dois reviennent encore à l'assaut. Leurs cris vrillent les tympans maltraités des paras. La mort rejoue le même scénario qu'à la première ruée. Collard lance ses dernières grenades sur les rangs serrés d'Indochinois communistes. Pas un maillon de la chaîne de défense ne cède. Les bérets-rouges n'abandonnent le combat qu'une fois gravement blessés. Des hommes en tenue camouflée ornée de plaques de sang poursuivent le combat sans laisser échapper une plainte. Les premiers éléments de la vague rebelle se plaquent à vingt mètres des Français, tout près des morts et des blessés de la première attaque. Rien ne semble pouvoir les faire reculer.

— C'est pas possible, gronde le Parisien maintenant démuni de grenades, il faut tout de même qu'on les déloge de là...

Les bérets-rouges, inconscients de la durée du temps qui passe, s'acharnent à repousser les bo dois collés au sol comme des coquillages sur un rocher, mais en vain. Les mitrailleuses du mont Chauve ne faiblissent pas. Collard est hors du temps. Il est devenu un automate. Le sang de ses compagnons, leurs cris de douleur et les rages de l'ennemi lui sont devenus indifférents. Il ne pense qu'à une seule chose : empêcher les Viets de passer.

— On va tenir ! s'encourage-t-il, les yeux attaqués par les émanations âcres des explosions qu'il n'a plus la sensation d'entendre.

Le sergent ne fait plus qu'un avec le bruit. Il est d'un autre monde, de l'univers des combats absolus.

— Ils s'en vont ! hurle un para vietnamien serti dans une gangue de terre écroulée autour de lui. Ils s'en vont !

Des bo dois se laissent couler sur la pente infernale. Ils tirent dans la nuit mourante leurs dernières rafales et hurlent leurs ultimes insultes pour maudire un peu plus les Français qui leur ont encore résisté. Collard vide ses derniers chargeurs noirs. Il a les yeux exorbités par la tension.

— Foutez le camp ! éructe-t-il inconsciemment, foutez le camp, charognes....

L'artillerie amie enrage ses tirs pendant quelques minutes. Les armes automatiques du mont Chauve mollissent un peu. La nuit meurt enfin.

— Le jour, bon Dieu... souffle le Parisien à bout de nerfs, c'est pas trop tôt...

Les bo dois se sont éloignés. L'aube du jeudi 6 mai révèle un magma informe d'effondrements désolés. Tous les blockhaus d'Eliane 2 ont souffert des attaques de la nuit. Ils sont à demi écroulés. Des bras, des jambes, déjà raides, dépassent d'amoncellements épars. Le matériel hétéroclite qui renforçait les défenses ruinées, vieux lits rouillés, jerricanes bourrés de terre, canons d'armes récupérés, recouvre des corps déchirés. Les survivants de la nuit folle ne parlent pas. Ils ne bougent pas des emplacements de combat ravagés et ne semblent même pas se rendre compte qu'il fait jour et qu'ils sont encore en vie.

Le spectacle de mort s'anime peu à peu. Les chefs de sections emmêlées essayent d'évaluer leurs pertes qui sont très lourdes. Des dizaines de viets-minhs morts encombrent les pentes brumeuses de la position en sursis. Des blessés à l'agonie s'agitent parmi eux. Les paras ne les achèvent pas.

— Ça vaut pas une balle de carabine, commente Collard alerté par des gémissements déchirants, on en a trop besoin... Ils ne vont certainement pas en rester là...

Les liaisons des téléphones de campagnes sont rétablies tant bien que mal entre les décombres du dispositif. Une lente procession chargée des blessés les plus touchés serpente dans la tranchée descendant vers la Nam Youm et les survivants ne prennent même pas le temps de se restaurer. Ils s'affairent à relever ce qui peut l'être encore. Les défenses entamées se resserrent. Les hommes, aux visages vieillis par leur fatigue anormale, attendent de nouvelles attaques en partageant les munitions qui leur restent encore. Collard, qui connaît bien le chemin à suivre pour se rendre au P.C. de Dien Bien Phu, hérite tout naturellement d'une nouvelle mission de ravitaillement.

— Piéplu, ordonne-t-il en hélant le chef de groupe, prends dix gars et viens avec moi...

— Chargez-vous de grenades au maximum, conseille l'adjudant Langrognet épuisé par la nuit passée en enfer, bonne chance...

Le Parisien accueille le souhait amical avec un maigre sourire et s'engage dans le boyau encore plus écroulé que la veille.

— A tout à l'heure, lance-t-il de sa voix brisée par les événements irréels des heures passées.

34

LA BLESSURE

La longue cuvette prise dans l'étau des régiments du général Giap, dont chaque pouce de terrain ne peut plus maintenant échapper aux bombardements des pièces viets, se libère lentement de ses brumes. Collard avance dans la tranchée malmenée. La corvée franchit sans encombre la brèche incomblable du boyau. Elle parvient à Eliane 3. Des blessés de la nuit, sommairement soignés, sont affalés là. Leurs yeux paraissent perdus dans leurs orbites sales. Le Parisien, retrouvant ses anciennes habitudes d'infirmier, hésite un instant à leur porter secours. L'impératif de sa mission le pousse à ne rien faire pour soulager ses compagnons aux pansements gorgés de sang noir.

— Pourvu qu'ils s'en tirent tous ! prie-t-il en dépassant le point d'appui moins abîmé qu'Eliane 2.

La patrouille atteint la haute rive de la Nam Youm au courant un peu plus fort chaque heure. La corde marquant le gué flotte maintenant sur l'eau boueuse.

— Cette fois, apprécie le chef de patrouille en faisant la grimace, je suis bon pour un bain complet... Ça va me décrasser un peu...

La petite colonne fonce vers le centre de Dien Bien Phu. Les rebelles ne tirent que quelques obus sur le camp qu'ils ont peu à peu réduit au dixième de sa surface primitive. Le ravitaillement est prêt. Les magasiniers dévisagent les paras trempés.

— C'était dur là-haut ? demande l'un d'eux au chef de corvée.

Collard n'est pas d'humeur bavarde.

— T'occupe pas, répond-il sèchement, il nous faut plein de grenades...

L'homme sait ce que vient de vivre le sous-officier et ne relève pas le ton cassant.

— Il n'y en a plus beaucoup, avoue-t-il, on fait ce qu'on peut. Tout le monde en veut, des grenades...

Les yeux du fantassin sont tristes. Le Parisien lui sourit.

— T'en fais pas, avance-t-il, ça ira comme ça. On fera avec ce qu'on a...

Le magasinier enhardi par le sourire du rescapé des tumultes de la nuit veut donner de bonnes nouvelles.

—Il y a une colonne de secours qui approche de nous, confie-t-il, c'est maintenant certain...

Collard hausse les épaules en répartissant les charges de sa corvée. L'homme poursuit son bavardage.

— Oui, il y a des gars qui ont capté radio Hirondelle, précise-t-il, ils disent que la colonne du colonel Crèvecœur n'est plus qu'à cinquante kilomètres d'ici...

— Un bobard de plus, grommelle le sergent, si tu veux le croire, tu es libre...

Le magasinier se tait et s'éloigne. Piéplu et l'ancien F.T.P. entraînent leurs hommes chargés dans la première tranchée du réseau en zigzag qui mène à la Nam Youm. La corvée aborde un passage mal abrité entre deux portions de boyaux. Trois paras courbés sous leurs charges passent l'endroit découvert sans encombre. Collard s'engage à son tour sur le terrain plusieurs fois pilonné par les armes viets-minhs. Une salve de mortiers s'abat autour de la patrouille. Le Parisien bondit dans les éclatements. Il se retrouve au centre d'une lueur intense et ressent un choc d'une violence inouïe sur la cuisse droite.

— Je suis touché, se rend-il compte en luttant contre l'envie de laisser tomber les deux caissettes de grenades qui l'alourdissent. Le réseau de tranchées est encore à vingt mètres. Les obus pleuvent sur le billard sans abri.

Le para blessé ne souffre pas. Du sang chaud coule tout le long de sa jambe. Il court comme un fou dans les déchirements des mortiers. Tous les autres porteurs de caissettes sont déjà à l'abri. Le sergent, aveuglé par la lueur dans laquelle il a cru mourir, titube et s'abat dans le boyau. Les obus de mortiers continuent à labourer le terrain entre les deux réseaux de tranchées. Un para laisse tomber sa charge dans la boue près de celle de son chef et se penche sur lui.

— Appelle Piéplu, vite ! lui ordonne le blessé en grimaçant sous les premières atteintes de la douleur.

Le sergent revient à la course vers le chef de patrouille.

— C'est fini pour moi, lâche le Parisien très calme en montrant sa jambe de pantalon gorgée de sang. Prends le commandement et file là-haut...

Les obus de mortiers s'abattent toujours à quelques mètres de là. La terre tremble sous le blessé.

— Je vais te faire un garrot, décide le nouveau responsable de la corvée, bouge pas... j'ai ce qu'il faut...

Piéplu fouille nerveusement dans une de ses poches à soufflets de pantalon camouflé et en sort une lanière de toile souple.

— T'as tout prévu, trouve la force de plaisanter le Parisien en se soulevant un peu pour aider son ami à serrer le garrot.

Le sergent agit vite et se relève, les mains poissées du sang chaud de son chef. Puis il défait le ceinturon du blessé et lui prend son arme. Collard se sent tout à coup tout nu.

— File maintenant, ordonne-t-il. Si tu croises des infirmiers, dis-leur que je suis là. Vas-y, les copains attendent les grenades. File !

Le dernier para disparaît au regard trouble du blessé, vers le gué de la rivière. Les explosions cessent. Un lourd silence s'empare du boyau de boue.

— Bon Dieu que j'ai mal ! gronde le Parisien solitaire, faut que je voie ce que j'ai...

Collard tâte sa cuisse et trouve un creux là où son pantalon est tout arraché. Il réussit à tordre la jambe et voit un trou gros comme le poing dans sa musculature puissante.

— Pourvu que le fémur ne soit pas touché, espère-t-il en écartant les lambeaux de son vêtement.

L'ancien infirmier connaît bien l'anatomie et évalue les dégâts au plus juste.

— Non, soupire-t-il rassuré, l'os n'a rien de grave, il est peut-être un peu entamé. J'ai eu du pot !

Du sang sourd, malgré le garrot, de la plaie horrible et coule dans la boue. Une douleur de plus en plus forte envahit tout le corps du sergent adossé à la terre détrempée.

— Quelle heure est-il ? se demande-t-il à haute voix, comme pour se tenir compagnie, à peine trois minutes après le départ de Piéplu.

Les deux aiguilles de la montre du sergent marquent dix heures vingt.

— Les copains ne sont pas loin de la Nam Youm, apprécie le blessé, toujours à haute voix.

Le corps cassé en équerre frissonne.

— Faut pas que j'oublie de desserrer le garrot de temps en temps, se dit-il en se souvenant dans l'hébétude qui le gagne de son ancienne fonction et des conseils qu'il prodiguait jadis aux blessés du 2/1.R.C.P. et du 10e B.P.C.P.

Le temps ne passe pas vite. Le blessé s'affaisse un peu plus dans la boue. Des échos de nouvelles explosions le sortent de l'inconscient ouaté dans lequel il coulait.

— Le garrot, bon Dieu, gémit-il en entrouvrant ses paupières brûlantes de fièvre...

Ses doigts tachés de sang et de boue défont difficilement le lien qui l'empêche de se vider complètement. Une onde de douleur folle le fait grimacer lorsque le sang coule à nouveau, en traînées noires puis bien rouges ensuite.

— Je comprends mieux les gars qui gueulaient quand je les soignais, gémit-il en resserrant le garrot de toile souillée.

Le Parisien se replaque droit contre la paroi suintante du boyau désespérément désert.

— Je vais crever là tout seul ! se laisse-t-il aller à craindre.

Le blessé plonge dans de longues minutes de désespoir. Il maudit tout en bloc : Dieu, la vie, la guerre, l'Indochine et les chefs qui l'ont envoyé à Dien Bien Phu.

— On y crèvera tous, gronde-t-il en criant de rage.

Une nouvelle flambée de douleur anéantit le sergent. Il retrouve tout son mordant en émergeant à nouveau d'une semi-inconscience.

— Cramponne-toi René ! se conseille-t-il à haute voix, les copains vont venir te chercher, t'en fais pas...

Des obus de mortiers matraquent à nouveau le terrain dégagé sur lequel il a été touché.

— Piéplu doit être maintenant là-haut, évalue le Parisien à nouveau lucide. Les infirmiers sont prévenus...

Le silence retombe sur le boyau. Des bruits de pas malaxant la boue approchent. Collard se redresse, fou d'espoir. Sa bouche de plus en plus sèche laisse échapper une respiration saccadée et tiède. Deux infirmiers casqués déposent un brancard sale tout près du blessé qui s'efforce à sourire.

— On va te tirer de là, c'est fini pour toi, annonce un des deux hommes, tiens bon...

Les deux brancardiers boueux soulèvent leur fardeau. Collard se sent ballotté de droite à gauche sur le chemin du P.C. Sa jambe le fait maintenant atrocement souffrir. Il lutte pour ne pas hurler de douleur.

— Ça ferait pourtant du bien de gueuler, imagine-t-il alors que ses porteurs essoufflés arrivent au but.

Dien Bien Phu est étrangement silencieux. Le blessé, les mains crispées sur les bords du brancard taché du sang des blessés qui l'ont précédé sur la toile rêche, apprécie le répit.

— Ça va certainement pas durer, prévoit-il, désabusé, ça serait trop beau...

Le Parisien découvre une nouvelle forme d'horreur lorsque ses porteurs le déposent au bout d'un long alignement de corps couverts de pansements sanguinolents. Des râles montent de l'étalement. L'air sent le sang chaud, les viscères éclatés et les médicaments désinfectants dont les plaies ont été rapidement aspergées. Il ne pleut pas, le soleil brille haut dans un ciel dégagé. Des dizaines de B 26 bombardent les alentours de la cuvette à une très haute altitude, pour protéger des parachutages de ravitaillement. La chaleur gêne les blessés. Certains flanchent.

— Salauds ! hurle l'un d'entre eux à quelques mètres du Parisien, soignez-nous, nom de Dieu !

Collard ferme les yeux, serre les dents et pleure. La folie soudaine de son camarade de douleur le brise plus que sa propre blessure.

— Merde ! peste-t-il soudain, mon garrot...

L'ancien infirmier desserre pour la troisième fois la lanière sale. Il attend quelques secondes avant de la resserrer, les yeux rivés sur sa plaie tiède.

— Ça ne coule plus, constate-t-il en renouant le garrot un peu moins fort, c'est bon signe...

Les chirurgiens débordés s'activent dans leurs blockhaus bondés. Des infirmiers se saisissent de nouveaux patients au rythme des interventions rondement menées. D'autres blessés, descendus des points d'appui, sont déposés au fil des heures à l'autre bout de la kyrielle d'étendus.

— Ça va bientôt être à moi, espère le sergent de la section Langrognet, je commence à en avoir marre de ce foutu hôpital en plein air...

Des obus s'abattent à quelques dizaines de mètres des gisants. Des hurlements de terreur folle montent des formes allongées. Les explosions se rapprochent à chaque salve. Collard décide de bouger.

— Je ne veux pas crever ici, se dit-il en se traînant sur les coudes pour échapper aux éclats.

Le Parisien rampe vers un abri sombre qu'il a repéré dès les premiers éclatements d'obus.

— Encore dix mètres et j'y suis, gronde-t-il transcendé par le désir de vivre.

D'atroces douleurs naissent à chacun de ses mouvements maladroits. Les explosions décuplent de puissance. Les cris de déments des autres allongés accompagnent la reptation désespérée du sergent. Collard rassemble ses dernières forces pour se couler dans l'abri qu'il visait. Il se colle contre la base d'un groupe électrogène en fonctionnement. Les explosions s'espacent. Le Parisien a joué son va-tout et plonge dans le néant. Il se sent secoué par une poigne solide qui l'extrait de son sommeil enfiévré.

— Qu'est-ce que tu fous là ? hurle presque l'inconnu en relevant à demi le sergent.

Collard laisse échapper une plainte rauque.

— Merde ! tu es blessé, se rend compte l'intrus en relâchant avec douceur le corps tordu de douleur.

Le blessé s'appuie le dos contre le mur du réduit.

— J'ai la cuisse en bouillie, précise-t-il d'une voix qu'il ne reconnaît pas.

L'homme qui l'a découvert est un infirmier du bloc chirurgical qui venait remettre de l'essence dans le réservoir du groupe électrogène. Il se penche sur la blessure du sergent et l'examine rapidement.

— Où est-ce que tu as pris ça ? s'enquiert-il en faisant la moue.

— Ce matin, un peu après dix heures, en remontant sur Eliane 2, précise le Parisien de sa voix cassée.

L'infirmier consulte sa montre.

— Il est cinq heures dix, annonce-t-il.

— Du matin ? demande le blessé dans un sursaut.

— Non, de l'après-midi, le rassure le caporal.

Le spectre horrible de la gangrène disparaît de l'esprit du Parisien. Les deux hommes bavardent pendant quelques minutes. Collard explique qu'il a servi lui aussi comme infirmier.

— Allez, tranche l'homme qui l'a découvert, agrippe-toi à mon épaule, ça n'a pas l'air vraiment terrible ton truc. Je vais essayer de te faire passer sur le billard...

Les deux hommes enlacés sortent de l'abri puant l'essence. Ils parviennent très lentement au bloc opératoire.

— Attends-moi là, conseille l'infirmier, je vais voir un toubib...

— Comme si je pouvais m'en aller, grommelle Collard en se tassant au sol.

Le blessé ne patiente pas longtemps. Le caporal tient sa promesse et revient vers lui en faisant de grands gestes de bras. Un médecin aux traits tirés et à la courte blouse blanche tachée de sang frais se penche sur le para.

— Je te prends tout de suite, annonce-t-il en se relevant.

Collard est empoigné, couché sur un brancard et descendu dans un blockhaus profond où règne une animation feutrée. Ses porteurs le déposent devant une table d'opération de laquelle on retire un corps pâle et sans connaissance. L'odeur chaude des viscères suturés entête le nouvel arrivant. Deux infirmiers, en sueur et silencieux, le hissent sur le billard. L'un des deux hommes découpe à l'aide de gros ciseaux ses vêtements boueux et maintenant à demi secs pendant que l'autre prépare une seringue.

— Allez, donne ton bras ! annonce ce dernier, ça va pas être long...

L'infirmier plonge son regard las dans les yeux dévorés de fièvre de son patient, lui noue rapidement un garrot de caoutchouc brun clair autour du biceps et lui sourit. Le sergent blessé sent à peine la piqûre intraveineuse. Ses yeux se troublent aussitôt. Une vilaine saveur amère envahit sa bouche pâteuse. Des lambeaux de voix sépulcrales résonnent dans son crâne embrumé et il perd connaissance.

35

L'HÔPITAL DES MORTS-VIVANTS

L'opéré gémit et s'agite faiblement. Il émerge peu à peu de longues heures d'inconscience. Sa langue sèche colle à son palais. Il est nu. Les infirmiers ne lui ont laissé que son slip de coton côtelé, une carte retrouvée dans ses poches, son tout petit calepin de notes et une boussole qu'il sent sous ses doigts gourds tout près de lui. Le Parisien frissonne et demeure longtemps entre deux vies, celle du néant trop calme et celle de Dien Bien Phu. Il ne se souvient plus de rien et ne se sent ni mal ni bien.

— Je suis peut-être mort, se dit-il en tâtant le morceau de voilure de parachute qui le recouvre.

La main du blessé descend vers sa jambe droite. Ses souvenirs reviennent en force lorsque ses doigts caressent l'énorme pansement qui triple le volume de sa cuisse.

— Ils ne m'ont pas coupé la jambe, souffle-t-il en entrouvrant difficilement les yeux, j'ai eu du pot... Où est-ce qu'ils m'ont foutu ?

Le gisant reprend peu à peu ses esprits et s'aperçoit qu'il est à nouveau allongé sur un brancard. Il tâtonne le sol autour de lui et rencontre de la boue. Une odeur nauséabonde monte du noir. Il ramène sa main souillée à la hauteur de son visage mangé de barbe.

— C'est de la merde ! croit-il rugir en n'exhalant qu'un faible râle.

Les yeux de l'opéré s'habituent vite à l'étrange lumière de l'endroit puant. Ils lisent l'heure à sa montre bracelet dont il remonte le mécanisme.

— Il est six heures, constate-t-il sans pouvoir préciser s'il vit le matin du 7 mai ou la fin du jour.

Le Parisien cache son petit calepin dans son slip, passe sa boussole autour de son cou et inspecte mieux le profond blockhaus encombré de deux rangées de lits à étage. Son brancard est placé tout près de l'entrée du réduit protégé par le remblai épais d'une tranchée. Une ampoule sale éclaire parcimonieusement l'hôpital de fortune. Des gémissements emplissent la pièce empuantie d'excréments et d'odeurs de médicaments. Collard distingue un peu plus son univers d'horreur. Le sol est jonché de boîtes de conserve pleines d'urine et de merde. Il compte vingt-quatre lots autour de la travée centrale du bâtiment.

— Tu étais où ? lui demande une voix tombant de l'étage du châlit le plus proche de lui. Le blessé lève les yeux en direction d'un fantôme maigre qui se soulève sur les coudes pour se pencher vers le nouveau pensionnaire du réduit.

— Eliane 2, au 1er B.P.C., annonce-t-il de son étrange voix cassée.

— C'était comment ? demande encore l'homme.

Collard ferme les yeux et revit une seconde l'enfer du point d'appui.

— Dur, répond-il après l'évocation fulgurante, et toi, tu étais où ?

Le blessé aux yeux très creux est en tricot de peau. Des lèvres étroites sont gercées de fièvre.

— Au 6, c'était pas mal non plus, tu peux me croire, explique-t-il, on en a bavé...

D'autres blessés, peu à peu éveillés, se mêlent à la conversation. Le Parisien aperçoit un coin de ciel qui se déchire au-dessus de la tranchée protégeant l'hôpital. Des ondes de choc font vibrer le réduit.

— On dirait que ça continue, constate un des allongés.

Les hommes se taisent. Deux infirmiers pénètrent dans le local puant. Ils sont tout de suite assaillis de questions auxquelles ils répondent en bloc.

— Ça va très mal, les Viets sont partout dans les Eliane, annonce un des deux hommes en inspectant rapidement quelques pansements.

— Oui, enchaîne son compagnon, il paraît que les salopards ont fait sauter Eliane 2...

Collard se redresse d'un mouvement réflexe sur son brancard posé dans la boue. Un éclair de douleur le rejette sur le dos. Il veut savoir.

— Il y a eu de la casse ? s'inquiète-t-il.

L'infirmier qui jette au-dehors le contenu nauséabond des boîtes de conserve posées devant chaque lit double s'arrête au-dessus du Parisien enveloppé dans son lambeau de parachute.

— On ne sait pas vraiment, lui annonce-t-il, mais certainement beaucoup...

Collard ferme les yeux.

— Mes pauvres copains, gronde-t-il, je n'en reverrai sans doute pas beaucoup...

Les infirmiers sortent du réduit sombre. Les blessés meublent leur isolement de nouveaux bavardages.

— Et avant, questionne l'homme qui s'était adressé le premier à l'ancien infirmier, tu étais où ?

Collard décide de jouer le jeu des confidences pour aider ses compagnons, qui ont déjà partagé plus de dix fois leurs souvenirs, à oublier ce qui se trame autour du blockhaus épais.

— Je suis sergent, annonce-t-il, j'ai fait un peu de civil après un premier séjour au 2/1.R.C.P. et au 10e B.P.C.P., et toi ?

La voix de son interlocuteur se mêle à d'autres bavardarges exorcistes.

— Moi, précise-t-il, c'est mon premier séjour... Tu es d'où ?

— De Levallois-Perret, répond Collard, enfin presque, en fait je suis né dans le quatorzième arrondissement, dans le taxi de mon père...

Le passé revient en flots de souvenirs touffus. Collard raconte tout d'une seule traite, comme s'il récitait la litanie des saints, pour éloigner ses peurs immédiates.

— Oui, poursuit-il, mon père était taxi et ma mère tenait une petite mercerie à Levallois, au 91 rue Aristide-Briand... C'est salement loin tout ça...

De nouveaux tremblements remuent le sol du blockhaus.

— Ça se rapproche, apprécie le Parisien ramené à la réalité par les échos de la bataille.

— Et après ? questionne à nouveau l'homme qui le domine dans la pénombre.

L'ancien F.T.P. replonge dans le courant du passé.

— L'école, comme tout le monde, reprend-il en esquissant une caricature de sourire.

Le blessé se sent tout à coup projeté, presque malgré lui, onze années en arrière. En avril 1943. C'est encore l'occupation. Il vient d'avoir quinze ans et ne va plus à l'école à l'insu de ses parents. Il traîne dans Paris insulté par les pancartes allemandes qui dirigent les soldats nazis vers leur *Kommandantur* et les grands hôtels.

— On était dingues, explique-t-il à son compagnon curieux. Avec deux ou trois bons copains, on avait découvert et piqué tout un stock de savonnettes d'avant-guerre dans un entrepôt de la banlieue, on les revendait petit à petit pour survivre et on emmerdait les boches en foutant du sucre dans les réservoirs de leurs bagnoles.

— Et tes parents ? demande son interlocuteur, ravi du dépaysement.

— Oh, mes parents, se souvient Collard, ils ont mis du temps à s'apercevoir que je n'allais plus aux cours à Suresnes...

L'ancien titi parisien retrouve le sourire.

— Faut dire que j'avais un chouette truc, explique-t-il, je distribuais une fois par mois des savonnettes aux profs et ils foutaient des notes bidons sur mon carnet trimestriel... Mais un jour, poursuit-il amusé, ça a bardé et je me suis barré de la maison...

Le blessé se tait. Il se revoit à l'époque folle de ses quinze ans. Il travaille comme groom à l'*Hôtel du Palais-Royal,* dans le quartier animé de l'Opéra qui est devenu la banlieue luxueuse de Berlin. Le portier qui a réussi à le faire embaucher dans l'établissement réquisitionné par les Allemands perçoit une dîme sur son salaire. Cela lui laisse tout de même pas mal d'argent de poche. Le futur para n'abandonne pas ses petites habitudes de sabotage de véhicules à croix gammée. La vie passe, somme toute joyeusement.

— Je me suis même fait tirer dessus par un officier allemand, précise-t-il à son compagnon, c'était un soir et je venais de crever les pneus de sa grosse Mercedes. Je cours encore...

Une forme pressée passe devant l'entrée du blockhaus. Le Parisien la hèle. L'homme souillé de boue s'arrête.

— Qu'est-ce qui se passe ? interroge nerveusement Collard.

— C'est foutu, souffle l'inconnu, les Viets ne sont plus très loin d'ici...

La nouvelle fige les blessés. Ils ne parlent plus pendant de longues minutes. Des échos sourds d'explosions leur parviennent, de plus en plus nombreux. Il est maintenant quinze heures trente.

— Et après ? questionne à nouveau le para du haut de son lit, qu'est-ce que tu as fait ?

— Après ? se décide à poursuivre le Parisien, j'ai changé d'hôtel, j'ai travaillé au *Monsigny,* puis au *Royal-Monceau,* un vrai musée... Mais j'en avais marre, je voulais passer en Angleterre...

Le petit groom gouailleur met son projet à exécution le 8 février 1944. Il prend le train pour Nantes à la gare Montparnasse, car il a décidé de gagner la frontière en plusieurs étapes ferroviaires pour égarer les soupçons. Il possède assez d'argent pour tenir un long mois. Il se retrouve à Hendaye le lendemain après avoir franchi un contrôle sérieux à La Négresse. L'attestation de congé qu'on lui a délivrée à l'hôtel *Royal-Monceau* et le laissez-passer qu'il s'est procuré, en échange de produits de marché noir, lui ont permis de franchir l'obstacle sans encombre. Il est à nouveau arrêté à la sortie de la gare. Deux hommes en civil lui demandent ses papiers d'un ton sec. L'un d'eux sourit en les détaillant.

— Ah ! dit-il avec un fort accent allemand, c'est drès pien, fous dravaillez tans un hôtel allemand... Gut !

Le candidat à l'évasion s'éloigne. Son cœur bat à tout rompre. Il quitte Hendaye à la nuit en direction de Béhobie où, d'après ce qu'il a appris en bavardant avec le patron du restaurant dans lequel il a mangé, la frontière est assez mal gardée. Il fait froid. Le tout jeune homme aux cheveux gominés pose sa valise de carton-pâte sur le bord de la route et en extrait un gros pull-over de laine. Un faisceau de lampe électrique le cueille soudain.

— Qu'est-ce que vous faites là ? demande une voix dure.

— Je me promène, répond l'adolescent sans trop s'affoler.

L'homme examine le contenu de la valise ouverte et découvre la carte et la boussole du groom.

— Vous voulez passer en Espagne, rugit-il, allez, venez !

Le fugitif est poussé sans ménagements vers une traction-avant camouflée derrière un mur en éboulis. Un deuxième homme sort de la voiture.

— Montez ! ordonne-t-il, *schnell* !

La Citroën au moteur presque silencieux roule pendant une dizaine de minutes et traverse la ville encore illuminée. Les trottoirs d'Hendaye sont encombrés de promeneurs tranquilles. Le véhicule s'arrête dans la cour d'un grand bâtiment. Le captif est jeté dans une vaste pièce. Deux Allemands en uniforme l'accueillent sans ménagements. L'un d'eux se saisit de la valise en carton du prisonnier.

— Déshabillez-vous ! ordonne le second.

Collard remet ses vêtements après une fouille complète à laquelle n'a pas échappé un centimètre de doublure de sa veste. Les Allemands conservent la ceinture, les lacets de souliers et le portefeuille contenant toutes les économies du jeune garçon. Le trio quitte la pièce nue, suit un long couloir et s'arrête devant une porte ornée d'une énorme serrure saillante. Un bruit de clé résonne lugubrement. Le Parisien tient son pantalon à deux mains. Un Allemand le propulse vigoureusement dans une geôle faiblement éclairée. Le gosse s'affale au sol à quatre pattes. Des jambes pendent des lits à étage tout autour de lui. Des visages barbus lui sourient en bienvenue. Un prisonnier le relève.

— Assieds-toi petit, conseille l'homme d'une voix très douce, et raconte...

Les questions fusent sur le gamin piégé qui ne sait plus où donner de la tête.

— Foutez-lui la paix, bon Dieu ! tonne une voix de commandement qui ramène le calme dans la cellule.

L'ancien groom s'allonge sur un lit libre et pleure. Ses compagnons d'infortune le dévisagent.

— Il n'a pas plus de quatorze ans, avance l'un d'eux.

L'adolescent aux yeux embués se redresse.

— J'en ai bientôt seize, corrige-t-il presque agressif, avant de sombrer dans le sommeil.

Des bruits de bottes l'éveillent à l'aube du 10 janvier 1944. La serrure de la cellule grince. Un soldat allemand hurle un nom. Un prisonnier saute à bas de son lit, enfile ses chaussures sans lacets, et disparaît. Collard apprend rapidement que certains des prisonniers sont là depuis plus de deux mois et sont en instance de départ pour l'Allemagne. Quelques-uns ont aidé des Juifs à passer en Espagne, d'autres ont seulement été pris dans des rafles. La porte de cellule s'ouvre à nouveau en fin de matinée. Les gardes-chiourme projettent au sol le prisonnier qu'ils ramènent. L'homme a été durement interrogé. Son visage a doublé de volume. Il saigne des narines et des oreilles. Collard se jette sur sa couche, pris de nausées.

Quatre jours passent ainsi, rythmés par les séances de torture d'où les prisonniers reviennent toujours à bout de forces. La porte maudite s'ouvre au matin du cinquième jour.

— Collard ! gueule un soldat casqué.

Le groom du *Royal-Monceau* se lève en titubant. Il a envie de hurler sa peur.

— Courage petit, conseille le chef de cellule en le poussant doucement vers la porte.

Le gamin terrifié échange un long regard avec son aîné, torturé l'avant-veille, et sort de sa geôle. De sinistres bruits de bottes ferrées le mènent rapidement, de couloirs déserts en escaliers vite grimpés, vers une grande pièce inondée de soleil. Un civil d'une quarantaine d'années est assis derrière un grand bureau impeccablement rangé. Un officier S.S. d'à peine plus de vingt-cinq ans se tient debout près du meuble. Le civil se lève de son fauteuil.

— Venez, invite-t-il en tendant le bras vers le gamin, venez regarder par la fenêtre...

Le prisonnier tremblant s'exécute.

— Vous voyez, poursuit le policier d'une voix paterne, de l'autre côté du pont là-bas, c'est l'Espagne... Où vous vouliez aller...

Le jeune Parisien découvre la mer et la montagne écrasée de lumière.

— Vous n'avez pas de chance, reprend le civil en haussant le ton, c'est en Allemagne que vous allez vous retrouver... et pas en Angleterre !

L'ancien groom essaye de plaider sa cause.

— Je ne voulais pas aller en Angleterre, ment-il, je voulais seulement visiter le Sud-Ouest de la France pendant mon congé...

— Menteur ! hurle soudain le policier hors de lui, vous avez donné une fausse adresse de faux parents à Hendaye... Et cette boussole, hein ?

L'adolescent qui tient toujours son pantalon à deux mains essaye de s'expliquer encore.

— J'en ai besoin pour...

La bouche de son accusateur se tord en un rictus haineux.

— Hans ! éructe-t-il.

L'officier approche du gosse et le gifle avec violence, puis martèle son crâne à coups secs d'un lourd stick très souple.

— Parle, parle ! hurle le civil. Où voulais-tu aller ? Qui devais-tu rencontrer avant de passer la frontière... Parle !

— Je ne devais voir personne, crie Collard, je ne sais rien...

Le S.S. se déchaîne sur sa victime prostrée à genoux et l'assomme d'un formidable coup de botte sous la nuque. Le gosse ne reprend ses esprits qu'une fois ramené dans sa cellule.

— Tiens, lui conseille une voix amicale, bois un coup de gnôle, ça fait du bien...

L'alcool très dur réveille tout à fait le torturé.

— T'en fais pas, prévient gentiment le prisonnier qui reprend le précieux flacon, on a toujours très mal la première fois... On ne peut pas dire qu'on s'habitue mais on souffre moins après... Tu devrais essayer de dormir...

Cinq jours d'angoisse passent encore. Un garde qui ouvre la lourde porte de la cellule du Parisien au matin du sixième jour de crainte tient une feuille de papier à la main et annonce sèchement dix noms. Les prisonniers appelés n'ont même pas le temps de serrer les mains de ceux qui restent. Le dernier sort de la cellule silencieuse, le visage dur.

— Salut, petit, lance-t-il à Collard, je crois bien que c'est fini pour nous... Adieu !

La voix du gosse enrouée par l'émotion lance un timide au revoir. Il se retrouve abandonné dans la pièce avec un Espagnol qui n'a pas ouvert la bouche depuis le soir de sa capture. L'homme, très noir, demeure prostré et accroupi dans un angle de la cellule. Une journée s'écoule encore.

— Collard ! appelle un garde à la fin d'une nouvelle nuit de rêves horribles.

Le jeune prisonnier se retrouve vite dans la pièce de son premier interrogatoire. Le civil et le S.S. sont là, visages figés. Deux gendarmes français se tiennent contre le mur du bureau toujours aussi ensoleillé.

— La police française vous emmène, entend comme dans un songe rassurant le prisonnier qui voit le spectre de la torture s'éloigner.

Les deux gendarmes le poussent dans les couloirs de la prison. Un soldat allemand lui rend ses lacets de souliers, sa ceinture et son portefeuille.

— Mais, réclame le jeune Parisien enhardi par la présence des deux Français en uniforme, ma valise et mes sous ?

— Confisqués ! tranche simplement l'Allemand, partez...

Les gendarmes s'attachent aux bras de leur prisonnier à l'aide de deux paires de menottes.

— Je m'en fous, se dit le rescapé de la torture, je suis dehors...

Le soleil lui donne envie de hurler sa joie. Mais il marche silencieux et au même pas que ses compagnons peu loquaces.

— Où on va ? demande-t-il après quelques minutes de marche.

— On t'emmène à l'hôpital de Bayonne, lui apprend le plus gradé des deux gendarmes, après on ne sait pas...

Les passants d'Hendaye, habitués à ce genre de sinistre cortège, ne jettent pas un regard vers le trio menotté qui arrive à la gare. La navette de Bayonne est prête à partir. Les gendarmes occupent une banquette avec leur prisonnier.

— Tu me promets de ne pas faire l'andouille ? demande le gradé qui a une bonne tête de père de famille.

— Oui, lâche le titi parisien, pourquoi ?

Le gendarme ne répond pas et défait les menottes humiliantes.

— Tu peux envoyer une carte postale à tes parents, propose-t-il en souriant, j'ai confiance en toi...

Le gosse fou de joie court vers la marchande de journaux de la gare, choisit une carte, emprunte un crayon à la dame, griffonne quelques mots rassurants et s'aperçoit soudain qu'il n'a plus le sou. La marchande comprend vite la situation.

— Donne la carte petit, dit-elle, très émue, après le court récit du gosse, je vais l'envoyer moi-même...

Des volées d'obus s'abattent sur le P.C. de Dien Bien Phu et ramènent le Parisien à sa triste condition. Quelques-uns de ses compagnons râlent. Ils n'ont plus reçu de soins sérieux depuis l'avant-veille. Leurs pansements gorgés de sanie sentent mauvais. Les boîtes de conserve vidées au matin débordent à nouveau.

— Les Viets approchent, gronde Collard en reconnaissant les échos de rafales d'armes ennemies dans le grondement sourd des éclatements d'obus.

Les blessés retiennent leur souffle pour mieux écouter les bruits de la bataille. Le bombardement faiblit d'intensité. Le sergent du 1er B.P.C. retrouve son auditoire.

— Tu as eu du pot, lui fait remarquer l'homme qui écoute son histoire, les boches auraient pu t'envoyer dans un camp de concentration...

— Ils ont dû se dire que j'étais tout de même un peu jeune, suppose le sergent nostalgique.

Libéré après deux jours d'observation à l'hôpital de Bayonne, l'ancien groom retourne à Paris et retrouve le giron familial. Ses parents le placent, sur les ordres des polices allemande et française, dans un centre de jeunesse pour qu'il s'amende et apprenne un métier.

— Le Maréchal vous a tracé la voie de la rédemption, lui annonce le chef de centre de rééducation.

Le titi écoute à peine le sermon de l'homme au strict costume trois pièces à la boutonnière ornée d'une francisque d'argent.

— Tu parles, guignol, se dit-il, vivement que les Américains débarquent...

Collard est externe à l'établissement austère et peut chaque soir écouter la radio de Londres dans sa famille. Les alliés débarquent enfin. Le centre de jeunesse ferme à la fin du mois de juin 1944, pour les vacances. L'ancien fugueur est à nouveau libre de traîner à sa guise dans Paris. Il retrouve ses petites habitudes de marché noir. L'argent rentre vite. Il s'achète bientôt un vélo pour faire ses livraisons et passe de longs moments à s'entraîner au tir sur les fêtes foraines.

— Figure-toi qu'un jour, explique-t-il au blessé qui boit ses paroles et partage sa fuite dans l'irréel, j'ai réussi à me faire photographier entre deux boches en mettant une balle dans le mille... J'avais l'impression de leur tirer en pleine tête... c'était drôlement excitant !

— T'as pas fait de Résistance ? demande le colonial du 6e B.P.C.

— Oui, si on veut, poursuit Collard, il y a un gars que je connaissais vaguement qui...

Le Parisien remonte à nouveau le cours du temps :

— Oh ! Collard, lui demande un de ses compagnons de farniente dans Paris, ça t'intéresse la Résistance ?

— Tu parles, lâche vivement l'ancien élève du centre pétainiste, quelle question...

— Alors, viens avec moi, l'invite son aîné, je vais te présenter à mon chef...

Les deux jeunes gens en culotte de golf marchent pendant dix minutes sans parler et pénètrent dans un café près de la place du Marché de Levallois, au 34, boulevard Carnot.

Un homme seul, d'une trentaine d'années, lit un journal au fond de la salle animée par une vingtaine de clients.

— C'est lui le chef, indique le compagnon du futur combattant d'Indochine.

Les présentations sont vite expédiées. Collard raconte son équipée d'Hendaye, la torture, le centre de rééducation, sa vie dans Paris. Il se retrouve enrôlé dans la Résistance officielle.

— A partir de maintenant, précise l'homme qui se lève de son siège en repliant soigneusement son journal, considère-toi comme un soldat... Salut, camarade.

Le soldat de l'ombre sort du café. Le titi né dans un taxi a le cœur qui bat fort.

— Pourquoi m'a-t-il appelé camarade ? se demande-t-il en rejoignant le jeune homme qui l'a contacté et qui faisait le guet.

L'ancien groom des hôtels allemands est intégré à un groupe des Forces unies de jeunesses patriotiques qui sont rattachées aux Francs-Tireurs Partisans Français.

— Alors, t'étais communiste ? demande le blessé du haut de son lit.

Le Parisien échappe un instant à son évocation.

— Non, répond-il, pas du tout, je voulais seulement me battre contre les boches... Communistes ou pas, mes chefs étaient avant tout des résistants. C'est tout.

Le sergent retrouve l'ambiance fébrile des semaines précédant la libération de Paris. Il revoit souvent l'homme qui l'a enrôlé dans son groupe et qu'il appelle maintenant « mon lieutenant ». Le chef porte toujours un pistolet sur lui.

— Ça serait chouette d'en avoir un moi aussi, s'enhardit à demander le jeune résistant.

— Plus tard, lui fait espérer le lieutenant F.T.P.

Collard prend son mal en patience en sillonnant Paris à bicyclette pour assurer des liaisons avec d'autres groupes en attente de l'insurrection armée. Le jour tant attendu arrive enfin.

— Viens vite, c'est commencé, hurle un des compagnons du cycliste en venant le chercher chez lui.

Les deux jeunes gens courent dans les rues de Levallois et pénètrent bientôt dans un magasin abandonné, au 33 de la rue Jean-Jaurès, à cinquante mètres de la rue du Président-Wilson. Un jeune patriote armé d'un fusil se tient embusqué près de l'entrée de la boutique. Les deux garçons touchent une arme après avoir donné leurs noms à un résistant embrassardé qui inscrit leurs patronymes sur un carnet. Collard reçoit un brassard de toile crème frappé en son centre d'un petit drapeau bleu-blanc-rouge.

— Mets-le à ton bras gauche, conseille le chef du groupe maintenant armé, et apprends à manier ton flingue...

L'ancien groom détaille un instant son emblème de combattant qui est tamponné pour prouver qu'il appartient bien au Comité de Libération de Levallois. Un inconnu lui tend deux épingles de sûreté et l'aide à agrafer sur son bras le bandeau qui porte le numéro 81265.

La voix nerveuse du blessé du 6e B.P.C. arrache le Parisien au passé.

— Qu'est-ce que tu avais comme fusil ? demande-t-il.

Collard se force à rire.

— Un Lebel, se souvient-il, un machin presque aussi haut que moi...

De nouvelles rafales, encore plus proches que les précédentes, interrompent la conversation animée des deux blessés.

— Bon Dieu, gronde l'ancien infirmier arraché à sa jeunesse mouvementée, on dirait bien qu'on nous a oubliés dans ce trou à rats...

36

AU FOND DE L'HORREUR

Il est maintenant dix-sept heures à Dien Bien Phu. Les reclus du blockhaus oublié vivent dans l'angoisse.

— Je vais voir ce qui se passe, annonce le Parisien dévoré de curiosité.

Le sergent tente de glisser à bas de son brancard. Il ne parvient qu'à renverser la boîte de conserve dans laquelle il avait péniblement réussi à uriner au début de l'après-midi et se rallonge sur son support de toile souillée en maudissant son impuissance. La bataille s'enrage encore au-dehors. Des cris de fureur arrivent au réduit. Les blessés ne parlent plus pendant de longues minutes. Puis, la voix du voisin de Collard rompt l'attente crispée.

— Et ensuite, demande-t-il, qu'est-ce qui s'est passé à Levallois ?

Le Parisien hésite un instant à poursuivre son récit haché.

— Pourquoi pas, se décide-t-il, ça tue le temps...

Le sergent inquiet retourne en rêve dans la banlieue parisienne en insurrection.

C'est la fin d'après-midi du premier jour de lutte ouverte contre l'occupant. Le lieutenant du groupe de jeunes patriotes sort de son P.C. maintenant solidement armé.

— Camarades, lance-t-il avant de disparaître dans la rue Jean-Jaurès déserte, habituez-vous à vos armes... à tout à l'heure...

Le jeune chef ne revient qu'à l'approche de la nuit.

— Tout va bien, camarades, expose-t-il à ses soldats, on se bat un peu partout dans Paris, les Chleuhs dérouillent, ils ont perdu plusieurs chars...

L'officier de l'Armée secrète explique encore que des agents de police ont élevé une barricade devant le commissariat de Levallois.

— Quant à nous, conclut-il, on doit rester ici pour garder la permanence et poster un groupe de surveillance à l'angle des rues Wilson et Jean-Jaurès, il faut quatre volontaires...

Collard lève instinctivement la main. Un résistant de trente ans prend le commandement du quatuor muni de couvertures. Le groupe se place derrière une défense de sacs de sable. Deux hommes veillent et les deux autres se reposent sans trouver le sommeil. Des échos de bataille rangée parviennent de la direction de Neuilly. La nuit s'écoule tranquillement. Collard retourne à l'aube à la permanence de la boutique abandonnée et dort toute la matinée. Le lieutenant du secteur revient d'une liaison un peu après le frugal repas du midi.

— Oh, toi ! appelle-t-il en désignant Collard, tu connais bien Levallois, je suppose...

L'adolescent au regard noisette acquiesce.

— Bon, poursuit son chef, tu vas aller vers la place Collange pour voir si les boches y sont toujours... reviens vite !

Le jeune homme en arme court dans la rue. Une foule exubérante se presse autour du commissariat de police. Le petit résistant encombré de son Lebel frôle la barricade occupée par une dizaine d'hommes à l'allure décidée. Il atteint la rue Jules-Guesdes qui est presque déserte. Quelques coups de feu résonnent vers le bout de la rue menant à la Seine. L'adolescent se colle dans l'embrasure d'une porte. Une patrouille allemande bien étalée débouche dans son champ de vision, à trois cents mètres. Il serre son arme, prêt à tirer, mais les Allemands bifurquent dans une autre rue.

Collard en profite pour revenir vers son P.C.. Il entend des rafales lorsqu'il parvient au coin des rue Edouard-Vaillant et Louis-Ronquier et interrompt sa course pour jeter un coup d'œil vers l'origine des coups de feu. La rue est maintenant déserte. Quelques têtes casquées dépassent à peine de la barricade du commissariat tout à l'heure cerné par la foule. Un coup de canon éclate. Un nuage de fumée monte devant le poste de police. Quelques hommes jaillissent des immeubles de la rue, l'arme à la main. Le silence retombe sur la rue vide de tout occupant. Le jeune F.T.P. reprend sa course vers la permanence de son groupe.

— Mon lieutenant, rend-il compte, les boches sont toujours dans le coin et ça se bagarre un peu autour du commissariat...

— Bon, décide le lieutenant en fronçant les sourcils, je vais aller voir ça... toi tu veilles ici...

Collard s'installe à la fenêtre du premier étage du P.C.

— Fais gaffe, lui indique un des résistants, il y a des gens qui ont fait des signaux depuis l'immeuble du bout de la rue Edouard-Vaillant...

Une heure passe. Un bras jaillit soudain d'une fenêtre entrouverte et agite un chiffon. Le jeune patriote sursaute et vise la croisée suspecte, juste à la hauteur du bras qui balance toujours le signal inconnu. Il tire. Ses compagnons bondissent vers lui.

— Qu'est-ce qu'il y a ? interroge l'un d'eux.

Tout étourdi pas la vacarme du coup de feu et l'épaule endolorie par le recul du Lebel, le jeune résistant explique sur quoi il a tiré.

— T'as dû le toucher, avance un des jeunes gens, il n'y a plus personne à la fenêtre, bravo !

Le futur parachutiste pose soudain le regard sur le bec de gaz qui est planté à dix mètres devant lui, transpercé d'un trou bien net.

— C'est le poteau qui a pris ! constate-t-il, penaud.

La journée se meurt dans le calme. Le lieutenant revient au matin suivant.

— Camarades, claironne-t-il, radieux, Paris est libéré... Leclerc est arrivé... On les a eus...

— Moi, se dit Collard, j'ai surtout eu un bec de gaz...

Les résistants paradent en armes dans les rues en fête. La foule est à nouveau très dense autour du commissariat. Les gens chantent et s'embrassent. Une centaine d'hommes porteurs de brassards sont installés derrière les barricades.

— Il y en avait beaucoup moins hier, se souvient l'ancien groom.

La dernière semaine du mois d'août 1944 passe dans un rêve patriotique. Le lieutenant de la rue Jean-Jaurès réunit ses jeunes partisans à son P.C., le 2 septembre.

— Camarades, leur annonce-t-il, comme vous pouvez vous en douter, la guerre est loin d'être finie, il faut encore libérer le reste de la France et foncer en Allemagne...

Collard serre son fusil contre son corps juvénile.

— Le colonel Fabien organise une brigade qui va bientôt partir au combat, poursuit son chef, je pense que vous tenez tous à en être...

La vingtaine de jeunes patriotes hurle son accord. Le lieutenant éclaire son visage dur d'un franc sourire de satisfaction.

— Bravo, reprend-il, je savais que je pouvais compter sur vous ! Allez dire adieu chez vous et rassemblement ici à seize heures...

Collard est au rendez-vous bien avant l'heure. Ses compagnons arrivent un à un. Le lieutenant fait grise mine en ne retrouvant que la moitié de son effectif du matin. Une camionnette suffit à emmener les recrues au Mont-Valérien où se rameute la brigade en formation. L'ancien prisonnier d'Hendaye reçoit son premier uniforme dès le lendemain et échange son long fusil Lebel contre un mousqueton de cavalerie plus adapté à son mètre soixante-trois.

— Tu feras gaffe, lui confie le magasinier, ce flingue a un drôle de recul...

L'ancien groom signe un engagement pour la durée de la guerre au deuxième bataillon de la 1re Brigade de Paris, commandée par le colonel Fabien. L'âge requis pour pouvoir partir au combat est de dix-huit ans. Le jeune patriote se vieillit et, comme personne ne veut perdre de temps en vérifications, part le 3 septembre vers l'est. Il est affecté à la 2e section de la 7e compagnie de son bataillon. L'ambiance est un peu boy-scout mais ne lui déplaît pas. La brigade contourne bientôt Thionville par l'ouest et libère Hettange-la-Grande sans combattre. Les Allemands ne sont pas partis loin. Les habitants du bourg libéré les signalent vers le village de

Garche. L'élément de tête des F.T.P. est accueilli par des rafales tirées de très loin.

Le Parisien reprend contact avec la réalité de Dien Bien Phu.

— Ça tirait en tout cas bien moins que par ici, avoue-t-il au blessé qui trompe sa peur en l'écoutant.

— Ça devait tout de même être chouette, lui répond ce dernier gagné par l'ambiance de la Libération.

— Après, poursuit le sergent, on a accroché les boches et on a eu un tué et plusieurs blessés à ma section. On était installés dans une confiserie à l'ouest de Thionville, ils nous canardaient depuis l'autre rive de la Moselle.

L'ancien F.T.P. rejoint ses compagnons en Lorraine. Il se retrouve en train de poser devant l'objectif d'un camarade sur l'unique automitrail-

leuse de la Brigade Fabien. Sa compagnie a fait mouvement dans un château au nord de Thionville, en face du village de Manhom. L'endroit isolé était encore il y a peu un P.C. allemand.

Des rafales viets-minhs se rapprochent encore du blockhaus au moment où les paroles d'une chanson de la Brigade Fabien, *la Jeune Garde,* lui reviennent en mémoire.

— Soldats, Francs-Tireurs du Maquis, se récite-t-il machinalement en écoutant les détonations alarmantes, par la faucille et le marteau... prenez garde à la Jeune Garde...

Un accès de douleur casse la litanie monotone du chant révolutionnaire. Le Parisien grimace.

— Les enfants de Lénine, commente-t-il amer, ce sont eux qui nous tirent maintenant sur la gueule...

Le sergent mordu par la douleur revit les soirées de feu de camp de la bataille de France.

— Qu'est-ce qu'on a pu la chanter cette foutue chanson, se souvient-il, écoute un peu ça :... drapeau rouge éclatant au soleil du couchant, le monde va changer de base... Foutaises !

— Et t'as pas signé de carte au Parti ? lui demande le blessé au-dessus de lui.

— Non ! souffle Collard, ils ont pourtant mis le paquet pour nous convaincre, la moitié des copains en ont signé une...

Le blessé se souvient que tout n'allait pas tout seul à la Brigade, malgré l'enthousiasme militant. Il revoit le colonel Fabien à la gare de Satenay, le 7 novembre 1944. Le chef passionné est en train de haranguer des partisans qui refusent de monter dans un train en partance pour Vesoul alors qu'ils espéraient retourner à Paris pour le défilé du 11 novembre.

— On veut rentrer à Paname ! hurle une poignée de volontaires.

— Camarades ! leur crie le commandant de la Brigade, juché sur le toit d'un wagon, il ne faut pas vous dégonfler, la France a besoin de nous, je vous promets que nous aurons bientôt du matériel et des armes...

Tout le monde est conquis par le ton du jeune chef et applaudit à tout rompre. Quelques groupes se défilent tout de même mais sont vite ramenés à leurs sections car Fabien avait prudemment posté des embuscades sur toutes les routes courant vers l'ouest. Les partisans, mal armés, défilent le 11 novembre à Montmédy. Collard subit ensuite une dure période de reprise en main. Des cadres très politisés improvisent de fréquentes conférences dans les bivouacs.

— Alors, explique-t-il à son compagnon, j'ai signé un engagement de trois ans et on m'a affecté à la section de mortiers de mon bataillon, sous les ordres du lieutenant Flament.

Le blessé du lit à étage interrompt à nouveau le récit coloré de son compagnon.

— Et Fabien ? lui demande-t-il, tu lui as parlé ?

Collard rassemble ses souvenirs.

— C'était un type bien, assure-t-il, il est arrivé un soir à ma section, c'était un des derniers jours de décembre 1944...

Le Parisien revoit la silhouette racée de l'enthousiaste officier F.T.P. en train de parler avec le lieutenant Flament, puis offrant des cigarettes aux hommes du bivouac.

— Après, poursuit-il, il est parti dans les lignes allemandes avec une petite patrouille et il en a ramené un prisonnier pour avoir des renseignements... Il était gonflé à bloc.

Un matin, le lieutenant Flament arrive au rassemblement de sa compagnie avec la mine défaite.

— Le colonel est mort, annonce-t-il, hier soir...

Une stupeur fige les rangs inégaux des partisans.

— Il s'est fait sauter en étudiant une mine inconnue, précise l'officier. Nous allons observer une minute de silence. Garde à vous !

La compagnie ressemble tout à coup à un bloc de béton. Des hommes pleurent.

— Il est peut-être pas mort tout seul, gronde un F.T.P. chevronné dès que les sections s'animent à nouveau, il commençait à gêner un peu trop de beau monde...

La Brigade survit au coup dur et poursuit le combat. Le Parisien revit l'horreur du 20 janvier 1945. Il avait quitté la position de sa section pour aller en corvée de ravitaillement sous les tirs précis des canons de 88 allemands. Après un long cheminement dans la neige, entrecoupé de formidables plats-ventres, la patrouille revient, sans pertes, au campement. Collard reste coi pendant quelques secondes devant le spectacle qui s'offre à ses yeux. La neige de la position est tachée de sang tout autour des tubes de mortiers. Le lieutenant Flament est mort.

— Billard, hurle le Parisien en laissant choir son chargement de vivres au sol et bondissant vers le corps coupé en deux de son meilleur compagnon.

Des blessés râlent un peu partout sur l'endroit dévasté. L'adjudant Barbier resserre le dispositif des survivants du carnage.

— C'était presque aussi dur qu'ici, explique le blessé de Dien Bien Phu au para du 6, c'était horrible...

Le sergent reprend son voyage dans le temps et se retrouve à nouveau dans la neige alsacienne. La brigade sans chef est reprise en main au sud de Mulhouse. Des cadres F.T.P. quittent leurs commandements. L'unité devient le 151e régiment d'infanterie. Les officiers de carrière qui prennent la tête des compagnies ont tous combattu en Italie et en Provence. Ils viennent des 4e et 8e régiments de tirailleurs marocains. Ils sont durs à la discipline et reprennent l'instruction de leurs hommes à zéro. Les anciens F.T.P. apprennent des chants nouveaux. Les Africains et les Turcos sont à l'honneur, on ne chante plus *la Jeune Garde,* Lénine est oublié.

— Tu as combattu en Allemagne ? tranche le voisin de douleur du blessé à la cuisse.

— Oui, se souvient ce dernier, j'ai d'abord eu droit à quinze jours de permission à Paris, et j'ai rejoint ma compagnie où Dudoy, le gars qui m'avait remplacé à ma pièce de mortier, avait été tué près de Sélestat.

Le Parisien est à nouveau au 151e R.I., en Allemagne. Il s'est égaré en arrière de sa compagnie disparue dans la nuit tombante, le 18 avril 1945.

— J'étais pas fier, avoue-t-il à l'homme qui le domine, j'avais pas un poil de sec... Je me suis retrouvé devant une ferme isolée. J'ai enfermé la famille d'Allemands qui y vivait dans une cave, j'ai bouffé et bu tout ce que j'ai pu trouver et j'ai roupillé comme un sonneur après avoir barricadé la porte d'une chambre avec une grosse armoire...

Collard revoit la ferme au moment de son réveil. Des bruits de camions montent d'un village étalé en contrebas à un kilomètre de la haute colline à laquelle s'adosse la ferme aux occupants prisonniers. Le Parisien court vers les véhicules. Il reconnaît ses compagnons de combat. L'adjudant Barbier l'agonit d'injures. Le deuxième classe essoufflé explique les détails de son équipée. Le sous-officier furieux se déride.

— Et tes boches, demande-t-il, tu les as délivrés avant de partir ?

— Merde ! grommelle le Parisien, je les ai oubliés et j'ai même gardé la clef de la cave...

— C'était la belle vie en somme, commente son interlocuteur de Dien Bien Phu.

— Pas toujours, lui oppose le sergent, mais on a tout de même pas mal rigolé...

— Et les filles ? s'enquiert encore son compagnon l'œil soudain plus vif.

— Les bonnes femmes, est obligé d'avouer Collard, oualou ! Enfin, en ce qui me concerne. J'ai peut-être pas eu de chance...

Le Parisien explique que son régiment s'était installé après l'armistice du 8 mai 1945 à Lindau, sur le lac de Constance, pour garder un camp de prisonniers.

— On a même eu le fils du maréchal Rommel comme client, se souvient-il, du moins à ce qu'il paraît...

La mitraille s'enrage au dehors du blockhaus. Le Parisien met un terme à son récit.

— Après, on est rentrés en France en novembre 1945 et on s'est installés à Thionville... J'ai suivi un peloton de caporal, à Wangenbourg, en Alsace, puis on m'a affecté au 146e B.I. de Strasbourg, je suis passé sergent en juin 1947, j'ai failli me marier mais je me suis tiré à temps chez les paras... Comme t'as suivi la même filière un peu plus tard, tu connais la suite...

Le blockhaus semble soudain danser sur ses bases. Les canons amis sautent après avoir tiré leurs derniers obus. Il est dix-huit heures. Un officier blessé encadre sa silhouette dans l'ouverture de l'abri.

— C'est fini, annonce-t-il aux vingt-cinq occupants de l'endroit désolé, les Viets sont partout...

L'officier inconnu sort du champ de vision du Parisien qui serre les poings de rage. Le silence est tombé sur le périmètre du P.C., seulement émietté de temps en temps par quelques explosions isolées et des rafales dérisoires. Collard fixe intensément le petit coin de clarté tombant de l'arête de la tranchée protégeant son blockhaus silencieux. Plusieurs bo dois frôlent l'abri en courant.

— Les voilà ! annonce le sergent angoissé à ses compagnons de malheur.

Les Viets-minhs ne s'arrêtent pas. La lampe nue qui pend au plafond du réduit s'éteint. Les blessés s'enfoncent un peu plus dans l'horrible.

— C'étaient des voltigeurs de tête d'une section, apprécie l'ancien F.T.P., les prochains vont nous balancer des grenades... Tout est foutu...

37

PRISONNIERS DES REBELLES

Deux bo dois surgissent tout à coup devant les yeux du Parisien. Ils placent nerveusement un lance-roquettes en position à l'entrée du blockhaus et balayent les lits étroits des faisceaux de deux lampes torches puissantes. Collard fixe la gueule de l'arme russe et essaye en vain de rouler à bas de son brancard.

— Sortez... Vite ! hurle en vietnamien un des soldats vainqueurs.

Quelques blessés trouvent l'incroyable force de répondre par un rire douloureux à l'ordre sec qu'ils comprennent tous pour l'avoir employé souvent.

Un dialogue de sourds s'engage, surréaliste. Les bo dois s'énervent. L'un d'eux s'apprête à tirer une roquette dans le réduit. Collard est persuadé de mourir dans l'instant. Les secondes durent des heures. Une voix monte soudain du fond du blockhaus menacé de destruction. Elle s'exprime en vietnamien.

— Bon Dieu ! comprend le Parisien en reprenant espoir, il y avait un Viet blessé avec nous... il y a tout de même de sacrés coups de pot dans toute cette merde !

Le prisonnier blessé parle d'une voix claire pendant deux longues minutes. Collard aimerait bien comprendre tout ce qu'il dit à ses compagnons. Ses yeux vont de la pénombre d'où monte le timbre acide du bo doi blessé aux intrus toujours hésitants. L'un d'eux pénètre enfin dans l'hôpital oublié. Il éblouit l'ancien F.T.P. d'un coup de lampe, dévisage un à un les blessés en se dirigeant vers son frère d'armes soigné par les Français et ressort du réduit.

— Hôpital ! annonce-t-il en français aux autres bo dois.

Collard sent ses nerfs se relâcher. Il exhale un long soupir de soulagement. Les Viets s'éloignent.

— Ça y est, claironne-t-il, on est officiellement prisonniers... Ça s'est pas trop mal passé...

Le Parisien reconnaît qu'il doit une fière chandelle au bo doi blessé qui a retrouvé son mutisme habituel. Des patrouilles de vainqueurs passent toute la nuit du 7 au 8 mai au ras du blockhaus. Collard ne dort pas une seule minute. Il craint à tout instant qu'un excité ne lance une grenade dans son abri.

Le jour se lève enfin. Une faible clarté pénètre dans l'horreur du réduit. Les blessés n'ont reçu aucun soin depuis trop de temps. Certains sont au plus mal. Ils n'ont plus une goutte d'eau potable depuis la veille au matin. Leurs boîtes de conserve débordent d'excréments et ils les renversent à même le sol près de leurs couches sales. Quelques Viets-minhs pénètrent de temps en temps dans le réduit. Les remugles qui le hantent les rejettent vite à l'air libre.

— Ils pourraient au moins récupérer leur copain, pense le Parisien au bout de quatre visites rapides.

Les blessés les plus faibles commencent à délirer. D'autres réclament, d'une voix trop douce pour être naturelle, de l'eau pendant les premières heures du jour. Collard supporte l'enfer sans se plaindre. Sa cuisse l'inquiète.

— Je pue drôlement, constate-t-il en appuyant tout doucement de la main droite sur son gros pansement gorgé de pus.

Un infirmier français pénètre enfin dans le réduit privé de lumière. L'homme, un légionnaire mal rasé, porte des bidons d'eau. Des mains fiévreuses et sales se tendent vers lui. Les blessés boivent en fermant les yeux pour savourer la fraîcheur tant espérée.

— Comment ça va, dehors ? demande Collard après s'être longuement désaltéré.

Le légionnaire tâte le pansement puant du Parisien.

— Il n'y a plus de combats organisés depuis hier à dix-huit heures, confie-t-il au gisant, tous les survivants et les blessés qui pouvaient marcher ont été emmenés... Il ne reste que des médecins et quelques infirmiers...

Collard, réconforté par l'eau, se relève autant qu'il peut sur son brancard.

— Qu'est-ce qu'ils vont faire de nous ? interroge-t-il.

Le képi-blanc déforme un peu plus son visage crispé par les heures infernales de l'agonie du camp retranché. Sa bouche se tord en rictus sceptique.

— Ils vont vous trier, paraît-il, et vous serez vite rapatriés...

Les blessés accueillent la nouvelle sans vouloir trop y croire. Le légionnaire se penche soudain tout près du visage défait du Parisien.

— Moi, lui confie-t-il, je vais essayer de me tirer de là...

Collard sursaute.

— Tiens, se décide-t-il soudain en enlevant de son cou sa précieuse boussole et sortant la carte froissée de sous son corps fiévreux, ça t'aidera peut-être...

L'infirmier remercie et sort du trou nauséabond. Les blessés parlent tous ensemble. Ils disent n'importe quoi. Certains veulent croire au rapatriement immédiat. Un groupe d'infirmiers pénètre à son tour dans le blockhaus à dix heures.

— On va vous sortir de votre merde, annonce l'un d'eux en grimaçant de dégoût et piétinant les excréments des blessés.

Deux Vietnamiens empoignent le brancard de Collard et le sortent le premier à l'air libre. La lumière crue agresse les yeux chassieux du blessé qui s'emplit les poumons d'air frais. Les Viets-minhs ont rapidement agencé des abris en plein air pour les survivants du massacre et les ont tendus de voilures de parachutes. Ils y entassent pêle-mêle tous les blessés sortis de leurs abris. Une dizaine de tentes sont aussi montées un peu plus loin. Collard fait un nouveau pas dans l'horreur dont il croyait avoir touché le fond. Les blessés les plus anciens sont devenus de véritables squelettes. Certains ont arraché les derniers lambeaux de leurs pansements pourris. Des asticots grouillent sur leurs plaies.

— Ça, commente pour lui-même l'ancien infirmier, c'est pas encore ce qu'il y a de plus mauvais, ils seraient peut-être déjà morts sans ces bestioles dégueulasses qui nettoient leurs blessures...

Les blessés demeurent exposés toute la journée aux rayons d'un soleil torride et aux averses orageuses qui noyent subitement Dien Bien Phu sous un déluge qui transperce les voilures. Des hommes réclament des soins, de l'eau et à manger. Les infirmiers, à bout de forces, ressemblent comme des frères à leurs patients et sont débordés. Collard trompe sa soif en suçant son suaire de toile de parachute après chaque ondée. Un de ses voisins, au visage horriblement mutilé, n'a plus de nez et semble être aveugle. L'homme est entièrement entravé et gémit horriblement lorsque les rayons du soleil brûlent son faciès ravagé. Un peu plus loin, d'autres gisants ne sont plus que des troncs sans jambes ou sans bras.

— Moi, au fond, se dit le Parisien secoué par tant d'horreur étalée, j'ai de la chance...

La nuit tombe et s'écoule dans des râles de douleur. Des blessés meurent. Collard ne dort pas. Le silence inhabituel de Dien Bien Phu lui fait mal. Le bivouac tragique s'organise un peu mieux dès le matin du dimanche 9 mai. Un grand gaillard de la Légion, le sergent-chef Lewandowski, qui a sa couche près du Parisien, part au ravitaillement en claudiquant. Il ramène quelques débris de rations aux gisants qui entourent son brancard. Des infirmiers apportent de l'eau sale de la Nam Youm.

Une colonne d'au moins deux cents prisonniers indemnes est ramenée d'un camp de regroupement proche de la cuvette. Collard apprend que ces derniers vont s'activer à la réfection d'une partie de la piste d'aviation, crevée de cratères. Une noria de gros camions *Molotova* amènent en même temps à Dien Bien Phu des centaines de coolies parmi lesquels se trouvent beaucoup de femmes et d'enfants. Les travailleurs forcés chantent et font la fête au soir venu. Des rafales résonnent vers la Nam Youm. Les chants insultants cessent et la nuit s'écoule, sœur jumelle de la précédente.

Une pluie torrentielle salue l'aube du lundi 10 mai. Le campement des blessés, soignés tant bien que mal par leurs infirmiers sous la garde discrète des bo dois, est noyé en quelques minutes. Les ondées persistent tout au long de la matinée. Une nouvelle colonne de camions russes redescend du nord. Les coolies amenés la veille ratissent en ligne les points d'appui détruits pour ramasser le matériel abandonné.

— Ils ne doivent pas retrouver grand-chose en bon état, confie le Parisien à Lewandowski, les copains ont dû tout foutre en l'air...

La pluie cesse en fin de matinée. Le soleil darde ses rayons durs sur l'hôpital en plein air. Les blessés partagent à nouveau des débris de boîtes de rations découvertes par les moins touchés d'entre eux. Des médecins viets-minhs commencent à trier les allongés. Collard comprend vite que les vainqueurs ont prévu quatre catégories d'urgence : *graves, moyens-graves, moyens,* et *légers.* Un des médecins défait son pansement pourrissant et fait la moue.

— C'est bon signe, se dit le blessé lorsque le Viet-minh passe rapidement son voisin aveugle en inspection, ils vont peut-être me foutre sur la liste des graves...

Le camp s'anime au matin du mardi 11 mai. Les médecins ont rendu leurs verdicts et dressé des listes d'évacuation. Collard apprend qu'il est classé dans les *moyens-graves.* Des infirmiers, viets-minhs cette fois, font rapidement transporter les allongés vers des tentes qu'ils ont installées à trois cents mètres des premiers abris de parachutes. Collard n'a même pas le temps de dire adieu au grand légionnaire si dévoué. Deux coolies empoignent son brancard et trottent menu vers une tente à dix places.

— Ils pensent à tout, ces zèbres-là, reconnaît le blessé en constatant que les Viets-minhs ont tendu des voilures pour augmenter l'imperméabilité des abris de toile.

L'organisation du nouveau camp est parfaite. Des coolies apportent de l'eau fraîche pour laver les hommes pourrissants.

— Il paraît que vous serez soignés demain, annonce l'un d'eux à Collard en prenant garde de n'être pas aperçu par un des bo dois de surveillance.

Les vainqueurs tiennent parole. Deux de leurs infirmiers portent le brancard du Parisien vers une tente hôpital et défont rapidement son pansement infect pour nettoyer le trou purulent de sa cuisse.

— Ils sont assez adroits, souligne l'ancien infirmier soulagé lorsque deux coolies le ramènent près de ses compagnons.

Les Viets-minhs s'activent pour soulager leurs prisonniers.

— Propagande d'accord, commente Collard, lavé et pansé, mais ça fait tout de même du bien... Ils vont peut-être nous rapatrier assez vite pour prouver au monde qu'ils sont de braves bougres...

Les coolies apportent un repas frugal composé d'un quart de bouillon de viande, d'un peu de riz mouillé de sauce tomate et de quatre biscuits de survie.

L'enfer se replaque soudain sur le site. Un stock de munitions récupérées explose accidentellement à un kilomètre des tentes. Collard retrouve ses réflexes de combattant et bondit sur une jambe, sous la mitraille serrée, vers une tranchée toute proche. Il plonge en bout de course et se retrouve couché dans la boue contre un médecin viet-minh. La tranchée est pleine de blessés grimaçants, de coolies et d'infirmiers.

— C'est la grande fraternité de la pétoche, plaisante le Parisien dans sa douleur réveillée.

Des éclats d'obus froufroutent au-dessus de l'abri providentiel.

— C'est la colonne de secours, lance un blessé fou d'espoir.

Le volcan déchaîné se calme. Des gémissements montent du boyau d'où s'extraient les Viets-minhs penauds d'avoir paniqué devant leurs prisonniers. Les responsables de tentes crient des ordres. Des coolies et les infirmiers récupèrent les blessés dont les plaies se sont pour la plupart rouvertes. Le manège dure plus d'une heure.

— Il y a eu des morts là-bas, apprend un des coolies qui ont empoigné le Parisien à bras le corps, beaucoup de blessés aussi...

Le sergent grimace sous l'effort.

— Bien fait pour leurs gueules, grommelle-t-il.

La matinée du 13 mai n'apporte rien de nouveau aux blessés qui perçoivent un nouveau repas à la mi-journée. Tous les corps douloureux s'énervent sur les couches propres lorsqu'un hélicoptère approche du camp, juste après treize heures.

— C'est un engin de chez nous, se rend compte le blessé du 1er B.P.C. lorsque l'appareil se pose à quelques dizaines de mètres des tentes installées en arc de cercle.

Les bavardages vont bon train. Ils décuplent lorsqu'un officier viet-minh annonce qu'il y aura au soir une séance de cinéma.

— C'est pour ça qu'ils ont installé nos tentes en demi-cercle, se rend compte le Parisien, ils pensent vraiment à tout...

Le moment de la séance venu, un Viet-minh s'installe dans chaque tente pour noter les réactions des prisonniers. Le programme annoncé n'est pas très réjouissant. Il a pour titre « le Festival de Berlin » et consiste en un reportage magnifié d'un grand rassemblement de jeunesses communistes. La projection est fractionnée en bobines de dix minutes. Le Viet-minh de service dans la tente du Parisien fait la grimace après la troisième partie du film.

— Il faut applaudir aux passages intéressants, conseille-t-il d'une voix sans âme et presque sans accent.

Des officiers politiques profitent du répit entre chaque séquence pour donner des nouvelles du monde aux prisonniers. Collard apprend qu'une conférence se déroule à Genève pour arrêter les modalités de la fin de la guerre d'Indochine.

— M. Bidault a dit que..., précise le propagandiste marxiste après la quatrième bobine.

— Cause toujours, gronde Collard en s'efforçant de ne rien écouter du discours redondant.

Le quatrième volet du film défile sur l'écran. Il montre des groupes de jeunes filles en robes fraîches.

— Il a dit d'applaudir aux passages intéressants, notre clown de service, se dit le Parisien, alors allons-y...

Ses compagnons saluent aussi de claquements de mains les évolutions des jeunes filles communistes qui sont vraiment très belles. Le cerbère des blessés arbore tout aussitôt une moue réprobatrice et c'est lui qui, à la bobine suivante, tente de donner le signal des bravos lorsque des responsables de mouvements de jeunesse flétrissent les colonialistes et se réjouissent de la défaite prochaine et inéluctable des Français en Indochine. Les blessés persistent à applaudir à contretemps. L'homme n'insiste pas. La septième bobine s'achève dans l'indifférence la plus totale.

— Vous n'avez pas très bien compris, lance le Viet-minh sans insignes de grade, vous allez réfléchir à ce que vous avez vu ce soir et je viendrai vous en parler demain...

Un commissaire politique met un terme à la soirée.

— Grâce à la trop grande clémence du président Hô Chi Minh, pérore-t-il en se gonflant avantageusement, vous serez peut-être libérés dans quelques jours... Un délégué de votre général Navarre est venu cet après-midi pour discuter avec nos chefs...

Les blessés poussent des hourras et applaudissent le discours. Les projecteurs s'éteignent. La nuit fraîchit. Collard ne trouve pas le sommeil. Il est atrocement démangé par une crise d'urticaire.

— Manquait plus que ça à mon bonheur, grommelle-t-il en se grattant sans cesse, ça promet...

Trois hélicoptères se posent le lendemain, l'un après l'autre, à partir de douze heures cinq. Il fait une chaleur étouffante sur Dien Bien Phu. Le Parisien supporte mal ses démangeaisons. Un petit avion vient se poser à son tour, à quatorze heures quarante, sur une portion de piste réparée. Les hélicoptères et l'appareil décollent ensemble à dix-sept heures quinze. Ils sont chargés de quinze blessés graves. Collard écoute le bruit des pales et des moteurs qui décroît. Un infirmier viet-minh, très poli, lui a confié qu'il est inscrit en six cent soixante-neuvième rang sur la liste des futurs évacués.

Un blessé insulte tout à coup les bo dois de garde. Ces derniers, glacés sous l'orage verbal, s'emparent sans brutalités du brancard de l'homme à bout de nerfs et l'entraînent loin de ses compagnons.

— On ne le reverra certainement plus, prédit le Parisien marqué par l'attitude diaboliquement froide des bo dois fanatiques.

Le responsable politique de sa tente revient faire la morale à ses administrés goguenards. Collard ne retient de sa visite que le fait réjouissant que Dien Bien Phu sera vide de blessés avant quinze jours.

La nuit tombe sur une fin d'après-midi très calme. Le sergent du 1er B.P.C. retrouve l'insomnie de son urticaire têtu. Le samedi 15 mai s'écoule sans faits marquants. L'ange gardien de la tente de l'ancien F.T.P. apporte au matin du dimanche 16 des feuilles de papier et des crayons qu'il distribue aux blessés. Puis il se plante au milieu de la tente.

— Vous devez, commence-t-il à expliquer de sa voix chantonnant une minime pointe d'accent, écrire tout ce que vous pensez de l'accueil de vos camarades vietnamiens. Vous exprimerez aussi, poursuit le Viet-minh, votre grand désir de paix et vos sincères remerciements au président Hô Chi Minh.

— Il se fout de nous, gronde Collard en repensant à tous ses compagnons morts là-haut, sur Eliane 2.

Le guerrier politique s'éloigne. Les blessés s'interrogent sur la conduite à tenir.

— Moi, je ne veux rien écrire du tout, avance un légionnaire, c'est de la merde leur truc...

Collard veut parler à son tour. La voix d'un lieutenant devance ses paroles.

— De toute façon, explique posément l'officier, nous pouvons signer n'importe quoi...

Le Parisien hausse les sourcils.

— Oui, poursuit le lieutenant blessé, conscient des réticences de la majorité de ses compagnons, on ne pourra jamais rien nous reprocher plus tard car nous signons sous une contrainte de fait...

Le responsable de la tente vient à nouveau rôder autour de la discussion animée.

— Moi, décide Collard, je veux bien signer un texte disant qu'on est bien soignés puisque c'est vrai depuis le moment où ils ont décidé de nous libérer mais, ajoute le sergent, s'ils avaient choisi de nous laisser crever ils l'auraient fait avec la même gentillesse... alors, pas question de faire une tartine à la gloire de l'oncle Hô...

Les blessés tombent d'accord sur un texte très court où il est question de la « qualité » de l'accueil viet-minh et qui remercie le leader de la révolution armée pour sa politique de bienveillance vis-à-vis des prisonniers blessés et son action pour la paix.

— Comme ça, ils vont être contents, commente le Parisien en recopiant le texte du libelle, mais moi, de toutes façons, je les emmerde et je vais leur foutre sur la gueule dès que je serai guéri...

Les blessés décident en même temps de baptiser leur éducateur politique du prénom de Jules. Ce dernier revient ramasser les feuilles crayonnées et sourit franchement en bout de lecture du court texte.

— C'est très bien, approuve-t-il sans réserve, vraiment très bien...

Collard a profité du crayon viet pour noter quelques détails sur son petit calepin aux feuilles attaquées par l'humidité. Jules ne semble plus vouloir quitter ses protégés en si bonne voie de rédemption. Il applique à la lettre et d'une manière presque caricaturale le texte de son manuel d'intoxication.

— Attention les gars, conseille le Parisien à ses compagnons, il nous restera toujours quelques chose de tout ce baratin... Il faut le forcer à parler d'autre chose.

Les blessés jouent à fond le jeu de la coopération. Ils demandent à leur Viet des entretiens particuliers qu'il accepte volontiers de dispenser.

— Il est content, ce connard de Jules, se dit Collard après avoir posé des questions complètement idiotes sur les méthodes de cultures maraîchères dans les pays communistes. Nous, pendant ce temps-là, on évite ses discours et on gagne du temps...

Un hélicoptère se pose à treize heures cinq, après le rituel déjeuner de bouillon et de riz à la tomate.

— C'est une nouvelle délégation de vos chefs corrompus, explique Jules aux soldats blessés.

Le propagandiste naïf pousse la gentillesse jusqu'à expliquer aux Français que les évacuations ne peuvent être menées à bon rythme à l'aide des seuls hélicoptères et que ses chefs très compatissants vont faire réparer une nouvelle portion de piste pour accueillir des avions sanitaires. Des infirmiers entraînent peu après leurs patients vers les tentes à pansements. Collard constate que sa blessure est assez propre. Son moral déjà solide monte d'un cran. Jules corse encore la qualité de l'ambiance en annonçant que, dans trois jours, ce sera l'anniversaire du très magnanime président Hô Chi Minh.

— C'est fou ce qu'on peut s'instruire avec ce gars-là, plaisante le Parisien, espérons que leur guignol en chef arrosera son anniversaire en nous libérant tous ensemble...

38

LIBRE !

Le ciel de Dien Bien Phu demeure vide d'hélicoptères et d'avions tout au long du lundi 17 mai. Collard, bien reposé, ne retrouve pas l'euphorie de la veille. Sa jambe lui fait très mal. Un rien l'irrite. Il ne parle pas à ses compagnons et encore moins à Jules qui distille lentement, prosélyte patient, son venin marxiste.

— Six cent soixante-neuvième, se souvient-il, au rythme où les gars s'en vont de ce merdier, je suis pas près de foutre le camp, j'en ai au moins pour deux bons mois !

Les autres blessés ne rêvent plus autant que le jour précédent. Jules ne réussit pas à placer ses maximes. L'espoir revient en force le lendemain, jour dédié à la glorification du président Hô Chi Minh. La zone de piste utilisable a été considérablement agrandie par des centaines de coolies de toutes les races des vallées de la région de Dien Bien Phu, Thaïs à la peau très noire, Laotiens au nez épaté, Xas, Méos, et même quelques Chinois fourvoyés.

Un premier avion sanitaire, un *Bever,* se pose sur l'aire remise en état à dix heures quinze. Puis d'autres et des hélicoptères le rejoignent. Collard dévore le temps qui passe bien trop lentement à son gré. Il compte les appareils. Six avions et trois hélicoptères se sont posés sur la piste lorsque arrivent seize heures. La pluie et le soleil se partagent d'heure en heure la cuvette animée. Les bo dois détachés à la garde du camp et les miliciens régionaux préparent le défilé en l'honneur de leur leader suprême. Jules annonce l'imminence de la parade.

Le Parisien, goguenard, se prépare au spectacle. Le défilé est ouvert par un char *Shaffee* français à demi brûlé, que les mécaniciens viets-minhs ont réussi à faire avancer. L'engin est orné d'un grand panneau peint à l'effigie d'Hô Chi Minh. Collard reconnaît le portrait officiel qui orne les piastres de la rébellion. Des sections de régionaux mal alignés défilent ensuite devant les captifs allongés. Ils sont encadrés par des bo dois de l'armée régulière, plus nets. Le Parisien frissonne en sentant peser sur lui des dizaines de regards haineux des auxiliaires de Giap.

— Ils ont tout de même de sales trombines, les cousins, se dit-il, ils aimeraient sans doute nous fusiller...

Les réguliers, casqués, glacés, raides, ne jettent pas un coup d'œil vers les vaincus, à l'opposé des miliciens armés pour la plupart d'armes françaises. Jules applaudit à tout rompre. Ses claquements de mains n'élèvent pas d'échos. Le défilé rapide sort du champ de vision du Parisien qui se rallonge tout à fait sur son brancard.

— Ce ne sont tout de même pas ces guignols qui nous ont flanqué la pile, se dit-il sans écouter le verbiage enthousiaste de Jules.

Les six *Bever* et les trois hélicoptères reviennent sur le site après la parade.

— Aujourd'hui, claironne joyeusement Jules en fin d'après-midi, la grande clémence du président Hô Chi Minh a permis à cent deux de vos camarades blessés de partir...

Collard sent son cœur battre. Ses compagnons les plus mal en point ont soudain le regard plus vif.

— Si c'est vrai, avance le Parisien fou d'espoir, on va tous foutre le camp dans les jours qui viennent...

Le blessé ferme les yeux et savoure l'avenir qui s'éclaire.

— Faut dire, reconnaît-il, qu'ils n'ont pas beaucoup d'intérêt à nous garder ici, on leur bloque pas mal d'hommes... Quant à la bouffe, poursuit le sergent, c'est une autre histoire, on doit pas leur coûter trop cher...

Les avions reviennent à Dien Bien Phu en fin de matinée le lendemain. Des dizaines de blessés sont à nouveau évacués. Jules accélère ses cours de marxisme. Collard oublie presque sa douleur.

— Chante, connard ! souffle-t-il à mi-voix pendant que le Viet-minh distille son venin. On oubliera vite tes couplets à la noix. Je vais guérir et reprendre le combat... La guerre n'est tout de même pas finie...

Jules fait mine de n'avoir pas entendu les paroles du sergent difficilement matable et quitte la tente après une dernière recommandation anticolonialiste. Deux miliciens au visage fermé empoignent le brancard du Parisien et l'éloignent de ses compagnons.

— Ils vont changer mon pansement, estime le blessé en goûtant à l'avance le bien-être des soins.

Les Vietnamiens ne s'arrêtent pas devant la tente des infirmiers. Ils s'en éloignent à pas réguliers et sans parler. Le sergent s'inquiète soudain.

— C'est tout de même pas ce con de Jules qui me fait embarquer vers un quelconque mitard pour ce qu'il a entendu dans la tente, se refuse-t-il à envisager sérieusement.

Les porteurs avancent toujours à pas égal. Leur souffle se fait court.

— Mais, bon Dieu ! s'impatiente leur fardeau impuissant, où est-ce qu'ils me trimbalent ?

Les miliciens muets filent maintenant vers la piste d'aviation réparée. Collard, stupéfait, se retrouve dans une des deux tentes installées auprès du terrain d'envol. Quatre autres blessés sont amenés là en même temps que lui. Deux infirmiers débarrassent le Parisien de son fragile enroulement de toile de parachute. Le sergent pose négligemment la main sur la base de son slip pour protéger son précieux calepin noirci de notes. Un des Viets-minhs lui tend une tenue de treillis délavée mais très propre. Un médecin pénètre dans la tente où les auxiliaires ont déposé le sergent ébahi. L'homme tient une liste de blessés en partance.

— Collard ! annonce-t-il en examinant d'un regard professionnel le nouvel arrivé, vous êtes le cent trentième à partir de Dien Bien Phu...

Le Parisien, difficilement vêtu de propre, croit rêver. Son cœur s'affole.

— Qu'est-ce que c'est que cette histoire ? se demande-t-il en se souvenant encore du rang initial qu'il occupait sur les listes d'attente.

Le médecin viet-minh s'éloigne à pas lents.

— Vaut mieux pas chercher à comprendre, conclut le blessé en dévisageant ses nouveaux compagnons.

Le Parisien ne rencontre, une fois de plus, que des visages inconnus.

— Ils doivent tous être morts, suppute-t-il soudain triste en repensant à ses compagnons d'Eliane 2.

Le blessé demeure prostré pendant une longue minute et se reprend.

— A moins qu'ils ne soient tous prisonniers, espère-t-il très fort.

La nuit efface la piste de Dien Bien Phu. Vingt blessés de plus ont gagné les hôpitaux de la liberté. Un brouhaha inhabituel s'empare du camp détruit au matin du samedi 22 mai. Des tirailleurs algériens en armes et tenues de combat propres jouent à la guerre devant des caméras. Le blindé remis en état pour le défilé de l'anniversaire d'Hô Chi Minh est filmé sous tous ses angles. Les tirailleurs se rendent à leurs vainqueurs encore plus propres qu'eux. Collard comprend que les Viets-minhs sont en train de réaliser un film de propagande sur la chute du camp retranché.

— Quelle connerie, grommelle-t-il, dire qu'ils vont montrer cette foutaise à tous les pays frères du bloc communiste et que, plus tard, c'est ça qui servira de références... saloperie...

Des avions se posent sur la piste, détournant le Parisien des prises de vues partisanes. Quarante-huit blessés quittent Dien Bien Phu. Il ne pleut pas sur la cuvette. La chaleur incommode les blessés qui demeurent dans les grandes tentes du bord de la piste. De nouveaux appareils reviennent à quatorze heures trente pour charger un nouveau contingent égal au premier.

— C'est foutu pour aujourd'hui ! prévoit un des compagnons du sergent blessé à la cuisse.

La chaleur devient fournaise. Collard respire mal dans sa tente transformée en étuve. Il sait que son voisin a raison et que les avions ont peu de chances de revenir au camp avant la nuit. Il prend son mal en patience. Le bruit si souvent guetté des *Bever* se réimpose à ses sens en éveil.

— Ils reviennent, hurle un blessé, ils sont là... on fout le camp !

Un gradé viet-minh s'encadre dans l'ouverture de la tente surchauffée.

Il tient une liste à la main et appelle trois blessés qui sont transportés dans l'instant même par des coolies courant vers l'avion. Le terrain est inondé de soleil par l'ouest. Le Parisien retient son souffle.

— Gollard ! annonce le bo doi impassible en transformant le C de son nom en G.

— Présent ! laisse machinalement échapper le sergent, ivre de bonheur.

Deux coolies se saisissent de son brancard et le portent sur la piste, tout près de l'avion. Le Parisien se retrouve allongé contre les trois premiers blessés appelés par le Viet-minh. Il croit vivre un rêve. Toutes ses peines et ses douleurs sont oubliées en quelques minutes de résurrection. Il ne pense qu'à la liberté toute proche. Les moteurs de l'appareil tournent déjà. Un capitaine viet-minh coche les noms des évacués sur une longue liste et tend la main à Collard en dernier salut.

— Adieu sergent ! lance-t-il en exhibant un large sourire, je compte sur vous pour travailler pour la paix...

L'équipage de l'avion ajuste les brancards de leurs passagers souriants.

— Tenez, buvez un bon coup, propose l'un d'eux en offrant des jus d'orange.

Collard ferme les yeux en avalant le liquide frais et sucré.

— Bon Dieu, que c'est bon ! savoure-t-il tandis que les aviateurs ferment la porte étroite de l'avion.

Un des moteurs toussote, halète, et s'arrête. Le capitaine viet-minh revient à grands pas vers l'appareil immobilisé. Il hèle le pilote.

— Vous êtes en panne ? hurle-t-il.

— Oui, est bien obligé de répondre l'aviateur consterné.

L'officier viet-minh fait lui aussi la grimace.

— Alors, tranche-t-il, il faut descendre les blessés pendant la réparation...

Il est dix-sept heures trente. Le regard très inquiet du Parisien va des aviateurs au Viet-minh qui insiste.

— Il faut absolument descendre les blessés, répète-t-il, c'est le règlement !

Le pilote refuse une nouvelle fois.

— Ça va repartir tout de suite, prétexte-t-il pour ne pas obéir à l'ordre de l'officier vêtu de vert olive.

Le Viet-minh ne démord pas de sa résolution. Son visage a perdu toute trace de l'aménité qu'il arborait hypocritement il y a encore quelques minutes.

— Je vous ordonne d'obéir, hurle-t-il en perdant son calme asiatique.

Les blessés voient approcher le spectre d'une nouvelle nuit à Dien Bien Phu.

— Vous en faites pas les gars, les rassure un de leurs convoyeurs, il peut gueuler tant qu'il veut... dans l'avion on est chez nous, il ne peut rien nous imposer...

Le mécanicien de bord acharne ses clés à molettes sur les pièces du moteur calé. Le Viet-minh entêté abdique enfin. Il va se planter, dédaigneux, à cinquante mètres de l'avion immobilisé.

— On va pouvoir partir ? s'inquiète le Parisien.

— Ça dépend, répond un aviateur, les moulins ont été vachement sollicités ces jours derniers... alors...

Le moteur hoquette soudain. L'hélice se met à tourner. Collard retient son souffle pour mieux suivre les pulsations irrégulières des pièces usagées.

— Ça va aller ! hurle soudain le mécanicien.

L'aviateur aux mains pleines de cambouis remonte dans l'avion avec ses clés et ses chiffons huileux. Le pilote lance l'appareil sur la piste. Le Parisien sent les roues du train d'atterrissage quitter le sol. Il est dix-huit heures trente-deux.

L'avion fait un large cercle au-dessus des points d'appuis écroulés. Le marsouin, au bord des larmes, est à demi dressé sur son brancard et ne peut se résoudre à arracher son regard des reliefs maudits des Eliane, caressés par le soleil rasant. Des coolies travaillent, fourmis minuscules, tout autour de son ancien enfer.

— Ils construisent un monument à la gloire des combattants de Dien Bien Phu, d'après ce qu'on en sait, explique un des convoyeurs.

Collard sursaute. Une douleur montant de sa cuisse le ramène à l'horizontale.

— A la gloire de qui ? se fait-il préciser en grimaçant.

— De tous les combattants de Dien Bien Phu, à ce qu'on nous a dit, appuie l'aviateur aux petits soins pour les blessés.

Le Parisien esquisse un pâle sourire.

— Si c'est vraiment à la gloire de tous ceux qui sont morts là-bas, se dit-il, c'est pas mal leur histoire de stèle...

Le *Bever* se pose à dix-neuf heures quarante à Luang Prabang. Les blessés sont descendus avec précaution de l'appareil. Deux soldats français s'emparent du brancard de Collard et le hissent. Des journalistes mitraillent les quatre rapatriés.

— Mais, s'étonne soudain le sergent du 1er B.P.C., je rêve ?

Les épaules de ses porteurs sont ornées de galons, cinq panachés or et argent pour l'un et cinq d'or pour l'autre.

— Deux colonels ! souffle le blessé, c'est pas Dieu possible...

Comme les journalistes s'éloignent, le Parisien change de mains et les officiers supérieurs disparaissent. On offre un repas très léger, à base de purée, aux blessés.

— Voulez-vous envoyer des télégrammes en France ? demande une infirmière au Parisien.

Le sergent accepte et câble à ses parents qu'il est encore en vie. Un *Dakota* lance ses moteurs sur la piste noyée dans la nuit. Collard embarque dans le gros avion en même temps qu'une vingtaine d'autres rescapés de Dien Bien Phu. Le C 47 décolle à vingt heures quarante. Sa carlingue encombrée vibre au ronronnement régulier de ses deux moteurs. Des hommes munis de calepins interrogent les blessés un à un après le départ. Collard fouille dans sa mémoire pour donner le maximum de renseignements sur ce qui s'est passé sur Eliane 2 avant sa blessure. L'enfer le ressaisit tout à coup. Il s'énerve, se met à balbutier des mots inaudibles et sue à grosses gouttes.

Les deux hommes échangent un regard entendu et s'éloignent entre les rangées superposées de brancards étroits. Le sergent aux nerfs usés ferme les yeux pour retrouver le calme.

— C'est normal, reconnaît-il en regrettant son énervement, ces gars-là doivent faire des fichiers pour renseigner les familles, mais moi sur mon calepin je note seulement les heures et les faits, pas les noms...

Le *Dakota* se pose à vingt-deux heures vingt à Bach Mai. Des ambulances chargent les blessés. Collard se retrouve, moins d'une heure après, à l'hopital Lannessan. Toutes les salles sont combles. Il s'endort dans les draps frais d'un lit installé dans un long couloir.

Le sergent se réveille à l'aube et réalise tout à coup qu'il est libre et sauvé. Il pleure tout doucement. Un cliquetis de pas pressés approche. Des infirmières frôlent l'alignement de lits. Les images de Dien Bien Phu s'éloignent. Une jeune femme défait le pansement du Parisien et nettoie sa plaie à gestes infiniment doux. Des enquêteurs prennent la relève de l'infirmière et pressent le sergent de questions.

— Quand on y pense vraiment, leur avoue-t-il, on ne se souvient bien que de ce qui s'est passé à trois mètres de nous dans la bataille, et encore... Voilà, conclut-il, je ne sais plus rien.

Les enquêteurs s'éloignent. Un joyeux brouhaha naît au bout du couloir. Collard reçoit un formidable coup au cœur. Une demi-douzaine de bérets-rouges de son bataillon se plantent du côté libre de son lit.

— Les copains, souffle le blessé à nouveau au bord des larmes.

Les paras en tenue de sortie cachent vite des bouteilles de vin sous le lit du rescapé. Deux d'entre eux sont de la base arrière du bataillon et les autres de la première compagnie qui n'a pas eu le temps de sauter en enfer. Collard retient difficilement les questions qui lui brûlent les lèvres. Les visiteurs se font graves après les éclats des retrouvailles. Un sergent récite des chiffres froids.

— Vous aviez sauté à trois cent quatre-vingt-trois, explique-t-il au blessé très pâle, aujourd'hui vous êtes seize à avoir été libérés...

Le Parisien froisse nerveusement ses draps.

— Et ma section ? se décide-t-il à demander.

Le sergent de la première compagnie triture son béret rouge à doigts nerveux.

— D'après ce qu'on sait, commence-t-il à dire, tu es le seul à être revenu, ils sont presque tous morts là-bas : les Viets ont fait sauter une sape… mais, poursuit l'homme, il y a peut-être des prisonniers…

Une chape de plomb s'abat sur le couloir encombré de lits. Le Parisien ferme les yeux. Le para qui a parlé fait un signe à ses compagnons émus. Le bruit de leurs pas s'éloigne. Le blessé pleure tout doucement. Comme dans un film projeté à grande vitesse, les images de l'horreur passée assaillent Collard. Elles se succèdent, se chassent, se chevauchent dans un vacarme infernal. Les bo dois hurlent à l'assaut d'Eliane 2, le sang gicle de sa cuisse éclatée et se mêle à la boue de la tranchée près de la Nam Youm, les atroces odeurs de l'hôpital enterré se répandent en miasmes épais. Les visages de ses compagnons d'apocalypse tournent autour de lui, Langrognet, Piéplu, Bruni, et tous les autres, grimaçants.

— Quelle horreur, murmure le blessé en reprenant ses esprits, mes pauvres copains…

La voix doucereuse du capitaine viet-minh de Dien Bien Phu semble toute proche. Elle répète :

— Adieu sergent…

Le général Pierre Langlais, qui commandait les parachutistes à Dien Bien Phu, remet la rosette d'officier de la Légion d'honneur à René Collard, à Hydron, en 1982.

APRÈS L'ENFER

René Collard sera un des rares survivants des vingt-deux hommes de sa section qui ont sauté sur Dien Bien Phu. Seuls, l'adjudant Langrognet, qui reviendra des camps de l'horreur avec un œil crevé, le caporal-chef Balat et le deuxième Arnal échapperont à la mort.

Le Parisien, cité à l'ordre de l'Armée pour sa conduite sur Eliane, recevra la Médaille militaire en même temps que sa sixième Croix de guerre. Il se battra plus tard en Algérie dans les rangs du 8e Régiment de Parachutistes d'Infanterie de Marine et sera encore quatre fois cité au feu. Son ancien chef de Dien Bien Phu, le colonel Langlais, lui remettra la Croix de Chevalier de la Légion d'honneur au grade d'adjudant, puis la rosette d'officier en 1982. Ce soldat exemplaire terminera sa carrière comme capitaine et vit une retraite paisible malgré la permanence des vieux fantômes de la guerre.

TABLE

I

VOLONTAIRE POUR L'INDO

II

INFIRMIER AU FEU

III

LES PARAS INDOCHINOIS

IV
LE MARSOUIN

V
LES FIANCÉES DU DIABLE !

L'impression de ce livre
a été réalisée sur les presses
des Imprimeries Aubin
à Poitiers/Ligugé

pour les Éditions Bernard Grasset

Achevé d'imprimer le 5 avril 1985
N° d'édition, 6678 — N° d'impression, L 19885
Première édition, dépôt légal avril 1984
Nouveau tirage, dépôt légal avril 1985

ISBN 2-246-33301-6

Imprimé en France